Sebastian Tatzel

Das sprach- und mediendidaktische Potential des mehrsprachigen Spielfilms für den Deutschunterricht

Medien im Deutschunterricht *Beiträge zur Forschung* 16
herausgegeben von Volker Frederking, Hartmut Jonas und Petra Josting

Sebastian Tatzel

Das sprach- und mediendidaktische Potential des mehrsprachigen Spielfilms für den Deutschunterricht

kopaed (muenchen)
www.kopaed.de

Bibliografische Information Der Deutschen Nationalbibliothek
Die Deutsche Nationalbibliothek verzeichnet diese Publikation in der Deutschen Nationalbibliografie; detaillierte bibliografische Daten sind im Internet über http://dnb.ddb.de abrufbar

Bei der vorliegenden Arbeit handelt es sich um eine an der Otto-Friedrich-Universität Bamberg eingereichte Dissertation.

Arnulfstraße 205
80634 München
fon: 089.68890098
fax: 089.6891912
email: info@kopaed.de
www.kopaed.de

Druck: docupoint, Barleben

ISBN 978-3-96848-064-0
eISBN 978-3-96848-664-2

Inhalt

TEIL B: Der mehrsprachige Spielfilm im Deutschunterricht

TEIL C: Unterrichtsvorschläge

"Did I thank you?"
"No."
"I will."
(Antonio Banderas und Selma Hayek in Desperado [Mex/USA 1995])

Danksagung

Mein Dank gilt allen, die mich in den letzten Jahren begleitet und unterstützt haben, insbesondere den folgenden Personen:

Meinem Doktorvater Prof. Dr. Ulf Abraham danke ich für die Betreuung dieser Arbeit, für seine ständige Unterstützung und für seine inspirationsvolle Vorarbeit. Seine Ideen und Anmerkungen brachten mich immer wieder einen Schritt weiter.

Prof. Dr. Petra Anders danke ich herzlich dafür, dass sie sich dazu bereit erklärt hat, das Zweitgutachten für diese Arbeit zu verfassen.

Ich danke meinen (ehemaligen) Kolleg*innen an den Lehrstühlen für Didaktik der deutschen Sprache und Literatur an der Otto-Friedrich-Universität Bamberg sowie an der Katholischen Universität Eichstätt-Ingolstadt, insbesondere Prof. Dr. Ina Brendel-Kepser, Kristina Schmitt, Dr. Jutta Wolfrum und Andrea Xylander.

Ganz besonders danke ich meiner Doktorschwester Laura Mogl, nicht nur für die bereichernde Zusammenarbeit, sondern auch für ihre Freundschaft und für die gemeinsamen Jahre im selben Büro. Durch sie wurden die Jahre der Promotion auch in herausfordernden Phasen zu etwas ganz Besonderem.

Mein größter Dank gilt schließlich meiner Familie, meinem Freund Daniel und allen Freund*innen für ihre Rücksichtnahme, ihr Verständnis und ihre Aufmunterungen. Ich konnte mir ihrer Unterstützung in jedweder Form zu jeder Zeit gewiss sein. Dass dies nicht selbstverständlich ist, ist und war mir immer bewusst.

Diese Arbeit widme ich meinen Eltern.

München, Juni 2022
Sebastian Tatzel

Prolog

Der Filmtheoretiker David Bordwell, einer der Begründer des Neoformalismus, leitete einen Essay, in dem er sich mit der Rauminszenierung im zeitgenössischen europäischen Kino beschäftigte, mit der folgenden Überlegung ein: „Die meisten Filme, die wir sehen, erzählen Geschichten. Diese Geschichten zu verstehen, ist eine der Fähigkeiten, die wir in hohem Maße kultiviert haben" (Bordwell 1997: 17). Das Verstehen von Filmen, so Bordwell, gelinge also nicht ausschließlich durch unsere natürliche Wahrnehmung, sondern vor allem dadurch, dass die Kulturtechnik des Filmverstehens erworben werden müsse. Diese Aussage belegen Stephan Schwan und Sermin Ildirar (2010) im Anschluss an die von ihnen durchgeführte Feldstudie empirisch. Hierbei fungieren zwanzig aus einem Bergdorf in der südlichen Türkei stammende erwachsene Personen als Probanden, die auf keinerlei Erfahrungen mit der Filmrezeption zurückgreifen konnten. Ihnen wurden vierzehn Filmclips gezeigt, die filmtypische Diskontinuitäten beinhalteten, bspw. ‚establishing shots', die zunächst das Äußere eines Hauses und in der darauffolgenden Einstellung eine im Inneren eines Hauses sitzende Person hatten (vgl. ebd.: 971). Dabei zeigte sich, dass erfahrene Filmrezipierende keine Probleme zeigten, diese Diskontinuitäten zu entschlüsseln und Verbindungen zwischen den Einstellungen herzustellen, wohingegen die meisten der zwanzig unerfahrenen Rezipierenden nicht fähig waren, „to appropriately integrate both shots into a coherent representation of the situation" (ebd.: 975). Erfahrene und unerfahrene Rezipierende vergleichend, schließen Schwan und Ildirar mit der Feststellung, dass eine zunehmende Erfahrung mit dem Medium Film und seinen Verfahren[1] sich positiv auf das weitere Filmverstehen auswirke (vgl. ebd.). So zeigen Schwan und Ildirar, „dass Filme eben nicht ausschließlich auf Grundlage unserer natürlichen Wahrnehmung erschlossen werden können, sondern dass das Filmverstehen eine Kulturtechnik darstellt, die man erwerben muss" (Anders/Staiger 2019: 11). Filmsehen ist also etwas Erlerntes, etwas kulturell Erworbenes. Das Verstehen von Filmen gelingt uns nur deshalb, weil wir Übung in der Filmrezeption haben.

1 Ich orientiere mich dabei an der Terminologie des Neoformalismus. Vgl. hierzu ausführlich Kapitel 3.1.

Dabei konzentriert sich die Rezeption jedoch oftmals auf die Geschichte, weniger auf die Gestaltung des Films (vgl. Bordwell 1997: 17). Diese Gestaltung (und ihre Dekodierung) trägt aber natürlich – wie in dem Experiment gezeigt wurde – maßgeblich zum Verständnis des Gesehenen bei. Im Fokus der folgenden Überlegungen soll ein filmisches Gestaltungsmerkmal stehen, das von den Rezipierenden aber oftmals kaum bewusst wahrgenommen wird, das aber maßgeblich zum Verstehen der dargestellten Geschichte beiträgt: die im Film gesprochene Sprache.

Dass in Filmen Menschen aus anderen Ländern und Kulturen oft Geschichten über fremde Welten und Länder oder über andere Kulturen erzählen, ist Zuschauer*innen (in der Regel) bewusst. In eben diesen Geschichten, die neue Welten eröffnen und aus dem eigenen Alltag für kurze Zeit entführen, liegt für viele ja genau der Reiz des Mediums. Spätestens mit der Entwicklung der Synchronisation Ende der 1920er-Jahre eröffnete sich eine Möglichkeit, die für deutsche Rezipierende heutzutage ganz selbstverständlich ist: Das Verstehen einer im Film erzählten Geschichte wird möglich, auch wenn diese von anderen Sprach- und Kulturkreisen erzählt oder aus anderen Sprach- und Kulturkreisen stammt. Dadurch wird es möglich, dass Filme auf der ganzen Welt rezipiert und verstanden werden und dass sich durch diese fiktionalen Stoffe Ideen, Vorstellungen und Emotionen verbreiten, die die Welt miteinander verbinden. Filmische Rezeption wird dadurch zunächst einmal unabhängig von (Fremd-)Sprachkenntnissen und infolgedessen (sofern politische Bedingungen dies ermöglichen) kulturübergreifend. Durch diese sprachliche Übertragung können gefeierte Hollywood-Filme Bedeutung und einen kulturellen Stellenwert erhalten, „which both reflect and co-construct the worldviews and shared cultural knowledge of their producers and audiences“ (Bleichenbacher 2007: 111). Nur durch die Synchronisation (oder durch die Untertitelung), die die „Migration“ des Films in andere Länder, z.B. nach Deutschland, ermöglichte, wurde es möglich, dass auch deutsche Kinder mit der jungen Dorothy nach Oz reisen (*Der Zauberer von Oz*, USA 1939) und mit Mogli auf den singenden Bären Balu treffen konnten (*Das Dschungelbuch*, USA 1967); erwachsene Kinobesucher*innen konnten dadurch mit Kommissar John „Scottie“ Ferguson hinter das Geheimnis der Doppelgängerin seiner Geliebten kommen (*Vertigo – aus dem Reich der Toten*, USA 1958) oder das Leben des Charles Foster Kane miterleben (*Citizen Kane*, USA 1941). Filme, die (weltweit) Geschichte schrieben, konnten dies nur, weil ihre Geschichten in vielen Teilen der Welt verstanden werden können.

Die Art wie der filmische Stoff in eine andere Sprache migrieren kann, kann dabei variieren: Während bis Anfang der 1930er-Jahre noch die aufwändige Produktion von Sprachversionsfilmen populär war (vgl. Wahl 2005: 17ff.), in denen dieselben Filme in verschiedenen Sprachfassungen produziert wurden, gibt es heute vor allem zwei Möglichkeiten des sprachlichen Übertrags von Filmen: Die Synchronisierung und die Untertitelung. Während bspw. in Deutschland, Spanien oder Italien die Synchronisation bevorzugt wird, werden in skandinavischen Ländern anderssprachige Filme v.a. untertitelt (vgl. Herbst 2002: 1829). Dies hat unterschiedliche Gründe, ein entscheidender ist sicherlich der Kostenfaktor. Beide Varianten haben je nach Perspektive sowohl Vor- als auch Nachteile – wie noch zu zeigen sein wird –, aber sie erfüllen einen recht klaren Zweck: Sie übertragen Geschichten in andere Sprachen und Kulturen. Diese kulturelle Errungenschaft der Übertragung eines filmischen Stoffes in eine andere Sprache führt somit auch zu einer gewissen Erwartungshaltung: Zuschauer*innen in Deutschland und in Österreich sind es gewohnt, „ihre Landessprache auch dann zu vernehmen, wenn Filme im Ausland spielen – sei es das Ausland der Gegenwart oder der Vergangenheit" (Bauer 2019: 153). Die Synchronisierung eines anderssprachigen Films ist für deutsche Kinogänger*innen der sprachliche Standard – sie sind diese Form des sprachlichen Übertrags gewöhnt und erwarten diese im Umkehrschluss.

Nun gibt es aber Filme, die mit dieser Erwartungshaltung brechen: Sie erzählen in mehreren Sprachen bspw. von Reisen in abenteuerlich-fremde Zeiten, Länder oder Welten, von vor Kriegen fliehenden Figuren, von Beziehungen, die sich über die ganze Welt erstrecken oder von Figuren, die aus verschiedenen Teilen der Erde kommen und nun nebeneinander wohnen. Kurzum: Sie erzählen – manchmal gehüllt in das Gewand der Fantastik – von unserer mehrsprachigen Welt, unserer mehrsprachigen Gesellschaft, unserem mehrsprachigen Alltag. Die außerdiegetische Welt der Gegenwart ist von Mehrsprachigkeit geprägt, Mehrsprachigkeit gehört zu unserem Alltag – selbst in Deutschland, wo Mehrsprachigkeit im weltweiten Vergleich einen verhältnismäßig geringen Stellenwert einnimmt (vgl. Binanzer/Jessen 2020: 222). Und so gibt es auch immer mehr Filme, die diese mehrsprachige Realität in der sprachlichen Gestaltung ihrer Figuren berücksichtigen: Nicht alle Figuren verstehen einander, manchmal kann eine gemeinsame Mittlersprache gefunden werden, manchmal jedoch auch nicht, wodurch die dargestellte Kommunikation scheitert. Dies gilt auch für die Rezipierenden: Nicht immer verstehen sie nun das Gezeigte in Gänze. Wie in ihrer außerfilmischen, unsynchronisierten Realität eben auch. Mehrsprachigkeit wird in Filmen zunehmend häufiger realisiert, der mehrsprachige Film erfährt einen regelrechten Trend (vgl. Bauer 2019: 164).
In engem Zusammenhang mit der filmischen Mehrsprachigkeit steht sicherlich die Entwicklung des sog. ‚Transnational Cinema' (vgl. Rawle 2019) oder ‚World Cinema', das verstanden wird als „moderierende Einlassung, die Filmlandschaften jenseits des dominanten Paradigmas von ‚Hollywood' adressiert und dabei auch das europäische Kino provinzialisiert" (Ritzer/Steinwender 2017: 2). Damit einher geht eine Akzentverschiebung: Der Hollywood-Film (mit seinen spezifischen Verfahren)

ist nur eine Art des Films unter vielen anderen, dessen kulturelle Manifestation aber eben auch bestimmt wird von einer spezifischen Zeit und somit nicht immerwährend gegeben ist. Der Terminus ‚World Cinema' betont die Polyzentrik des Mediums, „dessen kulturelle Manifestationen sich zu differenten Zeiten an differenten Orten jeweils different in die Historie des Bewegtbildes einschreiben" (ebd.). Durch die zunehmende Popularität von Filmen aus anderen Kulturkreisen, die freilich auch eine Folge der zunehmenden Globalisierung ist, gewinnen auch andere filmische Verfahren an Popularität als die bereits durch Hollywood-Filme bekannten – dazu gehört eben auch die Verwendung anderer Sprachen. Die Popularität des Internationalen Films führt also gleichermaßen zu einer Popularität des mehrsprachigen Films.
Trotz dieser aufkommenden Popularität bezeichnet Bauer den mehrsprachigen Spielfilm als ein „weitgehend unerschlossenes Untersuchungsgelände" (Bauer 2019: 154). Überlegungen zum mehrsprachigen Film beschränkten sich v.a. auf die Eignung des Films für den Fremdsprachenunterricht. Wie und wozu Mehrsprachigkeit in Spielfilmen inszeniert werde, sei dagegen bisher noch nicht untersucht worden (vgl. ebd.). Erste Überlegungen hinsichtlich einer solchen Systematik stellte zwar Chris(toph) Wahl im Rahmen seiner Dissertation bereits im Jahr 2005 an, diese wurden jedoch bis heute kaum ausdifferenziert, wenngleich immer mehr mehrsprachige Filme produziert werden und sich somit als Untersuchungsgegenstände anbieten würden.

Trotz dieser bislang fehlenden Systematik des mehrsprachigen Films auf Seiten der Filmwissenschaft kann jedoch festgestellt werden, dass er vor allem in den letzten Jahren immer häufiger in den Fokus didaktischer Überlegungen gerät (vgl. z.B. Abraham 2014, 2015a, 2015b; Badstübner-Kizik 2015; Blell 2015, 2016; Tatzel 2020). Im Zentrum der Überlegungen steht dabei zunächst die Inter-/Transkulturalität des Mediums Film und seiner dargestellten Inhalte (vgl. Kepser 2015, Abraham 2015a). Gefragt wird im Anschluss daran zumeist nach dem sprachdidaktischen Potential des Mediums für den Muttersprachen- und/oder Fremdsprachenunterricht. Dieses wird vor allem darin vermutet, dass filmische Mehrsprachigkeit Anlässe zur Sprachreflexion und somit zum Anbahnen von Sprachbewusstheit böte (vgl. z.B. Abraham 2015b: 62ff.). Auch einzelne methodische Verfahren werden immer wieder genannt, wie bspw. das Untertiteln und Synchronisieren von mehrsprachigen Filmszenen (vgl. Blell 2015). Vor allem in der Deutschdidaktik bleiben solche Überlegungen zum sprach- und mediendidaktischen Potential des mehrsprachigen Spielfilms bislang jedoch eher schlaglichtartig und kommen über die Nennung in vereinzelten Aufsätzen nicht hinaus.

Diese Arbeit will nun versuchen, sich dieser zwei Desiderate anzunehmen: Erstens soll das filmische Verfahren der Mehrsprachigkeit näher kategorisiert werden. So soll sowohl aus einer formalen als auch aus einer funktionalen Perspektive untersucht werden, wie und warum Mehrsprachigkeit in Filmen verwendet wird und welche Wirkungen damit einhergehen. Diese Überlegungen sollen dann als Grundlage dienen, um zweitens das sprach- und mediendidaktische Potential des mehrsprachigen Spielfilms für den Deutschunterricht aufzuzeigen. Es wird dabei versucht, das Potential des polyglotten Films mit Blick auf fachspezifische Kompetenzanforderungen zu begründen und ein Konzept zu entwickeln, wie ein sprachbewusster Deutschunterricht anhand eines mehrsprachigen Spielfilms geplant werden kann. An drei Filmbeispielen sollen die deutschdidaktischen Überlegungen abschließend für die Primarstufe und Sekundarstufe 1 konkretisiert werden. So soll es gelingen, nicht nur inter-/transkulturelle Geschichten in den Deutschunterricht zu integrieren, sondern auch deren mehrsprachige Gestaltung in den Blick zu nehmen und zu reflektieren.

TEIL A

Der mehrsprachige Film – ein Kategorisierungsversuch

1 Sprache im Film – einführende Überlegungen

Dass es sich beim Medium Film um ein Zeichensystem handelt, würde wohl niemand bestreiten, wenngleich diese Erkenntnis nicht von Beginn des Mediums zum begrifflichen Konsens zählte. Vor allem zu Beginn des Tonfilms wurde der Film zu einem „realistischen Repräsentanzmedium“ (Descouvières 2003: 17) verklärt, das sich durch eine differenzierte und akzentuierte Figurenzeichnung sowie durch eine erhöhte Wirklichkeitsillusion auszeichnet (vgl. ebd.). Vor allem in Europa konnten filmische Strömungen beobachtet werden, „in denen der Film vorrangig zur vermeintlich authentischen Darstellung der sozialen Wirklichkeit gesellschaftlicher Verhältnisse“ (ebd.) genutzt wurde. Namhafte Vertreter einer solchen realistischen Filmtheorie waren bspw. André Bazins oder Siegfried Kracauer, die versuchten, den Kunstcharakter des Films durch seine möglichst große Nähe zur empirischen Wirklichkeit zu erklären (vgl. ebd.: 18).

Dementgegen entwickelte sich Ende der 1960er-Jahre die Theorie der Filmsemiotik, die alle Elemente eines Films als Zeichen deklariert und die Bedeutung eines Films aus der Beziehung zwischen filmischen Zeichen zu erklären versucht. Dadurch steht der Film immer noch in einer Beziehung zur empirischen Wirklichkeit, es wird jedoch nicht mehr davon ausgegangen, dass er diese möglichst getreu abzubilden versucht. Der Zeichenbegriff kann dabei auf die Ausführungen de Saussures zurückgeführt werden, der zwischen bedeutendem Signifikanten und bedeutetem Signifikat unterschied. Diese Zeichenhaftigkeit ist charakteristisch für Sprache, die Gegenstände durch sprachliche Zeichen repräsentieren will. Printmediale Texte sind auf das Zeichensystem der Schriftsprache beschränkt, zu bedeutende Gegenstände werden durch bedeutende Zeichen (in diesem Fall also Buchstaben bzw. Wörter) repräsentiert. Das Medium Film kann aufgrund seiner multimodalen Beschaffenheit als ‚zusammengesetztes Medium‘ dagegen auf mehrere Zeichensysteme zurückgreifen: auf Bild-, Sprach- und Tonzeichen (vgl. Descouvières 2003: 22). Diese filmischen Zeichen (Signifikanten) sind dem Gegenstand (Signifikat) oftmals näher, als es bei printmedialen Texten der Fall ist, wie Descouvières am Beispiel einer Rose illustriert: In einem printmedialen Text wird der Gegenstand der Rose (Signifikat) durch das arbiträre Sprachzeichen ‚Rose‘ (Signifikant) dargestellt. Im Film dagegen wird

das Signifikat vermutlich durch ein visuelles Zeichen, nämlich durch die Abbildung einer Rose, dargestellt. Signifikat und Signifikant sind in diesem Fall also durch eine starke Ähnlichkeitsbeziehung zueinander gekennzeichnet, weshalb Descouvières sie als „Kurzschluss-Zeichen" (ebd.: 19) oder als Ikon bezeichnet. Darüber hinaus unterscheidet er noch die beiden Begriffe Index und Symbol: Unter Index versteht er einen Signifikanten, der ein Signifikat durch Andeutungen repräsentiert (bspw. kann das Signifikat ‚Hitze' durch Schweiß oder ein Thermometer repräsentiert werden) (vgl. ebd.). Als Symbol bezeichnet er einen Signifikanten, der in keinem empirischen Zusammenhang zum Signifikat steht.
Festgehalten werden kann also, dass Film ein System ist, das Bedeutung durch Zeichen und deren Beziehung zueinander generiert. Die filmischen Zeichen (Signifikant), die Ton-, Sprach- oder Bildzeichen sein können, verweisen auf Gegenstände (Signifikat) aus der empirischen Wirklichkeit. Dabei können sich Signifikant und Signifikat ähneln, müssen es aber keinesfalls.

Das Zeichensystem in printmedialen Texten ist zumeist auf die Schriftsprache begrenzt. In Anlehnung an den erweiterten Textbegriff nach Barthes lässt sich auch der Film als Text bezeichnen (vgl. zur Frage der Texthaftigkeit des Films ausführlich Wildfeuer 2013), dessen Textstruktur sich durch die Gesamtheit der verschiedenen Zeichenverbindungen ergibt (vgl. Descouvières 2002: 22). Auch für den Film spielt das Zeichensystem Sprache sowohl in gesprochener als auch in geschriebener Form eine enorme Rolle, allerdings ist der Film im Gegensatz zum printmedialen Text nicht darauf beschränkt: so greift dieser zusätzlich bspw. auf Ton, Musik, Kameraeinstellung, Montage oder Mise en Scene zurück (vgl. Wildfeuer 2013: 41). Eines dieser filmischen Zeichensysteme ist auch die gesprochene Sprache (nicht zu verwechseln mit dem Terminus *Filmsprache*), die im Film sowohl auf der Bildebene (bspw. in Form von Inserts oder Schildern), auf der Tonebene (nämlich in Form von Liedern) als auch auf der Sprachebene (nämlich in Form der gesprochenen Sprache) vorkommen kann. Da die weiteren Ausführungen den sog. „mehrsprachigen Film" als Lerngegenstand für den Deutschunterricht umreißen wollen, ist es an dieser Stelle zentral, eine Einschränkung zu machen: Zwar können auch (ausschließlich) auf der Bildebene mehrere Sprachen realisiert werden, die weiteren Ausführungen wollen sich aber vor allem auf Filme spezialisieren, die mehrere Sprachen durch Sprach- und Tonzeichen realisieren.

An dieser Stelle bedarf es einer weiteren begrifflichen Einschränkung, nämlich hinsichtlich des Begriffs der Mehrsprachigkeit. Günther unterscheidet dabei zunächst zusammenfassend die Begriffe ‚innere' und ‚äußere' Mehrsprachigkeit voneinander, wobei er den allgemeinen Konsens der linguistischen Forschung beschreibt:

> *Innere Mehrsprachigkeit meint das Vorherrschen mehrerer Varietäten (Regionalismen) unter dem Dach einer Norm- und Standardsprache, einer wiederkehrenden Sprache, die alle in einer engen Beziehung und Verwandtschaft stehen, wie z.B. Alemannisch, Bayerisch, Fränkisch, Kölsch, Pfälzisch, Westfälisch und Saarländisch. Unter äußerer Mehrsprachigkeit ist das Nebeneinander mehrerer Sprachen zu betrachten, die nicht unter dem Dach einer Normsprache stehen, wie z.B. Deutsch, Englisch, Italienisch, Russisch, Tschechisch usw. (Günther 2012: 23).*

Diese Begrifflichkeiten, die vor allem der Unterscheidung auf gesellschaftlicher und bildungspolitischer Ebene dienen, können auch herangezogen werden, um den Lerngegenstand, den diese Arbeit einführen will, genauer einzuschränken. Unter mehrsprachigen Filmen werden die Filme verstanden, in denen Sprachen aufeinandertreffen, „die nicht unter dem Dach einer Normsprache stehen" (Günther 2012: 23). Ich beziehe mich also auf die Begrifflichkeit der äußeren Mehrsprachigkeit. Filme, in denen ausschließlich verschiedene Dialekte, also „Varietäten (Regionalismen) unter dem Dach einer Norm- und Standardsprache" (ebd.), aufeinandertreffen, beziehe ich in meine Ausführungen somit nicht ein, da deren deutschdidaktisches Potential noch einmal zu differenzieren wäre.

Filmische Mehrsprachigkeit tritt oftmals dann auf, wenn ein sog. Sprachkontakt dargestellt wird. Unter Sprachkontakt wird zunächst allgemein „die wechselseitige Beeinflussung von zwei oder mehreren Sprachen" (Riehl 2014: 12) verstanden. Dabei soll im Folgenden jedoch das soziolinguistische Verständnis der Sprachkontaktsforschung hervorgehoben werden, die nicht die Sprachen, sondern die Sprecher, die miteinander in Kontakt treten, in den Fokus ihrer Betrachtungen stellt: Ganze Gesellschaften oder einzelne Gruppen werden als „Ort des ‚Sprachkontakts'" (ebd.) gesehen; wenn innerhalb dieser Gruppen mehrere Sprachen gebraucht werden, kommen sie in Kontakt miteinander – es entsteht ein Sprachkontakt. Hervorgehoben werden soll zudem die Beobachtung Koldes (1981: 9f.), der dann von „gemischtsprachigen Gruppen" spricht, „wenn nicht alle Mitglieder die gleiche(n) Hauptsprache(n) haben". Dadurch kann eine Sprachgruppe entstehen, in der einige wenige Sprecher*innen jeweils nur über eine der gesprochenen Sprachen verfügen, wohingegen andere Mitglieder der Gruppe über die eine Sprache als Erstsprache und über die andere Sprache als Zweitsprache verfügen können. Auch die Möglichkeit, dass vereinzelte Mitglieder über beide Sprachen als Erstsprache verfügen, wäre denkbar (vgl. hierzu zusammenfassend Riehl 2014).

Mit Blick auf die Unterscheidung von innerer und äußerer Mehrsprachigkeit lassen sich zudem die Begriffe „Sprachkontakt" und „Varietätenkontakt" voneinander unterscheiden: Während Sprachkontakt die Unterscheidung zwischen „klar unterscheidbaren Formen von Standardsprachen" (Riehl 2014: 141) meint, versteht Varietätenkontakt das Aufeinandertreffen verschiedener Varietäten derselben Dachsprache, bspw. von Dialekten (vgl. ebd.). In dieser Arbeit stehen also Sprachkontakte im Fokus der Aufmerksamkeit.

Das System Film bedient sich verschiedener Ton-, Sprach- und Bildzeichen, um Bedeutung zu konstruieren. Diese Zeichen (Signifikante) verweisen auf Gegenstände (Signifikaten) aus der empirischen Wirklichkeit, wobei sich Signifikat und Signifikant mehr oder weniger stark ähneln können, dies aber nicht müssen. Auch die im Film gesprochene Sprache ist ein solches Zeichen (Signifikant), das (in der Regel) eine in der empirischen Wirklichkeit existierende Sprache (Signifikat) repräsentiert. Auch hier können sich Signifikant und Signifikat ähneln (bspw. wenn die Sprache von deutschen Film-Figuren tatsächlich durch deutsche Sprache repräsentiert wird), müssen es jedoch nicht, wie ein Blick auf Synchronfassungen illustriert: In *Citizen Kane* sind die dargestellten Figuren Amerikaner*innen, ihre Sprache ist also eigentlich Englisch (Signifikat). In der deutschen Synchronfassung sprechen die Figuren jedoch deutsch – durch die Synchronisierung wurde der Signifikant geändert. Signifikat (Sprache von amerikanischen Figuren) und Signifikant (deutsche Sprache der Synchronfassung) ähneln sich nun nicht mehr. Der Ansatz der Filmsemiotik besagt, dass es dem Film nicht darum geht, die empirische Wirklichkeit möglichst authentisch darzustellen, sondern durch Zeichensysteme Bedeutung zu konstruieren. Die verwendeten Zeichen verweisen dabei zwar auf die empirische Wirklichkeit, sie können dieser auch ähnlich sein, müssen es jedoch nicht. Ebenso verhält es sich auch mit dem Zeichensystem Sprache: die dargestellte Sprache der Figuren kann der empirischen Wirklichkeit ähnlich sein (bspw. wenn amerikanische Figuren Englisch sprechen), sie muss es aber nicht (bspw. wenn amerikanische Figuren in der Synchronfassung Deutsch sprechen). Im Fall von Synchronfassungen fungiert oftmals die Rezipierendensprache als Signifikant für ein anderes Sprachsystem. Dabei wird die Sprache, die den gewichtigsten Sprechanteil des Films hat, insofern abgeändert, als dass ein anderer Signifikant genutzt wird, um ein Sprachsystem zu repräsentieren. Mit dem Terminus der *Rezipierendensprache* soll zudem auf eben diesen Versionen-Status der sprachlichen Realisierung verwiesen werden, der bei der Migration des Films in andere Sprachkreise ganz selbstverständlich ist. Die im weiteren Verlauf der Arbeit gemachten Beobachtungen hinsichtlich der Sprache beziehen sich – falls nicht anders erwähnt – auf die deutsche Synchronfassung eines Films (sofern es sich um eine nicht-deutsche Produktion handelt), die Rezipierendensprache ist in diesem Fall also Deutsch. Durch den Begriff der Rezipierendensprache soll aber verdeutlicht werden, dass es sich hier nur um einen von verschiedenen möglichen Signifikanten handelt, der in anderen Ländern i.d.R. variiert.

Diese Überlegungen sind für die weitere Argumentation insofern wichtig, als dadurch klar geworden sein sollte, dass es nicht in erster Linie darum geht, Sprache im

Film durchweg authentisch darzustellen. Wenn im Folgenden von mehrsprachigen Filmen gesprochen wird, sind damit die Filme gemeint, in denen ein Sprachkontakt unter gewissen Bedingungen realisiert wird. Um einen Sprachkontakt zu realisieren, müssen sich Signifikat und Signifikant nicht unbedingt ähneln. Allerdings sollte sehr wohl konkretisiert werden, wie ein solcher Sprachkontakt realisiert werden kann und ob alle Realisierungsmöglichkeiten typisch für einen mehrsprachigen Film im Sinne dieser Arbeit sind. Der folgende Teil der Arbeit verfolgt das Ziel, Sprachkontakte in Spielfilmen hinsichtlich ihrer Form und Funktion zu systematisieren. Dadurch soll zunächst unter formalen Vorzeichen geklärt werden, wann ein Film tatsächlich als mehrsprachig bezeichnet werden kann und wann eben nicht. In einem anschließenden Kapitel sollen mögliche Funktionen des filmisch realisierten Sprachkontakts herausgearbeitet werden. Dadurch soll am Ende dieses ersten Teils der Arbeit eine Systematik entstehen, die einen Überblick gibt über die diversen formalen und funktionalen Möglichkeiten, die mit dem filmischen Sprachkontakt einhergehen können, und die zudem für die didaktische Anschlussarbeit nutzbar gemacht werden soll.

2 Formale Aspekte der Mehrsprachigkeit im Film

Die filmische Mehrsprachigkeit soll im Folgenden unter zwei verschiedenen Gesichtspunkten betrachtet werden: einerseits hinsichtlich ihrer formalen Realisierung (damit meine ich eine Ebene, die unabhängig von der Interpretation der Rezipierenden funktioniert), andererseits hinsichtlich ihrer funktionalen Realisierung (diese Ebene setzt eine aktive Interpretation durch die Rezipierenden voraus). Während das erste Teilkapitel also zunächst ganz deskriptiv danach fragt, wie Mehrsprachigkeit in den gesichteten Filmen realisiert wurde, fragt das zweite Teilkapitel danach, warum sich der Film des Verfahrens Mehrsprachigkeit (möglicherweise) bedient und welches Ziel damit einhergeht.

2.1 Taxonomie der Mehrsprachigkeit: Wann ist ein Film mehrsprachig?

Als erste Grundlage für die sprachliche Kategorisierung von Filmen dienen die literaturtheoretischen Überlegungen des tschechischen Sprach- und Literaturforschers Petr Mareš (u.a. 2000, 2003), der anhand der Untersuchung der wörtlichen Rede diegetischer printliterarischer Figuren die verschiedenen Arten von Mehrsprachigkeit in fiktionalen Texten in ein Kontinuum einordnete, das sich zwischen den beiden Extrempolen „eliminace" und „prezence" bewegt. Der schweizerische Anglist Lukas Bleichenbacher übersetzte Mareš' Taxonomie vom Tschechischen ins Englische und zeigt im Rahmen seiner Dissertation (2008b) sowie einiger Aufsätze (2007, 2008a, 2012), dass sich das literaturtheoretische Modell auch zur Beschreibung von filmischer Sprachlichkeit eignet.

Bleichenbacher benennt in Anlehnung an Mareš vier verschiedene Möglichkeiten, wie eine (eigentlich) mehrsprachige Situation in Filmen realisiert werden kann. Die folgende Tabelle, die einen Überblick über die vier Möglichkeiten gibt, ist eine vom Verfasser angefertigte deutsche Übersetzung der englischen Auflistung nach Bleichenbacher (2008: 24), welche wiederum auf den Ausführungen Mareš' basiert. Die Benennungen der vier Strategien finden sich in der Tabelle somit in dreifacher Form:

Auf Tschechisch (nach Mareš), auf Englisch (nach Bleichenbacher) und schließlich auf Deutsch, wie sie auch im Weiteren benannt werden sollen.

Die Grundfrage, die diesen Überlegungen zugrunde liegt, lautet: Wie wird welche Sprache bzw. welche Sprachvariation repräsentiert? Die folgenden Erläuterungen der einzelnen Strategien sollen dies verdeutlichen.

Eliminierung

Die erste Möglichkeit benennt Bleichenbacher in der englischen Übersetzung des tschechischen Modells als „Elimination"; die Mehrsprachigkeit wird also schlichtweg eliminiert bzw. nicht beachtet. Sämtliche diegetischen Sprachen und Sprachvarietäten werden durch *eine* Sprache (die Sprache der Rezipierenden) repräsentiert. Sprachliche Unterschiede von Figuren bleiben somit unmarkiert. Vor allem in Filmen des klassischen Hollywood-Kinos findet sich die Strategie der Eliminierung: der Kinozuschauer und die Kinozuschauerin verstehen jede Filmfigur unabhängig von ihrer tatsächlichen Herkunft. Besonders häufig ist dies in Westernfilmen zu beobachten. Obwohl in diesem Genre die kulturelle Begegnung (oft zwischen Nordamerikanern und amerikanischen Ureinwohnern) ein Hauptkriterium ist, wird diese oftmals nicht sprachlich realisiert.
Unter Umständen werden den Rezipierenden allerdings außersprachliche Hinweise[2] gegeben, die – sofern die Rezipierenden diese Hinweise richtig deuten – die eliminierte Sprache andeuten bzw. die kulturelle (und somit auch die eigentlich sprachliche) Verschiedenheit der sprachlich homogenen Figuren aufzeigen. Als signifikante Kennzeichen gelten herbei landestypische Wahrzeichen (ein Shot des Pariser Eifelturms zeigt, dass die Handlung in Frankreich spielt und legt die Vermutung nahe, dass somit mindestens auf der Straße Französisch gesprochen werden müsste), Landschaften oder Flaggen. So zeigt bspw. die Eingangsszene von *Der Junge im gestreiften Pyjama* (UK/USA 2008) in einer ersten Aufnahme eine wehende Hakenkreuzfahne. Sowohl Zeit als auch Ort sind dadurch für das Publikum bestimmbar, es ist klar, dass Deutsche auftauchen werden, deren Sprache Deutsch ist, auch wenn sie je nach Rezeptionsland in einer anderen Sprache kommunizieren. Auch Schilder in der Landessprache geben Hinweise auf die filmisch gezeigte Region. Die Rezipierenden können schließlich auch über eingeblendete schriftliche Inserts über Ort und Zeit des Gezeigten informiert werden. Auch mögliche Vorgeschichten, die sich vor dem Ge-

2 Wahl (2008: 337) bezeichnet dies als „postcarding" und meint damit die Repräsentation bestimmter Umgebungen durch das Einblenden von signifikanten Landschaften oder Wahrzeichen. Diese Postcards können – sofern für die Handlung notwendig – übersetzt werden, müssen es jedoch nicht. Ähnliche Hinweise auf der Audio-Spur (z.B. „Monsieur" oder „Bon soir") bezeichnet er demzufolge als „Audio-Postcarding".

	Am weitesten von der außerfilmischen Realität entfernt			Am nächsten an der außerfilmischen Realität
Strategie	eliminace elimination **Eliminierung**	signalizace signalization **Signalisierung**	evokace evocation **Evokation**	prezence presence **Präsenz**
Verwendung anderer Sprachen	Eine andere Sprache wird weder verwendet noch metasprachlich benannt	Eine andere Sprache wird durch eine Erzählinstanz oder durch eine diegetische Figur benannt, jedoch nicht verwendet	Eine andere Sprache wird durch Sprach-Interferenz-Phänomene (z.B. Akzente) angedeutet, evtl. wird an einzelnen Stellen Code-Switching verwendet	Eine andere Sprache wird verwendet
Hinweis auf andere Sprachen	Der Hinweis auf die andere Sprache erfolgt nicht sprachlich, sondern ist abhängig von der Fähigkeit der Rezipierenden, außersprachliche Hinweise (z.B. spezifische regionale Wahrzeichen) zu erkennen und entsprechend zu interpretieren	Durch einen metasprachlichen Kommentar wird auf eine andere Sprache hingewiesen.	Abhängig von der korrekten Interpretation der sprachlichen Interferenzen (bspw. Zuordnung eines entsprechenden Akzents)	Vollständiger Hinweis aufgrund der Verwendung einer anderen Sprache
Verständnis der Rezipierenden	Vollständiges Verstehen der gesprochenen Sprache	Vollständiges Verstehen der gesprochenen Sprache	Vollständiges Verstehen der gesprochenen Sprache, außer bei Verweigerung gegenüber oder Verständnisschwierigkeiten bei einer Nicht-Standard-Variation	Kein Verständnis, sofern die Sprache nicht übersetzt wird (z.B. durch Untertitelung)

Tabelle 1 Taxonomie Mehrsprachigkeit in Spielfilmen (in Anlehnung an Mareš 2000, Bleichenbacher 2008b: 24)

zeigten ereignet haben, können bereits durch diese Titel vorweggenommen werden, wie Bleichenbacher an der Eingangssequenz zu *Der Pianist* (F/UK/D/PL 2002) zeigt (vgl. Bleichenbacher 2008a: 183).

Signalisierung

Die zweite Strategie der Darstellung filmischer Mehrsprachigkeit ist die sog. „Signalization". Anders als bei der Eliminierung wird eine andere Sprache nicht gänzlich getilgt, sondern die Mehrsprachigkeit wird zumindest auf einer metasprachlichen Ebene zum Ausdruck gebracht. Die andere Sprache und etwaige Sprachkenntnisse werden also benannt, die diegetische Sprache ist jedoch wie bei der Eliminierung die Standardvarietät der Rezipierendensprache (vgl. Bleichenbacher 2008a: 185).
So trifft bspw. in der Karl-May-Verfilmung *Winnetou 1. Teil* (BRD/YUG/F 1963) ein deutscher Landvermesser, der von allen nur Old Shatterhand genannt wird, im texanischen El Paso sowohl auf US-Amerikaner als auch auf indigene Apachen. Sie alle verstehen einander, da sowohl Old Shatterhand als auch die US-Amerikaner Standard-Deutsch sprechen. Der Hinweis darauf, dass mit dieser Standardvarietät jedoch sowohl das Deutsche als auch das US-Amerikanische repräsentiert werden, erfolgt durch die Figur Santer. Er weist darauf hin, dass Old Shatterhand Deutscher ist und legt somit implizit die Vermutung nahe, dass er eigentlich Deutsch bzw. Englisch mit einem deutschen Akzent sprechen müsste: „Die Aufsicht hat ein Greenhorn – ein Kerl, der uns nicht viel Mühe machen wird – ein Deutscher, der gerade aus dem Osten gekommen ist" (Winnetou 1. Teil 00:07:20 – 00:07:27).
In der Regel erweist sich das Signalisieren der Mehrsprachigkeit als eine sinnvolle Strategie, um die diegetische Mehrsprachigkeit anzudeuten, ohne das Verständnis der Rezipierenden durch eine andere Sprache oder Sprachvarietät zu beeinträchtigen. Allerdings setzt diese Strategie die punktuelle Aufmerksamkeit der Rezipierenden in genau diesem einen Moment voraus. Eine mehrmalige Signalisierung der sprachlichen Gegebenheiten wirke dagegen eher seltsam redundant, es sei denn, die Erzählung verlange nach mehrmaligen metasprachlichen Hinweisen auf die Mehrsprachigkeit (vgl. Bleichenbacher 2008a: 185), bspw. wenn eine Figur mehrmals vorgestellt wird, da sie im Laufe der Handlung verschiedenen anderen Figuren begegnet.

Evokation

Die dritte Strategie der Realisierung filmischer Mehrsprachigkeit benennt Bleichenbacher als „Evocation". Dabei wird die andere Sprache durch eine mit i.d.R. Akzent markierte Varietät der Rezipierendensprache dargestellt. Als Beispiel nennt Bleichenbacher hierfür die Darstellung des Spanischen in vielen Hollywoodfilmen: Dabei sprechen die dargestellten Spanischsprecher*innen in den Originalversionen auch untereinander Englisch mit spanischem Akzent oder lassen eine gewisse Anzahl an kurzen Code-Switchings einfließen.

In dem Agententhriller *Red Sparrow* (USA 2018), der einen politischen Konflikt zwischen dem russischen Auslandsgeheimdienst SWR und der amerikanischen CIA thematisiert, werden zwei diegetische Sprachen gesprochen: Russisch und Englisch. In der englischsprachigen Originalfassung sprechen die amerikanischen Agenten erwartungsgemäß amerikanisches Englisch, das Russische wird jedoch im Sinne der Strategie *Evocation* durch eine mit russischem Akzent eingefärbte Varietät des US-Amerikanischen dargestellt. Auch in der deutschen Synchronfassung wird diese Strategie aufgegriffen: die amerikanischen Agenten sprechen Standarddeutsch, die russischen Agentinnen und Agenten sprechen Deutsch mit einem russischen Akzent. Wie auch bei den Strategien *Elimination* und *Signalization* wird durch diese Darstellungsweise der Mehrsprachigkeit das durchgängige Verständnis der Rezipient*innen sichergestellt, weshalb sich diese Strategien v.a. für Filme anbieten, die als sog. Blockbuster[3] ein großes Publikum ansprechen und dadurch hohe Einnahmen generieren sollen.
Problematisch, weil unlogisch wird die Strategie Evokation dann, wenn beide Sprachvarianten – im gewählten Beispiel Russisch und Englisch – aufeinandertreffen und eine Mittlervarietät gefunden werden muss, in der die Figuren miteinander kommunizieren. Eine solche Mittlersprache oder -varietät stellt in der realen Welt bspw. das Englische oder die L1 einer der beiden Kommunikationsteilnehmer*innen dar, über die beide Sprecher*innen verfügen. In einer echten Kommunikation zwischen einer Person mit L1 Russisch und einer Person mit L1 Englisch wäre die Mittlersprache dann höchstwahrscheinlich Englisch, wobei derjenige, der Englisch als Zweit- oder Fremdsprache erworben hat, durch einen mehr oder weniger starken russischsprachigen Akzent gekennzeichnet wäre. So wird in *Red Sparrow* auch die Kommunikation zwischen der russischen Agentin Dominika Egorova (gespielt von Jennifer Lawrence) und dem amerikanischen Agenten Nate Nash (gespielt von Joel Edgerton) realisiert. Die russische Dominika spricht mit Nash Englisch mit einem starken russischen Akzent, in der deutschen Synchronfassung spricht sie entsprechend Deutsch mit russischem Akzent. De facto variiert die sprachliche Darstellung Dominikas also während des gesamten Films nicht, sie spricht durchgehend Deutsch mit russischem Akzent, unabhängig davon, ob sie mit Ihrer Mutter und anderen russischen Muttersprachler*innen oder mit englischen Muttersprachler*innen kommuniziert. Die akzentbehaftete Varietät des Deutschen (Signifikant) repräsentiert somit also zwei unterschiedliche Sprachsysteme (Signifikate): Russisch als L1 und ein als

3 Auch Bordwell sieht den finanziellen Gewinn als Hauptkriterium zur Bestimmung eines Blockbusters: „Budgeted at the highest level, launched in the summer or the Christmas season, playing off a best-selling book or a pop-culture fad like disco, advertised endlessly on television, and then opening in hundreds (eventually thousands) of theaters on the same weekend, the blockbuster was calculated to sell tickets fast" (Bordwell 2006: 3).

L2 markiertes Englisch.[4] Die Strategie Evokation kann also als geeignetes Verfahren dienen, um filmische Mehrsprachigkeit anzudeuten, ohne dass das Verständnis der Rezipierenden maßgeblich eingeschränkt wird; vor allem in Situationen des Sprachkontakts besteht jedoch die Möglichkeit, dass Evokation zu einem Bruch der sprachlichen Logik führen kann.

Präsenz

Die letzte Strategie zur Realisierung von Mehrsprachigkeit ist schließlich die absolute Präsenz („Presence") einer anderen Sprache. Erfordert die Handlung mindestens eine zweite Sprache, so wird diese als ebensolche im Film verwendet; die zweite Sprache repräsentiert sich selbst. Wird in einer Varietät (bspw. mit einem Akzent) gesprochen so repräsentiert diese Varietät sich selbst und– im Gegensatz zur Evokation – nicht eine andere Sprache. Ein Beispiel soll dies verdeutlichen: Das Fantasydrama *The Shape of Water* (USA 2018) spielt zu Zeiten des Kalten Krieges und greift den politischen Konflikt zwischen Amerika und Russland unter dem Deckmantel einer Auseinandersetzung um ein mystisches Wasserwesen auf. In der englischen Originalfassung sprechen die amerikanischen Figuren Englisch, die russischen Figuren Russisch. Das diegetische Russische wird also durch Russisch repräsentiert – nicht wie in *Red Sparrow* durch Englisch mit einem russischen Akzent. Auch in der deutschen Synchronfassung bleibt diese Zweisprachigkeit erhalten: Zwar wird das Englische, das als Rezipierendensprache gilt, ins Deutsche synchronisiert, die russischen Figuren sprechen aber trotz Synchronisation weiterhin Russisch.

Hier klingt etwas an, das in anderen Arbeiten zu mehrsprachigen Filmen kritisiert werden könnte (vgl. bspw. Wahl 2005: 145): die Frage, ob ein synchronisierter Film

4 Trotz des offensichtlichen logischen Bruchs, der durch die sprachliche Darstellung der Figuren erzeugt wird, stören sich die Rezipierenden kaum an der Umsetzung der gesprochenen Sprache in *Red Sparrow*. Böcking (2008) bezeichnet dieses Phänomen als „Suspension of Disbelief (SoD)" – sie folgt mit dieser Begrifflichkeit, die in der Literatur-, Theater- und Kommunikationswissenschaft eine lange Tradition hat, dem amerikanischen Literaturkritiker Norman Holland. Unter SoD versteht Böcking „die während der Rezeption fiktionaler narrativer Filme stattfindende tolerante Verarbeitung wahrgenommener Störungen bezüglich der Filminhalte" (Böcking 2008: 1) – die sprachlich bedingten „Störungen" werden also bei Toleranz der Rezipienten nicht als solche wahrgenommen. Diese Rezeptionshaltung, die bereits vor Rezeptionsbeginn einsetzt (vgl. Böcking/Wirth/Risch 2005: 44) – wenn man so will, also mit dem Eintritt in den Kinosaal – verläuft auf zwei Ebenen: Die fiktionale Welt wird zum einen als eine solche akzeptiert, was sämtliche Unterscheidungen von der realen Welt einschließt, zum anderen werden alle ablenkenden oder störenden Faktoren unterdrückt (vgl. ebd.: 46), die den Filmgenuss beeinträchtigen, so also bspw. auch die sprachlichen Unstimmigkeiten.

als mehrsprachiger Film bezeichnet werden kann. Um diese Frage klarer beantworten zu können, soll an dieser Stelle zunächst einmal ein erstes Kriterium benannt werden, das einen mehrsprachigen Film – wie er in dieser deutschdidaktischen Arbeit verstanden wird – auszeichnet: ein Film gilt nur dann als mehrsprachig, wenn er eine mehrsprachige Begegnung, also eine Begegnung zwischen zwei Figuren mit verschiedenen sprachlichen Hintergründen, auf der akustischen Ebene realisiert. Er sollte sich hierbei der Strategie „Präsenz" bedienen, also verschiedene Sprachen durch verschiedene Sprachen (nicht verschiedene Varietäten) realisieren. Dies bedeutet nun nicht, dass eine filmische Figur die Rezipierendensprache mit Akzent nicht sprechen darf. Diese sprachliche Fähigkeit muss jedoch entsprechend motiviert werden, bspw. indem die Rezipierendensprache ebenso als Mittlersprache dient und die L2-sprechende Figur durch einen Akzent markiert wird.

Einen Schritt weiter in der Bestimmung des mehrsprachigen Films geht Chris Wahl, der sowohl in seiner Dissertation (Wahl 2005) als auch in diversen Aufsätzen (z.B. 2008) das Genre[5] des polyglotten Films definiert: Neben der formalen Mehrsprachigkeit bezieht er sich auch auf einen inhaltlichen Aspekt, der einen polyglotten Film als einen solchen ausmacht: die verwendeten Sprachen müssen als ein Symbol für die Beziehungen zwischen den Figuren fungieren (vgl. Wahl 2008: 347). In einem polyglotten Film müssen also die verschiedenen Sprachen nicht nur im Sinne der Strategie Präsenz gesprochen werden, sondern sie müssen auch miteinander in Kontakt treten, um dadurch ein gegenseitiges Verstehen oder Nicht-Verstehen aufzuzeigen. Jim Jarmuschs Episodenfilm *Night on Earth* (USA 1991) zählt Wahl daher nicht zum Genre des polyglotten Films: Zwar werden die gesprochenen Sprachen (u.a. Englisch, Französisch, Italienisch, Finnisch) als verschiedene Sprachen (also im Sinne der Strategie Präsenz) realisiert, sie kommen jedoch nicht in Kontakt miteinander, da die jeweiligen Episoden an unterschiedlichen, einsprachigen Schauplätzen spielen und die Handlungsstränge und somit auch die Sprachen nicht miteinander verbunden sind (vgl. ebd.). Daher definiert Wahl zusammenfassend alle Filme als polyglott bzw. als mehrsprachig, „in denen die Verwendung mehrerer Sprachen als nicht nur formales, sondern auch inhaltliches Gestaltungselement verstanden wird" (Wahl 2007: 70). Ohne die stark limitierende Vorlage Wahls in Gänze zu teilen, soll die von ihm vorgenommene Zweiteilung von Form und Funktion auch in diesem Rahmen berücksichtigt werden. Auf einer formalen Ebene ist somit zunächst einmal festzuhalten, dass ein Film dann als mehrsprachig gelten kann, wenn auf der Tonebene mindestens zwei verschiedene Sprachen verwendet werden, um Sprachkontakte zu realisieren.

5 Vgl. zur Genrefrage explizit Kapitel 3.5.

2.2 Verstehen anderssprachiger Textteile

Die Frage, wie ein Film in eine andere Rezipierendensprache übertragen werden kann, ist keine, die ausschließlich den mehrsprachigen Film betrifft oder die erst durch diesen aufkommt. Zu Beginn der Tonfilmzeit wurde bis in die 1930er-Jahre hinein der sprachliche Übertrag damit gelöst, dass ein Film in verschiedenen Sprachversionen gedreht wurde (Versionenfilme). Vor der gleichen Kulisse, mit gleichen Kostümen und Requisiten wurde der Film mit verschiedenen Schauspieler*innen jeweils in deren Erstsprache erneut produziert (vgl. ausführlich zur Entwicklung vom Stummfilm zum Tonfilm die Dissertation von Chris Wahl [2005]). Seit den Dreißigerjahren des 20. Jahrhunderts wird auf diese aufwändige Art des sprachlichen Übertrags verzichtet – nunmehr wird mit einem einzigen Filmnegativ gearbeitet, in welches entweder Untertitel oder eine andere Dialogspur eingefügt werden müssen (vgl. Wahl 2005: 17). Bis dato finden genau diese beiden Varianten Anwendung, wenn es um die Übertragung eines Films von einer Sprache in die andere geht: Die **Synchronisierung** und die **Untertitelung**. Beide Verfahren sind kulturelle bzw. „cross-kulturelle" Praxen, da sie Rezipient*innen den Zugang zu filmischen Texten ermöglichen, die sie aufgrund mangelnder oder marginaler Kenntnisse der Originalsprache eigentlich nicht verstehen könnten. Dadurch können auch Deutsche, Spanier*innen oder Italiener*innen ohne englische Sprachkenntnisse amerikanische Blockbuster rezipieren, auf sie reagieren und über sie kommunizieren. Untertitelung und Synchronisation sind somit maßgebliche Einflussfaktoren einer globalen Partizipationskultur. Guillot arbeitet die cross-kulturelle Funktion von Untertitelung und Synchronisation heraus und bezeichnet die dadurch übersetzten Texte als zweifache Fiktion, da sie den Originaldialog, der ja selbst bereits nur den Schein eines authentischen Dialogs hat, wiederum so erscheinen lässt, als wäre er in einer anderen Sprache verständlich: „AVT [= audiovisual translation; S.T.] language is fictional language, with the additional twist of mediating text and meaning across languages and cultures in a multimodal context in which source and target remain intertextually linked" (Guillot 2017: 387).
Guillot spricht von einer „unique three-way relationship" (Guillot 2017: 401), also einem Dreischritt, von (1) natürlicher Kommunikation, (2) der im Film durch einen Erzähler entworfenen fiktiven Repräsentation einer natürlichen Kommunikation und schließlich (3) der anderssprachlichen Repräsentation des filmischen Dialogs durch Untertitelung oder Synchronisation (vgl. Guillot 2017: 401). Dabei sind zwei Aspekte vor allem zu betonen: zum einen stellt Guillot heraus, dass durch die sukzessive Übersetzung einzelner Dialoge und die Einhaltung normativer Richtlinien die Gefahr bestehe, den Duktus der Gesamterzählung (der im Sinne des Autorenfilms einer einzelnen Person, im Allgemeinen aber auch einem Autorenkollektiv zugerechnet wird) außen vor bleiben kann (vgl. ebd.: 402). Zum anderen weist sie auf kulturelle Asynchronitäten („cultural a-synchrony") hin und meint damit Unstimmigkeiten

zwischen dem „Fremden", das auf Bildebene gezeigt wird, und dem ins „Bekannte" Übertragene, das auf Tonebene gehört (Synchronisation) oder auf Textebene gelesen (Untertitelung) werden kann.

Die Besonderheit des mehrsprachigen Films liegt darin, dass sich die beiden crosskulturellen Praxen Synchronisation und Untertitelung nicht per se ausschließen. Hier geht es weniger darum, sich für die eine und somit gegen die andere Variante der sprachlichen Übertragung zu entscheiden, sondern diese so miteinander zu verbinden, dass einerseits der Sprachkontakt durch verschiedene Sprachsysteme realisiert werden kann und andererseits die Rezipierenden das Gesprochene verstehen können, auch wenn eine andere als die Rezipierendensprache verwendet wird. Im Gegensatz zu Chris Wahl, der betont, dass eine Synchronisation der Originalstimmen dem Genre des polyglotten Films nicht gerecht würde, da dadurch „die Abbildung der Komplexität von Beziehungsgeflechten" (Wahl 2005: 145) unterlaufen würde, geht diese Arbeit davon aus, dass mehrsprachige Filme durchaus synchronisiert[6] werden können. Dabei darf jedoch nur eine Sprache auf der akustischen Ebene (= Signifikat) in die Sprache der Rezipierenden (= Signifikant) übertragen (also synchronisiert) werden. Diese Übertragung sollte zudem einer diegetischen Logik folgen, d.h. die Rezipierendensprache repräsentiert ein Sprachsystem. Andere Sprachen sollten dementsprechend nicht oder zumindest durch ein anderes Sprachsystem als das der Rezipierendensprache synchronisiert werden.

Die folgenden Überlegungen sollen sich nun mit der Frage auseinandersetzen, wie also die Sprechteile, die nicht in die Rezipierendensprache synchronisiert werden, dem Verständnis der Rezipierenden zugänglich gemacht werden können. Hierfür können drei Verfahren unterschieden werden: Die bereits erwähnte Untertitelung, die diegetische Dolmetscher-Figur sowie das Nicht-Übersetzen anderer Sprachen.

2.2.1 Die Untertitelung

Der Übersetzungswissenschaftler Alexander Künzli definiert die Untertitelung als

> *bimodale (auditive und visuelle), multimediale (mit Blick auf den Erstellungsprozess: Computer und Dialogliste sowie, allenfalls, Smartphone zum parallelen Download weiterer Informationen während der Rezeption des Films), multicodale (Dialoge, Geräuschkulisse) und multidimensionale [...] Form der Translation (Künzli 2017: 35).*

Multidimensional ist die Untertitelung nach Künzli deshalb, weil ein Code-Wechsel zwischen der gesprochenen Sprache des Films und der geschriebenen Sprache der Untertitel stattfindet.

6 Vgl. ausführlich zur Synchronisierung mehrsprachiger Spielfilme Heiss 2004.

Maßgebend für formale Kriterien zur Untertitelung ist seit dem Ende der 1990er-Jahre der „Code of Good Subtitling Practice" der beiden Übersetzungswissenschaftler*innen Mary Carroll und Jan Ivarsson (1998). Diese vielzitierte Liste wird bis heute zur Ausbildung von Untertitler*innen und zur qualitativen Beurteilung von Untertiteln herangezogen. Der „Code of Good Subtitling Practice" (Ivarsson/Carroll 1998: 157f.) benennt 25 Punkte[7], die sich mit den Fragen beschäftigen, welche Aufgaben die Arbeit eines Übersetzers oder einer Übersetzerin beinhaltet, was untertitelt werden sollte und welchen formalen wie inhaltlichen Kriterien die Untertitel entsprechen sollten. Zusammenfassend machen Carroll und Ivarsson „gutes" Untertiteln an den folgenden Punkten fest:

Untertitel sollten aus einer bis höchstens zwei Zeilen bestehen, die im Idealfall syntaktische Einheiten oder Sinneinheiten bilden und deren Einblendzeit je nach Länge des Untertitels zwischen einer und sieben Sekunden liegt und sich somit am durchschnittlichen Lesetempo der Zuschauer*innen orientiert. Ein- und Ausblenden sollten synchron zur Dialog- und Schnittgeschwindigkeit verlaufen, ohne dabei die durch die gesprochene Sprache intendierte Spannung oder Überraschung zu unterlaufen. Inhaltlich übersetzen Untertitel sowohl die gesprochenen als auch die geschriebenen Informationen (wie Schilder, Notizen) im Film sowie handlungstragende Lieder. Auch „überflüssige" Informationen wie Namen oder Ausrufe sollten aufgrund der hörbeeinträchtigten Rezipient*innen in der Zielsprache untertitelt werden. Dabei übertragen Untertitel gesprochene in geschriebene Sprache. Aufgrund der formalen Kriterien (zwei Zeilen, die eine Einheit bilden und einen gewissen Umfang nicht überschreiten) kann es sich nicht um einen 1:1-Übertrag der gesprochenen in die Schriftsprache handeln. Stattdessen plädieren Carroll und Ivarsson im Zuge einer besseren Lesbarkeit an geeigneten Stellen für Kürzungen oder für eine Vereinfachung der Satzstruktur, wobei die Kohärenz des Textes jedoch gewährleistet bleiben muss und wichtige Inhalte nicht gekürzt werden sollten. Die Übersetzung sollte dabei der gesprochensprachlichen Ausdrucksweise so nah wie möglich kommen und daher idiomatische und kulturelle Nuancen oder Besonderheiten der gesprochenen Sprache abbilden. Dabei sollen Text und Bild wenn möglich weitgehend synchron laufen. Zudem gilt, dass die Untertitel das gezeigte Bild nicht beeinträchtigen dürfen, weshalb bei einem zweizeiligen Untertitel die obere, „bildnähere" Zeile kürzer sein sollte, um gezeigte Inhalte nicht zu verdecken (vgl. ebd.: 157f.). Ergänzt werden kann abschließend, dass Untertitel in der Regel 36 bis 40 Zeichen pro Zeile umfassen, Satzzeichen und Leerzeichen sind dabei inbegriffen (vgl. Guillot 2017: 400).

Künzli (2017: 38) macht darauf aufmerksam, dass empirische Belege für die von Carroll und Ivarrson formulierten Regeln zur Untertitelung fehlen und dass einzelne

7 Online abrufbar ist eine um einen Punkt erweiterte Fassung des "Code of Good Subtitling" (https://www.esist.org/wp-content/uploads/2016/06/Code-of-Good-Subtitling-Practice.PDF.pdf)

Untersuchungen die etablierten Richtlinien nicht stützen bzw. ein Verständnis des Gesehenen trotz Abweichung von den Regeln der „guten Untertitelung“ feststellen können (vgl. hierzu ausführlicher Perego et al. 2010 oder Guillot 2007). Zudem betont Künzli, dass eine formale Regulierung von Untertiteln nicht zu einer inhaltlichen oder sprachlichen Verknappung führen darf, wozu der „Code of Good Subtitling Practice“ und andere ähnlich geartete Ratgeber (unbeabsichtigterweise) animieren (vgl. Künzli 2017: 38).
Subsumierend zeigt sich durch den „Code of Good Subtitling Practice“ jedoch recht anschaulich, zwischen welchen beiden Polen sich die Untertitelung bewegt: Zum einen handelt es sich dabei um Schriftsprache – durch eine grammatikalische wie orthographische Regelhaftigkeit, eine hohe Informationsdichte sowie konstruierte Satzgebilde entsprechen sie den typischen Anforderungen der Schriftlichkeit. Dennoch sollen sie zeitgleich möglichst authentisch die (fingierte) gesprochene Sprache abbilden, die sich durch Varietäten, Pausen oder unvollständige Sätze auszeichnet, die in Untertiteln deshalb auch gekennzeichnet werden sollen. Dabei darf jedoch nicht vergessen werden: Bei filmischer Sprache handelt es sich nicht um authentische Sprache, sondern lediglich um die Inszenierung von authentischer Sprache, die dieser je nach Kontext mehr oder weniger gleicht, die aber im Kern konstruiert und keinesfalls spontan ist.

Bei Carroll und Ivarrson deutet sich mit dem Hinweis auf hörbeeinträchtigte Rezipierende etwas an, was sich bis heute als problematisch erweist: Die Frage nach der Zielgruppe für Untertitelungen. So unterscheiden sich die Untertitelungen für hörbeeinträchtige Rezipierende maßgeblich von den Untertiteln, die kurze anderssprachige Textteile für normal-hörende Rezipierende übersetzen. Um für deutschdidaktische Anknüpfungspunkte weiterdenken zu können, erweist es sich als sinnvoll, die Arten der Untertitelung genauer zu systematisieren.
Ein in unserem Fall offensichtliches Unterscheidungsmerkmal ist die Frage, ob die Untertitelung mit einem Sprachtransfer einhergeht oder nicht. So werden Untertitel, die dieselbe Sprache wie die Filmdialoge zeigen, als **intralinguale** Untertitel bezeichnet, **interlinguale** Untertitel dienen dagegen der Übersetzung, da sie in einer anderen Sprache verfasst sind, als sie auf der akustischen Ebene zu hören ist (vgl. Reinart 2018: 63).
Der Fokus der folgenden Ausführungen soll auf interlingualen Untertiteln liegen, die Funktionen intralingualer Untertitel sollen jedoch nicht unerwähnt bleiben: Reinart attestiert ihnen zuvörderst eine Hilfsmittelfunktion, bspw. wenn sie sprachliche Varietäten[8] einem „breiten Rezipientenkreis“ (Reinart 2018: 64) zugänglich machen, wenn

8 Damit meint Reinart mutmaßlich Dialekte oder Soziolekte, die dem Standardsprecher nicht oder nur bedingt geläufig sind.

in Dokumentarfilmen „undeutlich artikulierte oder allzu leise vorgebrachte Aussagen von Auskunftspersonen“ (ebd.) verdeutlicht werden sollen, wenn die Deixis eines Films konkretisiert werden soll (bspw. durch Orts- oder Zeitangaben) oder wenn Untertitel Hintergrundinformationen zum Gezeigten liefern (vgl. ebd.). Eine besondere Art der intralingualen Untertitel stellen die sog. Untertitel für Hörgeschädigte dar (im Folgenden soll hier die internationale Abkürzung *SDH* (subtitles for the deaf and hard-hearing) verwendet werden). Wichtig ist dabei: eine Gleichsetzung der beiden Begrifflichkeiten (*Untertitelung* und *SDH*) ist nur bedingt zutreffend. Da Informationen im Film nicht nur durch das Gesagte, sondern auch durch die Art und Weise, *wie* etwas gesagt wird, vermittelt werden, unterscheiden sich SDH von Untertiteln für Menschen mit durchschnittlichem Hörvermögen, die ja zumindest die Lautstärke, Intonation oder die unterlegte Musik trotz fehlender Sprachkenntnisse hören können. SDH geben daher einerseits Hinweise auf parasprachliche Merkmale (Stimmqualität, Sprechrhythmus, Sprechmelodie sowie „sprachunabhängige“ Formen der Lautproduktion wie Hüsteln, Lachen oder Räuspern) und andererseits verschriftlichen sie Hinweise auf handlungsrelevante Hintergrundmusik oder Geräusche. Zudem muss der jeweilige Sprecher oder die Sprecherin durch die Untertitel markiert werden, hierbei werden oft verschiedene Schriftfarben verwendet (vgl. Reinart 2018: 66 f.).

Auch **interlingualen** Untertiteln kann zuvörderst eine Hilfsmittelfunktion zugesprochen werden. Sie dienen dazu, anderssprachige Szenen in die Sprache der Rezipierenden zu übersetzen und somit ein Verständnis der gezeigten Szene zu gewährleisten. Reinart unterscheidet hier wiederum die **monolingual interlingualen Untertitel**, wenn die Ausgangsdialoge in lediglich eine Sprache übersetzt werden, und die **multilingual interlingualen Untertitel**, wenn die Ausgangsdialoge in zwei oder mehr Sprachen übertragen werden, was bspw. in Finnland die Regel ist, wo jeweils finnische und schwedische Untertitel eingeblendet werden (vgl. Reinart 2018: 63).

Vor allem in international erfolgreichen amerikanischen Musikfilmen ist die interlinguale Untertitelung kein ungewöhnliches Verfahren. In diesem Genre ist die Musik handlungstragend: Figuren nutzen Lieder im Sinne eines inneren Monologs zum Ausdruck ihrer Gedanken und Gefühle oder sie kommunizieren in und durch Lieder miteinander. Die Erzählstruktur changiert somit zwischen den beiden Polen „Narration und Nummer“ (Trenka 2013: 149). In Musikfilmen, die sich an ein erwachsenes Publikum richten, ist die Synchronisation der gesungenen Parts eher ungewöhnlich; dies liegt einerseits an filmtechnischen andererseits an rezeptionsorientierten Gründen. Während die gesprochene Sprache (*Narration*) – zumindest im deutschen Sprachraum – in vielen Fällen synchronisiert wird, verbleiben die gesungenen Sequenzen (*Nummer*) in der Regel in ihrer Originalsprache. Um das Verständnis für den gesungenen Inhalt zu sichern, wird auf die Möglichkeit der Untertitelung zu-

rückgegriffen. Dies lässt sich besonders bei aktuellen Musicalfilmproduktionen aus dem angloamerikanischen Raum beobachten (vgl. jüngst bspw. *La-La-Land* [USA 2016], *Greatest Showman* [USA 2017] oder *Mamma Mia. Here we go again* [UK/ USA 2018]) sowie bei Musikfilmen aus dem indischen Raum (sog. Bollywood-Filmen). Anders verfahren dagegen Musikfilme für Kinder, populär sind hierbei v.a. die Musicalfilme aus den Walt-Disney-Studios: In diesen Fällen wird sowohl gesprochene als auch gesungene Sprache synchronisiert; die übersetzten, neu eingesungenen Soundtracks werden in den Medienverbund[9] integriert und erfreuen sich auf dem Musikmarkt großer Beliebtheit (vgl. bspw. jüngst *Aladdin* [USA 2019], *der König der Löwen* [USA 2019] oder *die Eiskönigin II* [USA 2019]).[10]
Diese Art der interlingualen Untertitelung, wie sie aus Musikfilmen bekannt ist (anderssprachige Sequenzen werden durch einen Untertitel in der Rezipierendensprache den Zuschauer*innen zugänglich gemacht), wird schließlich nun auch vorrangig in mehrsprachigen Spielfilmen verwendet, in denen Mehrsprachigkeit nach der Strategie „Präsenz“ umgesetzt wird. Freilich sind die interlingualen Untertitel nicht nur auf die gesprochene Sprache begrenzt, sie können natürlich auch Schriftsprache übersetzen, bspw. anderssprachige Notizen oder Schilder.

Eine weitere Kategorisierungsmöglichkeit von Untertiteln ist die Einteilung danach, ob es sich um *geschlossene* oder *offene* Untertitel handelt. **Geschlossene** Untertitel (engl. *closed subtitles* oder *closed captions*) sind frei zu- bzw. abschaltbar, da Untertitelungssignal und Bildsignal voneinander getrennt vorliegen (vgl. Reinart 2018: 68). Diese Funktion findet sich bei Videos und DVDs, bei Video-on-Demand-Diensten und auch vereinzelt durch die Videotextfunktion des Fernsehers. Die Rezipierenden entscheiden in diesem Falle selbst, ob und welche Untertitel sie nutzen möchten, um die Filmrezeption zu unterstützen. Zum einen könnte die Nutzung erfolgen, weil das Gesehene nicht in der Erstsprache der Rezipierenden geschaut wird (z.B. im Fremdsprachenunterricht oder zur privaten Auffrischung von Fremdsprachenkennt-

9 Ein solcher mehrsprachiger Medienverbund, der sich bei Kindern großer Beliebtheit erfreut, birgt großes didaktisches Potential: Das YouTube-Video „Let It Go – Behind the Mic Multi-Language Version“ (LINK 1), ein Zusammenschnitt des Titellieds aus *Die Eiskönigin – Völlig unverfroren* (USA 2013) in 25 verschiedenen Sprachen, hat bis dato über 68 Millionen Aufrufe. Ein solches breit rezipiertes Video eignet sich bspw. zu niedrigschwelligen Sprachvergleichen oder zu produktiven Anschlusshandlungen, wie ein weiteres Video (LINK 2) zeigt, in dem Grundschüler*innen der British International School Budapest ihre eigene Version des Liedes in den 25 Sprachen aufnehmen, die in ihrer Schule gesprochen werden.

10 Ich verweise an dieser Stelle auf die nicht systematisierte Beobachtung, dass der Aspekt der Mehrsprachigkeit in Kinderfilmen i.d.R. eher vermieden wird. Dies zeigt sich somit anscheinend auch im Bereich der Musikfilme, in denen Kinder von einer Anderssprachigkeit „ferngehalten“ werden.

nissen durch das Sehen zielsprachlicher audiovisueller Inhalte). Die Untertitel dienen hierbei also zur gezielten Unterstützung des Verständnisses, in dem das Gesprochensprachliche durch Schriftsprache begleitet wird. Den Rezipierenden obliegt es in der Regel selbst, ob sie diese Funktion nutzen oder ob sie aufgrund ihrer Sprachkenntnisse darauf verzichten wollen oder können. Eine zweite Möglichkeit bietet sich für Zuschauende in Ländern, in denen die Synchronisation von Filmen nicht die gängige Variante ist. So ist es bspw. in den skandinavischen Ländern üblich, dass Filme in Kino oder Fernseher in ihrem Originalton gezeigt werden, das Verstehen der Rezipierenden wird durch eine durchgängige Untertitelung sichergestellt. Gründe sind hierfür vor allem finanzielle: Die Untertitelung (Subbing) ist wesentlich kostengünstiger als eine professionelle Synchronisation (Dubbing), die 10- bis 20-mal mehr kostet (vgl. Künzli 2017: 37). Dies wirkt sich auch auf die Auswahlmöglichkeiten der Untertitel auf DVDs und Video-on-Demand Diensten aus: Hier finden sich weitaus mehr untertitelte denn synchronisierte Varianten von Filmen, zwischen denen die Rezipierenden wählen können. Auch die SDH stellen eine Möglichkeit der fakultativen Untertitelung dar. Sie zeichnen sich neben den geläufigen Kennzeichen von Untertiteln durch die Verschriftlichung sämtlicher Ton- und Atmo-Effekte aus, eben um ihrer speziellen Zielgruppe das Filmerlebnis zu ermöglichen. All diese Arten der Untertitelung weisen zunächst nicht auf filmische Mehrsprachigkeit hin; sie können prinzipiell in jedem Film eingestellt werden, unabhängig von seiner diegetischen Sprachlichkeit.

Offene Untertitel (im Engl. *open subtitles* oder *open captions*) dagegen sind nicht zu- oder abschaltbar, da sie in das Bild integriert sind (vgl. Reinart 2018: 68); in der Postproduktion wird also entschieden, welche Parts untertitelt werden sollen. Im Folgenden sind mit den Untertiteln in mehrsprachigen Filmen zunächst interlinguale offene Untertitel gemeint, da diese ganz spezifisch bei filmischer Mehrsprachigkeit als Übersetzungshilfe Anwendung finden[11].

11 Problematisch sind diese Funktionen teilweise bei Streaming-Anbietern, da hier oftmals nicht zwischen offenen Untertiteln bei anderssprachigen Textteilen und geschlossenen Untertiteln für den gesamten Film unterschieden werden. So sind bspw. bei der auf Netflix verfügbaren Version von *Call me by your Name* (I/FR/USA/BR 2017) keine offenen Untertitel verfügbar, sondern die Untertitel sind allesamt zuschaltbar, also geschlossen. Dies behindert die Filmrezeption dahingehend, dass fremdsprachige Szenen in Italienisch oder in Französisch nur dann untertitelt und somit für den*die sprachunkundige[n] Rezipient*in verständlich ist, wenn die *gesamte* deutsche Untertitelversion aktiviert ist. Dadurch werden jedoch auch intralinguale Untertitel eingeblendet, die dann wiederum u.U. von der Rezeption ablenken können.

Rezeption von Untertiteln
Deutschland gehört neben Österreich, Spanien, Italien und Frankreich zu den Ländern, in denen die Synchronisation in Kino- und in Fernsehproduktionen die gebräuchliche Übersetzungsmodalität ist; die Untertitelung wird hierbei seltener eingesetzt und ist demnach für die „typischen deutschen Filmrezipierenden" entsprechend ungewohnt. Im Gegensatz dazu stehen bspw. die Niederlande, Finnland und Griechenland, in denen ein Großteil der „importierten" anderssprachigen Filme (diese müssen dabei nicht unbedingt mehrsprachig sein) als untertitelte Originalfassung im Kino gezeigt werden (vgl. Herbst 2002: 1829). Dabei stellt Herbst jedoch fest, dass die Präferenzen der Zuschauer*innen von ihren Sehgewohnheiten derselben abhängen: Rezipient*innen, die die Untertitelung gewohnt sind, präferieren diese, wohingegen Rezipient*innen, die vorrangig synchronisierte Filme sehen, die Synchronisation bevorzugen. Verzeichnet werden kann dabei jedoch ein gesellschaftlicher Unterschied: So zeigt sich sowohl in den Niederlanden als auch in Deutschland dann eine verstärkte Präferenz gegenüber Untertiteln, wenn die Befragten einer gesellschaftlich höhergestellten Schicht angehören (vgl. ebd.). Oftmals sind sie „cineastes par excellence" (Ivarsson/ Carroll 1998: 35). Wie kann ein solcher Unterschied erklärt werden?
Die Rezeption von Untertiteln ist meist mit einem erheblichen Mehraufwand verbunden, der sich wiederum negativ auf das Filmerleben auswirken kann (vgl. Heiss 2016). Die Rezipierenden müssen zudem über eine angemessene Lesekompetenz verfügen, um die Untertitel in der eingeblendeten Zeit sinnentnehmend rezipieren zu können (weshalb in Kinderfilmen oftmals darauf verzichtet wird). Außerdem wird nun nicht mehr nur verlangt, Bild und Ton während der Rezeption miteinander zu verbinden, sondern den geschriebenen Text ebenfalls zu berücksichtigen. So gilt es also, das bewegte Bild, den gehörten Ton und seine Merkmale sowie die schriftsprachlichen Untertitel so miteinander zu verknüpfen, dass eine kohärente Handlung konstruiert werden kann. Besonders herausfordernd wird es dann, wenn mehrere Ebenen nicht zueinander passen, wenn sich also bspw. Untertitelung und akustische Ebene bei einer ironischen Aussage (vordergründig) widersprechen.
Trotz dieser Schwierigkeiten stellt die Untertitelung das Verfahren dar, „das elementar für die Existenz mehrsprachiger Filme ist" (Wahl 2005: 139), da es das Verständnis der Rezipierenden sichert, die der diegetischen Sprache nicht oder nur teilweise mächtig sind. Um mehrsprachige Filme rezipieren zu können, muss also gleichermaßen die Rezeption von Untertiteln geschult werden.

Um die komplexe Rezeption von Untertiteln zu erleichtern bzw. um Untertiteln ein neues und ansprechenderes Gewand zu verpassen, wurden die sog. „Kreativen Untertitel" eingeführt. Gemeint sind damit Untertitelgestaltungen, die sich Ivarssons und Carrolls Maxime widersetzen und eben nicht „möglichst unauffällig" (1998: 75)

daherkommen, sondern sich durch eine andersartige Gestaltung auszeichnen. Reinart benennt u.a. die folgenden Möglichkeiten, wie die Gestaltung von Untertiteln angepasst werden könnt, um die Rezeption zu erleichtern (Reinart 2018: 227 f.):
Die Untertitel könnten verschiedene Farben nutzen, um unterschiedliche Sprecher*innen zu markieren oder um eine etwaige Farbsymbolik des Films aufzugreifen. Eine weitere Möglichkeit, die das Erkennen der Sprecher*innen erleichtert, wäre eine Platzierung der Untertitelung in Sprechernähe – ähnlich wie die Sprechblasen in Graphic Novels. Tatsächlich wären auch ebensolche Sprechblasen denkbar, sie würden dem Gezeigten dadurch jedoch eine spielerische Note verleihen, die nicht immer zum Dargestellten passt. Auch die Verwendung von verschiedenen Schriftarten könnte die Zuordnung von Gesprochenem und Sprecher*in erleichtern; eine „unleserliche Schmierschrift" (ebd.: 228) kann (gewolltes) unverständliches Sprechen markieren. Stimmungszustände könnten platzsparend durch Emoticons symbolisiert werden – der portugiesische Werbesender SIC nutzt dieses Verfahren bereits bei seinen SDH (vgl. Gambier 2008: 24 f.). Auch Lautstärke und Deutlichkeit des Gesprochenen könnten durch die Untertitelgestaltung wiedergegeben werden, indem Lautstärke durch Schriftgröße und die Deutlichkeit durch den Farbwert des Textes (schwarz, grau, transparent) gekennzeichnet wird.
Letztendlich darf der Hinweis nicht unerwähnt bleiben, dass sich sämtliche der genannten kreativen Untertitelungsmöglichkeiten aktuell noch etablieren und in nur wenigen Fällen bislang verwendet werden. Der Einsatz von kreativen Untertiteln ist dabei auch nicht für jeden Film geeignet. So verweist Reinart berechtigterweise auf das Filmgenre als Faktor dafür, ob und wie gut die alternativen Untertitelungs-Konzepte funktionieren können (vgl. Reinart 2018: 234).
Ein Filmbeispiel, in dem kreative Untertitel bereits umgesetzt werden, bietet das *John Wick* Franchise, in dem z.B. russischsprachige Stellen durch Untertitelformen in die Rezpierendensprache übertragen werden, die gängige Konventionen überschreiten und sich durch ihre Kreativität auszeichnen: verschiedene Schriftarten, Größen und Farben dienen dazu, die Intonation sowie die Absicht der Sprecher grafisch darzustellen. Die Untertitel werden nicht am unteren Bildrand, sondern in Sprechernähe positioniert; künstlerische Einblendungen weisen Besonderheiten der Sprechersituation auf (bspw. beim Sprechen durch ein Walkie-Talkie) (s. Abbildung 1), eine auffallende Typographie betont besonders wichtige Begriffe oder greift parasprachliche Merkmale auf (s. Abbildung 2). Dadurch spiegelt sich der actiongeladene Charakter des Genrefilms eben auch in den Untertiteln, „which makes the task of reading more exciting" (Alonso-Villa 2019: 206).

In der Szene der „Fansubber" sind die kreativen Untertitel bereits wesentlich verbreiteter als in Mainstream-Filmproduktionen: *Fansubbing* meint das Untertiteln von Filmen und Serien durch (zumeist jugendliche) Privatpersonen (vgl. Guillot 2017:

Abbildung 1 Eingeblendete Untertitel (John Wick 01:11:44)

Abbildung *2* Auffallende Typographie (John Wick 01:13:45)

398) – vorrangig handelt es sich dabei um genrespezifische Filme und Serien, die vor allem aus dem Bereich der japanischen Animes stammen. Da Fansubber weniger an etablierte Konventionen, wie z.B. an den „Code of Good Subtitling Practice“, gebunden sind, sind sie freier in der Gestaltung und verwenden daher schon wesentlich länger als der konventionelle Filmmarkt verschiedene Schriftfarben, -arten oder -größen, um bspw. verschiedene Sprecher*innen, Emotionen oder die Wichtigkeit des Gesagten zu betonen.

Innovative Untertitelformen bieten nicht nur für die kulturelle Praxis Film ein erhebliches Potential, auch im Deutschunterricht können diese Möglichkeiten gewinnbringend in einem produktionsorientierten Unterricht, in dem die Kreativität immer auch ein zu fördernder Aspekt ist, Anwendung finden. Auch das von Alonso-Villa angedeutete, zum Lesen motivierende Potential kann für einen Deutschunterricht fruchtbar gemacht werden, dessen Hauptaugenmerk auch immer auf der Entwicklung von Lesekompetenz liegt.

Obwohl Deutschland nicht zu den Ländern zählt, in denen die Untertitelung das gängige filmische Übersetzungsverfahren ist, stellt Reinart fest, dass Untertitel für deutsche Rezipierende aber schon lange nicht mehr so ungewöhnlich sind, wie oftmals angenommen wird: Immer mehr Zuschauer*innen nutzen die Möglichkeit, sowohl auf DVDs und BluRays als auch bei Video-on-demand-Plattformen wie *Netflix* oder *Amazon Prime Video* Originalfassungen von Filmen und Serien zu sehen und durch Untertitel ggf. das Verständnis zu unterstützen. Die Kulturkanäle *Arte* und *3Sat* sowie der Musiksender *MTV* zeigen ebenfalls nicht erst neuerdings Sendungen in

Originalsprache und untertiteln diese (vgl. Reinart 2018: 17). Und auch im Kino ist die teilweise Untertitelung nicht mehr nur Kunstfilmen oder Independent-Movies vorbehalten: In Filmen wie *Slumdog Millionaire* (UK/USA/IND 2008), *Avatar – Aufbruch nach Pandora* (USA 2009) oder *Inglourious Basterds* (USA/D 2009), in denen auch in der synchronisierten Fassung mindestens eine zweite Sprache auftritt, wird die Teil-Untertitelung sehr erfolgreich eingesetzt und rezipiert (vgl. Romero Fresco 2012). Auch deutsche mehrsprachige Kinofilme können solche Erfolge im Bereich der Zuschauerzahlen verzeichnen, bspw. der Film *Almanya – Willkommen in Deutschland* (D 2011); die hier in einer Dynamik präsentierte Kombination aus deutschem O-Ton, türkischem O-Ton mit Untertiteln und einer nicht untertitelten Kunstsprache, die das Deutsche verfremden soll, scheinen Kinozuschauer*innen nicht (mehr) abzuschrecken. Heiss mutmaßt, dies liege an den Erwartungen der Rezipient*innen, und greift damit Überlegungen bzgl. der Genrefrage und der damit verbundenen Rezeptionshaltung auf, die es noch zu diskutieren gilt:

> *Denn wahrscheinlich erwarten Zuschauer, die sich für einen solchen Film entscheiden, ohnehin eine sprachliche Differenzierung, denn in einer türkisch-deutschen Großfamilie mit mehreren Generationen wäre es nicht unbedingt realistisch, nur monolinguale deutsche Dialoge zu präsentieren (Heiss 2016: 11).*

Zusammenfassend hat sich an der Feststellung Ivarssons und Carrolls nicht viel geändert: Letztendlich wird die Frage nach Untertitelung oder Synchronisation nicht durch rationale Argumente beantwortet, sondern durch die Gewohnheit der Rezipierenden:

> *Viewers who regulary watch dubbed films or television programmes tend to find subtitles unaestetic, irksome and difficult to read. To them it is perfectly natural that Marlon Brando should speak German or French, just as Hamlet does at the theatre. Audiences who are used to subtitles are hardly aware that they are reading them [...]. Often they do not even notice them. Yet they are furious if they have to listen to Toshiro Mifune's samurai speaking any language but Japanese (Ivarsson/Carroll 1998: 37).*

Der Bereich der Translation-Studies ist ein noch recht junges Forschungsfeld: So zeichnet sich vor allem der deutschsprachige Raum bisher durch fehlende Untersuchungen im Bereich der untertitelbedingten Rezeptionsforschung aus (vgl. Blell 2016: 311 f.). Blell stellt fest, dass es aus der Perspektive der Fremdsprachendidaktik notwendig wäre „genauer danach [zu] fragen, inwiefern das Lesen von Untertiteln [...] die Rezeption von Filmbildern und deren Dekodierung verzögert oder erschwert“ (ebd.). Dieser Forderung kann sich die Erstsprachendidaktik problemlos anschließen, böten die Ergebnisse solcher Untersuchungen sicherlich weitreichende Ausblicke auf das Rezeptionsverhalten von Kindern und somit auf die Produktion mehrsprachiger

Kinderfilme. Zu erfragen wäre in diesem Zusammenhang bspw., welche konkreten Ausgangsvoraussetzungen Kinder mitbringen müssen, um untertitelten Szenen folgen zu können, und wie eine kindgerechte Untertitelung aussehen muss, um der Zielgruppe das Dekodieren zu erleichtern.

Eine weitere Schwierigkeit der Untertitelung zeigt sich in ihrer Polyfunktionalität: Untertitel richten sich an diverse Zielgruppen mit diversen Bedürfnissen und Voraussetzungen (Hörgeschädigte und Normalhörende; Fremdsprachenlerner*innen und Rezipient*innen, die nicht über die untertitelte Sprache verfügen; leseaffine und weniger leseaffine Rezipient*innen). Somit bedarf es einer stärkeren Zielgruppenorientierung bei der Erstellung von Untertiteln, um besagte Polyfunktionalität, „bei der keine der möglichen Zielgruppen so ganz auf ihre Kosten kommt" (Reinart 2018: 243), zielgerichteter zu gestalten.

All diese Überlegungen sind für einen Deutschunterricht, der mehrsprachige Spielfilme als Lerngegenstand berücksichtigen will, zentral: Um die sprachliche Gestaltung eines Films genauer beschreiben und analysieren zu können, ist es vonnöten, verschiedene Arten von Untertitelungen unterscheiden zu können, um so abzuwägen, ob die gewählte Variante die für die Rezipierenden bestmögliche ist. Auch für produktionsorientiere Anschlusshandlungen, für die sich Untertitel hervorragend eignen (s. Kapitel 5.1.2), ist es notwendig, die genaue Zielgruppe zu bestimmen und die Untertitel dementsprechend zu konzipieren.

2.2.2 *Diegetische Dolmetscher-Figuren*

Wenngleich mehrsprachige Filme hauptsächlich auf das Verfahren der Untertitel zurückgreifen, um das Verständnis der Rezipierenden hinsichtlich der anderssprachigen Textteile sicherzustellen, gibt es noch weitere Verfahren, die jedoch weitaus seltener Anwendung finden. Eine dieser Möglichkeiten ist es, die Übersetzung von einer filmischen Figur übernehmen zu lassen, die sowohl die Sprache der Rezipierenden als auch die andere(n) im Film gesprochene(n) Sprache(n) verstehen und übersetzen kann. Eine Figur, die eine solche sprachmittelnde Funktion erfüllt, bezeichne ich im Folgenden als „diegetischen Dolmetscher" bzw. „diegetische Dolmetscherin"[12]. Diegetische Dolmetscher-Figuren fasse ich als funktionale Figuren auf: Ihre Funktion besteht vorrangig darin, sprachmittelnd zwischen Diegese und Rezipierenden tätig zu sein und somit zwischen filmischen und rezipierenden Figuren zu dolmetschen, die verschiedene Sprachen sprechen.

12 Ich beziehe mich auf die in der Übersetzungswissenschaft verbreitete Unterscheidung von „Übersetzen" und „Dolmetschen". Das Übersetzen bezieht sich auf den sprachlichen Übertrag schriftlicher Texte von einer Sprache in die andere, beim Dolmetschen geht es um das Übertragen mündlicher Sprache (vgl. Abraham/Kepser 2008: 6).

Zwar begegnet uns in mehrsprachigen Filmen zunehmend die Figur des Translators oder der Translatorin (vgl. Bachner 2014: 11ff.), dabei ist jedoch nicht jede dolmetschende Figur automatisch eine diegetische Dolmetscher-Figur, wie am Beispiel des Films *Die Dolmetscherin* (UK/USA/F/D 2005) verdeutlicht werden kann: Im Mittelpunkt des Films steht die titelgebende Dolmetscherin Silvia Broome (Nicole Kidman), die zufällig Zeugin davon wird, wie ein (vermeintlicher) Plan zur Ermordung des Staatsoberhauptes eines afrikanischen Staates beschlossen wird. Der Film ist ohne Frage ein mehrsprachiger, denn neben der Rezipierendensprache sprechen die Figuren Französisch sowie eine afrikanische Sprachvarietät, die die Sprache des fiktiven Staates Matobo repräsentiert. Bis auf den in der afrikanischen Sprache geschmiedeten Plan, den nur die Dolmetscherin hört, werden alle anderssprachigen Sprechteile untertitelt – ein Spannungsmoment des Films besteht also darin, ob das, was Broome vorgibt, gehört und verstanden zu haben, auch tatsächlich gesagt wurde. Nicole Kidman mimt in diesem Fall also auf der inhaltlichen Ebene eine Dolmetscherin, die Funktion einer „diegetischen Dolmetscherin" erfüllt sie dabei jedoch nicht. Anderssprachige Textteile werden über den gesamten Film hinweg untertitelt, unabhängig davon, ob Broom Teil der Szene ist oder nicht (die Untertitelung korreliert also nicht mit den Sprachkenntnissen einer bestimmten Figur). Die Dolmetscherin dolmetscht somit auf narrativer Ebene, für die Rezipierenden dolmetscht sie dagegen nicht. Anders verhält es sich dagegen mit den diegetischen Dolmetscher-Figuren in den Filmen *Le Mepris* (F/I 1963) und *Isle of Dogs – Ataris Reise* (USA/D/JP/UK 2018).

Le Mepris[13] (F/I 1963): Der Film *Le Mepris* von Jean-Luc Godard geht auf den Roman „Il disprezzo" von Alberto Moravia zurück. Der französische Autor Paul Javal wird vom amerikanischen Produzenten Prokosch engagiert, das Drehbuch für eine Verfilmung der Odyssee zu verfassen, welche vom deutschen Regisseur Fritz Lang verfilmt werden soll. Die Dreharbeiten finden auf der italienischen Insel Capri statt, wo sich die drei Männer treffen, um über den aktuellen Stand des Films zu diskutieren. Im Unterschied zur Romanvorlage, in der alle Figuren bis auf den deutschen Regisseur (im Roman heißt er nicht Lang, sondern Rheingold) Italiener*innen sind, fügt Godard eine zusätzliche Figur ein: Die Dolmetscherin Francesca (vgl. Wahl 2005: 207). Da sie aus Capri stammt, spricht sie in der sprachlichen Originalfassung Italienisch, zudem dolmetscht sie auf Französisch, Deutsch und Englisch zwischen Javal, Prokosch und Lang. Francesca tritt immer dann auf, wenn die drei an der Filmproduktion beteiligten Herren aufeinandertreffen, da diese – mit Ausnahme des Deutschen Fritz Lang – alle einsprachig sind und somit auf die Übersetzung Francescas

13 Zur bemerkenswerten sprachlichen Gestaltung von *Die Verachtung* sowie zu einer Interpretation des Films ausgehend von seiner sprachlichen Gestaltung siehe ausführlich Wahl 2005: 205-213.

angewiesen sind. In der deutschen sowie der italienischen Synchronfassung wird die Funktion von Francesca weniger klar ersichtlich, wie Chris Wahl feststellt: In der deutschen Synchronfassung sprechen alle Figuren mit Ausnahme des Amerikaners Prokosch Deutsch, Prokosch spricht weiterhin Englisch. Francesca übersetzt somit lediglich zwischen den Sprachen Englisch und Deutsch. In allen anderen Szenen, in denen in der Originalfassung eine Übersetzung zwischen Französisch-Deutsch oder Italienisch-Deutsch stattfand, geht ihre eigentliche Funktion verloren und sie „erscheint als etwas nervige, aber ständige Begleiterin" (ebd.: 213). Die italienische Synchronfassung ist schließlich komplett einsprachig, die Figur Francesca ist somit gänzlich überflüssig (vgl. ebd.). Hier wird die Schwierigkeit deutlich, die diese Strategie bei einer Teilsynchronisierung mit sich bringen kann. Dadurch wird die diegetische Logik u.U. gebrochen, übersetzende Figuren verlieren ihre ursprüngliche Funktion und „verkommen" zu einem inhaltlich kaum motivierten Charakter, der das bereits Gesagte redundant macht[14]. Oder anders herum betrachtet: Vor allem in Filmen, in denen eine diegetische Dolmetscherfigur zum Ensemble zählt, ist es noch dringender vonnöten, bei der Synchronisierung darauf zu achten, dass nur *eine* Sprache verändert wird und die anderen Sprachen dahingehend unverändert bleiben, damit die Dolmetscherfigur weiterhin ihre Berechtigung erhält.

Isle of Dogs – Ataris Reise: Der Titelsequenz von *Isle of Dogs – Ataris Reise* wird ein schriftliches Insert vorangestellt (s. Abbildung 3), das nicht nur erklärt, dass das Bellen der Hunde ins Deutsche übersetzt wurde, sondern gleichermaßen auf die diegetischen Dolmetscher*innen hinweist, die den Rezipierenden als Sprachmittler*innen dienen:

Bei diesen „zweisprachigen Dolmetschern" handelt es sich tatsächlich um ebensolche, die dazu dienen, die Fernsehbeiträge, Interviews und Reden des Bürgermeisters Kobayashi für ein imaginäres anderssprachiges Publikum zu übersetzen (s. Abbildung 4). Es wird dadurch der Anschein erweckt, als wären die Vorgänge in Megasaki-City von so globaler Relevanz, dass sie nicht nur im lokalen Fernsehen, sondern mithilfe einer Übersetzung im internationalen Fernsehen gesendet werden. Die diegetischen Dolmetscher*innen sind dabei meist im Bild sichtbar (oftmals per Split-Screen in einer Übersetzerkabine), die Übersetzung folgt einem synchronen Voice Over.

Die Dolmetscher*innen interagieren dabei nicht mit anderen diegetischen Figuren, sondern adressieren unter dem Deckmantel, ein diegetisches Publikum anzuspre-

14 Auch in *Inglourious Basterds* bestand an vereinzelten Stellen ein solches Problem, als in der Originalfassung zwischen den englischsprachigen Basterds und den deutschen Nazis durch eine übersetzende Figur gemittelt wurde. Zu den Prozessen, die bei der Synchronisation abliefen bzw. ablaufen mussten, um eine zu starke Redundanz zu vermeiden, vgl. ausführlich Badstübner-Kizik (2015: 229-242).

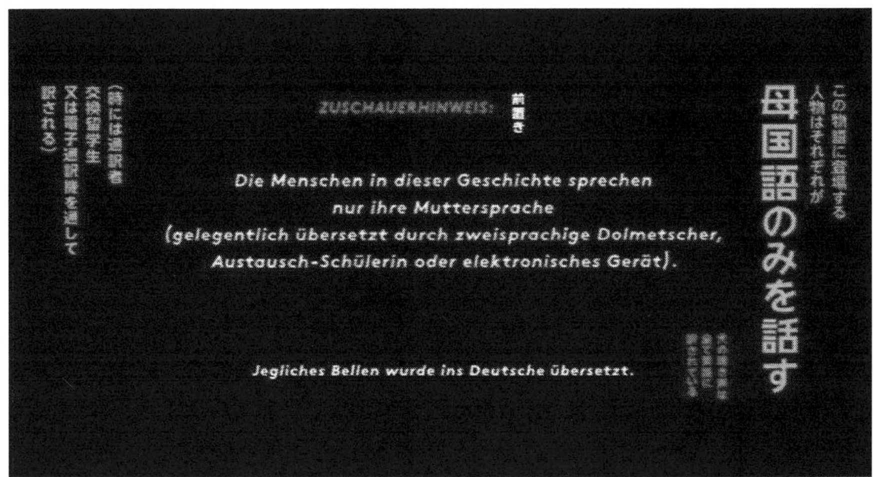

Abbildung 3 Isle of Dogs – Ataris Reise 00:02:27

Abbildung 4 Diegetische Dolmetscherin in Isle of Dogs – Ataris Reise (IoD 00:27:44)

chen, die außerdiegetischen Rezipierenden. Die übersetzenden Figuren werden dahingehend realistisch motiviert, dass sie lediglich die Reden und Gespräche übersetzen, die in der medienwirksamen Öffentlichkeit stattfinden. „Privatgespräche“, bspw. zwischen Tracy und der Forscherin Yoko Ono oder zwischen Atari und den Hunden, werden somit nicht durch eine diegetische Mittler-Figur übersetzt. Hier zeigt sich, dass die Strategie der diegetischen Übersetzung oftmals in Kombination mit anderen „Übersetzungsstrategien“ auftreten muss, um die Logik der Narration aufrecht erhalten zu können. So fungiert an manchen Stellen in *Isle of Dogs – Ataris Reise* die amerikanische Austauschschülerin Tracy als zusätzliche Dolmetscherin, oder die Hunde stellen untereinander Mutmaßungen darüber an, was Atari ihnen zu sagen versucht.

In beiden Beispielen zeigt sich, dass die diegetische Übersetzungsinstanz durch die Handlung motiviert wird; die Übersetzung wird somit in die Deixis des Films eingeflochten. Im Gegensatz zu Untertitelungen führen diegetische Dolmetscher*innen die Sprachlichkeit des Films noch einmal dezidiert vor – die verstärkt artifizielle Motivation des Verfahrens Mehrsprachigkeit wird in diesem Kontext weitaus stärker betont als durch eine Untertitelung.

2.2.3 Keine Übersetzung

Während sowohl die Untertitelung als auch diegetische Dolmetscher-Figuren darauf angelegt sind, den Rezipierenden anderssprachige Textteile zu übersetzen, gibt es in der Filmpraxis auch die Möglichkeit, dass anderssprachige Textteile nicht übersetzt werden. Die Rezipierenden erhalten somit keine Unterstützung in der Übersetzung, sondern es entstehen Leerstellen, die die Zuschauer*innen selbst füllen müssen. Beobachtet werden kann diese Strategie bspw. an Stellen, an denen durch das fehlende Wissen über das Gesagte Spannung erzeugt werden soll (wie bei *Die Dolmetscherin*) oder an denen ein Gefühl von Fremde erzeugt werden soll.
Die Rezeption fokussiert in diesem Zuge vor allem para- und nonverbale Hinweise der Sprechenden wie bspw. die Lautstärke und Tonlage der Stimme, Gestik oder Mimik. Auch verschiedene Arten von Wissen gilt es in den Rezeptionsprozess einzubeziehen. So nennen Honnef-Becker und Kühn bspw. allgemeines Sach- und Weltwissen, Sprachwissen sowie Wissen über schematische Themen- und Handlungszusammenhänge (vgl. Honnef-Becker/Kühn 2019: 172f.), das in die Rezeption einbezogen werden muss, damit sich anderssprachige Textteile erschließen können. Wenngleich es sich auch hierbei um eine durchaus anspruchsvolle Rezeptionstätigkeit handelt, ist sie einerseits authentischer als die Untertitelung und – im Gegensatz zur Untertitelung – unabhängig von der Lesekompetenz der Rezipierenden, was vor allem Potentiale für den Kinderfilm[15] bietet. Als Beispiele können die beiden mehrsprachigen Kinderfilme *Katja und der Falke* (DÄN/D/I 1999) und *Azur und Asmar* (FR/BEL/SP/I 2006) herangezogen werden, die Situationen des Sprachkontakts ohne zusätzliche Übersetzung realisieren. Beide Filme sind mit einer FSK-Angabe von 0 Jahren bereits für Vorschulkinder empfohlen. Es kann also nicht automatisch davon ausgegangen werden, dass das Publikum bereits das Lesen gelernt hat oder über die

15 Dabei darf jedoch nicht der Eindruck erweckt werden, dass sich Kinderfilme häufig des Verfahrens Mehrsprachigkeit bedienten, geschweige denn dass sie diese vorrangig mit der Strategie Presence realisierten. Tatsächlich ist eher das Gegenteil der Fall: Auch in modernen Kinderfilmen werden interkulturelle Begegnungen oft gänzlich einsprachig (*Elimination*) oder durch einen (oftmals übertriebenen oder stereotypisierenden) Akzent (*Evokation*) realisiert, vgl. bspw. *Mia und der weiße Löwe* (F/D/ZA/CH/MC/ USA 2018).

Kompetenz verfügt, in kurzen Zeitabschnitten die ein- bis zweizeiligen Untertitel sinnentnehmend zu lesen. Eine Untertitelung des Films würde somit die angegebene Zielgruppe verfehlen.
Um das Verständnis der Rezipierenden dennoch sicherzustellen, kommen zwei Verfahren zum Einsatz: Zum einen werden fremdsprachige Sprechteile minimiert, zum anderen ist das, was gesagt wird, oftmals weniger bedeutend für die Handlung. Wichtiger ist dabei vor allem die Tatsache, *dass* eine andere Sprache gesprochen wird. Der Inhalt des Gesagten ist oftmals rudimentär und wird durch die Bildebene gestützt bzw. erläutert. Eine andere Möglichkeit ist die „Übersetzung" durch eine Figur, die die Sprache der Rezipient*innen spricht. Es muss sich dabei nicht um dezidierte Dolmetscher*innen handeln, wie sie bspw. in *Isle of Dogs – Ataris Reise* oder *Le Mepris* auftreten. Stattdessen handelt es sich bei den Figuren oftmals um Spiegelungen der Rezipient*innen, die ebenfalls über keine oder nur begrenzte Kenntnisse der Sprache des filmischen Gegenübers verfügen. Stellvertretend für die Zuschauer*innen artikulieren die Figuren ihr Nichtverstehen oder ihre Übersetzungsversuche durch lautes Denken[16]. So verstehen die Zuschauer*innen so viel wie ihre sprachliche Identifikationsfigur, sie teilen also – sofern sie der anderen Sprache nicht mächtig sind – die Vermutungen über das Gesagte.

Die drei genannten Verfahren sind als Reinformen zu verstehen. Sie werden in konkreten Filmen oftmals miteinander kombiniert, bspw. indem Teile durch eine Dolmetscher-Figur übersetzt werden, wohingegen andere Teile unübersetzt bleiben oder untertitelt werden. Jedes Verfahren geht dabei mit verschiedenen Funktionen einher. Eine Besprechung des eingesetzten Verfahrens ist damit immer auch eine Auseinandersetzung mit der filmischen Erzählweise und somit gewinnbringend für den Deutschunterricht.

2.3 Ein Blick auf den Produktionskontext

Filme sind per se trans-/ oder interkulturell[17] und dies auf ganz verschiedenen Ebenen: Trans-/ Interkulturalität kann sich zeigen auf der Ebene des Filmgeschehens, der Filmproduktion und der Filmrezeption (vgl. Kepser 2016: 88ff.). Der mehrsprachige Film macht diese ohnehin immanente Trans-/Interkulturalität auf der inhaltlichen Ebene des Filmgeschehens offensichtlich (dies steht im Fokus des folgenden Kapitels). Um den (sprachlichen) Ursprung des Films aber genauer bestimmen zu können, bietet sich gleichermaßen auch ein Blick auf den Produktionskontext des mehrspra-

16 Auch hier wird freilich die Illusion eines authentischen Gesprächs durchbrochen. Das Mittel des Lauten Denkens wird auch im Theater zur Versprachlichung eines inneren Monologs verwendet.

17 Zur genaueren Auseinandersetzung mit der Begrifflichkeit s. Kapitel 5.1.3.

chigen Films an. Oftmals wird die filmische Mehrsprachigkeit v.a. an Regisseur und Regisseurin des Films und an dessen oder deren individueller Sprach- und Migrationsgeschichte festgemacht. So stellt bspw. Gabriele Blell fest:

> *Diese Produktionen [mehrsprachige Spielfilme; S.T.] sind heute meist lebendiger Ausdruck wachsender Globalisierungsprozesse, die sowohl die Filmemacher selbst und ihre transkulturellen-hybriden Wurzeln zeigen (z.B. Iñárritu: Mexiko/USA) als auch mehrsprachig aufgewachsene und gebildete Schauspieler/-innen, wie z.B. Christoph Waltz (De/Ö/En/Fr/It) oder Sebastian Roché (En/Frz/Sp/It). (Blell 2016: 308)*

Ähnlich argumentieren auch Özkan Ezli, der an den Beispielen Alejandro Gonzáles Iñárritu und Fatih Akin die Rolle des mehrsprachigen Regisseurs für den mehrsprachigen Film betont (vgl. Ezli 2010: 71), oder Miriam Locher, die „Multilingualism in fiction“ nicht ausschließlich auf den mehrsprachigen Autor zurückführt, die aber dennoch festhält, dass die Sprache des Mediums durch die Mehrsprachigkeit des Filmemachers durchaus beeinflusst werden kann (vgl. Locher 2017: 314ff.).

Dass einzelne Regisseure mit filmischen Mitteln ihre individuelle Aussage oder Weltsicht ausdrücken oder ihre Filme eine eigene Handschrift erkennen lassen, ist Grundgedanke der sog. Auteur-Theorie (vgl. Scheinpflug 2014: 52). Die sog. *politique des auteurs* geht zurück auf den französischen Regisseur François Truffaut und seinen Artikel „Une certaine tendance du cinéma français“ (1954) und wurde ab 1962 durch Andrew Sarris unter dem Label *auteur theory* im englischsprachigen Raum verbreitet. Obgleich es in Deutschland bereits in den 1910er-Jahren eine Welle des Autorenfilms gab und sich diese in den 50er- und 60er-Jahren sowohl im europäischen als auch im Hollywoodkino wiederholte, handelt es sich nach wie vor um ein umstrittenes Konzept. Der amerikanische Filmtheoretiker Peter Wollen spricht von einem Personenkult, der um den Regisseur betrieben wird (vgl. Wollen 1972: 195) und der v.a. in den 60er- und 70er-Jahren im Zuge des europäischen Autorenfilms und des postklassischen Hollywood-Kinos aufkam, bspw. mit Francis Ford Coppola, Steven Spielberg oder George Lucas (vgl. Felix 2014: 15). Seit den 70er- und 80er-Jahren wurde das Autorenprinzip als filmhistorisches Prinzip populär gemacht, es sorge für Struktur, System und u.U. auch für eine Hierarchisierung (vgl. ebd.: 16).
Doch das Konzept der Autorentheorie ist gleichermaßen problembehaftet. So fragt Scheinpflug (2014: 53): „[...] [W]er ist eigentlich der auteur eines Films?“ Neben Drehbuchautor*innen, Regisseur*innen, Kameramännern und -frauen und Produzent*innen haben eine Vielzahl an Personen und Berufen einen Einfluss auf den tatsächlichen Film: Schauspieler*innen, Requisiteur*innen, Cutter*innen, Dramaturg*innen usw. (vgl. Kuhn 2011: 116). Bezogen auf den Film distanziert man sich laut Kuhn also weitestgehend von einem einzelnen Autoren und spricht stattdes-

sen von der „kollektiven Autorenschaft“ (vgl. ebd.). Demgegenüber steht zwar nach wie vor der Begriff des Autorenfilms – Kuhn tituliert den Begriff als einen rhetorisch-machtpolitischen (vgl. ebd.: 117) –, der trotz der Annahme einer kollektiven Autorenschaft die spezifische ästhetische Autonomie eines „Autors“ sowie biographische Bezüge oder thematische und strukturelle Rekurrenzen erkennen lässt, denn

> *[d]ie Figur des Regisseurs ist eine zentrale Referenz der wissenschaftlichen Auseinandersetzung mit Filmen, mindestens gleichrangig neben dem Bezug auf thematische oder Genrezusammenhänge und jedenfalls überlegen jeder anderen Instanz der Filmproduktion, handele es sich um Studios, Produzenten, Drehbuchautoren, Kameraleute, Cutter oder selbst Stars (Hagen/Thiele 2012: 13).*

Oder anders ausgedrückt: Der Begriff ist als Versuch zu verstehen, „möglichst viel Autorschaft in einer Person zu vereinen“ (Kuhn 2011: 118), denn auch beim Autorenfilm kann „niemals nur ein Mensch alle Positionen und Funktionen der Autorschaft [einnehmen]“ (ebd.).

Doch auch Stimmen, die einer reinen Interpretation eines Films in Bezug auf Autor und dessen mögliche Intention kritisch bis abwehrend gegenüberstellen, bestätigen vereinzelte Zusammenhänge zwischen Regisseuren und deren Werk: Bezogen auf Bedeutung (meanings) und Motive (motifs) erkennt Peter Wollen bspw. an, dass einzelne Regisseure (er und andere Filmwissenschaftler benennen immer wieder Orson Welles [vgl. z.B. Wollen 1972: 186, Kozloff 2000: 268 oder Hagen/Thiele 2012: 11]) diese in ihrem Schaffen immer wieder einfließen lassen. Kozloff stellt in ihrer Analyse, die sich mit dem Zusammenhang zwischen Genre und Sprache beschäftigt, zwar fest: „Terms of dialogue, genre and source material [...] trump indvidual style“ (Kozloff 2000: 268), doch auch sie nennt einzelne Regisseure, deren Sprache in Filmen ganz charakteristisch ist.

Subsumierend kann also gesagt werden: *den* Autorenfilm, der auf der Annahme eines genialen Auteurs beruht, gibt es nicht, wenngleich es Filmemacher gibt, deren Filme durch ihre individuelle Ästhetik erkennbar beeinflusst werden – sehr prominent ist an dieser Stelle Orson Welles. In Bezug auf mehrsprachige Filme zeigt sich, dass einzelne Regisseure sich dieses filmischen Verfahrens auffallend oft bedienen; so kann dies sicherlich als ein autorgebundenes Motiv mit vereinzelten biographischen Verweisen interpretiert werden: So neigen Filme der Regisseure Fatih Akin, Marc Foster oder Guillermo del Torro tendenziell zu einem signifikanten Stil, der das Verfahren Mehrsprachigkeit inkludiert, durch das auch immer wieder die eigene Migrationsgeschichte und/oder Mehrsprachigkeit der Regisseure anklingen.

Ausgehend von den Überlegungen Wollens, der die reale Person des Filmemachers und dessen Alter-Ego eines überhöhten Auteurs einander gegenüberstellt, subsumiert

Scheinpflug: Der Autor sei ein Genre, er werde dazu genutzt, „Filme zu gruppieren, zu klassifizieren, zu interpretieren und zu kommunizieren“ (Scheinpflug 2014: 54). Der Bezug zwischen Autor und Genre ist bereits mit Kozloff angeklungen und wird auch in anderen Ausführungen deutlich. So konstatiert bspw. Felix, dass der Stempel „Autorenkino“ die Wahrnehmung und Wertung der Rezipient*innen perspektiviere – ähnlich wie dies mit der Funktion von Genre und Gattung erreicht werde (vgl. Felix 2014: 15).
Nichtsdestotrotz wird in der Filmproduktion von der kollektiven Autorenschaft gesprochen, einige Regisseure lassen jedoch eine individuelle Handschrift in ihren Filmen erkennen – die verwendete Sprache kann eines von vielen Merkmalen dieser Handschrift sein. So beinhaltet ein Film von Fatih Akin in den meisten Fällen mindestens eine zweite Sprache. Ohne die Verwendung dieses Mittels außerordentlich autobiographisch interpretieren zu wollen, kann festgestellt werden: Der Stil mancher Filmemacher zeichnet sich sukzessiv durch filmische Mehrsprachigkeit aus. Und so bleibt der Autor-Regisseur nicht unbedingt „der zentrale Bezugspunkt der Interpretation, oder anders gesagt: die ‚Autorität‘ der filmischen Lektüre“ (Felix 2014: 17), ein Blick auf den Autor lässt aber unter Umständen bereits erkennen, ob der vorliegende Film sich des Mittels der Mehrsprachigkeit bedient.
So lohnt sich also allgemein gesprochen ein Blick auf den gesamten Produktionskontext: Produktionsland/-länder, Drehort, Regisseur*in, Filmteam usw. Alle diese Faktoren haben Einfluss einerseits auf die generelle Trans-/Interkulturalität des Mediums und andererseits auf das Verfahren der Mehrsprachigkeit. Um einen Überblick über die „Migrationsgeschichte“ und die sprachliche Veränderung des konkreten Films zu gewinnen, lohnt sich daher die Beachtung des Produktionskontextes – vor allem dann, wenn die filmische Mehrsprachigkeit den Lerngegenstand des Deutschunterrichts ausmacht und Ausgangspunkt der Gesamtinterpretation sein soll.

2.4 Ein erstes Zwischenfazit

In einem ersten Schritt sollte die Mehrsprachigkeit in Filmen auf einer formalen Ebene beschrieben werden. Es wurde klar, dass mehrsprachige Situationen nicht immer als ebensolche tatsächlich im Film realisiert werden, sondern dass sich mit Bleichenbacher und Mareś vier verschiedene Möglichkeiten unterscheiden lassen, wie eine Situation des Sprachkontakts im Film umgesetzt werden kann: die Mehrsprachigkeit kann zugunsten einer Einsprachigkeit gänzlich eliminiert werden (*Eliminierung*), die zweite Sprache kann lediglich durch einen metasprachlichen Kommentar angedeutet werden (*Signalisierung*), die andere Sprache kann durch eine mit Akzent markierte Version der Standard-Rezipierendensprache dargestellt werden (*Evokation*) oder es kann tatsächlich eine andere Sprache verwendet werden, um den Sprachkontakt zu realisieren (*Präsenz*). Im Rahmen dieser Arbeit werden nur diejenigen Filme als mehr-

sprachig bezeichnet, die Sprachkontakte durch die Strategie *Präsenz* realisieren. Ausgehend von der Überlegung, dass Film nicht die Realität abbildet, sondern – ähnlich wie Printliteratur auch – Zeichensysteme dazu nutzt, um Realität zu imitieren, kann die im Film verwendete Sprache als Signifikant verstanden werden für die darzustellende Sprache (Signifikat). Ich verwende daher den Begriff der *Rezipierendensprache* und meine damit die außerdiegetische Umgebungssprache, die von filmischen Figuren gesprochen wird. Synchronfassungen übertragen oftmals die Originalsprache des Films in die jeweilige Rezipierendensprache, eine amerikanische Figur spricht also in der deutschen Synchronfassung Deutsch (also die Umgebungssprache der deutschen Kinobesucher*innen). Wird die Rezipierendensprache synchronisiert, schließt das filmische Mehrsprachigkeit nicht per se aus: Ein Film kann trotz Synchronisation als mehrsprachig bezeichnet werden, nämlich dann, wenn lediglich die Rezipierendensprache synchronisiert wird, andere anderssprachig realisierte Sprachkontakte aber erhalten bleiben. Dieser Aspekt erweitert zwar die (durchaus plausible) Begriffsdefinition nach Christoph Wahl, berücksichtigt aber die gängige Kinopraxis des deutschen Marktes stärker und wird dem kulturellen Handlungsfeld Film (zumindest so, wie es sich im Synchronisationsland Deutschland gestaltet) eher gerecht. Zusammenfassend kann man also sagen: Ein mehrsprachiger Film realisiert einen gezeigten Sprachkontakt durch mindestens zwei verschiedene (Dach-)Sprachen, eine der Sprachen kann dabei synchronisiert sein, sofern die Synchronisierung einer diegetischen Logik folgt.
In einem zweiten Schritt wurde gezeigt, wie das Verständnis der Rezipierenden für die Textteile gesichert werden kann, die nicht synchronisiert werden. Es zeigen sich drei verschiedene Möglichkeiten: Die Untertitelung, die „Übersetzung" durch eine diegetische Dolmetscherfigur sowie das Nicht-Übersetzen. Jedes der drei Verfahren zeigt bestimmte Spezifika, die je nach Absicht verschiedene Funktionen erfüllen können. So sind Untertitel bspw. dazu geeignet, anderssprachige Textteile vergleichsweise unauffällig zu übersetzen, wohingegen das Nicht-Übersetzen Leerstellen aufzeigt und die Rezipierenden zum aktiven Füllen dieser anregt. Diese „Übersetzung" anderssprachiger Textteile ist zunächst ein Kriterium, das auf einer formalen Ebene beschrieben werden kann, das aber auch für eine funktionale Beschreibung bzw. für eine Gesamtanalyse und -interpretation berücksichtigt werden muss.

Beschreibt man filmische Mehrsprachigkeit formal, kann ausgehend von einem gezeigten Sprachkontakt also danach gefragt werden: a) welche Sprachen wie dargestellt werden (dazu zählt neben dem gewählten Signifikanten auch die Darstellungsebene [akustisch oder visuell], auf der realisiert wird) und b) wie anderssprachige Textteile den Rezipierenden zugänglich gemacht werden. Ein Blick auf den Produktionskontext kann dabei hilfreich sein (Produktionsland, Regisseur*innen, Schauspieler*innen), darf aber nicht den Annahmen des Autorenkinos folgen und zu einer Gesamtinterpretation verengt werden.

3 Funktionale Aspekte der Mehrsprachigkeit im Film

Im Gegensatz zu den bisher gesammelten formalen Aspekten der filmischen Mehrsprachigkeit sollen im Fokus des folgenden Kapitels die funktionalen Aspekte stehen, die filmische Mehrsprachigkeit umfasst. Bevor jedoch danach gefragt werden kann, welche konkrete(n) Funktion(en) Mehrsprachigkeit in einzelnen Fällen erfüllen kann, soll Mehrsprachigkeit zunächst in den Ansatz des Neoformalismus eingeordnet werden, der „eine große Zahl von unterschiedlichen film-, literatur- und kunsttheoretischen Entwürfen verarbeitet" (Hartmann/Wulff 2014: 195) und der sich deshalb gut dafür eignet, „spezifische, dem jeweiligen Film und den von der Analyse verfolgten Fragestellungen angemessene Methoden" (ebd: 196) abzuleiten. Davon ausgehend soll Mehrsprachigkeit als ein filmisches Verfahren beschrieben werden, das vor allem für zwei der drei Punkte der „filmischen Basissemiotik" (Kern 2004: 220) spezifische Funktionen erfüllen kann. Es wird dabei auf die Annahme zurückgegriffen, dass eine filmische Erzählung sich in der Regel durch drei Aspekte charakterisiert: durch das Handeln von Figuren, die sich, ausgehend von einem Zustand A, einem Zustand B ännähern, durch einen Schauplatz sowie durch eine gewisse Zeitdauer (vgl. Kurwinkel/Schmerheim 2013: 99)[18]. Diese drei Punkte (handelnde Figuren, Raum und Zeit) benennt Kern als „filmische Basissemiotik" (Kern 2004: 220). (Äußere) Mehrsprachigkeit bestimmt die Elemente Figur und Raum näher, weshalb diese beiden Punkte im Fokus der darauffolgenden Überlegungen stehen sollen.

3.1 Mehrsprachigkeit als filmisches Verfahren: Grundlagen des Neoformalismus

Die Filmtheoretiker, -praktiker und -didaktiker Eva und Dirk Fritsch schreiben in ihrer filmdidaktischen Einführung:

18 Vgl. hierzu auch den rezeptionsorientierten Ansatz Kerns für eine Filmdidaktik Deutsch, der sich ebenfalls auf die Kategorien Zeit, Körper und Raum stützt und mit ihrer Hilfe eine filmische Basissemiotik definiert (vgl. Kern 2004: 220-223).

Es kann von einer Wissenskluft gesprochen werden, denn Filmverstehen ist an Schulen und Universitäten in den letzten Jahren nicht hinreichend gelehrt worden. Einerseits gibt es gut ausgebildete Filmhochschüler und Filmpraktiker, andererseits interessierte Laien, die nicht die Chance haben, an anspruchsvoller Filmbildung zu partizipieren.

In der Filmwissenschaft wird der Neoformalismus weitgehend als das am weitesten fortgeschrittene ausgearbeitete Projekt im Sinne eines wissenschaftlichen Paradigmas angesehen. [...] Wir gehen davon aus, dass man mit Teilen des Neoformalismus gut in der Filmbildung arbeiten kann. Für Lehrer bieten die anschaulichen Beispiele, die David Bordwell und Kristin Thompson zu ausgewählten Spiel- und Dokumentarfilmen geben, einen brauchbaren Einstieg in das Filmverstehen (Fritsch/Fritsch 2010: 14).

Der Ansatz des Neoformalismus, der v.a. auf David Bordwell, Kristin Thompson und (anfänglich) Janet Staiger zurückgeht und seit den 1990er-Jahren auch im deutschen Sprachraum breit rezipiert wird (vgl. Hartmann/Wulff 2014: 195), richtet sich gegen den bis dato in der Filmwissenschaft vorherrschenden Strukturalismus und zeichnet sich aus durch „eine starke Hinwendung zum filmästhetischen Material, zu detailgetreuen historischen und strukturellen Studien auf breiter empirischer Basis“ (Fritsch/Fritsch 2010: 48). Dabei orientiert er sich am russischen Formalismus der Neunzehnzwanziger-Jahre und übernimmt neben methodischen und epistemologischen Prinzipien auch entsprechende Terminologien. Der Neoformalismus wendet sich gegen filmwissenschaftliche Ansätze, bei denen das ausschließliche Interpretieren „als wichtigste oder gar einzige Aktivität des Wissenschaftlers hervorgehoben wird“ (Thompson 1995: 34) und die „alle Filme in ein ähnliches Muster“ (ebd.) zwängen, d.h. alle Filme in den gleichen Interpretationsansatz (bspw. den psychoanalytischen) pressen. Stattdessen gehe es ihm um eine starke Hinwendung zum filmästhetischen Material und zu detaillierten historischen und strukturierten Studien durch eine Integration von Filmtheorie, Filmanalyse und Filmgeschichte (vgl. Fritsch/Fritsch 2010: 48f.).

Der Neoformalismus weist darauf hin, dass die intendierte Bedeutung von Film zu Film verschieden sei, dass es also verschiedene, verfahrensspezifische Methoden benötige, um einzelne **Verfahren** gezielt erschließen zu können. Mit „Verfahren“ meint Thompson „jedes einzelne Element oder jede Struktur, die im Kunstwerk eine Rolle spielt“ (Thompson 1995: 35); damit umfasst sie einerseits filmsprachliche Gestaltungsmittel wie Kamerabewegung oder die *Mise en scène*, geht aber noch darüber hinaus, da sie bspw. auch „Rahmenhandlung“, „wiederholtes Wort“, „Thema“ oder auch „Bedeutung“ als Verfahren bezeichnet (vgl. ebd.). All diese Verfahren dienen gleichermaßen dazu, **Verfremdung** zu erzielen (s. dazu ausführlich 3.2) und ein filmisches System aufzubauen. Auch filmische Mehrsprachigkeit kann als ein solches Verfahren verstanden werden. Zum einen verdeutlicht diese Bezeichnung den Beitrag zum Gesamtsystem Film, zum anderen bleibt dadurch offen, ob die Mehrsprachigkeit nun je nach Begründungskontext als filmsprachliches Mittel oder als Motiv bezeichnet wird – der Begriff „Verfahren" erweist sich dadurch als eine passendere weil neutralere Bezeichnung.

Die Filmanalyse besteht laut Thompson in erster Linie aus der Untersuchung von Verfahren, die auf ihre Funktion und Motivation hin befragt werden. Unter **Funktion** verstehen die Neoformalisten „den Zweck des jeweiligen Verfahrens" (ebd.: 36), der jedoch nicht fest an ein Verfahren gebunden ist, sondern sich je nach Film verändern kann. So kann das Verfahren Mehrsprachigkeit bspw. in dem einen Film dem Zweck dienen, eine Figur näher zu charakterisieren, und in einem anderen Film erfüllt sie den Zweck, einen fremden Raum darzustellen.

Die Verwendung eines Verfahrens sollte vorab im Werk begründet werden. Diese Begründung eines Verfahrens bezeichnet Thompson als **Motivation** (ebd.). Der Neoformalismus geht dem Ansatz des Konstruktivismus folgend von aktiven Rezipient*innen aus, die maßgeblich an der Konstruktion des Präsentierten beteiligt sind. Die Motivation eines Verfahrens veranlasst die Zuschauer*innen, die „Rechtfertigung des jeweiligen Verfahrens" zu reflektieren, und stellt somit eine „Interaktion zwischen der Werkstruktur und der Aktivität des Zuschauers" (ebd.) dar. Es lassen sich vier verschiedene Grundtypen der Motivation eines filmischen Verfahrens unterscheiden:

- **Kompositionelle Motivation**: Ein Verfahren wird dahingehend begründet, dass es für „die Konstruktion der narrativen Kausalität, des Raumes und der Zeit vonnöten ist" (ebd.: 37). Dadurch wird ein internes Regelwerk des Films erstellt, eine diegetische Logik wird etabliert.
- **Realistische Motivation**: Ein Verfahren wird dahingehend gerechtfertigt, dass es Betrachter auf Vorstellungen der Wirklichkeit verweist. Es geht dabei aber nicht um ein Imitieren von Wirklichkeit, sondern vielmehr um einen Verweis auf die Vorstellungen der Rezipierenden von Wirklichkeit.
- **Transtextuelle Motivation**: Kann ein Verfahren nicht durch das Werk selbst, sondern nur durch den Bezug zu Konventionen anderer Kunstwerke motiviert werden, spricht Thompson von transtextueller Motivation. Durch intermediale Zitate wie die *Shoot-out*-Szene im Western oder die Besetzung von Rollen mit bekannten Stars macht Thompson deutlich, dass es hierbei vor allem darum geht, dass die Zuschauer*innen bestimmte Verfahren aus anderen Filmen wiedererkennen (vgl. ebd.: 38) und diese in der Konstruktion der Handlung berücksichtigen.
- **Künstlerische Motivation**: Zwar kann jedem Verfahren eine gewisse künstlerische Motivation unterstellt werden, in einigen Werken tritt sie durch das Zurückhalten der anderen drei Arten der Motivation jedoch besonders in den Vordergrund. Künstlerische Motivation geht oftmals damit einher, dass die Re-

zipierenden sich bemühen, „abstrakte Beziehungen zwischen den Verfahren zu entdecken“ (ebd.: 39).

Um die bisherigen Terminologien zusammenzuführen, kann man also resümieren: Das Gesamtkunstwerk Film ergibt sich aus dem Zusammenspiel einzelner *Verfahren*. Die Verwendung solcher Verfahren folgt einerseits einer gewissen *Motivation*, und sie erfüllen andererseits eine oder mehrere *Funktionen*. Da filmische Mehrsprachigkeit als Verfahren betrachtet wird, kann somit nach ihrer Motivation für die Erzählung sowie nach ihrer Funktion gefragt werden. Diese Aspekte sollen die folgenden Überlegungen leiten und eine Kategorisierung von Mehrsprachigkeit in Filmen ermöglichen.

3.2 Verfremdung durch Mehrsprachigkeit

Ein weiteres Schlüsselkonzept des Neoformalismus, das den russischen Formalisten entlehnt wurde, ist das Konzept der Verfremdung (vgl. Hartmann/Wulff 2014: 199f.). Im Verfremdungsbegriff treffen sich zwei Traditionslinien: Das *ostranenie*-Konzept des russischen Formalisten Viktor Šklovskij und das Konzept des *V-Effekts* nach Bertolt Brecht. Diese beiden Begriffe trennscharf voneinander zu unterscheiden, sei – wie Simon Spiegel bemerkt – keine leichte Aufgabe: Oftmals werden sie vermischt, miteinander kombiniert und auf dieser Grundlage teilweise vielleicht nur bedingt im eigentlichen Sinne verwendet, wie Spiegel an den Ausführungen des Literaturwissenschaftlers Darko Suvin aufzeigt (vgl. Spiegel 2007: 201ff.).
Frank Kessler geht in einem Aufsatz dem *ostranenie*-Begriff nach und legt dessen Bedeutung für den Ansatz des Neoformalismus dar. Der Begriff geht zurück auf Viktor Šklovskij und seinen Aufsatz „Kunst als Verfahren“ (1916)[19]. Ursprünglich sieht Šklovskij das „Fremd-Machen“ (russ. *ostranenie*) als Hauptaufgabe der Kunst an, und er meint damit die Durchbrechung der automatisierten Wahrnehmung der alltäglichen Umgebung:

> *Und gerade, um das Empfinden des Lebens wiederherzustellen, um die Dinge zu fühlen, um den Stein steinern zu machen, existiert das, was man Kunst nennt. Ziel der Kunst ist es, ein Empfinden des Gegenstandes zu vermitteln, als Sehen, und nicht als Wiedererkennen; das Verfahren der Kunst ist das Verfahren der „Verfremdung“ der Dinge und das Verfahren der erschwerten Form, ein Verfahren, das die Schwierigkeit und Länge der Wahrnehmung steigert, denn der Wahrnehmungsprozeß ist in der Kunst Selbstzweck und muß verlängert werden; die Kunst ist ein Mittel, das Machen einer Sache zu erleben; das Gemachte hingegen ist in der Kunst unwichtig (Šklovskij 1969: 15).*

19 Im Folgenden wird die Ausgabe des Aufsatzes im Sammelband „Texte der russischen Formalisten“ zitiert, der 1969 erschienen ist.

Verfremdung dient somit dazu, alltägliche Gegenstände, die sonst nur oberflächlich „durch Wiedererkennen" (ebd.) wahrgenommen werden, so in Szene zu setzen, dass unsere automatisierte Wahrnehmung durchbrochen wird. Durch Verfremdung sollen Gegenstände nicht nur automatisiert wahrgenommen, sondern als das *gesehen* werden, was sie wirklich sind. Auch im Neoformalismus wird der Verfremdungsbegriff so verstanden: Durch immer neue Arten der Verfremdung soll eine Automatisierung der Filmrezeption verhindert werden (vgl. Fritsch/Fritsch 2010: 50).
Erschwerend an den Ausführungen Šklovskijs ist jedoch die Uneinheitlichkeit, mit der er selbst den Begriff *ostranenie* verwendet: So bezeichnet der Begriff einmal ein ästhetisches Verfahren innerhalb eines Textes (bspw. eine ungewöhnliche Erzählperspektive oder Wortwahl), dann ein allgemeines Gesetz der historischen Formentwicklung und schließlich ein Mittel, um Kunst und Nicht-Kunst voneinander unterscheiden zu können (vgl. Kessler 1996: 56).

Brechts V-Effekt zeigt einerseits Gemeinsamkeiten zum *ostranenie*-Ansatz („Eine verfremdende Abbildung ist eine solche, die den Gegenstand zwar erkennen, ihn aber doch zugleich fremd erscheinen läßt" [Brecht 1948: 32]), er unterscheidet sich aber von Šklovskijs Ansatz vor allem durch seine didaktisch-politische Note[20] und den klareren Bezug zur Rezeption: Der Brechtsche Verfremdungseffekt im epischen Theater soll eine Einfühlung verhindern und dadurch das Gezeigte als etwas Gemachtes sichtbar werden lassen. Analog dazu sollen auch gesellschaftliche Verhältnisse als etwas Gemachtes erkannt werden[21]. Dadurch sollen die Zuschauenden nicht nur un-

20 Vgl. hierzu ausführlich die online verfügbare Inauguraldissertation von Marion Bremsteller, die ausgehend von Brechts epischem Theater eine Didaktik der Verfremdung entwickelt hat (Bremsteller 2007).

21 Brecht schreibt dazu in seinem Kleinen Organon für das Theater ausführlich: „Das Kind, lebend in der Welt der Greise, lernt, wie es dort zugeht. Wie die Dinge eben laufen, so werden sie ihm geläufig. Ist einer kühn genug, etwas nebenhinaus zu wünschen, wünschte er es sich nur als Ausnahme. Selbst wenn er, was die „Vorsehung" über ihn verhängt, als das erkennte, was die Gesellschaft für ihn vorgesehen hat, müßte ihm die Gesellschaft, diese mächtige Sammlung von Wesen seinesgleichen, wie ein Ganzes, das größer ist als die Summe seiner Teile, ganz unbeeinflußbar vorkommen – und dennoch wäre das Unbeeinflußbare ihm vertraut, und wer mißtraut dem, was ihm vertraut ist? Damit all dies viele Gegebene ihm als ebensoviel Zweifelhaftes erscheinen könnte, müßte er jenen fremden Blick entwickeln, mit dem der große Galilei einen ins Pendeln gekommenen Kronleuchter betrachtete. Den verwunderten diese Schwingungen, als hätte er sie so nicht erwartet und verstünde es nicht von ihnen, wodurch er dann auf die Gesetzmäßigkeiten kam. Diesen Blick, so schwierig wie produktiv, muß das Theater mit seinen Abbildungen des menschlichen Zusammenlebens provozieren. Es muß sein Publikum wundern machen, und dies geschieht vermittels einer Technik der Verfremdungen des Vertrauten" (Brecht 1964: 33f.)

terhalten werden, sondern Brecht will sie gleichermaßen „im Sinne der Aufklärung bilden, Lernprozesse anregen und in Gang halten, belehren und dabei die kritische Urteilskraft der Beteiligten schulen“ (Bremsteller 2007: 4). Ziel ist dabei die Schärfung des kritischen Blicks des Publikums und die Sensibilisierung für gesellschaftlich-politische Vorgänge (vgl. Spiegel 2007: 203).
Bei Brecht kann zudem eine metafiktionale Dimension der Verfremdung ausgemacht werden: „[N]icht nur der dargestellte Gegenstand soll fremd gemacht, sondern auch die fiktionale Illusion soll durchbrochen werden“ (ebd.). Durch handwerklich-technische Elemente wie eine distanzierte Spielweise der Schauspieler*innen und Spruchbänder soll die realistische Illusion des Gezeigten durchbrochen werden. Auch wenn sich der Verfremdungsbegriff des Neoformalismus eher am *ostranenie*-Konzept orientiert (vgl. Hartmann/Wulff 2014), sind die Elemente des Brechtschen V-Effekts für den mehrsprachigen Spielfilm nicht unrelevant, wie noch zu zeigen sein wird.

Bezugnehmend auf Brecht und Šklovskij sieht der Filmwissenschaftler Simon Spiegel *Verfremdung* als rhetorisch-stilistisches Verfahren, durch das „etwas Alltägliches seiner Gewöhnlichkeit enthoben wird“ (Spiegel 2007: 205). Um seine Überlegungen für den Science-Fiction-Film zu konkretisieren, differenziert und definiert er die verschiedenen Ausprägungen des Verfremdungsbegriffs genauer: Er unterscheidet zwischen ‚ostranenie‘, ‚diegetischer Verfremdung‘ und ‚Verfremdung‘ (vgl. ebd.: 208f.). Spiegel übernimmt den *ostranenie*-Begriff Šklovskijs und meint damit das „formalrhetorische Fremdmachen des Bekannten“ (ebd.: 208). Er führt dies an Science-Fiction-Filmen aus, in denen die perspektivgebenden Protagonisten[22] ihre Größe verändern. Wichtig ist die Feststellung, dass die Darstellung der veränderten Figuren nicht mit ostranenie bezeichnet werden kann, da kein „normaler“, also alltäglicher Mensch dargestellt wird, sondern eben ein Däumling oder ein Riese, der alles andere als alltäglich ist. Um *ostranenie* handelt es sich jedoch bei der Darstellung der Umgebungen, in denen sich die Figuren bewegen. Die dargestellte Katze, die dem Protagonisten in *Die unglaubliche Geschichte des Mister C.* (USA 1957) beinahe das Leben kostet, ist eine alltägliche Katze. Durch das stilistische Mittel der veränderten Kamera- und Erzählperspektive wirkt diese jedoch wie ein großes blutrüstiges Monster. Das alltägliche Ding (also die Katze) wird in diesem Kontext verfremdet: Durch die Veränderung der Perspektive wird sie fremd gemacht (vgl. ebd.: 210f.).
Unter ‚**diegetischer Verfremdung**‘ versteht Spiegel dagegen eine Verfremdung auf der Ebene der Handlung, die durch den Zusammenprall widersprüchlicher Elemente entsteht (vgl. ebd.: 206). Als Beispiel führt er das ungewöhnliche Verhalten von Fi-

22 In *Die unglaubliche Geschichte des Mister C.* (USA 1957) schrumpft der Protagonist unaufhörlich, bis er schließlich die Größe eines Insekts erreicht, in *Der Koloß* (USA 1957) wächst der Protagonist auf eine Körpergröße von 20 Metern.

guren oder die Präsentation von ungewöhnlichen weil unmöglichen Bildern an. Die Verfremdung ist somit kein Ergebnis eines formalen Verfahrens (wie bspw. die filmische Perspektivierung), sondern wird dadurch erzeugt, dass das Gezeigte inhaltlich etwas eigentlich Unmögliches abbildet.
Mit ‚**Verfremdung**' oder ‚**Verfremdungswirkung**' bezeichnet Spiegel schließlich die Wirkung der beiden genannten Verfahren auf die Rezipierenden. Diese Verfremdungswirkung kann sowohl durch *ostranenie* als auch durch diegetische Verfremdung (oder auch durch die Kombination beider Verfahren) erreicht werden. Die Verfremdung bei der Rezeption erfolgt durch die aktive Konstruktionsleistung der Zuschauer*innen: Diese ziehen bei der Rezeption ihre Alltagswelt, mit der sie das Gesehene abgleichen können, als Referenz heran. Unterscheidet sich das Gezeigte auf inhaltlicher (diegetisch) oder auf formaler Ebene (*ostranenie*) von der Referenzwelt, stellt sich eine Verfremdungswirkung ein (vgl. ebd.: 224ff.).
Versucht man die Überlegungen Spiegels, die er auf den Science-Fiction-Film bezieht, auf mehrsprachige Spielfilme und deren „verfremdende" Wirkung zu übertragen, geht dies trotz aller Plausibilität nur bedingt auf. Vereinfacht kann man sagen: Eine ein- oder mehrsprachige Figur trifft entweder auf anderssprachige Figuren oder bewegt sich in anderssprachigen Räumen (vgl. dazu die folgenden Kapitel). Die Kommunikation erfolgt dabei entweder einsprachig in der Sprache des Helden oder der Heldin, in der Sprache des Gegenübers oder in einer gemeinsamen Mittlersprache. Auch eine gemischtsprachige oder nonverbale Kommunikation wäre denkbar. Gleicht man diese filmischen Situationen mit der außerfilmischen Referenzwelt ab, zeigt sich nicht wirklich etwas Fremdes oder Ungewöhnliches. In der außerfilmischen Realität erfolgt Kommunikation zwischen verschiedensprachigen Menschen genauso – der Film bildet auf der inhaltlichen Ebene also Alltägliches ab, eine Fremdmachung der Alltäglichkeit zeigt sich nicht. Den Ausführungen Spiegels zufolge dürfte auch bei der Rezeption die sprachliche Darstellung aufgrund der Deckung von diegetischer und Referenzwelt nicht für Irritation oder Verfremdung sorgen. Sie tut es aber oftmals doch. Da das *ostranenie*-Konzept in diesem Fall anscheinend keine Erklärung gibt, soll noch einmal ein Blick auf den V-Effekt Brechts geworfen werden, den Spiegel in seinen Ausführungen nicht mehr dezidiert betrachtet, der für das Verfahren Mehrsprachigkeit aber unter Umständen zielführender sein könnte.

Brecht betont bei seinem V-Effekt das Sichtbarmachen der Gemachtheit des Gezeigten. Er will den Rezipierenden durch das epische Theater die Möglichkeit verwehren, in das Stück einzutauchen und kathartisch darin aufzugehen. Stattdessen verfolgt er durch die entsprechenden handwerklichen Verfahren ein kritisches Sehen, das zur Reflexion des Rezipierten und dadurch zur Reflexion der gesellschaftlichen Verhältnisse aufrufen soll. So vermeidet er gezielt mimetisch-authentisches Schauspiel zugunsten einer verfremdeten distanzierten Spielweise, oder er unterbricht die Diegese

durch Spruchbänder oder durch Figuren, die sich explizit an das Publikum wenden. So wird den Rezipierenden immer wieder in Erinnerung gerufen: Ich sehe etwas Gemachtes, nicht die Realität.
Hier zeigen sich zwar Parallelen zum *ostranenie*-Konzept (etwas Alltägliches wird durch formale Mittel fremd gemacht), der Fokus liegt aber nicht nur auf der Verfremdung des Gezeigten, sondern zusätzlich auf der Verfremdung des Mediums: Das Theater, das laut Brecht oftmals versucht, das Leben bestmöglich nachzuahmen (Mimesis), soll als eben solche Nachahmung entlarvt werden. Es geht also, das wurde schon angedeutet, um eine Verfremdung auf einer metafiktionalen Ebene. Der Übertrag dieses Konzepts zum mehrsprachigen Spielfilm gelingt hier besser: Dass zwei Personen, die aus zwei verschiedenen Teilen der Welt stammen, nicht dieselbe Sprache sprechen, ist nichts Ungewöhnliches, sondern durchaus etwas Alltägliches. Wird diese Alltäglichkeit durch Mehrsprachigkeit dargestellt, handelt es sich eher um eine naturalistische Darstellung als um eine verfremdete. Für die Zuschauer*innen kann sich aber dennoch eine Art der Verfremdung einstellen, allerdings nicht durch die sprachliche Verfremdung der Figuren, sondern durch eine Verfremdung der Rezeptionssituation: Die „alltägliche" Rezeptionssituation durchschnittlicher deutscher Kinogänger*innen erfordert prinzipiell weder fremdsprachliche Kenntnisse noch die Bereitschaft, einen Großteil des im Film Gesprochenen durch Untertitel erlesen zu müssen oder schlichtweg nicht zu verstehen. In einem Synchronisationsland wie Deutschland kann davon ausgegangen werden, dass das auf der Leinwand Gesprochene durch die Synchronisierung in die Rezeptionssprache Deutsch auch verstanden werden kann. Erfolgt diese Synchronisierung bzw. die sprachliche Angleichung kulturell hybrider Figuren in der Produktion jedoch nicht, verfremdet dies nicht die gezeigte Situation: Verschiedensprachige Menschen sprechen verschiedene Sprachen – sie verstehen sich entweder nicht oder müssen eine Mittlersprache finden, um sich trotz der Sprachbarriere verstehen können. Diese fremd- und mehrsprachigen Situationen stellen „in der alltäglichen Lebenswelt Deutschlands und Österreichs kein gewöhnungsbedürftiges Phänomen" (Bauer 2019: 165) mehr dar – bezogen auf die Lebenswelt handelt es sich hier also keineswegs um eine (ver)fremde(te) Situation.
Was jedoch eine Verfremdung erfährt, ist die Rezeptionshaltung. Die Erwartungshaltung („Auf der Leinwand sprechen alle Figuren meine Sprache"), die sich durchaus von der Erwartung an die außerdiegetische Realität unterscheiden kann, wird durchbrochen, das gewohnte Rezeptionserlebnis wird verfremdet. So ist es mit einem Bezug zur Referenzwelt keineswegs ungewöhnlich, wenn der rezipierendensprachliche Protagonist Gil in *Midnight in Paris* (USA/SP/F 2011) auf Franzosen trifft, die Französisch sprechen, oder der Schauspieler Bob Harris in *Lost in Translation* (USA/JAP 2003) bei einem Shooting für einen Werbespot in Tokio auf Japaner trifft, die nicht Englisch (bzw. die Sprache der Rezipierenden) sprechen und ihn somit nicht verstehen. Ungewöhnlich ist für die Rezipierenden allerdings, dass sie die jeweils andere Sprache

auch nicht verstehen. Gewöhnliche Kinozuschauer*innen zeichnen sich dadurch aus, dass sie den filmischen Figuren oftmals überlegen sind, bspw. durch Wissen, über das die Figuren nicht verfügen, oder aber eben über Sprachkenntnisse, die die Rezipierenden nicht benötigen, um das Dargestellte vollends zu verstehen. Allerdings wird ein solches alltägliches Kinoerlebnis in diesem Fall durchbrochen, die Rezipierenden verstehen genau so viel (oder wenig) wie der einsprachige Protagonist. Irritation stellt sich ein – jedoch nicht, weil das Gezeigte von der Referenzwelt abweicht (das tut es auf der akustischen Ebene nämlich nicht), sondern weil die Rezeptionssituation vom Gewohnten abweicht. Durch das Verfahren der Mehrsprachigkeit wird somit zwar durchaus eine Verfremdungswirkung erzielt, jedoch nicht auf der Ebene der Narration (*diegetische Verfremdung*) oder auf der formalen Ebene (*ostranenie*), sondern vor allem auf der Ebene der Rezeption. Dadurch greift in diesem Fall Brechts Konzept besser als Šklovskijs: Das Verfahren der Mehrsprachigkeit verfremdet nicht den dargestellten Gegenstand, sondern es demonstriert die Gemachtheit des Films, indem es die fiktionale Illusion („Ich kann alles problemlos verstehen“) durchbricht – entweder indem die Zuschauer*innen nur non- und paraverbale Hinweise verstehen, sie also auf eine diegetische Dolmetscherinstanz angewiesen sind, oder das verfremdende Element der Untertitel zur Verständnissicherung dienen kann.

Das heißt nun nicht automatisch, dass eine formale Art der Verfremdung – wie sie in den Ansätzen des Neoformalismus und in der Poetik Spiegels umfassend begründet und an vielen Beispielen illustriert wird – in mehrsprachigen Filmen nicht vorkommen. Zwei Filme, die im Folgenden noch didaktisch aufgearbeitet werden sollen, greifen ganz bewusst auf eine andere Art der Verfremdung von Sprache zurück.
In *Isle of Dogs – Ataris Reise* (s. Kapitel 10) wird gleich zu Beginn auf die Sprachlichkeit des Films verwiesen, wenn es in einem Insert heißt „Jegliches Bellen wurde ins Deutsche übersetzt“ (IoD 00:02:27).

Abgesehen von all den typischen Verfremdungstechniken, die ein Animationsfilm sowieso zeigt[23], kann in der sprachlichen Gestaltung des Stop-Motion-Films *ostranenie* ausgemacht werden. Zur Erinnerung: *ostranenie* im durch Spiegel verengten Sinne meint das Fremdmachen von etwas Alltäglichem durch ein formales Mittel. Gehen wir davon aus, dass filmische Mehrsprachigkeit ein Verfahren der Filmgestaltung darstellt, kann die Hund-Mensch-Sprach-Situation in *Isle of Dogs – Ataris Reise* folgendermaßen kategorisiert werden: Alltäglich ist es, dass sowohl Menschen (sofern sie über eine gemeinsame Mittlersprache verfügen) als auch Hunde untereinander kommunizieren können. Gegenseitig verstehen sie sich nicht (zumindest nicht aufgrund einer gesprochenen Sprache). Dieses alltägliche Verhältnis wird in *Isle of Dogs –*

23 Vgl. hierzu die Ausführungen von Könitz 2010.

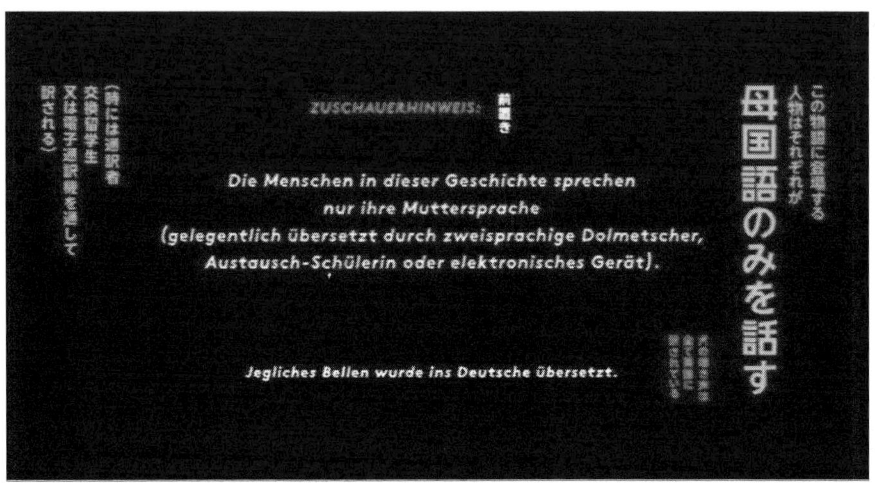

Abbildung 5 „Jegliches Bellen wurde ins Deutsche übersetzt“ (IoD 00:02:27)

Ataris Reise dargestellt, allerdings durch das Mittel der Mehrsprachigkeit verfremdet: Anders als in der empirischen Wirklichkeit (oder auch in den meisten Filmen) verstehen die Rezipierenden nicht die menschlichen Figuren, sondern sie verstehen die Hunde (denn „jegliches Bellen wurde ins Deutsche übersetzt“, s. Abbildung 5) und sind beim Verstehen der japanischen Figuren auf Dolmetscher*innen oder non- und paraverbale Hinweise angewiesen. Durch diese sprachliche Gestaltung wird nicht nur eine Perspektivierung vorgenommen, sondern das Verhältnis Mensch – Tier wird auf formaler Ebene verfremdet.
In *Isle of Dogs – Ataris Reise* finden sich noch weitere verfremdende Momente, die teilweise an die Ausführungen Brechts zu seinem epischen Theater erinnern: Der Film wird in Abschnitte eingeteilt, deren Überschriften den Inhalt bereits kurz zusammenfassen; immer wieder wird die Handlung von weiteren Texteinblendungen durchbrochen; ähnlich wie in Brechts Theater, wo Songs zu hören sind, werden hier Haikus vorgetragen (s. Abbildung 6), die zudem durch eine veränderte Beleuchtung, eine Einstellungsveränderung sowie durch einen animierten Hintergrund noch stärker von der Handlung abgesetzt werden. Der vorgetragene Text wird zudem schriftlich eingeblendet. All diese Momente, die vielleicht nur zufällig mit Brecht in Verbindung gebracht werden können, zeigen jedoch, dass es Wes Anderson in seinem Stop-Motion-Film an vielen Stellen um Verfremdung geht. Die sprachliche Gestaltung ist dabei nur eines von mehreren Mitteln, derer er sich bedient.

Auch in *Almanya – Willkommen in Deutschland* (D 2011) (s. Kapitel 11) kann nicht nur eine Verfremdung der Rezeptionssituation erkannt werden, sondern Sprache ver-

Abbildung *6* Haiku in Isle of Dogs – Ataris Reise (IoD 01:22:38)

fremdet auch hier wieder im Sinne der *ostranenie*. Der Film erzählt auf der Ebene der Diegese in der Gegenwart von einer türkischstämmigen in Deutschland lebenden Familie. Auf der Ebene der Metadiegese[24] wird die Migrationsgeschichte des jungen Hüseyin und seiner Familie erzählt. Sprachlich zeigt der Film zunächst etwas Alltägliches: In Deutschland sprechen die Einheimischen Deutsch, in der Türkei sprechen die Einheimischen Türkisch. Durch die Verwendung einer Kunstsprache wird diese alltägliche Beobachtung jedoch verfremdet. Plötzlich sprechen auf der Ebene der Metadiegese die türkischen Figuren Deutsch, wohingegen die deutschen Figuren eine Kunstsprache sprechen. Auch hier geht die verfremdete Sprachsituation mit einer Perspektivierung einher, denn durch diese Verfremdung bieten für die deutschen Rezipierenden die deutschen Figuren ungewohnterweise weniger Identifikationspotential als die türkische Migrantenfamilie.
Diese Arten der sprachlichen Verfremdung bei mehrsprachigen Filmen bilden im Vergleich der gesichteten Filme jedoch die Ausnahme; die Verfremdung des Rezeptionssettings, die durch das Nicht-Synchronisieren eintritt, ist für den mehrsprachigen Film programmatischer. Vereinzelt lassen sich zwar auch Momente der *ostranenie* oder der diegetischen Verfremdung ausmachen, diese bleiben jedoch bisher eher selten.

Abschließend sei noch ein Nachtrag erlaubt: Erstaunlicherweise misst Spiegel in seiner Poetik des Science-Fiction-Films der Verfremdung auf akustischer Ebene nur eine untergeordnete Rolle bei und das obwohl – oder weil? – er der Tonspur einen Stiefkindcharakter in der Filmanalyse attestiert (vgl. Spiegel 2007: 229). Science-

24 Ich orientiere mich mit den Begriffen „Diegese“ und „Metadiegese“ an Genettes Terminologie (2010: 147ff.).

Fiction-Filme und fantastische Filme[25] bedienen sich jedoch zunehmend filmischer Mehrsprachigkeit und greifen dabei oftmals auf Kunstsprachen zurück. Diese Sprachlichkeit greift Spiegel allerdings nicht auf, er bezieht die Verfremdung ausschließlich auf Sound und Musik. Auch in seiner Analyse des Films *Avatar – Aufbruch nach Pandora* (vgl. Spiegel 2012), in dem die Kunstsprache der Na'vi und das Sprachenlernen zumindest zu Beginn eine prominente Stellung einnimmt, bleibt der Aspekt Sprache unerwähnt. Dies bestärkt die Vermutung, dass die Verfremdung durch Sprache weniger durch das neoformalistische *ostranenie*-Konzept erklärt werden kann, welches die Grundlage für Spiegels Analyse bildet. Ich lese dies als Indiz dafür, dass Mehrsprachigkeit wohl verfremdend wirken kann, jedoch weniger auf der Ebene der Narration als vielmehr auf der Ebene der Rezeption.

3.3 Mehrsprachigkeit und Raum

Seit den 90er-Jahren intensivierte sich die Raumdebatte in der Literaturwissenschaft – die Frage nach dem Bedeutungssystem des literarischen Raums rückte in den Mittelpunkt der literaturwissenschaftlichen Forschung. Die Hinwendung zu raumbezogener Forschung (und damit einhergehend die Abkehr vom Fokus auf die geschichtsbezogene Forschung des 19. Jahrhunderts) wird unter dem Begriff *Spatial Turn* zusammengefasst und rekurriert dabei u.a. auf die Ausführungen Edward W. Sojas (1996). Dieser *Spatial Turn* ist durchaus auch in der Filmwissenschaft zu verzeichnen, wenngleich es dort – im Gegensatz zur Literaturwissenschaft – „schon immer ein latentes Interesse am Raum" (Schmidt 2013: 294) gab.

„Raum" meint aus physikalischer Perspektive die „konzeptionelle Möglichkeit, Ausdehnung von Körpern und Distanzen in den drei Dimensionen Höhe, Breite und Tiefe auszudrücken" (Keutzer et al. 2014: 27). Die Beschreibung von filmischer Räumlichkeit kann auf verschiedenen Ebenen erfolgen: Das Dekor eines Zimmers bestimmt den filmischen Raum ebenso wie der Entwurf ganzer Gebäudekomplexe oder die Ausbildung „ganzer Kulturräume mit ihren Dörfern, Städten und umfriedeten Naturräumen" (ebd.).

Der französische Filmkritiker und -theoretiker Éric Rohmer nahm 1980 im Zuge einer Analyse von Murnaus *Faust – eine deutsche Volkssage* (D 1926) eine Systematisierung von filmischen Raumkategorien vor, die bis heute der Filmanalyse zuträglich ist (vgl. Keutzer et al. 2014: 29). Rohmer unterschied die drei Begrifflichkeiten „Bildraum", „Architekturraum" und „filmischer Raum":

- *Bildraum*: meint den Inhalt einer Einstellung, also die Menge der räumlich arrangierten Inhalte einer Einstellung und deren Beziehung zueinander. Der

25 Spiegel subsumiert dies unter dem Begriff des „Wunderbaren" und fasst die beiden Genrebegriffe somit zusammen.

Bildraum folgt dabei einerseits (sofern nicht anders motiviert) den Regeln der extradiegetischen Welt und andererseits der Tradition und den Gestaltungsmitteln der europäischen Renaissance-Malerei. So wird bspw. ein Horizont durch eine Waagerechte dargestellt, Raumtiefe entsteht typischerweise durch auf einen Horizont zulaufende Fluchtlinien, Überschneidung und Verdichtung der weiter entfernten Bildgegenstände sowie eine kontrasterhöhende Licht- und Farbgestaltung (helle vs. dunkle Beleuchtung; klare vs. verblasste Farben) erzeugen Vorder- oder Hintergrund (vgl. Keutzer et al. 2014: 29 ff.).

- *Architekturraum*: Beschreibung der Bauweise der gezeigten Räume – Maße, Baustil, Fassade und Innenräume, Materialien, Bauformen (rund, eckig, spitz, stumpf, symmetrisch, asymmetrisch usw.)
- *Filmischer Raum*: Rohmer meint damit den diegetischen Raum, also die fiktionale Wirklichkeit, in der sich das Gezeigte abspielt. Dabei spielen einerseits die im Bild gezeigten Raumstrukturen eine Rolle, andererseits auch die Interpretation dieser Schauplätze durch die Rezipierenden. Er wird durch die Montage von Einstellungen hergestellt und steht somit im Kontrast zum Bild- und zum Architekturraum, die dem in der Einstellung abgebildeten Raum entsprechen (vgl. Hickethier 2012: 69). Der diegetische Raum entsteht also einerseits durch die Postproduktion (das, was im Film als ein Raum gezeigt wird, kann an vollkommen verschiedenen realen Drehorten aufgenommen worden sein[26]) und andererseits durch die aktive Rezeption der Zuschauer*innen, die durch das Gesehene den Plot erschließen und vor diesem Hintergrund die Einzelelemente (bspw. Eine spezifische Inneneinrichtung oder Gebäudefassaden) wiederum auf die Gesamthandlung beziehen.

Die Schwierigkeiten, die sich bei der Begriffsbestimmung des filmischen Raums zeigen, klingen bereits in der Dreiteilung Rohmers an. Schmidt konkretisiert dies, wenn er darauf aufmerksam macht, dass dem filmischen Raum drei Funktionen zukommen, die eine klare Definition des Begriffs erschweren. Der filmische Raum ist „erstens *Bedingung* [Herv. i. O.] filmischen Erzählens, zweitens *Mittel* [Herv. i. O.] filmischen Erzählens und drittens selbst *Gegenstand* [Herv. i. O.] der filmischen Erzählung“ (Schmidt 2013: 295). Diese Mehrdimensionalität des Raumbegriffs und das

26 Der Filmtheoretiker Walter Dadek stellt fest, dass die bei der Gestaltung des Filmraums verwendeten Elemente aus der klassischen Kunst für die Erzeugung des diegetischen Raums nicht gelten. Er schreibt: „Die ‚allgegenwärtige‘ Kamera ‚überwindet den Raum‘ nicht bloß damit , daß sie die Trennung der Entfernungen aufhebt und weit Auseinanderliegendes willkürlich zusammenfügt, sie verändert in der Bildillusion auch die inneren Strukturen des Raumes. Was der Fluß der rasch und abrupt wechselnden Bilder unterschiedlicher Örtlichkeiten und/bzw. Aufnahmedistanzen bewirkt, ist eine Auflösung der natürlichen Raumwahrnehmung bzw. der uns von den klassischen Künsten anerzogenen Raumansichten“ (Dadek 1968: 150).

daraus entstehende Zusammenfließen verschiedener Definitionsansätze macht laut Schmidt eine differenzierte Betrachtung dieses Aspekts notwendig (vgl. ebd.).

Wenngleich die Definitionen des filmischen Raums stark variieren, kann zumindest von dem gemeinsamen Ansatz ausgegangen werden, der den Raum als „bedeutungstragendes, ästhetisches Gebilde betrachtet, das von Menschen erfahren wird und das daher einen grundsätzlich prozessualen und dynamischen Charakter hat" (ebd.: 297). Filmische Räume stehen somit in den wenigsten Situationen für sich, in der Regel bewegen sich die gezeigten Figuren in ihnen; der gezeigte Raum wird durch die Bewegung und die Handlungen der diegetischen Figuren in ihm zum filmischen Handlungsraum, wie Hickethier in Anlehnung an Wulff (1999) schreibt: „Handlungsraum ist der Raum der Handlungen der Figur, die Handlung selbst definiert auch erst den Raum, akzentuiert ihn, stellt ihn unter das Primat der Handlung" (Hickethier 2012: 83). Durch die Gestaltung des Raums und die sich darin bewegenden Figuren können bereits Reibungen entstehen, die zu „Keimzellen des Erzählens" (Keutzer et al. 2014: 38) werden. Den Überlegungen des Literaturwissenschaftlers Lotmans folgend werden die räumlichen Relationen zwischen Objekten oftmals zur Basis für die Darstellung nicht-räumlicher Relationen (vgl. Frank 2009: 66): So kann die Raumgestaltung oder die spezifische Raumsituation auf den Seelenzustand der Figur schließen lassen (vgl. Hickethier 2012: 72), bspw. wenn eine traurige Figur im Regen steht oder wenn die innere Beklemmung und das Gefühl des Eingesperrtseins sich auch in den Räumen zeigt, in denen sich eine „eingesperrte" Figur bewegt.

Sobald die physikalische Größe des Raums in Filme eingebunden wird und dadurch eine zeitliche Relation erfährt, spricht man vom sog. *Chronotopos* (Bachtin 2008). Der Begriff Chronotopos (eine Zusammenbildung aus den griechischen Wörtern für *Zeit* und *Ort*) meint ursprünglich den Zusammenhang zwischen Raum und Zeit im Roman: „Den grundlegenden wechselseitigen Zusammenhang der in der Literatur künstlerisch erfaßten Zeit-und Raum-Beziehungen wollen wir als Chronotopos [...] bezeichnen" (Bachtin 2008: 7). Vereinfacht ausgedrückt meint dies, dass die abstrakte und nicht sinnlich erfahrbare Einheit Zeit durch eine räumliche Konkretisierung Gestalt erhalten kann (vgl. Frank 2006: 73). Der Chronotopos in *Isle of Dogs – Ataris Reise* illustriert dies anschaulich: Die Erzählinstanz zu Beginn informiert die Rezipierenden darüber, dass die gezeigte Geschichte im japanischen Archipel 20 Jahre nach der heutigen Zeit spielt. Der Zeittyp „Zukunft", über den zwar informiert wurde, der jedoch ohne Bezugspunkte nicht erfahrbar ist, wird durch ein futuristisches Stadtbild (mit abstrakten Hochhäusern und fiktiven Flugobjekten) materialisiert. Zeitgleich wird auch immer wieder auf die Vergangenheit verwiesen (Frank (2006: 73) spricht vom „Zeittyp ‚historische Zeit'") der Stadt, die geprägt war durch die

Herrschaft einer „Katzendynastie“. „Historische Zeit“ materialisiert sich in alten Bildern und in der Darstellung historischer Architektur.

Der Filmraum und daraus resultierend der diegetische Raum ist im Film nicht nur Zeichen für historische und soziale Gegebenheiten (vgl. Hickethier 2012: 73), er kann auch „ganze Kulturräume“ darstellen: So tragen Drehorte, Kulissen, Requisiten und deren Anordnung zueinander vieles zur Erzeugung eines solchen Kulturraums bei. Ohne die sich darin bewegenden Figuren, in deren Handlungen, Kleidung oder Sprache sich Kultur ebenfalls repräsentiert, gelingt diese Darstellung jedoch nur erschwert. Raumkonfigurationen werden durch deiktische, also verweisende, Elemente hergestellt – sowohl auf der visuellen als auch auf der akustischen Ebene (vgl. ebd.: 83). Dieser Überlegung zufolge kann die verwendete Sprache als eine der vielen Klammern verstanden werden, die den diegetischen Raum näher charakterisieren, ihn von anderen diegetischen Räumen abgrenzen und die Handlungen der Figur darin mitbestimmen. Kramer (2014) zeigt bspw. ausführlich den Zusammenhang zwischen den Chronotopoi im indischen Film mit den verschiedenen bestimmenden Sprachvarietäten. Er zeigt auf, dass einige Sprachregister oder Sprachen (er nennt sie in Anlehnung an Bachtin bezogen auf Literatur und Film *speech genre*) an bestimmte Chronotopoi gebunden sind (bspw. das Englische an das Foyer eines Luxushotels). Auch die Soziolinguistik beschreibt das Phänomen, dass bestimmte Sprachen oder sprachliche Register an einen Ort gebunden sind – sie spricht dann von den sog. sprachlichen Domänen und meint damit klassischerweise Familie, Arbeit, Kneipe etc. (vgl. Kramer 2014: 77).
Im Folgenden sollen nun Überlegungen angestellt werden, die die Leistung der gesprochenen Sprache auf die Gestaltung des filmischen Raums fokussieren. Dazu wird zunächst von Raumkonzepten ausgegangen, die sich in mehrsprachigen Spielfilmen verstärkt finden lassen. Auf dieser Grundlage soll dann untersucht werden, inwiefern die gesprochene Sprache in diesen Kontexten eine Funktion zur Gestaltung des Raums erfüllt. Ich beziehe mich hierbei unter Verweis auf die Ausführungen Lotmans auf die **Abgrenzung zwischen Räumen**, auf die Darstellung **fremder sowie fantastischer Räume** und schließlich auf die von Marc Augé entwickelte Denkfigur der sog. **Nicht-Orte**, die oftmals als Handlungsorte mehrsprachiger Filme auszumachen sind (vgl. Blell 2015: 34).

3.3.1 Räumliche Grenzen und Grenzüberschreitungen

Der filmischen Repräsentation von Raum, also dem auf dem Bildschirm oder der Leinwand dargestellten räumlichen Konstrukt, wird durch die Einteilung in Zonen und Areale eine Struktur verliehen, wodurch sich filmische Räume in den meisten Fällen durch Grenzziehungen definieren: Innen- und Außenräume grenzen sich ebenso voneinander ab wie private von öffentlichen und natürliche von künstlichen (vgl. Keutzer et al. 2014: 27.).

Die Figur der **Grenze** ist eine der bedeutungsstärksten in strukturalistischen Ansätzen, bspw. in dem breit rezipierten Modell des russischen Literaturtheoretikers Jurij Lotman. Lotman bezeichnet die gesamte Handlung eines narrativen Textes als Sujet (ein Begriff, den der Neoformalismus ebenfalls entlehnt), welches sich mindestens durch die folgenden drei Aspekte auszeichnet:

- ein semantisches Feld, das in zwei komplementäre Untermengen aufgeteilt ist;
- eine Grenze zwischen diesen Untermengen, die unter normalen Bedingungen impermeabel ist, im vorliegenden Fall jedoch [...] sich für den die Handlung tragenden Helden als permeabel erweist;
- der die Handlung tragenden Helden.

  (Lotman 1973: 360)

Eine Grenze teilt den dargestellten Raum in zwei Abschnitte, jeder Teilraum wird mit einer bestimmten Bedeutung versehen (vgl. Frank 2009: 67). Dadurch ergeben sich topologische und aus diesen wiederum binäre semantische Oppositionen, die für erzählende Filme typisch sind: innen – außen und rechts – links werden bspw. oft mit gut – böse oder vertraut – fremd semantisiert. Während die jeweiligen Teilräume nach Lotman durch bestimmte Figuren oder Figurengruppen besetzt werden, gelingt mindestens einer Figur die **Grenzüberschreitung** – die zu einem zentralen Element des Plots wird; nur durch die Bewegung zwischen Räumen entsteht literarische (oder eben filmische) Handlung (vgl. ebd.). In „Über die Semiosphäre" erweitert Lotman sein dichotomes Raumkonzept und spricht von der sog. „Semiosphäre", welche „die Gesamtheit aller Zeichenbenutzer, Texte und Kodes einer Kultur" (Lotman 1990: 287) meint. Sie ist gekennzeichnet durch eine innere Organisation, die einer nichtorganisierten äußeren Umgebung gegenübersteht. Sie ist zudem vielschichtig: Zwischen dem Zentrum der Semiosphäre und der äußeren Umgebung liegt ein Übergangsbereich, in dem sich – im Gegensatz zu den vorherigen Überlegungen – Innen und Außen überschneiden. Die Figuren können sich nicht nur in den beiden abgegrenzten Räumen, sondern auch in diesem Übergangsbereich bewegen und fungieren als Übersetzer, da sie gleichsam zu beiden Welten gehören (vgl. Frank 2006: 69). Der Grenzgänger macht durch die Überschreitungen und durch die dadurch entstehende Verbindung der beiden Räume die gezogene Grenze sichtbar und entlarvt sie als „kulturelle Setzung" (ebd.).

Während Leubner und Saupe die Begrenztheit des Modells für andere erzählende Texte aufzeigen (vgl. Leubner/Saupe 2012: 48), stellt Friedmann (2018: 45) fest, dass die Semantisierung des Raums nicht nur über topographische und topologische Kategorien, sondern auf vielen weiteren Ebenen erfolgen kann. Für den mehrsprachigen Film lässt sich konstatieren, dass die Semantisierung des Raums „eine typische und distinkte narrative Strategie" (ebd.) darstellt, die mit filmischer Mehrsprachigkeit einhergeht oder von ihr unterstützt wird.

Unternimmt man den Versuch, die in den gesichteten Filmen gezeigten Räume, ihre Bedeutung und ihre sprachliche Realisierung genauer zu kategorisieren, kann die Beobachtung Lotmans geteilt werden: „Während die dargestellte Wirklichkeit bezüglich ihrer spezifischen topographischen Beschaffenheit in einzelnen Beispieltexten stark variieren kann, bleiben die grundlegenden topologisch beschreibbaren räumlichen Relationen identisch" (Frank 2009: 66). Dies soll an einem Beispiel illustriert werden: Während in *Gnade* (D/NOR/F 2012) eine von Schnee und Eis bedeckte farblose norwegische Kleinstadt in der Gegenwart gezeigt wird, reist der Protagonist Azur in *Azur und Asmar* in den warmen, farbenfrohen und mittelalterlichen Maghreb. In ihrer „topographischen Beschaffenheit" (Norwegen – Maghreb, Gegenwart – Vergangenheit) könnten die beiden Raummodelle nicht unterschiedlicher sein – das, was sie semantisch beschreiben, ist jedoch das gleiche: beide Räume symbolisieren eine anfängliche **Fremde** (sowohl auf visueller als auch auf akustischer Ebene) für die Protagonist*innen, die sich schließlich durch ein Ankommen (sowohl in emotionaler wie auch in sprachlicher Hinsicht) löst und somit zur neuen Heimat wird.
In beiden Fällen geht es jedoch nicht ausschließlich um die Darstellung von Fremde. In *Gnade* kann die von Eis und Schnee bedeckte Landschaft Norwegens gleichermaßen in Zusammenhang mit der ausgewanderten deutschen Familie gesetzt werden: Der Vater, Niels, dessen notorisches Betrügen einer der Auslöser für das Auswandern der Familie war, kümmert sich neben seiner Arbeit und seiner Affäre nur wenig um Ehefrau Maria und Sohn Markus. Auch Maria, die in einem Hospiz arbeitet, flüchtet sich in die Arbeit. Ihr Sohn Markus zeigt offensichtliche Schwierigkeiten in der schulischen Integration, wenngleich er über die nötigen Sprachkenntnisse verfügt. Er nimmt sich dauerhaft zurück, wird vorwiegend in der Rolle eines passiven Opfers gezeigt, das den Plänen seiner Eltern folgen muss[27]. Treffen alle drei Familienmitglieder aufeinander, wirkt die Situation dauerhaft angespannt. Die Gespräche am Essenstisch sind gekennzeichnet von langen Sprechpausen, der Inhalt changiert zwischen Banalitäten und Vorwürfen. Die Kälte ist also nicht nur wetterbedingt vor der Haustür präsent, sondern auch die familiäre Situation selbst ist (zumindest zu Beginn) geprägt

27 Dies wird auch in einem Split-Screen am Anfang des Films deutlich, in dem die Familienmitglieder vor ihrer Abreise gezeigt werden: Während Niels und Maria sich mit Freunden und Arbeitskollegen unterhalten und den geplanten Umzug erklären oder rechtfertigen, wird Markus in einer eher passiven, unmotivierten Haltung beim Norwegischlernen gezeigt. Auch das ständige Filmen seiner Eltern mit einer Kamera deutet auf diese Passivität hin: Er beobachtet die familiäre Situation, weiß um deren (schlechte) Beschaffenheit, bleibt jedoch in der passiven Haltung statt sich aktiv in die Beziehung seiner Eltern einzumischen.

durch emotionale Kälte – der Raum spiegelt zugleich das Seelenleben der sich darin bewegenden Figuren wider.
In *Azur und Asmar* dagegen ist der mittelalterliche Maghreb das Ziel des Franzosen Azur. Er fühlt sich in seiner Heimat bei seinem konservativen Vater nicht wohl und macht sich auf, um die Fee der Djinn, ein magisches Wesen, von dem ihm seine maghrebinische Amme erzählt hat, das er schlussendlich findet und heiraten darf, zu suchen. Das Land der Amme wird somit zu Beginn als Fremde dargestellt – verstärkt wird dies auf der akustischen Ebene durch die Verwendung einer fremden Sprache –, schließlich findet der Protagonist jedoch hier die Nähe und Zuneigung, die ihm in seiner „angeborenen" Heimat durch seinen Vater verwehrt blieben.

Auch in *Katja und der Falke* werden zwei Räume voneinander abgegrenzt. Die Handlung folgt dabei dem gängigen 3-Akt-Schema des Kinder-Abenteuerfilms, wie es Michael Staiger beschreibt:

> *Im Mittelpunkt der Geschichte steht ein Held, der sich auf eine Reise begibt, die in drei Phasen unterteilt ist: Zuerst muss er seine vertraute Welt verlassen, dann in einer fremden Welt verschiedene Prüfungen bestehen, um schließlich als ‚neuer' Mensch in seine alte Welt zurückzukehren. Auf seiner Reise trifft der Held auf Figuren, die ihn in seinem Handlungsziel unterstützen (Helfer) und auf solche, die ihn davon ablenken (Verhinderer) (Staiger 2019b: 56).*

Die Heldin Katja reist aus ihrer vertrauten Umgebung (versehentlich) in das fremde Italien, wo sie ihren verlorenen Falken Kiik nicht nur wiederfinden, sondern auch befreien muss. Nach dem Bestehen verschiedener Prüfungen (Sammeln von Geld durch Darbietungen auf der Straße, Diebstahl und Verkauf von Souvenirs, Befreiung des Falken) dank der Unterstützung ihrer italienischen Freunde kehrt Katja – vielleicht nicht als „neuer", aber sicherlich als sozial gereifter Mensch – in ihre Heimat zurück. Die beiden „Welten" – oder allgemeiner gesprochen: die beiden Räume – werden vor allem durch die gesprochenen Sprachen voneinander abgegrenzt. In Katjas Heimat (durch Blick auf den Produktionskontext kann man ableiten, dass es sich um Dänemark handelt) wird die Sprache der Rezipierenden gesprochen, die Fremde, in der Katja ihr Abenteuer bestehen muss, wird durch das Italienische gekennzeichnet. Mit Blick auf Bachtin lässt sich zudem eine weitere Parallele von *Katja und der Falke* zum Abenteuerfilm ziehen, die oftmals kritisch angemerkt, aber noch nicht auf ihre Bedeutung hin reflektiert wurde: Für Bachtin bringen spezifische Orte ein bestimmtes (und v.a.: ein eigenes) Raum-Zeit-Verhältnis mit sich. Er illustriert dies für den griechischen Abenteuerroman, der im Zentrum seiner Chronotopos-Überlegungen steht, wie Frank zusammenfasst:

> *Im griechischen Abenteuerroman beispielsweise legt der Held große Distanzen in einem seltsam unkonkret bleibenden Raum zurück, wobei keine biographische Zeit zu vergehen scheint. Erst nach Bestehen seiner Abenteuer kehrt er aus der Abenteuerzeit in die biographische Zeit zurück [...] (Frank 2009: 74).*

Auch Katja legt große Distanzen (nämlich den Weg von Dänemark nach Italien) in einem „seltsam unkonkret bleibenden Raum" zurück – nämlich auf der Ladefläche eines LKWs, der sie nicht nur unbemerkt nach Italien, sondern nach Beenden des Abenteuers ebenfalls unbemerkt nach Hause bringt. Dabei scheinen sich ihre Eltern aus unerfindlichen Gründen zu keinem Zeitpunkt Sorgen um ihre vermisste Tochter zu machen, ihr tagelanges Fehlen bleibt gänzlich unbemerkt. Während des Abenteuers in Italien scheint in Katjas Heimat keine „biographische Zeit" zu vergehen. Eventuell kann mit diesem Muster erklärt werden, was oftmals als logischer Bruch bezeichnet wird (vgl. hierzu neben diversen kritischen Kommentaren und Bewertungen in Filmforen v.a. Abraham 2018: 141): Der Abenteuerfilm *Katja und der Falke* folgt traditionellen Genrekriterien, und es gelten in Anlehnung an Bachtin verschiedene Raum-Zeit-Verhältnisse; es wird nicht nur zwischen vertrauter Welt und fremder Abenteuer-Welt, sondern auch zwischen biographischer Zeit und Abenteuerzeit unterschieden.

Der Episodenfilm *Lichter* (D 2003) stellt das deutsch-polnische Grenzgebiet zwischen Frankfurt an der Oder und dem polnischen Słubice als Handlungsort in den Mittelpunkt des Gezeigten. Der Grenzübergang wird hierbei öfter thematisiert, bei den portraitierten Figuren der einzelnen Episoden handelt es sich um ukrainische Flüchtlinge, um einen polnischen Taxifahrer, um deutsche Arbeitslose aus Frankfurt sowie um diverse deutsche und polnische Bürger*innen. Der gezeigte Raum (bzw. die beiden durch die Oder getrennten Räume) verbinden die einzelnen Episoden des Films miteinander: Er stellt einen Zusammenhang zwischen den Figuren her und erklärt die sprachliche Realisierung. Dabei ist die Oder nicht die einzige Grenze, die im Film überschritten wird, denn „[j]ede der sorgfältig gezeichneten Figuren überschreitet in *Lichter* auch eine persönliche Grenze" (Fritsch/Fritsch 2010: 131).

In diesem ersten Betrachtungsschritt wurde also gezeigt, dass das Verfahren der Mehrsprachigkeit hinsichtlich des filmischen Raums bzw. der Grenze zwischen zwei Räumen mehrere Funktionen erfüllen kann: Einerseits kann sie einen spezifischen Raum und die darin vorherrschende Kultur näher bestimmen, andererseits kann sie zwei Räume auf der akustischen Ebene klarer voneinander abgrenzen und die Grenze zwischen den beiden Räumen deutlicher herausstellen. Zudem ist bereits angeklungen, dass die verwendete Sprache nicht nur zwei Räume voneinander abgrenzen kann, sondern auch eine Figur von dem Raum, in dem sie sich bewegt.

3.3.2 *Fremde, fantastische und apokalyptische Räume*

Während in den gerade genannten Filmen die „fremde Welt“, in der das Abenteuer stattfindet, ein anderes, auch in der außerfilmischen Realität existierendes Land ist, ist die Darstellung fiktiver **fremder Welten** ein Merkmal fantastischer (Abenteuer-) Filme. Auch diese fantastischen fremden Welten bedienen sich vermehrt filmischer Mehrsprachigkeit, um ihre Andersartigkeit nicht nur auf der visuellen, sondern auch auf der akustischen Ebene auszudrücken und um Räume (realen Raum vs. Abenteuerraum, realistisch anmutenden Raum vs. fantastischen Raum) noch klarer voneinander abzugrenzen. Allerdings kann bei der Darstellung fantastischer Räume und darin agierender Völker wie den Na'vi aus *Avatar – Aufbruch nach Pandora* (USA 2009), den Dothraki aus *Game of Thrones* (USA 2011-2019) oder den Klingonen aus dem *Star Trek*-Universum nicht auf eine in der außerfilmischen Realität existierende Sprache zurückgegriffen werden. In fantastischen Räumen werden daher – sofern Mehrsprachigkeit dort verwendet wird – oft fiktionale Sprachen (eine Untergruppierung der konstruierten Sprachen) gesprochen. Im Gegensatz zu den sog. Plansprachen (bspw. Esperanto), die zu einer Erleichterung der internationalen Kommunikation dienen sollen und die sich deshalb durch eine leichte Erlernbarkeit, Regelmäßigkeit und Internationalität auszeichnen, liegt die Funktion der fiktionalen Sprachen in ihrer ästhetischen Wirkung: Durch sie sollen fremde Räume möglichst exotisch und scheinauthentisch dargestellt werden (vgl. Fiedler 2011: 11f.). Fiktionale Sprachen verfolgen das Ziel größtmöglicher Fremdartigkeit, wie Fiedler u.a. für das Klingonische aufzeigt: Es enthält „vor allem solche Laute, die es in den meistverbreiteten Sprachen nicht gibt und verzichtet z.B. auch auf sprachliche Mittel zum Ausdruck der Höflichkeit“ (Fiedler 2011: 11), um so dem kriegerischen Charakter der Klingonen Rechnung zu tragen.

Auch der Kinofilm *Avatar – Aufbruch nach Pandora* entwirft mit dem erdähnlichen Planeten Pandora eine fantastisch-fremde Welt, in der Menschen versuchen, die dortigen Ureinwohner (Na'vi) zu vertreiben, um das begehrte Unobtainium abzubauen. Der querschnittsgelähmte Protagonist Jake Sulley wird dabei zum Grenzgänger zwischen Mensch und Na'vi: Der Ex-Marine soll in einem künstlich hergestellten Na'vi-Körper (einem sog. Avatar) die fremden Wesen und deren Welt erkunden. Die beiden Welten werden nicht nur auf der visuellen, sondern durch eine Kunstsprache auch auf der akustischen Ebene voneinander abgegrenzt; die Grenzüberschreitung des Protagonisten Jake Sully gelingt deshalb nicht nur durch den Körpertausch, sondern verlangt auch eine sprachliche Angleichung: Jake muss die Sprache der Na'vi lernen, um von ihnen angenommen zu werden, um also als „Übersetzer“ zwischen den zwei Welten fungieren zu können. Diese Grenzüberschreitung wird am Ende des Films unüberwindbar: Jake schließt sich zunächst den Na'vi an und stellt sich gegen das menschliche Militär, zum Schluss verlässt seine Seele seinen menschlichen Körper vollends – er wird unwiderruflich zu einem Na'vi.

Auch apokalyptische oder dystopische[28] Filme, die je nach Begründungskontext in das weite Feld der filmischen Fantastik eingeordnet werden können (vgl. Abraham 2012: 125ff.), bedienen sich teilweise einer filmischen Mehrsprachigkeit. Im Mittelpunkt dieser Filme stehen „direkte Bedrohungen der Menschheit, mit Bezug auf deren physische Auslöschung und/oder deren totale Versklavung" (Krämer 2009: 177). Der Filmwissenschaftler Peter Krämer, der die größten Hollywood-Importfilme zwischen den Jahren 1977 und 2006 hinsichtlich des Motivs der globalen Bedrohung analysiert hat, konstatiert dieses Motiv (zumindest im übertragenden Sinn) für die meisten der von ihm benannten Filme und stellt somit fest, dass globale Konflikte im modernen Hollywood immer stärker verhandelt werden. Die Filme weisen dabei auf zukünftige Gefahren hin, „welche die ganze Menschheit betreffen, und somit ein Gefühl der Zugehörigkeit der Menschheit als ganzer – und nicht zu dieser oder jener Nation oder anderen Untergruppe – herbeiführt [...]" (ebd.: 171). Gemein ist den Figuren dabei meist, dass sie sich unabhängig von ihrer kulturellen und sprachlichen Herkunft miteinander verbünden, um einer drohenden Apokalypse zu entkommen oder trotz des bereits eingetretenen Weltendes eine mögliche Form des Überlebens zu schaffen. Hoffstadt fasst den gängigen Plot dystopischer Endzeitfilme knapp zusammen:

> *Nach einer Katastrophe, sei es eine Seuche, ein Atomkrieg oder anderes, überleben nur wenige oder sogar nur ein einziger Mensch. Die Überlebenden sehen sich nicht nur den Gefahren ihrer postapokalytpischen Umgebung gegenüber, sondern kämpfen auch meist mit Schwierigkeiten, eine neue Gesellschaftsordnung herzustellen (Hoffstadt 2009: 154).*

In *World War Z* (USA 2013) kämpft der Protagonist mit einer Seuche, die infizierte Menschen zu Zombies mutieren lässt, in *The Day after Tomorrow* (USA 2004) kämpfen die überlebenden Menschen gegen die einbrechende Eiszeit und in *2012* (USA/KAN 2009) gegen durch Kontinentalverschiebung hervorgerufene Flutwellen. In allen drei Filmen werden in der synchronisierten Fassung neben der Rezpierendensprache (in der Synchronfassung ist das Deutsch, in der Originalfassung Englisch), in der die Protagonist*innen sprechen, auch andere Sprachen gesprochen (z.B. Spanisch, Arabisch oder Hebräisch). Ein (kurzzeitiger) Sprachkontakt tritt also immer dann auf, wenn Figuren mit verschiedenen sprachlichen Hintergründen auf-

28 Der Einfachheit halber fasse ich die beiden Subgenres zusammen. Nicht unerwähnt bleiben darf an dieser Stelle jedoch, dass sich die beiden Arten der Zukunftsdarstellung doch stark unterscheiden und daher begrifflich auch separiert werden könnten (vgl. Kröber 2022).

grund der bevorstehenden oder bereits eingesetzten Katastrophe aufeinandertreffen. Oftmals können diese sprachlichen Schwierigkeiten zwischen Protagonist*innen und anderssprachigen Figuren relativ schnell überwunden werden, da sie eine gemeinsame Mittlersprache finden (zumeist die Sprache der Rezipient*innen) – oder aber die entsprechenden Figuren sterben.
Allerdings verlieren kulturelle Unterschiede, die in dem fantastischen Film *Avatar – Aufbruch nach Pandora* etwa noch expliziert werden, in apokalyptischen Szenarien an Bedeutung: Durch das Aufzeigen und Außerkraftsetzen kultureller und theoretischer Muster können genau diese in Endzeitfilmen reflektiert werden (vgl. Hoffstadt 2009: 163). Kulturelle Diversität geht dabei also auch oft mit der Darstellung sprachlicher Diversität einher. Dystopische und apokalyptische Filme, die das Verfahren Mehrsprachigkeit gezielt einsetzen, um die globale Auswirkung der gezeigten Katastrophe zu verdeutlichen, machen aber auch deutlich: In den dargestellten Krisensituationen scheinen kulturelle und sprachliche Differenzen zunehmend unbedeutend, stattdessen geht es um das Auflösen sprachlicher Grenzen und dadurch um das gemeinsame Überleben. Während die Mehrsprachigkeit in fantastischen Filmen also meist zur Abgrenzung von Räumen dient, soll gerade diese Abgrenzung in apokalyptischen Räumen oftmals aufgehoben werden.

3.3.3 Nicht-Orte

Ausgehend von filmischen Räumen und den ihnen zugesprochenen Eigenschaften oder Bedeutungen fallen in mehrsprachigen Filmen jedoch neben fremden (realistischen oder fantastischen) Ländern und Welten zunehmend diegetische Räume auf, die sich ganz explizit kulturellen, sozialen oder historischen Zuordnungen verweigern (vgl. Blell 2015: 34), sogenannte „Nicht-Orte“[29].
Es handelt sich bei Nicht-Orten um ein theoretisches Konzept des Ethnologen Marc Augé, welches interdisziplinär breit rezipiert und diskutiert wurde und wird. Auch auf Überlegungen zum diegetischen Raum in mehrsprachigen Filmen lässt sich das Modell übertragen, wie Gabriele Blell in ihren Überlegungen zum mehrsprachigen Film andeutet (vgl. ebd.). In Filmen, in denen die Begegnung verschiedener Kulturen und daraus folgend verschiedener Sprachen eine große Rolle einnimmt, finden diese Begegnungen auffällig oft an sog. Nicht-Orten statt.
Augés Raumkonzept fußt auf dem theoretischen Rahmen der „Übermoderne“ (*surmodernité*). Er bezeichnet mit dieser Superlativbildung die aktuelle Gegenwart,

29 In der Weiterentwicklung seines dichotomen Raumkonzepts („Semiosphäre“) erweitert Lotman seine Figur der Grenze zu einem Übergangs- bzw. Begegnungsraum (vgl. Frank 2006: 68). Hier finden sich ebenfalls Überschneidungen zum Theorem der Nicht-Orte nach Augé, weshalb sich die beiden Konzepte in diesem Rahmen nicht gegenseitig ausschließen.

„die als eine Spätphase und Steigerungshilfe der Moderne verstanden werden kann“ (Weiß 2005: 24) und die sich durch ein Übermaß in v.a. drei Aspekten definiert: durch eine *Überfülle der Ereignisse*[30] (der Mensch ist jeden Tag einer Überfülle an Ereignissen – v.a. medial vermittelten – ausgesetzt, der er versucht, einen Sinn zuzusprechen), durch eine *Überfülle des Raumes* (Zusammenrücken aller Orte der Welt durch Globalisierung, mediale und infrastrukturelle Entwicklungen) und durch eine *Individualisierung der Referenzen* (der Modernisierungsprozess führt zu einer Individualisierung des Menschen und daraus folgend zu einer Auflösung verbindlicher Sinngebungsmuster zugunsten individueller Bezugsysteme) (vgl. Augé 2012: 108). Vor allem der Aspekt der Überfülle oder des Übermaßes an Raum ist in diesem Rahmen zentral, führt genau dieser Punkt nämlich „zu physischen Veränderungen, die sich in der Verdichtung der Bevölkerung in den Städten, in Migrationsbewegungen und in der Vermehrung der so genannten Nicht-Orte ausdrücken“ (Weiß 2004: 26). Das Konzept des Nichts-Orts steht somit paradigmatisch für das Denkmuster der *surmodernité.*
Augé stellt dem Nicht-Ort den sog. „anthropologischen Ort“ gegenüber, der sich durch die Aspekte Identität, Relation und Geschichte auszeichnet (vgl. Augé 2012: 83). Der anthropologische Ort befindet sich innerhalb eines wirtschaftlichen, sozialen, individuellen, aber auch relationalen Territoriums und definiert sich über Symbolik und (gemeinsame) Sprache (vgl. Auge 1997: 15): „Für uns ist im Begriff des anthropologischen Ortes die Möglichkeit der *Wege* [Herv. i. O], die dort hindurchführen, der *Diskurse* [Herv. i. O], die dort stattfinden, und der *Sprache* [Herv. i. O], die ihn kennzeichnet, enthalten“ (Augé 2012: 86). Der Mensch, „dessen Existenzweise vornehmlich als eine ‚im Verhältnis zu einer Umgebung‘ bestimmt ist“, erfährt an einem anthropologischen Ort „sein Verhältnis zur Welt“ (ebd.: 85); diesem Ort wohnt somit ein identitätsbestimmendes Moment inne: der anthropologische Ort schafft eine Identität, bzw. Menschen im anthropologischen Raum sind individuelle Identitäten.

Im Gegensatz dazu steht schließlich der sog. „Nicht-Ort“: „So wie ein Ort durch Identität, Relation und Geschichte gekennzeichnet ist, so definiert ein Raum, der keine Identität besitzt und sich weder als relational noch als historisch bezeichnen lässt, einen Nicht-Ort“ (Augé 2012: 83). Augé benennt im Anschluss an seine charakteristische Definition eine Vielzahl an typischen Nicht-Orten: Alle Transiträume (z.B. Flughäfen, Bahnhöfe, S-Bahnstationen), Orte, die im Zuge einer sich ausbreitenden Infrastruktur entstehen (z.B. Tankstellen, Autobahnen, Raststätten, Einkaufszentren, Hotels), Orte, die für Freizeit- und Konsumzwecke konzipiert sind (z.B. Freizeitparks, Bars/Kneipen, Ferienhäuser), Orte, an denen sich Flüchtlinge aufhalten sowie

30 In der früheren Übersetzung (1994) wird dieser Punkt noch als „Übermaß an Zeit“ benannt (vgl. Weiß 2004: 24).

schließlich virtuelle Räume (im Internet) und Kommunikationsräume (z.B. Bildschirme und Leinwände) (vgl. zusammenfassend Weiß 2004: 31).
Ihnen allen sind u.a. viele der folgenden Eigenschaften gemein:

- Sie verfolgen einen bestimmten Zweck, der in enger Verbindung mit dem „übermodernen" Zeitgeist steht (Verkehr, Transit, Handel und Freizeit) (vgl. Augé 2012: 96);
- Im Gegensatz zu anthropologischen Orten konstituieren sie nichts „Organisch-Soziales" (ebd.), sondern sie erschaffen eine „solitäre Vertraglichkeit" (ebd.).
- Sie werden von Texten definiert: Von außenstehenden Texten (wie Werbeanzeigen), aber auch von den Texten, die ihnen selbst eigen sind (bspw. durch die Anweisungsschilder in Flughäfen oder Bahnhöfen). Sie vermitteln Vorschriften, Verbote oder Informationen und zeigen somit auf, was an diesem Nicht-Ort gemacht werden kann oder nicht gemacht werden darf (vgl. ebd.: 96 f.).
- Sie erzeugen eine „geteilte Identität" (ebd. 102). Menschen an Nicht-Orten geben ihre Individualität auf[31] und werden bspw. nur noch zu einem Reisenden, einem Touristen, einem Flüchtling.

Der Nicht-Ort wird also oftmals durch Text bestimmt, der wiederum für die Individuen bestimmt ist, die sich in ihm bewegen (man denke bspw. an Hinweisschilder an Flughäfen oder in Zügen, an Autobahnschilder oder an die öffentlich angebrachten Hausordnungen in Hotels oder Krankenhäusern). Diese Texte richten sich an jeden Menschen („Herzlich Willkommen in ..." oder „Guten Flug!"), sie erzeugen einen „Durchschnittsmenschen", der ein Benutzer von Verkehrs-, Handels- oder Bankensystemen ist (vgl. ebd.: 102). Dabei betont Augé jedoch, dass der anthropologische Ort zwar über „das heimliche Einverständnis der Sprache" (ebd.: 102) bestimmt wird, dies jedoch nicht für die „geteilte Identität" (ebd.) an Nicht-Orten gilt. Hier wird nicht unbedingt in einer Sprache gesprochen – oft wird eine Mittlersprache (i.d.R. Englisch) verwendet, um die an alle gerichteten Texte eben auch für alle (oder zumindest für die meisten) verständlich zu machen oder um sich mit anderen „Besucher*innen" des Nicht-Ortes auszutauschen oder zu unterhalten. Im Sinne einer „solitären Vertraglichkeit" (ebd.: 96) gilt es als angebracht, seine eigene Sprachlichkeit zugunsten einer von allen (oder zumindest von den meisten) verstandenen Sprache aufzugeben; Sprache dient nur noch dem unmittelbaren Gebrauch (vgl. Augé 1997: 15). Diese solitäre Vertraglichkeit macht sich bspw. dann bemerkbar, wenn man im Flugzeug den Sitznachbar darum bittet aufzustehen, damit man auf die Toilette gehen kann;

31 Dabei wird diese Anonymität jedoch erst dann möglich, wenn die Identität im Vorfeld nachgewiesen wurde (bspw. benötigt man ein Ticket mit Namen und evtl. einen Pass, um in den *Duty Free*-Bereich des Flughafens zu gelangen; man gibt beim Einkaufen seine Identität preis, wenn man mit Karte bezahlt; das Auto, mit dem man die Autobahn nutzt, ist auf einen Namen registriert).

vertraglich geregelt scheint es zu sein, dass man die erste Kontaktaufnahme in einer (mutmaßlichen) Mittlersprache (zumeist Englisch) startet und nicht in der eigenen Erstsprache. Obwohl es sich also nicht immer artikuliert oder in Schrifttexten bemerkbar wird, liegt in den von Augé formulierten Nicht-Orten oftmals unter dem Deckmantel einer Mittlersprache eine Mehrsprachigkeit vergraben, da die dort zusammenkommenden Individuen ihre individuelle Sprachlichkeit mitbringen.
Die filmische Darstellung von Nicht-Orten korreliert in vielen Fällen mit bestimmten Themen, die wiederum oftmals mit der Verwendung filmischer Mehrsprachigkeit einhergehen, bspw. Emigration, die Suche des Individuums nach sozialer Identität und Erinnerung oder die postmoderne Großstadt (vgl. Chihaia 2015: 190). Dies soll exemplarisch an den filmisch präsentierten Nicht-Orten Hotel, Transitzone und Gefängnis gezeigt werden.

Sofia Coppolas *Lost in Translation* (USA/JAP 2003) stellt in das Zentrum ihres Films beinahe mustergültig den Nicht-Ort Hotel: Der alternde Schauspieler Bob Harris und Charlotte, die Frau eines Boulevard-Fotografen, beide Amerikaner, lernen sich in einem Hotel in Tokio (postmoderne Großstadt) kennen, in dem sie sich beide beruflich bedingt für mehrere Tage aufhalten (Emigration). Charlotte verbringt die Tage weitgehend allein im Hotel und füllt die Zeit mit banalen Tätigkeiten: Sie blättert in Zeitungen, geht spazieren oder blickt aus dem Fenster. Als sie ihren Mann auf einen seiner Geschäftstermine begleitet und feststellt, von welcher Oberflächlichkeit seine Welt geprägt ist, gerät sie ins Zweifeln über ihre Ehe und ihr Leben im Allgemeinen. Sie trifft Bob Harris in der Hotelbar, die beiden freunden sich an und begeben sich gemeinsam im Großstadtgewirr Tokios auf eine Suche nach (sozialer) Identität.
Im Mittelpunkt der filmischen Handlung steht immer wieder der Nicht-Ort des Hotels: Hier leben sowohl Charlotte mit ihrem Mann als auch Bob für die Zeit ihres Tokiobesuchs. In der Hotelbar lernen sich die beiden kennen. Das Hotel fungiert als Verbindungsort zwischen Heimat und Fremde: Zwar befinden sich Charlotte und Bob in Tokio, weit weg von ihrer amerikanischen Heimat, im Hotel werden aber beide jeweils mit ihrer unglücklichen Ehe konfrontiert – Bob per Telefon, Charlotte in der Person ihres Ehemanns John, auf den sie lediglich am Abend trifft. Auch sprachlich fungiert das Hotel als Bindeglied zwischen Heimat und Fremde: Das Englische (bzw. die Rezipierendensprache) ist an den Chronotopos Hotel gebunden. Charlotte und Bob werden hier verstanden – von anderen Gästen und vom Hotelpersonal. Verlassen sie das Hotel, ändert sich auch die Sprachlichkeit: Die beiden Amerikaner werden nicht mehr so selbstverständlich verstanden, wie dies im Hotel der Fall war. Der Nicht-Ort „Hotel" ist durch gleichermaßen universelles Verstehen und Nichtverstehen geprägt – es wird zwar die Sprache der Gäste gesprochen (in diesem Fall also amerikanisches Englisch), doch die Sprache zwischen den einheimischen Hotelangestellten und den Gästen dient lediglich als basales Kommunikationswerk-

zeug. Außerhalb des Nicht-Ortes wird die Atmosphäre der Tonebene durch die Sprache der Umgebung gestaltet – die Einheimischen sprechen Japanisch. Sowohl den Protagonist*innen als auch den Rezipierenden wird ihre sprachliche Fremdheit an diesem Ort deutlich.

Transit (D/F 2018) erzählt die Geschichte des politischen Flüchtlings Georg, der im von den Deutschen besetzten Paris einer Verhaftung entgeht und dem sich aus Zufall, unter dem Deckmantel einer falschen Identität die Möglichkeit eröffnet, mit einem Transitvisum nach Mexiko zu fliehen. Im Laufe des Films begegnet Georg vielen Deutschen, die sich in der Transitzone Marseille befinden. Augé unterstellt Menschen in Transitzonen Identitätslosigkeit. Diese Auffassung teilt auch der Regisseur Christian Petzold, der in einem Interview mit dem Deutschlandfunk betont, dass er dieser „gesichtslosen Masse" von fliehenden Menschen ein Gesicht, eine Individualität verleihen wollte (vgl. Fischer 2018). Dieses Changieren zwischen Anpassen und Identität, das Georg und die anderen Flüchtlinge zeigen, macht sich auf der sprachlichen Ebene des Films deutlich: Georg spricht sowohl Deutsch als auch Französisch. Spricht er mit Franzosen, spricht er die Umgebungssprache Französisch und verschleiert dadurch seine deutsche Herkunft und Identität. Frankreich fungiert im Film als Transitzone, in der Georg seine sprachliche Identität aufgibt bzw. verschleiert, um seinem Ziel, der Überfahrt nach Mexiko, näherzukommen.

Auch ein Gefängnis kann als Nicht-Ort bezeichnet werden: Es zeichnet sich durch seine Zweckmäßigkeit und seine fehlende Historie aus, Insass*innen müssen ihre Individualität und Identität durch Verlust persönlicher Gegenstände (wie Kleidung oder Erinnerungsstücke) aufgeben. Ähnlich wie an einem Transitort verbringt eine gewisse Personengruppe (in diesem Fall statt Reisender oder Flüchtender eben straffällig gewordene Personen) dort eine bestimmte Zeit. Ein Gefängnis wird u.U. durch die Umgebungssprache geprägt, die bei mehrsprachigen Insass*innen als Mittlersprache dient. Dadurch kann auch das Gefängnis als ein von Mehrsprachigkeit geprägter Nicht-Ort dargestellt werden, wie die Serie *Orange Is The New Black* (USA 2013-2019) zeigt. Die Handlung entspinnt sich um die in New York lebende, eine erfolgreiche Kosmetiklinie betreibende Piper Chapman, die aufgrund einer zu Collegezeiten begangenen Drogengeldwäsche inhaftiert wird. Die Serie erzählt einerseits von den Ereignissen im New Yorker Frauengefängnis und andererseits in Rückblenden von den Backstorys der einzelnen Insassinnen. Das Gefängnis präsentiert dabei als „Nicht-Ort im Nicht-Ort" einen demografischen Querschnitt der postmodernen Metropole New York. Auf der Erzählebene der Gegenwart zeigt sich diese Mehrsprachigkeit v.a. unter den Insassinnen mit lateinamerikanischem Hintergrund in Form von vereinzelten Dialogen auf Spanisch oder gelegentlichem Code-Switching. Im Gegensatz dazu zeigen die Rückblenden, die die Vorgeschichten der mehrsprachigen

Insassinnen fokussieren, oftmals ausschließlich Dialoge in anderen Sprachen (bspw. in Russisch, Spanisch, Chinesisch). Die Sprachen dienen damit einerseits zur Individualisierung der Figuren, andererseits durch die sprachliche Anpassung im Gefängnis als Ausdruck des Individualitätsverlusts an diesem Nicht-Ort.

Nicht-Orte differenzieren die bisherigen Überlegungen zum Raumkonzept in mehrsprachigen Filmen noch etwas weiter aus: Einerseits zeigen sie genauer auf, welche Art von Räumen spezifisch sind für mehrsprachige Spielfilme. Ein Film, in dem Mehrsprachigkeit als Verfahren eingesetzt wird, muss zwar nicht immer einen Nicht-Ort im Fokus haben – oftmals korreliert die Mehrsprachigkeit aber eben doch mit Transiträumen (*Into the Dark* [BEL seit 2020]), mit Räumen, die durch eine sich entwickelnde Infrastruktur entstehen (*Lost in Translation, Exit Marrakesh* [D 2013]), mit Freizeit- und Konsumräumen oder mit Räumen, an denen sich Flüchtlinge aufhalten (*Transit*). Das Verfahren der filmischen Mehrsprachigkeit stellt die Eigenarten dieser Raumkonzepte somit auch auf der akustischen Ebene dar und gestaltet den Raum damit einerseits detaillierter und andererseits in gewisser Weise authentischer.

3.4 Mehrsprachigkeit und Figuren

Figuren sind für Erzählungen unabdingbar. Sie eröffnen sich nicht nur Identifikationsoptionen, die die subjektive Involviertheit der Rezipierenden maßgeblich beeinflussen, sondern sie ermöglichen gleichermaßen emotionales Erleben und sinnliche Wahrnehmung (vgl. Ehlers 2016: 151). Sie sind ein maßgeblicher Aspekt der Handlung. Durch sie und ihre Merkmale entspinnen sich Komplikation und Auflösung (vgl. Leubner/Saupe 2012: 56) – die Grundmomente einer (filmischen) Erzählung. Eine Figur ist dabei „weder ein Mensch der Lebenswirklichkeit noch ein bloßes Produkt der Darstellungsebene, sondern Teil einer ‚histoire'" (ebd.). Sie ist also ein bestimmendes Moment für die Erzählung. Erzähltheoretisch und -didaktisch ist eine Figurenanalyse unabdingbar, um die Handlung in ihrer Gänze erschließen zu können[32]. Die Figurengestaltung kann dabei je nach Erzählabsicht variieren, wie Friedmann zusammenfasst: Während in Action-Abenteuern vor allem die **Funktion** der Figuren als Held*in, Helfer*in oder Gegenspieler*in im Mittelpunkt steht, finden sich in einem zwischenmenschlichen Drama vermutlich vorrangig **mimetische** Figuren, die reale Personen bestmöglich nachahmen. In didaktisch orientierten Erzählungen stehen schließlich **thematische** Figuren und deren Erkenntnisgewinn im Mittelpunkt. (vgl. Friedmann 2019: 27 f.)

32 Vgl. hierzu auch das breit rezipierte Analyseschema Faulstichs (2013), in dem die Figurenanalyse neben der Handlungsanalyse, der Analyse der Bauformen und der Analyse der Normen und Werte eine der vier verschiedenen Zugriffe auf den Film darstellt.

Klassischerweise unterteilt man filmische Figuren in Haupt- und Nebenfiguren: Während man „einen Film immer um die eine oder andere Nebenfigur einfach beschneiden [kann], ohne dass der Film damit insgesamt unmöglich gemacht würde" (Faulstich 2013: 100), gelten die Hauptfiguren, allen voran der Protagonist oder die Protagonistin (oder auch mehrere Protagonist*innen), als die besonders handlungstragenden Figuren. In Anlehnung an Greimas', Lotmans und Jannidis' Überlegungen formulierten Martin Leubner und Anja Saupe einen literaturdidaktischen Kriterienkatalog, anhand dessen sich die Figuren in Erzählungen nach den folgenden Kriterien systematisch erschließen und analysieren lassen (vgl. Leubner/Saupe 2012: 62 f.). Auch dabei kann die Sprachlichkeit der Figuren an passenden Stellen bereits mitgedacht werden:

Der erste Aspekt fragt nach der **Bedeutung der Figuren für die Handlung**. Kurwinkel und Schmerheim sprechen an dieser Stelle vom „Figurenprofil" (vgl. Kurwinkel/Schmerheim 2013: 105). Es soll herausgearbeitet werden, welche Figuren als Held*in, Gegenspieler*in und/oder Helfer*in identifiziert werden können. Dieser Aspekt bestimmt die weitere Analyse maßgeblich, da sich diese in erster Linie Figuren widmet, die eine dezidierte Bedeutung für die Handlung zeigen. Alle anderen Figuren gelten als sog. Nebenfiguren. Für mehrsprachige Figuren kann bereits hier festgestellt werden, welche Rolle sie in der Figurenkonstellation einnehmen: Sind Hauptfiguren durch Mehrsprachigkeit gekennzeichnet oder ist Mehrsprachigkeit eine Eigenschaft, die lediglich die Nebenfiguren zeigen?

Die **Komplexität der Figuren** wird anhand ihrer Merkmale deutlich: Zeigt eine Figur viele (eventuell widersprüchliche) Merkmale, handelt es sich um eine mehrdimensionale Figur, wohingegen eine Figur, die durch wenige Merkmale bestimmt wird, als eindimensionale Figur bezeichnet wird, die oftmals zur Repräsentation eines abstrakten Begriffs, bestimmter Verhaltensweisen oder sozialer Gruppen dient (vgl. Leubner/Saupe 2012: 63).

Die bestimmenden **Figurenmerkmale** systematisieren Leubner und Saupe nach äußeren, sozialen und inneren Merkmalen. Auch Kurwinkel und Schmerheim (2013: 105) benennen in Anlehnung an das Modell des Figurenprofils nach Beate Völcker (2005: 59 f.) diese drei Dimensionen zur Figurenanalyse. Dabei zeigt sich, dass Sprache bzw. Stimme auf allen drei möglichen Dimensionen zur Beschreibung einer Figur beitragen können: Das **Äußere** einer Figur lässt sich nicht nur durch das Geschlecht, das Alter, die Erscheinung, die allgemeinen äußerlichen Merkmalen (wie Körpergröße, Haarfarbe, Hauttyp) oder den körperlichen Ausdruck, sondern auch anhand des Sprechens näher bestimmen. Auffälligkeiten können sich in den Aspekten Sprechtempo, Artikulation, Stimmlage oder Klangfarbe zeigen. Die psychologische Dimension (**Inneres**) einer Figur umfasst nach Völcker u.a. ihre Sprache: Allgemein kann danach gefragt werden, wie wichtig Sprache als Ausdrucksmittel für die Figur ist und ob es sprachliche Besonderheiten gibt (vgl. ebd.). Im Bereich **Kontext** wird schließlich nach sozialen,

kulturellen oder historischen Aspekten gefragt, die die Figur beeinflussen. Darunter fallen u.a. Familie, Freunde und weitere Bezugspersonen, Schule, Lebensräume, der kulturelle oder historische Kontext, in dem sich die Figur bewegt, sowie persönliche Geschichten oder Familiengeschichten (vgl. ebd.). Auch hier kann die gesprochene Sprache Hinweise auf die Figur geben, kann sie doch den kulturellen Hintergrund einer Figur oder das Verhältnis zu anderen Figurengruppen näher bestimmen.
In einem weiteren Punkt fragen Leubner und Saupe nach dem **Stellenwert der Informationen** über eine Figur, d.h. nach der Zuverlässigkeit und der Direktheit der Angaben über die Merkmale einer Figur. Dieser Stellenwert hängt oft mit der Art der Charakterisierung zusammen: Handelt es sich um eine Selbstcharakterisierung der Figur oder um eine Fremdcharakterisierung durch eine andere Figur? In welchem Verhältnis stehen Beschreibende*r und Beschriebene*r, und welchen Einfluss hat das auf die Charakterisierung? Dadurch kann es zu Unzuverlässigkeiten kommen, die zu Komplikationen oder zur Auflösung der Erzählung führen können. In Bezug auf die Sprache kann dieser Punkt relevant werden, wenn die Sprache einer Figur bewusst dazu verwendet wird, um falsche Hinweise auf kulturelle oder soziale Merkmale einer Figur zu liefern.
Zuletzt fragen Leubner und Saupe danach, ob sich die Figurenmerkmale **verändern** (dynamische Figur) oder ob diese konstant bleiben (statische Figur). Gemeint ist damit der wachsende Held oder die wachsende Heldin, der oder die – bspw. im Rahmen einer Coming-of-Age-Erzählung – reift und sich damit einhergehend auch verändert, oder der ursprüngliche Antagonist, der schließlich doch die Seiten wechselt und zu den Guten gehört. Im Gegensatz dazu neigen funktionale Figuren (wie bspw. die Actionfiguren James Bond oder Rambo) oder Nebenfiguren eher zu einer gewissen Statik – ihre Merkmale verändern sich kaum. Die Analyse einer filmischen Figur auf Grundlage des von Leubner und Saupe erstellten Kriterienkatalogs unter Einbezug ihrer sprachlichen Darstellung kann erste Hinweise darauf liefern, welche Funktion das Verfahren Mehrsprachigkeit hinsichtlich der Figurendarstellung erfüllt. Ein Blick darauf, ob Haupt- oder Nebenfiguren mehrsprachig sind oder ob Sprache u.U. bewusst dazu verwendet wird, um sich selbst oder andere Figuren zu charakterisieren, lassen bereits charakterisierende, differenzierende oder auch stereotypisierende Funktionen des Verfahrens erkennen.

In der Regel spricht eine Film-Figur Standardsprache, also die Sprache der Rezipierenden. Dadurch werden den Figuren auf der akustischen Ebene in der Regel „keine spezifisch regionale oder marginal-soziale Funktion zugesprochen“ (Kramer 2014: 57). Dies ändert sich, sobald die Figuren in einer Varietät der Standardsprache oder gar in einer anderen Sprache sprechen: sie werden dadurch auf der akustischen Ebene näher charakterisiert, vielleicht auch stereotypisiert oder parodiert, ganz sicher aber in einen lokalen und/oder sozialen Zusammenhang gebracht.

Auch Eder betont die Wichtigkeit der gesprochenen Sprache für die Charakterisierung von Figuren und die Vermittlung von Themen, denn er sieht in der Kommunikation den vielleicht „wichtigste[n] Hinweis auf Persönlichkeit und Sozialität" (Eder 2008: 262). Bei der sprachlichen Charakterisierung nennt Eder drei Beobachtungspunkte; es gilt danach zu fragen, **was** gesagt wird, **wer** es sagt und **wie** es gesagt wird (vgl. ebd.: 263). Während sich das Was mit dem Inhalt des Gesagten und das Wer mit dem Sprecher oder der Sprecherin beschäftigt, stehen im Fokus der letzten Frage Stil, Form und Ton. Darunter fasst Eder eine Vielzahl paraverbaler und verbaler Merkmale: Stimmqualität, Vokalisation, Akzente und Dialekte, Sprachgebrauch und Stil. All diese Aspekte können Auskunft geben über momentane Zustände der Sprechenden, über Zugehörigkeiten zu Sprach- und/oder Statusgruppen, über Bildung, Höflichkeit, Selbstbewusstsein, Intelligenz oder über weitere Eigenschaften wie Dominanz, Selbstsicherheit oder Wohlwollen (vgl. ebd.: 264 f.).

Auch die Besetzung einer Rolle mit einem bestimmten Schauspieler oder einer bestimmten Schauspielerin und deren schauspielerische und sprachliche Fähigkeiten tragen maßgeblich zur Charakterisierung einer Figur bei (vgl. Faulstich 2013: 104). So gibt es international erfolgreiche Schauspieler*innen, die (oftmals durch ihre eigene Migrationsgeschichte) sprachliche Vielfalt mitbringen, für diese bekannt sind und die oftmals Figuren darstellen, die ebenfalls wie die Darsteller*innen einen kulturell vielschichtigen Hintergrund zeigen und diesen auch auf der sprachlichen Ebene repräsentieren können. Verdeutlicht werden kann dies exemplarisch an den zwei international erfolgreichen deutschsprachigen Schauspielern Daniel Brühl und Christoph Waltz[33].

Daniel Brühl (*1978) wurde in Barcelona geboren und ist der Sohn eines Deutschen und einer Spanierin. Er spricht fließend Deutsch, Spanisch, Englisch, Französisch und Italienisch. Spätestens seit der Darstellung des Alexander Kerner in *Good bye, Lenin!* (D 2003) erlangte er internationale Bekanntheit und ist seitdem in deutschen, spanischen aber auch internationalen Kino- und Fernsehproduktionen zu sehen. Vor allem in internationalen Produktionen zeigt sich dabei immer wieder, dass Brühl v.a. für Figuren gewählt wird, die einen deutschsprachigen Hintergrund haben. So spielt er bspw. im US-amerikanischen Superheldenblockbuster *The First Avenger: Civil War* (USA 2016) den Antagonisten Helmut Zemo, den Sohn eines deutschen Nazi-Wissenschaftlers. Im Biopic *Rush – Alles für den Sieg* (UK/D/USA 2013) verkörpert er den österreichischen Rennfahrer Niki Lauda und im dritten Teil der Agentenreihe

33 Diese beiden Schauspieler wurden eher zufällig ausgewählt; im gleichen Atemzug können bspw. auch die deutschen Schauspielerinnen Franka Potente und Alexandra Maria Lara oder der Franzose Sebastian Roché genannt werden, die die Plausabilität der folgenden Argumentation ebenfalls stützen.

um Jason Bourne (*Das Bourne Ultimatum* [USA/D/GB 2007]) den deutschen Bruder der Geliebten des titelgebenden Protagonisten. Die Mehrsprachigkeit des Schauspielers wird dabei zur Charakterisierung der Rollen unterschiedlich genutzt: So spricht der von Brühl gespielte Psychologe Laszlo Kreizler in der Serie *The Alienist – die Einkreisung* (USA 2018-) in der englischsprachigen Originalversion vorrangig akzentfreies Englisch, also die New Yorker Umgebungssprache im Jahr 1896. Lediglich an einer Stelle wird der deutsche Migrationshintergrund der Figur deutlich, als Lazlo eine auf einem Foto abgebildete Person aus seiner (bis dato unbekannten) Vergangenheit auf Deutsch anspricht[34]. In der deutschen Synchronfassung wird der Verweis auf die deutsche Herkunft der Figur sprachlich nicht kenntlich gemacht.
Auch in *Inglourious Basterds* (USA/D 2009) spielt er einen Deutschen – den Soldaten Frederick Zoller. Während des gesamten kontrafaktischen Kriegsfilms, der von einer Widerstandsgruppe gegen Adolf Hitler und die Nazis erzählt, agiert diese Figur entsprechend ihrer Umgebung durchweg auf deutsch. Für das amerikanische Publikum wurde er untertitelt. Am Rande sei bemerkt: Quentin Tarantinos Film lebt gerade von seiner Mehrsprachigkeit – er erzählt von einer amerikanischen Widerstandsgruppe gegen die Nazis (die sog. „Basterds") an Schauplätzen in Frankreich, Großbritannien und Deutschland. Dies wird auch auf der akustischen Ebene unterstrichen: Der Cast besteht aus französischen, deutschen, britischen und amerikanischen Schauspieler*innen, die oftmals in ihrer Erstsprache sprechen und entsprechende Rollen verkörpern.

Auch der Deutsch-Österreicher Christoph Waltz (*1956) spielte neben vielen anderen deutschen Schauspieler*innen in Tarantinos *Inglourious Basterds*. Er verkörperte dort den sprachlich versierten SS-Standartenführer Hans Landa, der – wie Waltz selbst auch – problemlos zwischen Deutsch, Englisch, Italienisch und Französisch variieren kann. Durch diese Rolle, für die Waltz den Oscar als bester Nebendarsteller erhielt, gelang ihm der internationale Durchbruch, und es folgten weitere Rollen in internationalen Filmproduktionen, in denen er oftmals Figuren mit deutschem (z.B. *Django Unchained* (USA 2012), *James Bond 007: Spectre* [UK 2015]) oder zumindest mit europäischem Hintergrund (z.B. *The Green Hornet* [USA 2011], *Legend of Tarzan* [USA 2016], *Downsizing* [USA 2017]) spielt.

34 Verwiesen sei an dieser Stelle darauf, dass vor allem die Charakterzeichnung ein großer Kritikpunkt der Serie war, wie diverse Rezensionen aufgreifen (vgl. bspw. https://www.faz.net/aktuell/feuilleton/medien/serien/netflix-serie-die-einkreisung-was-geht-in-diesen-koepfen-vor-15548871.html). Aus diesem Grund überrascht es vermutlich auch nicht, dass der Hintergrund des Protagonisten Kreizler nur bedingt beleuchtet wird – weder narratologisch noch in seiner sprachlichen Gestaltung.

Interessanterweise synchronisieren sich beide Schauspieler in den deutschen Synchronfassungen ihrer internationalen Filme zumeist selbst – die Eigenschaften, die die von ihnen dargestellten Figuren aufgrund ihrer Stimme im Originalton zeigen, behalten sie auch in der deutschen Synchronfassung bei (bspw. der von Christoph Waltz synchronisierte Antagonist Mandrake im Animationsfilm *Epic – Verborgenes Königreich* [USA 2013]).

Ausgehend von diesen allgemeinen Überlegungen zu filmischen Figuren sollen diese im Folgenden noch näher spezifiziert werden: In einem ersten Schritt soll auf die Raumtheorie Lotmans zurückgegriffen und danach gefragt werden, in welchem Zusammenhang das Verfahren Mehrsprachigkeit mit **dem*der grenzüberschreitenden Held*in** steht. In einem zweiten Punkt soll die Figurenkategorie der **mimetischen Figur** genauer betrachtet werden, die sich dadurch auszeichnet, möglichst authentisch „echte Menschen" und somit auch „echte Sprache" nachzuahmen. Dabei soll der Vermutung nachgegangen werden, filmische Mehrsprachigkeit diene vorrangig der Schaffung von authentischen Figuren und Dialogen. In einem dritten Schritt soll danach gefragt werden, inwiefern die sprachliche Gestaltung einer Figur deren **Identifikationspotential** für die Rezipierenden ausmacht und in einem letzten Teil wird schließlich die **stereotypisierende Wirkung**, die Mehrsprachigkeit haben kann, näher beleuchtet.

*3.4.1 Grenzüberschreitende Held*innen*

Zur sprachlichen Beschreibung einer ersten Figurengruppe (oder gar aller Figurengruppen?) soll noch einmal auf das Sujet im Sinne Lotmans verwiesen werden, das Narration an drei zentralen Elementen festmacht: Ein Sujet besteht aus (mindestens) einem geteilten semantischen Feld (Raum), einer vermeintlich impermeablen Grenze sowie einem*einer die Handlung tragende*n Held*in, der*die diese Grenze dennoch überwinden kann.
Das vom amerikanischen Psychologen Joseph Campbell (1949; 2011) entwickelte Modell der Heldenreise, das den grenzüberschreitenden Helden in den Fokus der Handlungsanalyse stellt, wurde im deutschsprachigen Raum von Michaela Krützen (2011) weiterentwickelt (Abbildung 7).

Im Fokus des Modells stehen sich zwei Räume (Vertraute Welt vs. Unbekannte Welt) gegenüber, die durch eine Schwelle voneinander separiert werden. Diesen Kern der Erzählung kennen wir bereits aus der Sujet-Theorie Lotmans (vgl. Kapitel 3.1.1). Klassischerweise bewegt sich der Held oder die Heldin wie folgt in dieser Dichotomie, die sich der typischen Drei-Akt-Struktur, wie sie bspw. Field (1994) beschreibt, zuordnen lässt: In einem ersten Akt erfolgt eine Trennung des Helden oder der Heldin

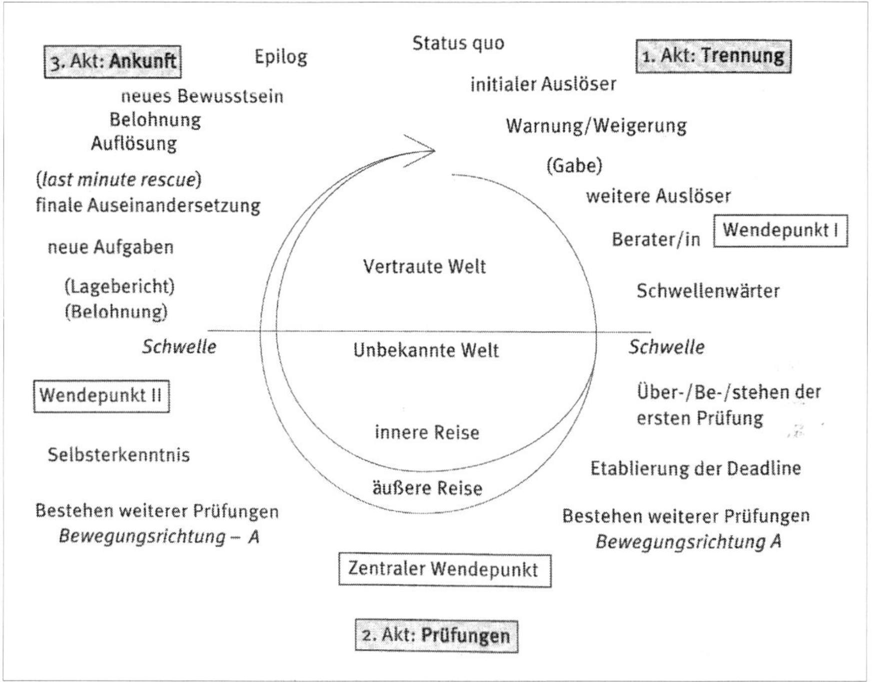

Abbildung 7 Modell der Reise des Helden (Krützen 2011: 270)

aus seiner*ihrer vertrauten Welt. Im zweiten Akt gilt es in der unbekannten Welt Prüfungen zu bestehen. Im dritten Akt kehrt der Held oder die Heldin wieder zurück in die vertraute Welt. Da mit der äußeren Reise i.d.R. auch eine innere Reise einhergeht, zeichnet sich die Ankunft oftmals durch einen veränderten Protagonisten aus, der durch die bestandenen Herausforderungen gereift ist. Wenngleich auch Krützen – bezugnehmend auf ihr Analysebeispiel *Das Schweigen der Lämmer* (USA 1991) – selbst auf die Grenzen des Modells verweist (vgl. ebd.: 271ff.), kann es doch für eine Vielzahl von Filmproduktionen als (zumindest ein) Analyseraster dienen; v.a. (Kinder-)Abenteuerfilme folgen dieser Struktur oftmals (vgl. Staiger 2019b: 56).

Bringt man dieses filmnarratologische Modell mit Mehrsprachigkeit in Verbindung, kann zum einen darauf verwiesen werden, dass die beiden Welten, in denen sich die Figur bewegt, durch verschiedene Sprachen voneinander separiert werden oder dass sie sich durch Mehrsprachigkeit auszeichnen können. Die Mehrsprachigkeit kann dem (einsprachigen) Helden oder der Heldin dabei die Prüfungen durch eine sprachliche Barriere zusätzlich erschweren (wie in *Katja und der Falke*), sie kann die Protagonisten aber auch positiv oder nur indirekt beeinflussen. Der Held oder die Heldin

kann aber auch selbst mehrsprachig sein und über die Sprache, die „auf der anderen Seite der Grenze“ gesprochen wird, verfügen, muss es jedoch nicht zwangsläufig, um sein oder ihr Abenteuer erfolgreich bestehen zu können.
In *Katja und der Falke* landet das dänische Mädchen Katja in Italien. Katja spricht (zunächst) kein Italienisch, was ihr die (unfreiwillige) Ankunft in der Ferne zusätzlich erschwert. Nicht einmal das Stillen des Grundbedürfnisses „Hunger“ gelingt ihr ohne Sprache. Durch die sprachliche Barriere zieht sich das ohnehin schon introvertierte Mädchen weiter zurück. Auch als die vier italienischen Jungen, die sie auf dem Marktplatz trifft und die später ihre Freunde werden sollen, ihr ein Stück Wassermelone anbieten, reagiert sie anfänglich mit Schweigen. Nach einer ersten Annäherung erfolgt die Kommunikation vorrangig über Gestik und Mimik und so geben ihr die vier Jungen durch Zeichensprache zu verstehen, ihnen zu sich nach Hause zu folgen. Vor allem in emotionalen Situationen versucht Katja immer wieder, mit ihrem Gegenüber in ihrer Sprache (und somit in der Sprache der Rezipierenden) zu kommunizieren – die Versuche bleiben dabei meist vergeblich. Erst durch die Freundschaft zu den vier italienischen Jungen entwickelt Katja ein Gefühl für die italienische Sprache und kann Gestik und Mimik durch einzelne italienische Phrasen stützen – die Kommunikation gelingt dadurch besser. Die Entwicklung der Heldin, die vor allem ein soziales Wachsen ist, artikuliert sich auch sprachlich. Den anfangs fremden Kindern nähert sich Katja immer mehr – auch sprachlich –, sodass sie am Ende gemeinsam die Aufgabe der Befreiung Kiiks meistern können. Die zunächst einsprachige Katja verlässt somit ihre Heimat, besteht die Aufgabe in der Fremde, wächst dabei am sozialen Umgang mit den italienischen Jungen und kehrt schließlich als sozial (und auch sprachlich) gereifter Mensch in die Heimat zurück.

Ähnlich ergeht es auch dem Protagonisten Azur aus dem Märchen-Abenteuerfilm *Azur und Asmar*. Auch er begibt sich auf eine Reise – im Gegensatz zu Katja jedoch willentlich. Er reist in den mittelalterlichen Maghreb, um dort die Fee der Djinn zu befreien und zu heiraten. Zwar wurde Azur zweisprachig erzogen – seine Amme sprach mit ihm Französisch und Arabisch – im Erwachsenenalter ist er des Arabischen jedoch nicht mehr mächtig. Somit scheitern auch seine anfänglichen Kommunikationsversuche nach der Ankunft in der Fremde, obwohl er – im Gegensatz zu Katja – versucht, mit den Einheimischen zu sprechen. Dabei konstruiert er sich die Bedeutung des vermeintlich Gesagten anhand einzelner Wörter, die er wiederzuerkennen scheint. Mithilfe seines Begleiters Crapoux und anderer Helferfiguren gelingt es ihm immer mehr, sich auch sprachlich in der Fremde zurechtzufinden. So schafft er es schließlich, die Aufgabe zu lösen, die Fee der Djinn zu finden und sich mit seinem Bruder Asmar zu versöhnen. Eine Rückkehr in die ursprüngliche Heimat braucht es nicht, da er in der Fremde, im Kreise seiner Amme und seines Bruders, eine neue Heimat gefunden hat.

Auch hier zeigt sich, dass das Wachsen der (einsprachigen) Heldenfigur mit der Zunahme der Fremdsprachenkenntnisse einhergeht. Der Protagonist überschreitet sprachliche Grenzen, findet sich in der Fremde zurecht, löst die handlungsbestimmende Aufgabe und kehrt ggf. wieder als gereifter Mensch in die Heimat zurück. Um dieses Abenteuer in der Fremde bestehen zu können, braucht es mehr als die klassischen Eigenschaften eines Helden oder einer Heldin. Neben Tapferkeit, Mut und Klugheit kann auch ein gewisses Maß an Fremdsprachenkenntnissen nicht schaden, wie Katja und Azur zeigen. Denn dadurch bewältigen die Heldenfiguren nicht nur scheinbar unlösbare Aufgaben, sondern sie integrieren sich sozial in eine fremde Umgebung, gewinnen Helfer*innen und werden somit auch aus sprachlicher Perspektive zum „Herr[n] [oder der Dame; ST] der zwei Welten“ (Campbell 2011: 247).

Sprache kann jedoch nicht nur dazu dienen, um den Helden von der fremden Umgebung, sondern auch von anderen, ihm konträr gegenübergesetzten Figuren abzugrenzen, wie Kremer zusammenfasst:

> *In amerikanischen Actionfilmen z.B. gibt es oft eine Gruppe internationaler Terroristen, deren Fremdsprachengebrauch sie zusätzlich vom amerikanischen Helden abgrenzt. Im Genre der ‚Buddy Cop Comedy‘ werden die persönlichen und kulturellen Unterschiede zwischen den Hauptfiguren mit Hilfe der Sprachen zusätzlich verschärft. In Kriegsfilmen helfen Sprachen und Dialekte, die beteiligten Parteien zu charakterisieren und klarer voneinander zu trennen. Filme, in denen zwei verfeindete Gruppen, freiwillig oder gezwungen, miteinander kooperieren, heben durch den Einsatz verschiedener Sprachen den Ausnahmecharakter ihrer Situation hervor (Kremer 2017: 325).*

Dabei kann der Held oder die Heldin aber auch selbst mehrsprachig sein. Er*sie kann sich in fremdsprachigen Welten mühelos bewegen und Abenteuer bestehen, ohne eine sprachliche Grenze überwinden zu müssen. Das Erlernen der Sprache stellt dann keine zusätzliche Herausforderung dar, Sprache dient hier nicht als Bild für die innere Entwicklung. Aber auch in diesem Fall kann Sprache Funktionen übernehmen, wie am Beispiel von **Actionhelden*innen** – Grenzgänger*innen, die in der Regel nur bedingt durch sprachliche Gewandtheit auf sich aufmerksam machen – gezeigt werden soll; ganz besonders an der *John-Wick*-Reihe, bei der Cristina Alonso-Villa (2019) eine verstärkte Affinität zu Mehrsprachigkeit beobachtet:
John Wick ist ein „Auftragskiller im Ruhestand“, der im ersten Teil der Reihe *John Wick* (USA 2014) nach dem Tod seiner Frau und dem Diebstahl seines Autos sowie dem Mord an dem von seiner Frau vermachten Hund wieder ins Geschäft zurückkehrt und sich an den Mitgliedern der russischen Mafia für den von ihnen begangenen Diebstahl rächt. Im zweiten Teil (*John Wick: Kapitel 2* [USA 2017]) begibt sich der Protagonist nach Rom, um dort einen Auftragsmord an der Schwester ei-

nes italienischen Mafioso zu verrichten. Im Umgang mit seinen fremdsprachigen Gegenspielern zeigt sich John Wick überraschend sprachversiert: Im Gegensatz zu anderen Actionheld*innen[35] beweist Wick, dass er nicht nur über einzelne anderssprachige Phrasen verfügt (bspw. die vielzitierte Phrase „Hasta la vista, baby!" aus *Terminator 2 – Tag der Abrechnung* [USA/F 1991]), sondern dass er andere Sprachen tatsächlich situationsangemessen verwenden kann. Dadurch kann er nicht nur auf einer körperlichen Ebene Angriffe verüben, sondern er greift seine Gegner auch rhetorisch an – er verteilt „multilingual kicks" (Alonso-Villa 2019: 198). Alonso-Villa arbeitet verschiedene Funktionen heraus, die solche Momente des Code-Switching in Actionfilmen erfüllen können, die sich aber auch auf andere Filmgenres übertragen lassen: Sie können die Gegner*innen entwaffnen, Momente der Überraschung oder Spannung erzeugen (vgl. ebd.: 198), sie können zum Schaffen von Vertrauen und zur Verbündung mit anderen (anderssprachigen) Figuren führen (vgl. ebd.: 200) oder der Täuschung von Gegner*innen dienen (vgl. ebd.: 204). Zudem kann Mehrsprachigkeit in Action-Filmen dazu dienen, die Erhebung des Actionhelden oder der Actionheldin im Gegensatz zu normalen Bürger*innen auch auf sprachlicher Ebene zu unterstützen: Neben anderen herausragenden körperlichen Fähigkeiten, über die Heldinnen und Helden in der Regel verfügen, beweist John Wick, „that foreign language skills have a legitimate place among superpowers" (ebd.: 206). Die Mehrsprachigkeit dient somit einerseits dazu, die Verbrechen, die die gezeigten Held*innen aufklären oder in die sie verstrickt sind, zu globalisieren („evil goes global" [ebd.: 200]), und andererseits dazu, um den Held*innen eine weitere positive Eigenschaft zuzusprechen.

Neben der Gegenwart, in der sich die Held*innen bewegen, können auch die Vorgeschichten der Protagonist*innen durch das Verfahren Mehrsprachigkeit dafür sorgen, dass die Heldenfiguren zusätzlich charakterisiert werden. Krützen betont in ihrer Adaption des Heldenreise-Modells die maßgebliche Rolle der sog. „Backstorywound" der Protagonist*innen. Unter einer Backstorywound versteht Krützen ein unverarbeitetes Erlebnis in der Vorgeschichte einer Filmfigur, das als alleinige Ursache für das Verhalten der Hauptfigur benannt werden kann (vgl. Krützen 2011: 30ff.), oftmals handelt es sich dabei um die Erlebnisse aus den Bereichen Tod, Trennung, Gewalterfahrung oder Versagen (vgl. ebd.: 41). Durch sie soll das Verhalten einer Filmfigur verständlich gemacht werden, die Backstorywound dient als „Schlüssel zum Verständnis einer Figur" (ebd.: 32). Informationen zur Vorgeschichte einer Figur

35 Alonso-Villa verweist an dieser Stelle auch auf die beiden Action-Heldinnen Lara Croft aus *Lara Croft: Tomb Raider* (USA, D, GB, JAP 2001) und Diana Prince/Wonder Woman aus *Wonder Woman* (USA 2017), die zwar ebenfalls als mehrsprachige Charaktere vorgestellt werden, die diese jedoch nur in einigen wenigen Code-Switchings zeigen, um dann wieder in die Rezipierendensprache zu wechseln (vgl. ebd.: 200f.).

können entweder durch Flashbacks (filmische Rückblenden) oder durch Rückverweise in Gesprächen vergeben werden. Auch in der Erzählung einer Vorgeschichte (Backstory) kann Mehrsprachigkeit als ein bestimmendes Mittel verwendet werden, wie exemplarisch an der französischen Tragikomödie *Wilde Kräuter* (F 2018) gezeigt werden kann.

Der Protagonist Waël ist ein Kleinkrimineller, der seinen Lebensunterhalt dadurch bestreitet, dass er gemeinsam mit seiner Pflegemutter Monique Kunden auf dem Supermarkt-Parkplatz bestiehlt. Als sie von Victor, einem alten Bekannten Moniques, erwischt werden, gehen sie eine Verabredung mit ihm ein, um einer Anzeige zu entgehen: Waël verpflichtet sich, sich ehrenamtlich um sechs Jugendliche zu kümmern, die aus schwierigen sozialen Verhältnissen kommen und die in Victors Lehrprojekt Hilfe erfahren sollen. Zwar kommt Waël dieser unfreiwilligen Arbeit anfangs nur widerwillig nach, relativ schnell entwickelt er aber eine tiefe Zuneigung zu den Jugendlichen und setzt alles daran, ihnen aus ihren Problemen zu helfen – auch unter Einsatz seines Lebens. Die Begründung für Waëls Kriminalität und für seine emotionale Verbundenheit zu den problembehafteten Jugendlichen findet sich in seiner Vorgeschichte, die in eingestreuten Flashbacks erzählt wird. Der Protagonist wurde in einem muslimischen Dorf im mittleren Osten geboren und erlebte in Kindertagen die Hinrichtung seiner Familie durch jüdische Soldaten sowie den Freitod seines besten Freundes, der von einem christlichen Pfarrer im Waisenhaus, in dem die beiden Jungen gemeinsam aufwuchsen, sexuell bedrängt wurde. Nach einem Angriff islamischer Soldaten auf das Waisenhaus floh Waël mit einer Nonne – seiner späteren Ziehmutter Monique – nach Frankreich. Während die gegenwärtige Handlung in einer Pariser Vorstadt vornehmlich einsprachig gestaltet ist – der französische Originalton wurde in der deutschen Fassung synchronisiert – zeichnet sich die Hintergrundgeschichte des Protagonisten mit ihren Backstorywounds durch Mehrsprachigkeit aus. Der kleine Muslim Waël spricht Arabisch, er lernt erst im christlichen Waisenhaus durch seinen Freund und später durch Nonne Monique die Sprache der Rezipierenden. Die beiden Zeitebenen (Story vs. Backstory) werden auf akustischer Ebene klar voneinander abgegrenzt. Gleichzeitig verweist die Mehrsprachigkeit auf filmsprachlicher Ebene auf den kulturellen Hintergrund des Protagonisten, setzt seine Hintergrundgeschichte in einen geografischen Zusammenhang und macht die (womöglich leicht überdosierten) Backstorywounds als Folge von religiösem Extremismus kenntlich. Die Vorgeschichte begründet die emotionale Haltung Waëls zu seinen jugendlichen Schützlingen in Paris: Er selbst hat einen Migrationshintergrund und kommt aus mehr als schlechten Verhältnissen. Dennoch: Zum Ende des Films gelingt ihm die Integration nicht nur in seine neue französische Heimat (diese ist ihm bereits vor Einsetzen der Filmhandlung gelungen), sondern auch in deren Rechtssystem. Er beendet seine „Karriere“ als Kleinkrimineller und wird Sozialarbeiter für Jugendliche. Diese innere Reise, die der Protagonist während des Films durchläuft, wird durch die in

Rückblenden erzählte äußere Reise im Kindesalter unterstützt. Das Mittel der Mehrsprachigkeit trennt diese beiden Reisen und die damit verbundenen Räume nicht nur klarer voneinander, sondern charakterisiert dadurch auch den Helden genauer und betont den gesellschaftskritischen Charakter der Tragikomödie dadurch umso mehr.

Subsumierend kann festgehalten werden, dass der Held bzw. die Heldin in mehrsprachigen Filmen entweder einsprachig oder mehrsprachig sein kann. In beiden Fällen können die filmischen Sprachen dazu dienen, um Gemeinsamkeiten der Heldenfiguren zu anderen Figuren zu unterstreichen oder Unterschiede und Gegensätzlichkeiten zu betonen. Mehrsprachigkeit kann auch dazu dienen, die Reise, auf die sich die Protagonist*innen begeben, akustisch darzustellen. Für die einsprachige Heldenfigur kann eine andere Umgebungssprache dann zunächst als Prüfung fungieren, für die mehrsprachige Heldenfigur kann sie das Bestehen des Abenteuers u.U. erleichtern.

3.4.2 Die Simulation von Authentizität: Mimetische Figuren

Oftmals wird im Zuge der Kategorisierung filmischer Mehrsprachigkeit die Abbildung von Authentizität genannt. Das griechische Wort „Mimesis" bedeutet Nachahmung und verweist auf das Postulat des griechischen Philosophen Aristoteles, dass in Geschichten handelnde Figuren „echte Menschen" nachahmen sollen (vgl. Friedmann 2018: 22). Im Fokus einer mimetischen Figurengestaltung steht dadurch Glaubwürdigkeit und eine psychologische Tiefe, wodurch für die Rezipierenden der Eindruck entstehen soll, „die Erlebnisse echter Menschen zu verfolgen" (ebd.). Um mimetische Figuren möglichst präzise bestimmen zu können (bzw. im Falle der Filmproduktion möglichst authentisch zu gestalten), dienen psychologisch orientierte Ansätze, bspw. das sog. Enneagramm, ein Modell zur Kategorisierung und Bestimmung von Persönlichkeitstypen. Friedmann stellt fest, dass die in solchen (pseudo-)psychologischen Modellen entworfenen Figurentypen oftmals in den Ensembles von Film- und Fernsehproduktionen wiedergefunden werden können (er nennt bspw. die Ensembles in *The Big Bang Theory* [USA 2007-2019], *Sex and the City* [USA 1998-2004] oder *Der König der Löwen* [USA 1994]), wenngleich solche Ansätze nicht unkritisiert sind (vgl. ebd.: 24).

In diesem Zusammenhand ist es notwendig, das erste Postulat des Neoformalismus zu zitieren, das der folgenden Idee zunächst konträr gegenübersteht: „Filme sind Konstrukte, die keine natürlichen Eigenschaften aufweisen" (Thompson 1995: 53). Thompson spricht sich hier stellvertretend für alle Neoformalisten dagegen aus, Filme im Rahmen einer Mimesistheorie zu analysieren, da ein bestimmtes Verfahren niemals nur verwendet würde, um Realismus zu erzeugen (vgl. ebd.: 53). Mit dem Begriff der „mimetischen Figur" möchte ich keinesfalls andeuten, dass es sich hierbei um das Abbild einer realen Person handelt – auch in Biopics in dies nicht der Fall.

Ich folge daher dem Verständnis Friedmanns, der unter einer mimetischen Figur eine „authentisch“ *wirkende* Figur versteht, beziehe mich aber hierbei ausschließlich auf die sprachliche Darstellung der betreffenden Figur: Eine mimetisch mehrsprachige Figur, wie ich sie verstehe, zeichnet sich dadurch aus, dass ihr durch ihre sprachliche Darstellung ein sprachlich-kultureller Hintergrund verliehen wird, der die Figur neben anderen Eigenschaften zusätzlich charakterisiert. Das Verfahren der Mehrsprachigkeit verfolgt in diesem Falle also eine charakterisierende Funktion.

Liegt die Funktion des Verfahrens Mehrsprachigkeit in der Charakterisierung einer solchen mimetischen Figur vor, verlangt eine Figurenanalyse bei Figuren mit einer Migrationsgeschichte zwangsläufig eine dezidierte Analyse dieses biografischen Hintergrunds. Die „Denkfigur des Kontinuums“, ein kulturtheoretisches Beschreibungsmodell, das die Theorie des Third-Space nach Homi K. Bhabha (1994) weiterentwickelte und das die Genderforscherin Christel Baltes-Löhr vorlegte (u.a. 2016, 2019), bietet sich dafür besonders an. Die „Figur des Kontinuums“ beschreibt ein Denkmuster, das die Figur „des Dritten, des Binären, der Binarität“ (Baltes-Löhr 2019: 12) ablösen soll und sich zunächst auf das Geschlecht, aber auch auf die Begriffe Migration, Heimat und Erinnerungen übertragen lässt. Die Denkfigur wirkt der dualistischen Vorstellung von Migration entgegen, die sich oft in begrifflichen Paarungen wie „Hier und Dort, Migrant und Nicht-Migrant, Einheimischer und Fremder“ (Baltes-Löhr 2016: 23) zeigen. Unterdessen lässt sich Migration nach Baltes-Löhr jedoch breiter fassen, da sie geprägt ist durch „ständige[] Bewegungen, Kontakte, Begegnungen, die Effekte auf das Fühlen, Denken und Handeln von migrierenden wie auch von nicht migrierenden Menschen [...] sowie Effekte auf die jeweiligen Repräsentationssysteme gesellschaftlicher Ordnungen [...]“ (Baltes-Löhr 2019: 16). Sie definiert Migration daher

> *als pluridimensionale Ausprägung von Bewegung, Kontakt und Begegnung, die als Wiederholung und Veränderung in Raum und Zeit zu Verschiebungen der Referenzpunkte führen kann und Auswirkungen auf das Fühlen, Denken und Handeln der Migrierenden und auch der Nicht-Migrierenden sowie auf die jeweiligen Repräsentationssysteme gesellschaftlicher Ordnungen auf politischer, ökonomischer, sozialer und individueller Ebene haben kann. (Baltes-Löhr 2016: 21)*

Baltes-Löhr unterscheidet deshalb vier Dimensionen, in denen das Kontinuum der Migration beschrieben werden kann. In der **physischen Dimension** können die zurückgelegte Entfernung (z.B. regional, innerstaatlich, international) sowie die „Richtung“ der Migrationsbewegung (z.B. Von A nach B nach C, pendelnd, zirkulär, plurilokale Sternmigration) beschrieben werden. In der **psychischen Dimension** wird die Bezeichnungs- und Zuschreibungspraxis betrachtet: Wer gilt als Migrant*in? Wer

benennt oder empfindet sich selbst als Migrant*in? Die **soziale Dimension** beleuchtet das „vermeintlich spezifische Verhalten“ (ebd.: 18) von Migrant*innen. Es wird danach gefragt, welche Verhaltensweisen Migrant*innen zugeschrieben werden oder welche sie sich selbst zuschreiben, ob Migration als Bereicherung oder als Bedrohung empfunden wird, ob Migration als „Normalität menschlicher Existenz“ (ebd.) oder als Außergewöhnliches betrachtet wird. Die vierte Dimension, die **Dimension des Begehrens**[36] beschreibt Migrationsziele und -gründe. Einfluss darauf haben bspw. Abenteuerlust, der Wunsch nach Verbesserung der ökonomischen Lebenssituation, Liebe und Partnerschaft, Flucht vor Krieg, Verfolgung oder Armut (vgl. ebd.). Ihre Dimensionen und deren Permeabilität betrachtend, stellt Baltes-Löhr subsumierend fest, dass es den Migrierenden nicht gibt. Migrationssituationen konstruieren sich individuell und können auf verschiedene Arten beschrieben werden; die Frage danach, ab wann eine Person als Migrant*in bezeichnet werden kann, kann und muss also immer für den Einzelfall beantwortet werden. So plural Migrationsbewegungen in der extradiegetischen Realität sind, so vielfältig und individuell können sie auch in Literatur und Film dargestellt werden. Diese Überlegungen lassen sich daher auf filmische Figuren übertragen, die mehrsprachige Menschen „nachahmen“ – ihre sprachlich-kulturellen Hintergründe lassen sich anhand der vier Dimensionen nach Baltes-Löhr bzw. aus den daraus resultierenden Analyse-Fragen umfassend nachzeichnen bzw. beschreiben. Eine mehrsprachige mimetisch angelegte Figur kann also hinsichtlich einer physischen, psychischen und sozialen Dimension sowie hinsichtlich der Dimension des Begehrens beschrieben und analysiert werden.
Dadurch kann eine Figurenanalyse gelingen, die den sprachlich-kulturellen Hintergrund einer Figur verstärkt berücksichtigt und die damit Rückschlüsse zulässt auf die sprachliche Realisierung der filmischen Figur. Es kann sich dadurch ein differenzierteres Figurenportrait anfertigen lassen, das weit über eine stereotype Betrachtung von sprachlicher Realisierung hinausgeht.

Die Romanverfilmung *Call me by your name* (I/F/USA/BR 2017) zeigt mit Elio einen mimetischen Protagonisten, dessen Authentizität auch von der sprachlichen Ebene herrührt: Elio ist ein siebzehnjähriger Teenager, der den Sommer des Jahres 1983 mit seinen Eltern auf deren Landsitz in Norditalien verbringt. Elios amerikanischer Vater ist Professor für Archäologie und macht es sich seit mehreren Jahren zur Tradition, im Sommer einen Doktoranden aus Amerika bei sich aufzunehmen, um diesem die Möglichkeit zu geben, an seiner Arbeit zu schreiben und den Professor bei seiner Forschung zu unterstützen. Im Sommer 1983 handelt es sich dabei um

36 In Bezug auf den Untersuchungsaspekt *Gender* benennt Baltes-Löhr diese Dimension als sexuelle Dimension – die sexuelle Komponente wird im Zusammenhang mit *Migration* jedoch hinsichtlich des allgemeineren Begehrens vernachlässigt.

Figur des Kontinuums		
Dimension	Migration	*Bezug zu Elio aus* Call me by your name
Physisch/körperlich	Migrationsformen	Interkontinental zirkuläre Migration zwischen Amerika und Italien; vermutlich bedingt durch Jahreszeit (Sommer) und religiöse Feiertage (Chanukka)
Psychisch	Migrantische Identität	Durch einen amerikanischen Vater und eine französische Mutter und den italienischen Landsitz zeichnet sich das Dazugehören zu mehr als zwei Kulturen ab. Dies wird auch im Umgang mit Gleichaltrigen bestätigt: Sowohl die Französin Marzia als auch die italienischen Jugendlichen akzeptieren Elio als einen von ihnen.
Sozial	Zuschreibungen/ Verhalten von Migrierenden	Für Elio selbst stellen seine Mehrsprachigkeit und seine eigene Migration Normalität dar, in gewissem Maße ist er sich auch seiner Bildungsbürgerlichkeit bewusst. Bei der Begegnung mit Oliver nimmt er jedoch trotz seiner eigenen kulturellen Vielfalt anfangs Zuschreibungen vor und reduziert ihn und sein Verhalten auf seine amerikanische Herkunft.
Sexuell/Begehren	Migrationsgründe/-ziele	Die Wahl und die Begründung für seine zirkuläre Migration zwischen Amerika und Italien liegt weniger bei Elio selbst als bei seinen Eltern. Aus beruflichen, vielleicht auch aus familiären Gründen bewegen sie sich regelmäßig von A nach B. Elio als minderjähriger Teenager scheint in diesem Punkt kein Mitspracherecht zu haben.

Tabelle 2 Elio in der Figur des Kontinuums (in Anlehnung an Baltes-Löhr 2016: 25)[37]

den 24-jährigen Oliver, in den sich der siebzehnjährige Protagonist schnell verguckt. Es entspinnt sich eine Liebesgeschichte zwischen den beiden jungen Männern. Das Heranwachsen und die sexuelle Entwicklung Elios steht im Mittelpunkt der Erzählung. Dabei wird durchgehend das binäre System von Hetero- und Homosexualität verhandelt, denn der Teenager hat nicht nur eine aufkeimende Liebesbeziehung mit dem Doktoranden Oliver, sondern auch eine Affäre mit der gleichaltrigen Marzia. Eine klare Zuordnung als hetero- oder homosexuell nimmt Elio dabei an keiner Stelle vor, er changiert zwischen den beiden Polen, nimmt eine Hybridstellung ein. Dass dieses Nicht-Zuordnen-Können oder Nicht-Zuordnen-Wollen des Protagonisten ein

37 Passenderweise stellt Baltes-Löhr in der ursprünglichen Tabelle nicht nur den Aspekt Migration, sondern auch Geschlecht mit ihren vier Dimensionen vor und schließt, dass beide Begrifflichkeiten als „variabel, plural und polypolar" (Baltes-Löhr 2016: 23) gefasst werden können. Genau diese Beobachtung kann auch an *Call me by your name* angestellt werden – sowohl geschlechtliche als auch migrantische Binärität wird hier aufgebrochen und verhandelt.

wesentliches Motiv des Films ist, wird durch seine sprachliche Realisierung noch zusätzlich verstärkt: Elios Vater ist Amerikaner, seine Mutter ist Französin. Er wurde mehrsprachig erzogen und wechselt in intimen familiären Situationen (bspw. am Abend auf dem Sofa oder beim gemeinsamen Frühstück) zwischen den Sprachen Englisch[38] und Französisch. Auch mit der Französin Marzia, mit der er eine Affäre beginnt, spricht er Französisch. Mit den Angestellten des Hauses sowie mit den Einheimischen der nahegelegenen Kleinstadt kommuniziert er mühelos auf Italienisch. Eine klare Zuordnung des Teenagers als Amerikaner oder Franzose wird also ebenfalls wie eine klare Zuordnung seiner sexuellen Orientierung nicht möglich.

Tabelle 2 nutzt die Figur des Kontinuums nach Baltes-Löhr, um die Migrationsbewegung und somit auch die sprachliche Realisierung Elios genauer nachzuzeichnen. Es zeigt sich dabei, dass die Rollenbiographie Elios eine sehr differenzierte ist. Der Protagonist der Coming-of-Age-Romanze weist eine mimetische Darstellung auf, die sich auch in seiner Migrationsgeschichte bzw. in seinem familiären Hintergrund zeigt. Eben dadurch wird bei den Rezipierenden die Illusion geschaffen, einen „echten" (sprich: realen) Jugendlichen beim Verlieben zu beobachten. Durch die mimetische sprachliche Gestaltung wird diese Illusion noch einmal verstärkt. Die Figur des Kontinuums kann bei mimetisch gestalteten Figuren mit Migrationshintergrund bisherige Kategorisierungslisten sinnstiftend erweitern und somit zu einer zielführenden Figurenanalyse beitragen.

Das Verfahren Mehrsprachigkeit kann also dazu dienen, das Dargestellte realistischer wirken zu lassen (vgl. auch Bleichenbacher 2007: 117). Damit einher geht vor allem eine Charakterisierung filmischer Figuren, die durch einen differenzierten sprachlichen Hintergrund authentischer erscheinen. Eine Figur wird dadurch näher charakterisiert – sie wird zu einer mimetischen Figur, die glaubwürdig wirken und die Rezipierenden dadurch auf „ihre Seite" ziehen will.

3.4.3 Steuerung der Zuschauerperspektive: Identifikationsfiguren

Filmische Figuren wollen die Rezipierenden emotional berühren: Sie können Held*innen sein, die von uns als Rezipierenden bewundert werden. Wir können filmische Figuren aber auch verachten, sie können uns entweder fremd oder vertraut sein, sie können uns an jemanden oder an uns selbst erinnern; Figuren können als positive Vorbilder oder als abschreckende Beispiele dienen. Kurzum: Filmische Fi-

38 In der deutschen Synchronfassung wurde das Englische deutsch synchronisiert; die Rezipierendensprache repräsentiert somit das Englische. Alle anderen Sprachen (Französisch, Italienisch) bleiben im Originalton und werden untertitelt.

guren setzen bei den Rezipierenden Emotionen frei und binden sie so an sich – der Film wird durch sie zur „Emotionsschleuder“ (Kern 2006: 19). Ganz besonders entfachen positive Identifikationsfiguren dieses Potenzial; in ihnen finden die Rezipierenden Eigenschaften (oder in der Terminologie Thompsons: „Semen“), die ihnen vertraut sind, die sie als positiv beurteilen, die sie mit der Filmfigur teilen oder die sie gerne mit ihr teilen würden. Stark vereinfacht soll im Folgenden davon ausgegangen werden, dass diese Identifikation durch eine Figur ausgelöst wird, wenngleich die Nachfrage, in welcher Hinsicht diese Identifikation stattfindet, durchaus angebracht ist (vgl. Eder 2008: 601, Kern 2006: 24ff.)
Ein ausführliches Modell, das das komplexe Verhältnis der Empathie und Identifikation zu filmischen Figuren zu beschreiben versucht, legt Eder (2008: 628) vor. Zusammenfassend kann man festhalten, dass die Rezipierenden einer filmischen Figur auf zwei Arten nahestehen können: Sie können einerseits eine „Nähe von außen“ (also bedingt durch die Außensicht auf eine Figur) und andererseits eine „Nähe von innen“ (bedingt durch eine Innensicht) entwickeln. In Anlehnung an die Nähe zu „echten Menschen“ differenziert Eder (2008: 630) zudem zwischen fünf verschiedenen Arten, wie Nähe zu Filmfiguren beschrieben werden kann:

- Verstehen und Perspektivübernahme: Psychische Verhältnisse a) zu den körperlichen, mentalen und sozialen Eigenschaften und Situationen der Figur und b) zu ihrer mentalen Perspektive
- Wahrgenommene Verhältnisse in Raum und Zeit: raumzeitliche Nähe und Para-Proxemik
- Wahrgenommene Sozialverhältnisse: Ähnlichkeit, Vertrautheit und soziale Parteilichkeit
- Imaginierte Interaktion: parasoziale Interaktion (PSI) und parasoziale Beziehungen (PSB)
- Emotionale Verhältnisse: Fühlen für die Figur und mit ihr

Keine dieser Dimensionen steht für sich alleine. Stattdessen kann jede einzelne Dimension noch einmal aufgegliedert werden und jede Teildimension kann wechselseitig mit anderen Teildimensionen interagieren und so ein Gefühl von Nähe erzeugen. Beeinflusst wird dieses Gefühl der Nähe des Weiteren durch Faktoren auf der Darstellungs- und Handlungsebene: z.B. durch die Farbgestaltung, durch Blicke anderer Figuren, durch die Positionierung innerhalb von Figurenkonstellationen oder durch die Art, wie „personalisiert, realistisch, detailliert, konsistent und mehrdimensional“ (ebd.) das Figurenmodell dargestellt wird. Auch der*die Rezipient*in hat Einfluss darauf, welcher Figur er*sie sich nahe fühlt. Er*sie wird dabei beeinflusst von angeborenen Auslösern, soziokulturellen Werten und Normen, kollektiven Wünschen und Ängsten oder individuellen Erfahrungen (vgl. ebd.: 631).

Der Aspekt der gesprochenen Sprache(n) kann innerhalb des Modells an mehreren Stellen verortet werden: So kann Mehrsprachigkeit als Reiz auf der Darstellungs- und Handlungsebene verstanden werden, sie kann als Figureneigenschaft aufgefasst werden, und sie kann als Indiz für die Zugehörigkeit zu sozialen Gruppen dienen. Gleichermaßen spielt es eine Rolle, mit welchen Ausgangsvoraussetzungen der*die einzelne Rezipient*in den Film sieht: Welche Sprache spricht er*sie, und ergeben sich dadurch Schnittmengen zu filmischen Figuren? Hat er*sie persönliche Erfahrungen mit Mehrsprachigkeit bzw. mit den im Film gesprochenen Sprachen? Sind diese Erfahrungen positiver oder negativer Art? Aus all diesen Teilaspekten setzt sich schließlich die sog. „Nähe zu einer Figur" zusammen, die ein Rezipient oder eine Rezipientin ausgehend von seinen bzw. ihren Vorerfahrungen und Ausgangsvoraussetzungen entwickelt.
Es kann daher zunächst festgestellt werden, dass eine Figur, die in der Sprache der Rezipierenden spricht, nicht automatisch zur Identifikationsfigur wird, zu der die Rezipierenden eine gewisse Nähe entwickeln. Dieser Mechanismus ist von zu vielen Einflüssen abhängig, als dass er lediglich auf einen Aspekt (z.B. die Sprache) reduziert werden könnte. Nichtsdestotrotz ist Sprache eines der Puzzleteile, auf die bei einer genauen Analyse Nähe oder Distanz zwischen Rezipierenden und filmischen Figuren zurückgeführt werden kann. Auch diverse Untersuchungen, die nach dem Zusammenhang von Sprache/Akzent/Varietät und Sympathie fragen, belegen die Komplexität der Sympathiebildung: So ist zwar prinzipiell klar, welche fremdsprachigen Akzente als eher sympathisch (Französisch, Italienisch, Englisch, Spanisch, Niederländisch) bzw. als eher unsympathisch (Russisch, Türkisch, Polnisch) empfunden werden (vgl. z.B. Gärtig/Plewnia/Rothe 2010: 243ff.) oder dass der eigenen Sprachvarietät tendenziell eine höhere Sympathie zugesprochen wird (Stabinger 2012: 95). Andererseits vermerken nahezu alle sprachwissenschaftlichen Studien, dass eine finale Bewertung, ob die angegebene Sympathie ausschließlich auf der gesprochenen Sprache bzw. Sprachvarietät beruht und nicht zusätzlich von individuell gebildeten Stereotypen oder Vorerfahrungen beeinflusst wird, nur schwer möglich ist (vgl. Plewnia/Rothe 2011: 223).

In Filmen fällt auf, dass die Protagonist*innen, also die Figuren, die ganz gezielt Identifikationspotential anbieten, in der Regel die Sprache der Rezipierenden sprechen. So kann ein Protagonist zwar mehrsprachig angelegt sein, in den meisten Fällen spricht er jedoch den Großteil der Bildschirmzeit in der Sprache der Rezipierenden. Ein Blick auf die Synchronisationspraxis stützt diesen Hinweis: Wenn ein nicht-deutscher mehrsprachiger Film für deutsche Kinos (teil-)synchronisiert wird, dann wird scheinbar selbstredend die Sprache zur Rezipierendensprache, in der der Protagonist spricht bzw. in der er einen Großteil der Zeit spricht. Als Beispiel soll uns der bereits zitierte Mainstream-Actionfilm *World War Z* dienen, in dem der Pro-

tagonist Garry Lane (gespielt von Brad Pitt) versucht, eine weltweit ausbrechende Zombie-Pandemie zu stoppen. Dass Garry Lane der Protagonist ist, wird innerhalb der ersten Filmminuten klar: So weist einerseits die prominente Besetzung durch Brad Pitt bereits in der Titelsequenz darauf hin, andererseits wird der ehemalige UN-Mitarbeiter Lane in der ersten Szene in seinem privaten Umfeld zuhause mit seiner Familie gezeigt, aus dem er dann wenige Minuten später durch die einbrechende Zombieapokalypse herausgerissen wird. Dass Lane ganz selbstverständlich die Sprache der Rezipierenden spricht, unterstützt die Etablierung als Protagonist zunächst nicht übermäßig, sie erfüllt lediglich die Rezeptionsnorm (und vermeidet dadurch eine Verfremdung des Rezeptionsprozesses). Im Laufe seiner Jagd nach einem Impfstoff trifft Lane auf Figuren, die verschiedene sprachliche Hintergründe haben: So werden neben der Rezipierendensprache auch Spanisch, Hebräisch oder Arabisch gesprochen. Um das globale Bedrohungspotential der Pandemie herauszustellen und die in unterschiedlichen Teilen der Welt gelegenen Räume, an denen Lane sich bewegt, auch auf der akustischen Ebene zu verdeutlichen, werden die anderen auftretenden Sprachen nicht synchronisiert. Die Möglichkeit, dass das Englische im Originalton erhalten bleibt und eine der anderen gesprochenen Sprachen synchronisiert wird, scheint nicht wirklich in Betracht gezogen zu werden.
Vollziehen wir einmal dieses Gedankenexperiment, und synchronisieren wir nicht Lane, sondern die spanischsprachige Familie, auf die Lane während einer Flucht vor den Zombies trifft. Die Sequenz in der Wohnung der Spanier erstreckt sich über circa sieben Minuten[39], die Gesamtlänge des Films beträgt 116 Minuten. Würde das Spanische statt des Englischen in die Sprache der Rezipierenden synchronisiert werden, hätte dies keine Auswirkungen auf narratologischer Ebene (das gegenseitige [Nicht-] Verstehen ist kein zentrales Motiv des Films), wohl aber auf der Ebene der Rezeption. Einerseits würde der Film zu einem Großteil untertitelt werden müssen, was – abhängig von den Rezipierenden – mit einer erhöhten Anstrengung einhergehen kann, andererseits erführe der Auftritt der spanischsprachigen Familie vermutlich eine größere Verfremdung. So zeigt die Erfahrung der Kinogänger, dass in einem teilsynchronisierten mehrsprachigen (Mainstream-)Film die „für die Handlung tragende Rolle“ und die „Sprache der Rezipierenden“ oftmals miteinander einhergehen. Wird in unserem Gedankenexperiment also die spanische Familie synchronisiert, erfährt die Zuflucht, die Lane und seine Familie in der fremden Wohnung finden, ggf. eine andere Interpretation. Durch das Treffen auf Figuren, die die Rezipierenden ohne das Lesen von Untertiteln verstehen können, liegt auf Rezipierendenseite die Vermutung nahe, dass der klar etablierte Protagonist Lane hier mindestens eine Helferfigur fin-

39 Die Sequenz beginnt mit dem Eintritt von Lane und seiner Familie in die Wohnung der spanischen Familie und endet mit dem Tod des vom Zombie-Virus befallenen Vaters, vor dem Lane und seine Familie gerettet werden (World War Z – 00:17:12-00:24:48).

det, die ihm vielleicht bei der Flucht vor der drohenden Apokalypse hilft und diese gemeinsam mit ihm verhindern könnte. Diese entwickelte Erwartungshaltung würde jedoch mit dem plötzlichen Tod des spanischen Vaters nach sieben Minuten genauso schnell durchbrochen werden, wie sie aufgebaut wurde. Auch die eventuell darauffolgende Fokussierung auf den spanischen Jungen Tomas, der mit Lane im Helikopter vor den einbrechenden Zombies fliehen konnte, würde sich als wenig erfolgreich herausstellen: In den folgenden 90 Minuten kommt ihm lediglich noch eine marginale Rolle zu.

Dass die Entscheidung über die Art und Weise der Synchronisierung von mehr als nur der Etablierung des Protagonisten abhängig ist, ist klar; es handelt sich dabei um ein Zusammenspiel aus Produktionsbedingungen (Wo wurde gedreht? Welche Sprache sprechen die Schauspieler*innen?), den prozentualen Anteilen, die eine Sprache im Film einnimmt, den Synchronisationskonventionen, die im Zielland etabliert sind, und damit einhergehend den Kosten und dem Budget usw. Dabei zeigt sich jedoch auffallend oft, dass der*die Protagonist*in tendenziell eher synchronisiert wird als anderssprachige Nebenfiguren, was wiederum zu Rezeptionshaltungen führt wie „Der Protagonist spricht in der Sprache der Rezipierenden".

Vor allem in Filmen, in denen diese „Synchronisationsnorm" reflektiert oder bewusst verändert wird, wird der Zusammenhang zwischen Sprache und Protagonist*in noch deutlicher:

Der deutsche Untertitel von *Isle of Dogs – Ataris Reise* nimmt einerseits Bezug auf die Heldenreise des Abenteuerfilms und suggeriert andererseits, dass es sich bei dem Jungen Atari um den Protagonisten des Animationsfilms handeln könnte[40]. Atari wird schnell in die Handlung eingeführt, die Figuren-Konstellation zwischen ihm und seinem Hund Spots, die der Auslöser für seine Reise ist, wird etabliert. Auf der inhaltlichen Ebene finden sich einige Hinweise auf seine Funktion als Protagonist. Auf der akustischen Ebene wird dieser Fokus jedoch verschoben: Atari spricht – wie (fast) alle anderen menschlichen Figuren[41] – Japanisch, das von ihm Gesagte wird nicht untertitelt und ist somit für die nicht Japanisch sprechenden Rezipierenden kaum

40 Bei Kinderfilmen ist der Name des Protagonisten oder der Protagonistin im Titel oder Untertitel nichts Ungewöhnliches, vgl. bspw. jüngst *Jim Knopf und Lukas der Lokomotivführer* (D 2018), *Mia und der weiße Löwe* (F/D/ZA/CH/MC/ USA 2018), *Mila und Ruslan – Mutiger als erlaubt* (UKR 2018), *Shaun das Schaf – der Film* (UK/F/USA 2015).

41 Die Austauschschülerin Tracy Walker spricht ebenfalls die Sprache der Rezipierenden. Die Diskussion über ihre Funktion in der Handlung (Handelt es sich um eine Hauptfigur oder nicht? Ist etwa sie, also eine weiße Amerikanierin, die Protagonistin bzw. die Heldin?), die in Filmforen oder im Kommentarbereich zu entsprechenden Online-Artikeln ausgemacht werden kann, bezieht sich immer wieder auf ihre sprachliche Gestaltung.

verständlich. Dagegen wird mit dem Rüden Chief eine weitere Hauptfigur etabliert, die nicht nur auf der inhaltlichen Ebene, sondern eben auch auf der akustischen Ebene eine tragende Rolle einnimmt; Chief spricht die Sprache der Rezipierenden, diese können ihn problemlos und uneingeschränkt verstehen. So wird Chief mindestens als einer von zwei möglichen potenziellen Protagonisten herausgestellt – wenn nicht sogar als DER Protagonist.

Interessant wird die sprachliche Gestaltung auch in Quentin Tarantinos *Inglourious Basterds,* in dem es sich eine jüdische Kampftruppe, die sich um den Amerikaner Aldo Raine (ebenfalls gespielt von Brad Pitt) formiert, zur Zeit des zweiten Weltkriegs zum Ziel macht, so viele Nazis wie möglich und schließlich Adolf Hitler persönlich zu töten. In der englischsprachigen Originalfassung wird jede dargestellte Sprache durch sich selbst repräsentiert, Signifikate und Signifikante sind also ähnlich: Amerikaner sprechen Englisch, Deutsche sprechen Deutsch, Franzosen sprechen Französisch und Italiener sprechen Italienisch. Obwohl die Sprechanteile Deutsch-Englisch trotz der Tatsache, dass es sich um eine amerikanische Produktion handelt, nahezu ausgewogen ist, wurde der Originalton für das deutsche Kinopublikum nicht beibehalten: Englischsprachige Dialoge werden nicht untertitelt, sondern übersetzt – der SS-Standartenführer Hans Landa (Christoph Waltz) und Aldo Raine sprechen – anders als in der originären Sprachfassung – für die Rezipierenden plötzlich die gleiche Sprache, nämlich Deutsch. Dieses Synchronisationsverhalten wurde vielfach kritisiert, nicht zuletzt vom Landa verkörperenden Schauspieler Christoph Waltz (vgl. Heiss 2016: 6). Ungeachtet der Frage, ob und inwieweit die Synchronisation dem Wortwitz in den mehrsprachigen Dialogen abträglich ist, ist in diesem Kontext vor allem die Frage entscheidend, inwiefern sich die Perspektive der Rezipierenden auf die Figuren durch ihr verändertes Sprachverhalten verändert. Ein Blick auf den (oder die) Protagonisten scheint hier lohnend.
Einen ersten Hinweis auf den oder die Protagonisten gibt bereits der Filmtitel – die „Inglourious Basterds“ sind eine Widerstandsgruppe, deren Ziel die Vernichtung des Nationalsozialismus ist. Dass sie in einem binären System Gut gegen Böse somit auf der „guten Seite“ stehen – und somit wohl eher als Identifikationsfigur dienen als die Nationalsozialisten – wird deutlich. Der Film ist in insgesamt fünf Kapitel unterteilt, die jeweils durch Schriftinserts sowie durch einen signifikanten Ortswechsel voneinander abgegrenzt werden. Das erste Kapitel („Es war einmal ... im von Nazis besetzten Frankreich“) etabliert den Antagonisten Hans Landa, der den Hof eines französischen Milchbauern inspiziert und dabei diesen, seine Familie sowie die von ihm versteckten Juden tötet. Sowohl Kameraführung, Musik als auch das Handeln Landas lassen keinen Zweifel an seiner Rolle als Antagonist. Das zweite Kapitel des Films, das den gleichen Titel wie der Gesamtfilm trägt, widmet sich der Einführung der Figurengruppe der „Basterds“. Auf eine Totale, die die aufgereihten Basterds aus

der Vogelperspektive zeigt, folgt eine Großaufnahme ihres Anführers Aldo Raine, der sich ihnen (und somit den Rezipierenden) vorstellt – in der Sprache der Rezipierenden. Im Folgenden berichtet er von seinen Plänen, blutige Rache an den Nazis zu nehmen und ihre Skalpe zu sammeln. Obwohl seine Vorsätze alles andere als friedliebend oder identifikationspotentialweckend klingen, wird klar, dass der von Brad Pitt (dessen Name übrigens – wie auch in *World War Z* – als erster in der Titelsequenz genannt wird) gemimte Charakter eine handlungstragende Rolle einnimmt. Die Gegenüberstellung von Landa und Raine, die bereits mit den beiden ersten Kapiteln des Films erfolgt, wird im weiteren Verlauf verstärkt; der Kampf Gut gegen Böse wird durch diese beiden Figuren verkörpert und endet schließlich damit, dass Raine den besiegten Landa mit einem Hakenkreuz auf der Stirn zeichnet.
Welche Auswirkung hat die Synchronisierung in Kombination mit den genannten Aspekten nun auf das (deutsche) Kinopublikum im Hinblick auf die Einordnung der Figuren? Einerseits werden Landa und Raine sprachlich auf eine Ebene gestellt; sie scheinen sich verstehen zu können[42]. Das Verständnis des von Raine Gesagten, das bei einer Untertitelung u.U. mühevoll erlesen werden müsste, wird nicht erschwert: Raine, der „Gute" in der Geschichte, spricht die Sprache des Kinopublikums. Die Zuschauer können ihn problemlos verstehen, sowohl hinsichtlich seiner Rachepläne als auch auf inhaltlicher Ebene. Gleichermaßen wird dadurch die für deutsche Rezipierende gültige Norm eingelöst: Der Protagonist spricht die Sprache des Kinopublikums.

Auch in *Almanya – Willkommen in Deutschland* wird der Zusammenhang zwischen Sprache und Identifikationsfigur auf besondere Weise vorgeführt: Die Hauptfiguren in der diegetischen Erzählung Canans sind der junge Hüseyin, seine Frau Fatma und ihre Kinder, die nach Deutschland einwandern. Auf inhaltlicher Ebene erfahren dies die Rezipierenden bereits in der Titelsequenz, in der Canan aus dem Off die gezeigten Bilder und Fernsehausschnitte von Gastarbeitern der 60er Jahre kommentiert und darauf verweist, dass ihr Großvater der 1.000.001. Gastarbeiter war und im Folgenden seine Geschichte erzählt werden soll. Sobald die Figuren in Canans diegetischer Erzählung zu sprechen beginnen und Cenk seine Cousine darum bittet, die Figuren Deutsch sprechen zu lassen, wird Türkisch – die eigentliche Sprache der Figuren – durch die Sprache der Rezipierenden ersetzt, der Signifikant ändert sich also. Im Gegensatz zu vielen anderen Fällen, in denen die sprachliche Angleichung der Protagonisten unvermittelt vorgenommen wird, wird dieses Verfahren in *Almanya* gezielt versprachlicht und durch den Einsatz einer deutschen Kunstsprache

42 Welche Änderungen an den Dialogen bei der Synchronisation vorgenommen werden mussten, um Redundanz oder inhaltliche Brüche zu vermeiden, wird ausführlich in Badstübner-Kizik 2015 behandelt.

zusätzlich verfremdet und humorisiert. Die Protagonist*innen sprechen die Sprache der Rezipierenden und folgen somit auf einer ersten Ebene den Sehgewohnheiten des Kinopublikums, auf einer zweiten Ebene drängen sie die Zuschauer*innen jedoch zur Einnahme einer fremden Perspektive – nämlich der Perspektive der nach Deutschland Eingewanderten.

Es kann festgehalten werden, dass eine Identifikationsfigur, zu der die Rezipierenden eine gewisse Nähe aufbauen, durch verschiedene filmische und auch außerfilmische Faktoren geschaffen wird. Dabei ist Sprache einer von vielen Aspekten, die bei den Rezipierenden ein Gefühl von Nähe erzeugen können. Rezeption und das Aufbauen von Nähe zu einer Figur ist ein individueller Prozess, der nicht nur von filmsprachlichen Mitteln, sondern auch von individuellen Ausgangsvoraussetzungen und Vorerfahrungen beeinflusst wird. Dennoch sind in der Gestaltung von Protagonist*innen, deren Ziel oftmals das Wecken von Identifikationspotential ist, spezifische Muster zu erkennen, die scheinbar als Gestaltungsnorm gelten. Eine dieser Normen ist die Beobachtung, dass Protagonisten auch in mehrsprachigen Filmen in den meisten Fällen die Sprache der Rezipierenden sprechen. Oftmals wird die sprachliche Gestaltung dabei noch durch andere Aspekte motiviert (Handlungsraum, Herkunft der Figur usw.), bei der Synchronisierung erfolgt dann eine Übertragung in die Rezipierendensprache – ob die ursprüngliche Motivation dabei erhalten bleibt, steht weniger im Fokus. Es ist zudem denkbar, dass das Verständnis einer Fremdsprache an den*die Protagonist*in gebunden ist und das (Nicht-)Verstehen der Rezipierenden somit ein Symbol für das (Nicht-)Verstehen der Hauptfigur ist, wie Kremer aufzeigt: So wird das Französische in *Midnight in Paris* deshalb nicht übersetzt, weil der Protagonist Gil Pender die Sprache nicht versteht. Oder aber die Sprache der Wikinger in *Der 13te Krieger* (USA 1999) nähert sich schrittweise der Sprache der Rezipierenden an, um den Lernprozess des Protagonisten zu verdeutlichen (vgl. Kremer 2017: 324).
Beachtenswert wird die Lenkung der Figurenperspektive vor allem dann, wenn sie die diegetische Logik durchbricht (wie in *Inglourious Basterds*) oder – aufgrund artifizieller Motivation – besonders herausgestellt wird (wie in *Isle of Dogs – Ataris Reise*). So kann festgehalten werden, dass Sprache vielleicht in einzelnen Fällen dazu beitragen kann, ob man sich einer Figur eher nah oder eher fern fühlt. Ganz sicher kann jedoch gesagt werden, dass die sprachliche Gestaltung von Protagonist*innen oftmals einer Norm oder einem Muster folgt, das die Rezipierenden bei der Filmsichtung als eine (von vielen) Schablonen anlegen. Folgt die sprachliche Gestaltung dieser Norm nicht, erzeugt sie Irritation bei den Rezipierenden und fordert zum Nachdenken über die Sprachlichkeit des Films heraus.

3.4.4 Stereotypisierung durch Mehrsprachigkeit

Nicole Coleman bezieht in ihrer Definition kommunikationswissenschaftliche, neuropsychologische sowie medienwissenschaftliche Studien mit ein und definiert Stereotype auf dieser Basis als

> *die genrealisierende, kulturbedingte Zuordnung von Individuen zu bestimmten, als homogen angesehenen Gruppen und die darauf basierende Zuschreibung von bestimmten Merkmalen, die die Mitglieder der identifizierten Gruppe von der eigenen Gruppe abgrenzen (Coleman 2016: 48).*

Stereotype sind dabei durch ihre Inflexibilität sowie ihre Fehlerhaftigkeit gekennzeichnet. Ihre Inflexibilität erschwert eine Veränderung oder ein Überdenken der vorgenommenen Kategorisierung, ihre Fehlerhaftigkeit ist darin begründet, dass sie Gruppen als homogene Masse ansehen und jedem Individuum dieselben Eigenschaften zuordnen (vgl. ebd. 47).
Stereotype dienen in erster Linie zur Erleichterung der Informationsaufnahme: Neue Informationen werden kognitiven Kategorien zugeordnet, um sie besser verarbeiten zu können; dabei schwingt jedoch zwangsläufig immer eine Reduktion auf bereits gebildete Schemata mit, um eine solche Zuordnung vornehmen zu können. Auch in Filmen dienen Stereotype zur Erleichterung: Sie erleichtern eine schnelle Identifikation bzw. ein klareres Einordnen der gezeigten Figuren (vgl. ebd. 48). Auch Schweinitz bestätigt dies und betont dabei zudem den Lebensweltbezug, der durch die Darstellung von Stereotypen hergestellt wird:

> *Stereotype [...] bieten in der Tat wichtige Bezugsgrößen für die Konstruktion von fiktionalen Figuren der Narration. Für das Funktionieren des rezeptiven Erlebens ist es ja bedeutsam, dass der Film mit seinen Figuren, die zentrale Bezugsgrößen für die Teilhabe des Publikums am Handlungsgeschehen sind, eng mit der alltäglichen Vorstellungs- und Wertewelt verbunden ist (Schweinitz 2006: 44).*

Im Zuge seines Standardwerks zur Stereotypisierung im Film rekurriert Schweinitz u.a. auf Edward Morgan Forster und Umberto Eco, wenn er die Unterscheidung zwischen „Stereotyp“ und „Typus“ (= narratives Stereotyp) trifft: Mit dem Begriff *Stereotyp* folgt Schweinitz einem sozialwissenschaftlichen Konzept und meint damit die „Verkörperung eines realitätsbezogenen stereotypen ‚Bildes vom Anderen‘“ (ebd.: 49) im Film. Es gehe dabei darum, „welche soziologisch relevanten kulturellen ‚Bilder von Anderen‘, von Angehörigen bestimmter Nationen, Berufsstände, Minoritäten der Gruppen, die zur sozialen Realität gehören, [...] filmisch repräsentiert oder beeinflusst [werden]“ (ebd.).

Bei der Definition des *narrativen Stereotyps* bezieht sich Schweinitz dagegen auf ein narratives Konzept und meint damit „bewusst imaginäre Figurenkonstrukte, die in einem jeweiligen Genre von Erzählungen [...] geläufig sind und vor allem in diesem Rahmen, also im Rahmen imaginärer Welten der Narration Gültigkeit für sich beanspruchen“ (ebd.). So können bspw. die Figur des Vamp oder des Westernhelden narrative Stereotype darstellen, die klar als imaginäre Figur auszumachen sind und sich somit „nicht (oder nur höchst indirekt) auf die alltägliche unmittelbare soziale Interaktion der Rezipierenden“ (ebd.) beziehen.
Schweinitz konstatiert lediglich für das erste Konzept der Stereotype Konsequenzen für die Lebenswelt der Rezipierenden (die sich bspw. in der Manifestierung von Vorurteilen äußert), wenngleich er zugibt, dass die Unterscheidung von Narration und Lebenswelt nicht völlig trennscharf und nicht von allen Rezipierenden gleich kompetent vorgenommen werden kann (vgl. ebd.). Dass die von Schweinitz vorgenommen Unterscheidung zwar treffend, jedoch nicht problemlos anwendbar ist, wird sich im weiteren Verlauf zeigen.
Einen umfangreichen Fragenkatalog zur Analyse sozialer Stereotypisierung im Film, der vor allem in den Fällen genutzt werden kann, in denen die von Schweinitz vorgenommene Differenzierung nicht einfach beantwortet werden kann, bietet Jens Eder an (Eder 2008: 519 f.). Er fragt dabei explizit nach der Gestaltung der Figur auf der Tonebene – er meint damit neben Musik, Leitmotiven und Geräuschen auch Dialoge und Stimme (vgl. ebd.: 520) – und betont einen Zusammenhang zwischen stereotyper Figur und der von ihr verwendeten Sprache oder ihrem sprachlichen Register. Auch Lukas Bleichenbacher fragt zu Beginn seiner Untersuchung: „Is Russian dialogue in Hollywood movies typically meaningless? Are German speaking characters necessarily evil, or French speakers refined?” (Bleichenbacher 2007: 111) Er greift dabei Überlegungen vorangegangener Studien auf (bspw. Lippi-Green 2012 oder Kozloff 2000), die einen Zusammenhang herausarbeiten zwischen der sprachlichen Realisierung einer filmischen Figur und damit einhergehenden Stereotypisierungen.

Auch Max Kramer (2014) beschäftigt sich mit sprachlichen Stereotypen, wenn er die Verwendung sprachlicher Register im populären indischen Kino untersucht. Das indische Kino bot sich für eine solche Untersuchung vor allem deshalb an, da „das Indische“ so nicht existent ist – Indien ist geprägt durch eine Vielzahl an Sprachregistern und -varietäten; eine von allen als Standardsprache akzeptierte Varietät gibt es nicht (vgl. Kramer 2014: 41 ff.). Die Darstellung von Sprache, also die „sprachliche Imagination“ (Kramer 2014), im indischen Film muss daher von den gezeigten Figuren immer wieder neu verhandelt werden. Kramer zeigt auf, dass entsprechende

Varietäten v.a. zur Darstellung von stereotypen Figuren[43] verwendet werden bzw. dass sich stereotype Figuren durch eine spezielle sprachliche Gestaltung auszeichnen: „Die stereotypen Charaktere vereinen sprachliche und außersprachliche Aspekte zu einem performativen Stil, der sich innerhalb von einem oder mehreren *speech genres*[44] [Herv. i. O.] artikuliert" (Kramer 2014: 88).
Auch in deutschen oder amerikanischen Produktionen findet sich oftmals in Verbindung mit spezifischen Genres eine solche charakteristische sprachliche Gestaltung stereotyper Figuren. So werden „Fremde" oftmals durch stereotype Eigenschaften gekennzeichnet (vgl. Streit 2006), vor allem dann, wenn es um die Darstellung von Antagonisten oder von „Entertainern" (Figuren, die vor allem der Komik dienen) geht (vgl. Lippi-Green 2012). Diese beiden Figurenkonzepte und ihre sprachliche Gestaltung sollen daher im Folgenden näher beleuchtet werden.

Antagonisten

Laut Eder zeichnen sich Antagonisten nicht nur durch negativ bewertete Merkmale und schädliche, feindliche, egoistische Verhaltensweisen aus, sondern müssen sich zudem eine stereotypische Darstellung gefallen lassen (vgl. Eder 2008: 508). Eder stellt fest, dass die Antagonisten oft aus sozialen Gruppen stammen, „die im Zeitkontext gerade als problematisch oder feindlich gelten, im Hollywoodkino beispielsweise früher mit Russen, heutzutage mit Arabern [besetzt werden]" (ebd.). Diese Figuren, die sich durch ihre Andersartigkeit und ggf. Exotik von dem Helden oder der Heldin unterscheiden, werden tendenziell stereotyper dargestellt als ihre heroischen Konterparts[45] (vgl. ebd.). Eder betont indirekt den Lebensweltbezug, der in der Darstellung von Antagonisten oft anklingt – eine Reduzierung auf ein ausschließlich „narratives Stereotyp" nach Schweinitz liegt somit nicht mehr vor. Stereotype Antagonisten können mit der Lebenswelt verbunden werden und können infolgedessen zur weiteren Verstärkung oder Verfestigung von Vorurteilen beitragen.
In amerikanischen Blockbustern finden sich eine Vielzahl sprachlich stereotyper Antagonisten – von der „Gruppe internationaler Terroristen" (Kremer 2017: 325) in

43 Es sei an dieser Stelle darauf verwiesen, dass der Begriff Stereotyp bei Kramer keineswegs negativ konnotiert ist. Er betont stattdessen, dass die Darstellung von filmischen Stereotypen, also von Filmfiguren, die auf außerfilmische, lebensweltliche Personengruppen verweisen, ein gängiges Mittel des indischen Kinos ist.

44 Kramer bezieht sich in seinen Ausführungen vor allem auf die Überlegungen des russischen Literaturwissenschaftlers Michail Michailowitsch Bachtin. Ihm folgend verwendet er den Begriff *speech genre* und meint damit sprachliche Register, die innerhalb der Narration verwendet werden.

45 Filmische Helden sind oftmals weiße männliche und heterosexuelle Europäer oder Angloamerikaner in einem Alter zwischen 20 und 50 Jahren, die zur Mittelklasse gehören und gleichermaßen gesund wie gutaussehend sind (vgl. ebd.).

Action-Filmen (z.B. in den John Wick- oder James Bond-Filmen) bis hin zum „Nazi officer stereotype", eine Figur, die gekennzeichnet durch einen „'grotesque' German accent" (Bleichenbacher 2007: 119) vor allem in Kriegsfilmen auftritt.

Die Linguistin Rosina Lippi-Green widmete ein ganzes Kapitel ihrer Veröffentlichung „English with an Accent" (2012), in der sie Sprache in Amerika und amerikanischen Medien beleuchtet, der Frage, wie v.a. Kinder durch die Rezeption von Kinderfilmen mit kulturellen und sprachlichen Stereotypen konfrontiert und infolgedessen davon beeinflusst werden. Im Fokus ihrer Aufmerksamkeit stehen dabei die Animationsfilme aus den Walt-Disney-Studios. Neben diversen Stereotypen, die auf der visuellen oder der narrativen Ebene zum Einsatz gelangen[46], verzeichnet sie vor allem Stereotypisierungen auf der akustischen Ebene[47] bei zwei figuralen Gruppen: bei „Entertainern" und bei Antagonisten. So führt sie die mit Akzent dargestellten Antagonisten Scar (*The Lion King*) und Dschafar (*Aladdin* [USA 1992]) an, die den Standard-American-English sprechenden Helden Simba und Aladdin gegenüberstehen.
Dabei folgt die sprachliche Realisierung jedoch nicht etwa einer diegetischen Logik, wie man vielleicht annehmen könnte: Denn obwohl laut Lippi-Green nur 59% der 24 gesichteten Disneyfilme an englischsprachigen Orten (vorrangig USA, Großbritannien, Australien) spielen, sprechen 91% der dargestellten Figuren eine Native-English-Varianz, nur 9% sprechen Non-Native-English, also Englisch mit einem fremden Akzent (vgl. Lippi-Green 2012: 115f.). Die Figuren, die mit Akzent sprechen, sind dabei fast nie die Held*innen: So spricht Simba aus *The Lion King* in einer Native-English-Varianz, bewegt sich dabei aber in einem afrikanischen Setting, umgeben von durch Afro-Amerikaner*innen besetzte Rollen. Ähnlich verhält es sich mit dem akzentfrei sprechenden Aladdin, dessen Sprache im Gegensatz zu anderen Figuren (allen voran dem Antagonisten Dschafar) nicht durch das für das Arabische charakteristische rollende R gekennzeichnet ist (vgl. ebd.).
Ähnlich verhält es sich mit der sprachlichen Gestaltung der Figuren im Animationsfilm *Anastasia* (USA 1997), welche auch in der deutschen Synchronfassung beibe-

46 Beispielhaft genannt sei der Wolf in *Drei kleine Schweinchen* (USA 1933), der als stereotyper Jude verkleidet versucht, das Haus der drei Schweinchen zu betreten.

47 Diese Ausführungen beziehen sich ausschließlich auf die originalsprachlichen englischen Filmversionen, weshalb sie im Folgenden mit ihren originalen Titeln angegeben werden. Unterschieden werden in diesen Filmversionen nicht nur nicht-englische Sprachen, sondern v.a. die verschiedenen Varianten des Englischen: Standard American English (SAE), British English, African American English, Canadian English, Australian English. Auf die deutschen Synchronfassungen können diese Untersuchungsergebnisse nicht ohne weiteres übertragen werden: auf eine Verwendung deutscher Dialekte wird verzichtet, englischer Originalton wird zumeist durch eine*n standarddeutsche*n Sprecher*in synchronisiert.

halten wird: In einer stark romantisierten Version erzählt der Film die Geschichte der verschwundenen russischen Zarentochter Anastasia Romanow. Die Figuren des in Russland (und später in Paris) spielenden Films haben alle den gleichen kulturellen Hintergrund: Sie sind Russen. In der sprachlichen Darstellung werden jedoch ganz signifikante Unterschiede vorgenommen: Sowohl die Titelheldin Anastasia, die Mitglieder der Zarenfamilie, aber auch ihr späterer Freund Dimitri sprechen in der deutschen Synchronfassung Hochdeutsch, der Antagonist Rasputin sowie diverse Nebenfiguren (die bspw. in Musikszenen einzelne Sätze sprechen), sprechen Deutsch mit einem russischen Akzent – das Signifikat (Russisch) wird also durch zwei verschiedene Signifikanten (Hochdeutsch sowie Deutsch mit russischem Akzent) repräsentiert. Die sprachlichen Unterschiede folgen dabei keiner diegetischen Logik (alle Figuren haben den gleichen sprachlichen und kulturellen Hintergrund); stattdessen wird durch den Einsatz von Akzenten (den aus logischer Sicht jeder der russischsprachigen Charaktere einheitlich sprechen oder nicht sprechen sollte) ganz klar Sympathie zu den Protagonisten und Antipathie gegen den Antagonisten aufgebaut.

Abschließend muss angeführt werden: Die hier aufgeführten Animationsfilme sind keine mehrsprachigen Filme im Sinne dieser Arbeit. In den seltensten Fällen findet hier ein Sprachkontakt zwischen zwei verschiedenen Herkunftssprachen statt, und wenn doch einmal, wird dieser nicht mit der Strategie Präsenz, sondern durch Evokation (also durch die Verwendung von Akzenten) realisiert. Problematisch und deshalb erwähnenswert ist an der sprachlichen Gestaltung der genannten Figuren aber, dass in so vielen Kinderfilmen, die vor allem für die private, also nicht didaktisch-reflexive Begleitung gedacht sind, Antagonisten mit einem Akzent stigmatisiert werden, wohingegen die Heldinnen und Helden zumeist akzentfreie Standardsprache sprechen. Sowohl Eltern als auch Lehrkräfte sollten daher lernen, die stereotype sprachliche Gestaltung in Kinderfilmen und -serien zu erkennen und ggf. mit den jungen Rezipierenden zu reflektieren. Nur so kann einer sprachlich begründeten Stereotypisierung durch unreflektierten Medienkonsum entgegengewirkt werden[48].

Komik

Lippi-Green wies nicht nur auf die sprachliche Gestaltung der Antagonisten in Disneyfilmen hin, sondern sie verzeichnet auch bei den komödiantischen Sidekicks eine Tendenz dazu, mit Akzent zu sprechen. Sie exemplifiziert dies bspw. an der Krabbe Sebastian (*The Little Mermaid* [USA 1989]), dem Affen Rafiki (*The Lion King*) oder an King Louie aus *The Jungle Book*, den sie aufgrund seiner sprachlichen Varietät als „the African American entertainer, the jokster or trickster" (Lippi-Green 2012: 123)

48 Ein Unterrichtskonzept zur Reflexion der Stereotypisierung in Kinderfilmen legt bspw. Axel Diller (2015) vor.

bezeichnet. Auch Coleman stellt fest, dass Film und Fernsehen sprachliche Stereotype oftmals dazu hernehmen, um Komik aus ihnen zu ziehen (vgl. Coleman 2016: 47). Raß erklärt die Instrumentalisierung von Komik zur Darstellung von Machtverhältnissen:

> *Die Komik resultiert vor allem aus dem Kunstgriff, dem Rezipienten Überlegenheit zu suggerieren, aufgrund derer er über die Hauptfigur und die ihr nahestehenden Figuren ihres Umfelds lacht. Der Gestus der Übertreibung ermöglicht es dem Rezipienten jedoch, die soziale Funktion dieser Art der Komik zu reflektieren, nämlich den Aufbau des Selbstwertgefühls durch die Abwertung dessen, über den gelacht wird, wodurch das Lachen zur Machtdemonstration wird (Raß 2019: 148).*

Ein Filmgenre (bzw. ein Subgenre der Komödie), das durch das Zusammentreffen zweier Kulturen Komik erzeugt, ist die sog. Culture-Clash-Komödie[49]. In diesen Fällen speist sich Komik aus der Gegenüberstellung von zwei oder mehr Kulturen, die sich durch Aussehen, Kleidung, Verhalten, Habitus und/oder Sprache voneinander unterscheiden (vgl. Göktürk 2017: 160). Die dargestellten Figuren sind dabei oftmals (zumindest anfänglich) stereotyp überzeichnet, was die komische Wirkung der aufeinandertreffenden Gegensätze zusätzlich verstärkt. Die stereotype Darstellung und die daraus entstehende Komik kann sich dabei jedoch im Laufe des Films verschieben, wie Raß erkennt: In einem ersten Schritt erfolgt Komik durch die Konstruktion von Stereotypen, im zweiten Prozess entsteht Komik durch Demontage und Dekonstruktion der vorher etablierten Stereotype (vgl. Raß 2019: 122). Dieser Wandel der Darstellung entsteht durch einen Wandel der Figuren, wie Raß anhand des Blondinen-Stereotyps in *Blondinen bevorzugt* (USA 1953) aufzeigt: Die im ersten Teil des Films als Typus eingeführte Lorelei (Marylin Monroe) wird zu einem Charakter mit vollständiger Physiognomie (vgl. ebd.: 130), ihr werden also Eigenschaften verliehen, die ihr Handeln nachvollziehbar motivieren und die das anfangs entworfene Bild des blonden „Material Girl“ erklären bzw. brechen.

Eine ähnliche Figurendarstellung bzw. Figurenentwicklung kann auch in Culture-Clash-Komödien verzeichnet werden: In der deutschen Serie *Türkisch für Anfänger* (D 2006-2008) entsteht der „Culture Clash“ dadurch, dass sich die deutsche Therapeutin Doris Schneider in den türkisch-deutschen Polizeikommissar Metin Öztürk verliebt und die beiden beschließen zusammenzuziehen. So treffen Doris‘ Kinder, die sechzehnjährige Lena und ihr jüngerer Bruder Nils, auf Macho Cem und die

49 Die Bezeichnung variiert je nach Autor – „Culture-Clash-Komödie“ oder „Ethno-Komödie“ sind Begriffe im deutschen Sprachraum, im angloamerikanischen Sprachraum spricht man dagegen vom „fish-out-of-water-film“. Im Folgenden verwende ich den im allgemeinen Sprachgebrauch gängigeren Begriff der Culture-Clash-Komödie.

strenggläubige Muslimin Yağmur, die beiden Kinder von Metin. Sowohl der deutsche als auch der türkische Teil der Patchwork-Familie wird dabei anfänglich stereotyp dargestellt: Lena und Doris zeigen sich als (über-)emanzipierte und esoterisch veranlagte Frauen, für die Nacktheit kein Problem ist und die sich provokativ freizügig kleiden. Lena hegt zudem diverse Vorurteile gegenüber dem türkischen Freund ihrer Mutter, die sie immer wieder laut äußert. So bezeichnet sie Metin als „albanischen Terroristen", erklärt ihrem Bruder, dass alle Türken Haare auf dem Rücken hätten, und sie verurteilt Yağmurs gelebten Glauben als „total krank". Auch Cem und Yağmur haben Vorurteile gegenüber den Deutschen im Allgemeinen und Lena und Doris im Besonderen. So ist Yağmur der Meinung, dass (deutsche) Jugendliche nur ins Ferienlager fahren, um „Sex zu haben und Drogen zu nehmen", sie nennt Lena, die ihre Religion kritisiert, einen Nazi und Cem bezeichnet die Schneiders als „Kartoffeln". Dabei ist auch die Darstellung der Öztürks anfangs stark klischeebehaftet: Sie werden durch Kleidung, Verhalten und Sprache klar von den deutschen Schneiders abgegrenzt. Die Verwendung der türkischen Sprache ist dabei eines von mehreren stereotypen Merkmalen, durch die die Öztürks anfänglich gekennzeichnet werden. Allerdings wird diese stereotype-dichotome Darstellung bereits in der ersten Folge vereinzelt gebrochen, bspw. wenn Lena und Yağmur eine Gemeinsamkeit feststellen, nämlich dass sie sich beide gegenseitig „scheiße" finden. In den weiteren 51 Folgen der Serie werden die Stereotype dann vollends gebrochen, aus den in der ersten Folge eingeführten Typen werden runde Charaktere, deren Verhalten für die Rezipierenden nachvollziehbar ist.

Vor allem seit den 1990er-Jahren sind Culture-Clash-Komödien die Art und Weise, wie die Narrative Migration und kulturelle Verschiedenheit in Filmen aufgearbeitet wird. Die Komödien stehen damit problemzentrierten Migrationsdramen wie *Angst essen Seele auf* (BRD 1974) oder *Shirins Hochzeit* (BRD 1976) gegenüber, die zuvor den filmischen Diskurs über Zuwanderung prägten. Im internationalen Raum feierten Culture-Clash-Komödien wie *My Big Fat Greek Wedding – Hochzeit auf Griechisch* (USA/KAN 2002) große Erfolge, für den deutschsprachigen Raum sind hier bspw. Anno Sauls *Kebab Connection* (D 2004), Fatih Akins *Soul Kitchen* (D 2009), Ali Samadi Ahadis *Salami Aleikum* (D 2009) oder auch Yasemin Şamderelis *Almanya – Willkommen in Deutschland* (D 2010) zu nennen.

Obgleich die meisten der v.a. deutschen Culture-Clash-Komödien als „Aufklärungskomödien" (Kepser 2015: 89) bezeichnet werden können, bedarf es doch einer gewissen Sensibilität innerhalb des Genres: Göktürk betont einerseits die Wichtigkeit von Ethno-Komödien, die „einseitige Integrationsbestrebungen durch wechselseitige Spiegelungen brechen [können]" (Göktürk 2017: 170), er weist aber gleichermaßen auf eine bestimmte Sensibilität hin, die bei der kulturellen Darstellung zugunsten der Generierung von Komik gegeben sein sollte. Cundall bezeichnet die Themenfelder Rasse, Ethnie, Gender, sexuelle Orientierung und Behinderung als sog. „hot buttons“ (vgl. Cundall 2012: 171). Basiert Komik auf diesen Themen, ist es nicht unwahrscheinlich, dass sie von den betroffenen Gruppen als negativ oder verletzend interpretiert werden. Beruht Komik also auf der Darstellung von Stereotypen, sollten (vor allem in einem kultur- und sprachsensiblen Unterricht) im Zuge der Filmanalyse die folgenden Fragen nicht außer Acht gelassen werden: Wer darf wen in welcher Form komisch darstellen? Wer lacht im konkreten Film mit wem über wen? (Göktürk 2017: 170).

Zusammenfassend kann festgehalten werden, dass die sprachliche Darstellung von filmischen Figuren einer von mehreren Aspekten ist, um Stereotypisierungen hervorzurufen. Vor allem in der Darstellung von Antagonist*innen oder von unterhaltenden Nebenfiguren („Entertainern“) wird auf Stereotypisierung zurückgegriffen. Damit einher geht in der Regel im Falle der Antagonist*innen eine klare Abgrenzung von den charakterlich ausgefeilten und standardsprachlichen Held*innen oder im Fall der Entertainer die Erzeugung von Komik. Im Genre der Culture-Clash-Komödie wird oftmals mit sprachlichen und kulturellen Stereotypen gearbeitet, um die intendierte Komik zu erzeugen. Dabei kann der Film eine Distanzierung und Reflexion der gezeigten Stereotype anbieten (wie bspw. in *Kebab Connection* [D 2004] oder in *Türkisch für Anfänger*), muss dies jedoch nicht (wie in *Eurotrip* [USA 2004])[50]. Auch kann beobachtet werden, dass stereotype sprachliche Darstellungen nicht unbedingt einer diegetischen Logik folgen: Beispielsweise verfolgt der Akzent, in dem Aladdins Antagonist Dschafar spricht, lediglich das Ziel einer stereotypen Darstellung. Der Logik der sprachlichen Realisierung des Films folgend, in der die Rezipierendensprache das Arabische repräsentiert, ist das Sprechen vereinzelter Figuren (eben des Antagonisten sowie vereinzelter nicht bedeutungstragender Sprechrollen) mit arabischem Akzent schlichtweg nicht logisch. Vor allem im Bereich von Kinderfilmen findet sich eine solche nahezu beiläufige Stereotypisierung durch Sprache noch verstärkt, wie es Rosina Lippi-Green anhand von Disney-Filmen aufzeigt.

In vielen Fällen geht es dabei weniger um einen mehrsprachigen Film im Sinne dieser Arbeit, da Signifikat und Signifikant nicht einheitlich und einer diegetischen Logik folgend verwendet werden. Unabhängig davon ist eine solche stereotype Darstellung vor allem dann als kritisch zu beurteilen, wenn sie unreflektiert bleibt und dadurch nicht ihr Potential entfalten kann, Konventionen zu entblößen und Herrschaftsverhältnisse sichtbar zu machen (vgl. Göktürk 2017: 160). Besonders in diesen Fällen muss filmische Mehrsprachigkeit kritisch reflektiert werden, da sich ihre stigmati-

50 Die Auswirkungen auf die Qualität des Films, die mit einer differenzierten bzw. undifferenzierten Darstellung von Stereotypen freilich einhergehen, sollen an dieser Stelle nicht besprochen werden.

sierende und stereotypisierende Wirkung u.U. nicht auf den ersten Blick zeigt und weil sie zudem in Filmen auftritt, die vor allem von jungen Rezipierenden gesehen werden. Vor allem im schulischen Kontext sollte also darauf geachtet werden, dass eine stereotypisierende Sprachgestaltung dementsprechend kritisch betrachtet und hinterfragt wird. Lehrer*innen sollten deshalb eine Sensibilität für die sprachliche Gestaltung filmischer Figuren entwickeln. Es bedarf dabei zunächst keiner umfassenden Analyse, wohl aber eines Verständnisses dafür, welche Figur wie spricht und warum sie dies tut. Vor allem bei akzentsprechenden Antagonist*innen sollte ein genauer Blick folgen: Ist dieser Akzent diegetisch motiviert, oder handelt es sich um eine stereotypisierende Darstellung? Für einen medienkritischen und inter-/transkulturellen (Deutsch-)Unterricht ist dies eine unabdingbare Voraussetzung.

3.5 Exkurs: Der mehrsprachige Film – ein eigenes Genre?

Ein weiteres Konzept neben der auteur-Theorie, die ein filmisches Werk vor allem auf den*die Regisseur*in zurückführt, ist das Genre-Konzept.

> *Nicht der Autor, sondern das Genre erzählt also die Geschichte. Damit steht das Genre im direkten Gegensatz zum Autorenprinzip, das gerade die künstlerische Handschrift, die individuelle sehr persönliche, vielleicht sogar autobiografisch motivierte Erzählung herausstellt. Das Genre-Kino wird deshalb häufig als kulturindustriell hergestelltes dem Autorenfilm gegenübergesetzt [...] (Hickethier 2012: 206).*

Was ein Genre ist, wie ein Genre zu bestimmen ist, wie viele Genres es überhaupt gibt, wie vielen Genres ein Film gleichzeitig angehören kann und welche Genres Synergien und evtl. gesonderte Subgenres erzeugen, dies alles sind Fragen, mit denen sich Literatur- und Medienwissenschaftler seit langem beschäftigen. Ausgehend von verschiedenen Zugängen gelangt Scheinpflug zu Beginn seiner Einführung in die Genretheorie zu der Feststellung: es gebe einen Minimalkonsens darüber, was ein Genre ist. Er schreibt weiterhin: „Ein Genre ist eine Gruppe von Texten, die gemeinsame Gruppenspezifika (Genre-Konventionen) aufweisen" (Scheinpflug 2014: 3).
Besonders interessant sind die von ihm zusammengefassten Thesen, die auf anti-essentialistischen Genre-Theorien beruhen, also auf Theorien, die im Gegensatz zu essentialistischen Konzepten nicht darauf bedacht sind, die Essenz/den Kern eines Genres eindeutig zu bestimmen und somit klar voneinander abgrenzen zu können (vgl. ebd. 12). Ausgehend von diesen Überlegungen formuliert er die folgenden sieben Thesen:

- „Genres sind weder natürliche Phänomene noch Texten wesentlich immanent" (ebd.: 13).
- „Genres sind kein stabiles Set an Konventionen, sondern hochgradig dynamisch, da jeder einzelne Text Genre-Konzepte aktualisiert" (ebd.: 13).

- „Genres haben keine eindeutigen Grenzen, sondern viele Genres überlappen sich in einzelnen Komponenten“ (ebd.: 13f.).
- „Genres sind weder ahistorisch noch folgen sie einem eindeutigen Entwicklungsprozess“ (ebd.: 14).
- „Genre-Konzepte werden in Diskursen in Interdependenz von Texten und ihren Rezipienten ausgehandelt“ (ebd.: 14).
- „Genre-Konzepte entsprechen verschiedenen Perspektivierungen der gleichen Texte und Fokussierungen der für das jeweilige Genre-Konzept konstitutiven Komponenten“ (ebd.: 14f.).
- „Obgleich die prinzipielle Prozessualität und Historizität von Genres einerseits ebenso wie von Texten andererseits zu betonen ist, lassen sich jedoch auch spezifische historische Dynamiken der Iteration von Genre-Konventionen beobachten“ (ebd.: 15).

Ingo Kammerer (2009: 105 f.) greift viele der genannten Aspekte in seiner Genredefinition auf: Er bezeichnet „Genres als zwischen Produzenten und Rezipienten gleichsam fortlaufend ausgehandelte, relativ stabile aber nicht unveränderliche ästhetische ‚Schemata‘ oder ‚Muster‘“. Auch in diesem Fall wird die Veränderlichkeit von Genregrenzen betont, wobei eine gewisse Konstanz jedoch nicht außen vor gelassen wird. Besonders wichtig und daher die Definition einleitend scheint der Aspekt, dass Genrezuschreibungen das Produkt eines Aushandlungsprozesses zwischen Produzent*innen und Rezipient*innen sind.

Werner Faulstich geht in seiner Genredefinition näher auf die bereits genannten „Gemeinsamkeiten“ eines Genres ein, wenn er feststellt, dass es sich bei Genres um spezifische Erzählmuster mit „stofflich-motivlichen, dramaturgischen, formal-strategischen, stilistischen, ideologischen Konventionen und einem festgelegten Figureninventar“ (Faulstich 2013: 31) handelt.

Worin sich alle aufgezeigten Definitionen einig sind, ist die Annahme, dass der Genrebegriff trotz einer gewissen Konstanz gleichzeitig veränderlich ist. Hickethier beschreibt diese Veränderlichkeit eines Genres in vier Schritten: Entstehung, Stabilisierung, Erschöpfung, Neubildung (vgl. Hickethier 2014: 71). Dieser Vierschritt verdeutlicht, wie fragil einzelne Genrekonzepte sind: Sie beruhen auf der Kategorisierung einzelner Filme zu einer Gruppe, und sie können durch andere Filme relativ schnell erweitert oder gar widerlegt werden.

Daraus resultiert ein großer Wandel – nicht nur innerhalb der jeweiligen Genre-Kataloge, sondern bereits auf einer höheren Ebene bei der Anzahl der erschlossenen Genres. So nennt Faulstich bspw. zehn „Hauptgenres“[51] und ergänzt diese durch eine

51 Faulstich nennt Western, Kriminalfilm, Melodrama, Science-Fiction-Film, Abenteuerfilm, Horrorfilm, Thriller, Komödie, Musikfilm und Erotikfilm.

weitere Anzahl an Subgenres. Die Einführung „Filmwissenschaftliche Genreanalyse“ (Kuhn/Scheidgen/Weber 2013) dagegen listet zwölf Genres[52] auf, zu denen jeweils eine Beispielanalyse geliefert wird. Klant/Spielmann (2008: 21) zeigen mit ihrem Filmkompass ein Klassifikationsmodell auf, das acht Aspekte bietet, nach denen Filme systematisiert werden können. Einer dieser acht Kategorisierungsaspekte bezieht sich auf Genre und Subgenre und benennt dabei 22 „Hauptgenres“[53] und 51 „Subgenres“. Diese nur zufällig gewählten Nennungen von Genre- und Subgenreaufzählungen zeigen eines ganz deutlich: Es ist weder eindeutig verhandelt, wodurch sich ein Genre definiert, noch wie viele Genres es gibt. Bestimmt sich ein Genre bspw. vor allem durch stoffliche und motivische Gemeinsamkeiten wie im Western oder im Horrorfilm oder ist bereits eine Zielgruppenorientierung („Kinder- und Jugendfilm“ [54]) oder die Machart des Films („Zeichentrickfilm“) ein Definitionsaspekt eines Genres? Je nach Begründungszusammenhang kann ein Film dann auch mehreren Gruppen zugeordnet werden, und je nach Genrezuschreibung verändert sich wiederum die Rezeptionsperspektive auf den Film.

Allen Genrebegriffen ist jedoch dabei eines gemeinsam: Filme werden erst dann einem Genre zugerechnet, „wenn sich ein konstitutives Bewußtsein von diesem Genre bei Produzierenden und Rezipierenden nachhaltig herausgebildet hat“ (Hickethier 2014: 71). Aus genau diesem Grund gilt der Genrebegriff als ‚kulturindustriell‘:

> *Den Kritikern dienen Genres der schnellen Zuordnung eines Films zu einzelnen Erzähltraditionen und dem Vergleich mit anderen Filmen innerhalb einer Produktionsgruppe, und sie dienen dem Leser der Kritiken und dem Kinobesucher der eigenen Rezeptionssteuerung (Hickethier 2014: 75).*

Der Frage, ob der mehrsprachige Film ein eigenes Genre ist und ob ein Explizieren dieses Begriffs den entsprechenden Filmen sowie deren Rezipierenden gerecht würde, ging Christoph Wahl im Rahmen seiner Dissertation nach, in der er die „Sprache des Spielfilms“ von den Anfängen des Tonfilms bis hin zum polyglotten Film der Gegenwart systematisierte. Er greift dabei auf Hickethiers Genrebeschreibung zurück, der im Genre keine zeitlos gültige Kategorienzuteilung sieht, sondern einen „Verständigungsbegriff [...], der sich im kommunikativen Gebrauch definiert“ (Hi-

52 Western, Komödie, Melodrama, Gangsterfilm, Musical, Kriegsfilm, Horrorfilm, Biopic, Science Fiction, Roadmovie, Jugendfilm, Animationsfilm.

53 Abenteuerfilm, Actionfilm, Drama, Eastern, Erotikfilm, Fantasyfilm, Heimatfilm, Historienfilm, Horrorfilm, Katastrophenfilm, Kinder- und Jugendfilm, Komödie, Kriegsfilm, Kriminalfilm, Literaturverfilmung, Liebesfilm, Musikfilm, Road Movie, Science Fiction, Thriller, Western, Zeichentrickfilm.

54 Zum Genrecharakter des Kinderfilms vgl. ausführlich Stewen 2012.

ckethier 2014: 81) und der somit als erweiterbar gilt. Wahl betont in einem späteren Aufsatz (2008), dass Genres für ihn keine normierten Regeln darstellen, sondern dass er das von ihm geschaffene Genre des polyglotten Films dazu nutze, um (sprachliche) Gemeinsamkeiten in Filmen aufzuzeigen, die bislang zu wenig Beachtung fanden. Er schreibt:

> *It is not important if every reader agrees with me about the classification of films and definition of subgenres, it is only important if s/he is interested in following my argumentation. The aim of the essay is not to be right, but to incite other scholars to do further research on the topic (Wahl 2008: 345).*

Es geht Wahl also vor allem darum, den Genrebegriff rezeptionssteuernd zu verwenden. Ist ein Film als ‚polyglott' oder mehrsprachig ausgewiesen, so lässt dies, ausgehend von den bisherigen Überlegungen, mehrere Schlüsse für die Rezipient*innen zu:

- Unter Umständen wird nicht alles verstanden, was in diesem Film gesprochen wird.
- Unter Umständen wird die Rezeption fremdsprachiger Dialoge durch Untertitel ermöglicht; es muss also eine Bereitschaft bestehen, die Anstrengung aufzubringen, die Untertitel zu lesen, um der Handlung folgen zu können.

Neben einer Einstimmung vor der Filmrezeption leistet die Subsumierung zu einem Genre noch etwas anderes: Das Augenmerk der Rezipierenden wird auf die Sprachlichkeit des Films gelenkt, ihre Funktion wird dadurch stärker in den Blick genommen, und eine potentielle Synchronfassung, die das Potential des mehrsprachigen Films nicht abbilden könnte (vgl. ebd.: 339), wird dementsprechend kritisch betrachtet.
Auch Sarah Kozloff arbeitet die Zusammenhänge zwischen Genre und Dialogen in ihrer Arbeit „Overhearing Film Dialogue" heraus und zeigt diese anhand eingehender Untersuchungen von Western, Screwball-Komödien, Gangster-Filmen und Melodramen auf. Sie kommt dabei zu der Erkenntnis, dass filmische Kommunikation genrespezifisch verläuft und dass das Verständnis der Rezipierenden grundlegend von den Dialogen abhängt. So stellt sie fest: „[...] most genre description is, after all, a distillation and analysis of information about narrative, themes, and character gleaned from the dialogue" (Kozloff 2000: 267). Auch hier zeigt sich: Dialoge beeinflussen die Genrezuordnung, eine Genrezuordnung lässt somit aber auch Hinweise auf mögliche Dialoge zu und beeinflusst somit die Rezeptionshaltung entsprechend.

Der polyglotte Film ist für Wahl vor allem ein formales Genre: so arbeitet er ähnlich wie das Musical – nur eben mit Sprache statt Gesang (vgl. Wahl 2005: 145); Sprachen werden dabei „wie in der Wirklichkeit verwendet" (ebd.). Wahl erkennt zudem auch inhaltliche und motivische Gemeinsamkeiten wie Erzählmuster und Figuren, die in den meisten von ihm untersuchten polyglotten Filmen zu finden sind. Er kategorisiert demnach die von ihm gesichteten Beispiele in die Subgenres des Einwanderungsfilms, des Verbrüderungsfilms, des Existenzialfilms, des Globalisierungsfilms sowie des Kolonialfilms (vgl. Wahl 2008: 340). Gemein ist all diesen Filmen verallgemeinernd gesagt die Darstellung der Komplexität von (interkulturellen) Beziehungsgeflechten. Um diese adäquat darzustellen und sie nicht durch eine durch Synchronisation aufgesetzte „Maske eines universalen Verständnisses“ (Wahl 2005: 145) zu verfälschen, darf ein polyglotter Film nach Wahl nicht anders agieren, als fremdsprachige Dialoge durch Untertitelung (und nicht durch Synchronisation) den Rezipienten zugänglich zu machen. Wahl unterteilt die von ihm benannten Subgenres wie folgt:

Der **Einwanderungsfilm** zeigt typischerweise aus Migration resultierende Spannungen zwischen Familien, Generationen und Cliquen. Sowohl diese Spannungen als auch eine evtl. Zerrissenheit der Protagonist*innen werden sprachlich durch Polyglossie deutlich gemacht (vgl. Wahl 2008: 340).

Auch der **Kolonialfilm** zeigt kulturelle Konflikte seiner Protagnisten, setzt seinen Schwerpunkt jedoch auf die „äußerlichen Auseinandersetzungen zwischen ‚Ureinwohnern‘ und Besatzern“ (Wahl 2005: 160). Dabei werden oft Einheimische gezeigt, die aufgrund von Besatzung und Kolonialisierung in ihrem Land wie Fremde behandelt werden. Dies zeigt sich freilich auch sprachlich (vgl. Wahl 2008: 346).

Der **Verbrüderungsfilm** spielt vor dem Hintergrund eines Krieges (z.B. Erster oder Zweiter Weltkrieg, Amerikanischer Bürgerkrieg) und zeigt i.d.R. Soldaten verschiedener Nationen, die nur durch eine Verbrüderung aus der ausweglos scheinenden Situation entkommen können. Durch das motivische Aufgreifen von Internationalismen und international populären Liedern soll die Gleichheit und Gleichberechtigung der dargestellten Figuren (und der durch sie repräsentierten Nationen) aufgezeigt werden (vgl. ebd.: 345).

Der **Globalisierungsfilm** greift die Idee „of the world as a global village“ (Wahl 2008: 345) auf, indem er sich der Motive der Gleichzeitigkeit und des gegenseitigen Austauschs bedient.

Der **Existenzialfilm** widmet sich schließlich der philosophischen Auseinandersetzung mit Kommunikation (Wahl 2005: 161) und steht somit im Kontrast zu den zuerst genannten Subgenres, die Sprache als „symbolisches Erzählmittel zur Verdeutlichung von Konflikten [nutzen], deren Kern nicht sprachlicher Natur ist“ (Wahl 2005: 161). Als Beispiel für einen Existenzialfilm nennt Wahl *die Verachtung* (F/I 1963), der das Motiv dieses Subgenres nicht nur aufgreift, sondern explizit inhaltlich motiviert: die Odyssee. Existenzialfilme, so Wahl, erzählen von Identitätssuche, die durch eine Reise, eine Odyssee, dargestellt wird (vgl. Wahl 2008: 343). Auch wenn dies von Wahl unerwähnt bleibt, so ist das Motiv der (Helden-)Reise in Literatur und Film für bestimmte Genres kein Ungewöhnliches: sowohl im klassischen Abenteuerroman und -film als auch bspw. im Road Movie steht die Heldenreise im Mittelpunkt der Geschichte. Dass die Reise des Helden dabei oft eine Reise zu sich selbst zur persönlichen Entwicklung oder zur Adoleszenz ist, ist vielfach belegt worden. Es stellt sich somit die Frage, ob jeder mehrsprachige Abenteuerfilm mit besagtem Reisemotiv dem Subgenre des Existenzialfilms zugeordnet werden könne.

Abschließend bleibt die Frage, ob jeder Film, in dem eine andere Sprache im Sinne von Bleichenbachers „Präsenz"-Strategie durch sich selbst repräsentiert wird, dem Genre des polyglotten Films nach Wahl entspricht. Vergleichbar wäre die Frage, ob jeder Film, in dem gesungen wird, automatisch dem Genre Musical[55] zugeordnet werden könne. Ganz klar gilt es hier, Einschränkungen zu machen: Wird in einem Film eine andere Sprache verwendet, muss hinterfragt werden, wie diese Verwendung einerseits formal erfolgt und welche Funktion sie andererseits erfüllt. Symbolisiert die repräsentierte Sprache die Zerrissenheit einer Figur, einer Generation, einer Familie? Wird die Polyglossie des Films reflektiert? Gelingt es den dargestellten Figuren, sich trotz sprachlicher Differenzen miteinander zu verbrüdern, und symbolisiert Sprache somit sowohl Differenz als auch Gleichheit? Und: Treten die Sprachen miteinander in Kontakt, sodass die sprachliche Differenz und die dahinterliegende Symbolik überhaupt etabliert werden können? Kann eine dieser Fragen mit „ja" beantwortet werden, fällt der zu analysierende Film vermutlich in eines der von Wahl definierten Subgenres. Wenn die verwendeten Sprachen vorrangig zur (authentischen) Generierung von Lokalkolorit fungieren, handelt es sich vermutlich weniger um einen polyglotten Film im Sinne Wahls.

Abschließend lohnt sich ein Blick auf den aktuellen Genre-Status des polyglotten Films, der ja – wie gezeigt wurde – zu einem Großteil von dessen Verwendung abhängt: Ein Blick auf die Video-on-Demand-Plattformen *Netflix* und *Amazon Prime Video*, die häufig genutzt werden und die das Rezeptionsverhalten gleichermaßen widerspiegeln wie beeinflussen, und ihr Genre-Begriff lassen erkennen, dass dort einerseits „tradierte" Genres aufgeführt werden (Abenteuer, Drama, Horror, Komödie, Krimi, Musical etc.), andererseits eher eine Kategorienbildung stattfindet, die sich auf das Produktionsbudget bezieht (*Blockbuster* und *Independent*), auf den Rezeptionserfolg (*Preisgekrönte Titel*) oder auf die Zielgruppe (*Kinder- und Familienfilme*). Ein ähnlich uneinheitliches Vorgehen konnte auch bei den vorherigen Genrekategorisierungen erkannt werden. Dies führt zu einer sehr spezifischen Kategorisierung von Filmen und Serien und gipfelt in einer Vielzahl beinahe absurd klingender Subgen-

55 Vgl. zu Genremischungen um das Musical bspw. Bordwell/Thompson/Smith 2017: 335ff.

res[56]. In diesen langen „Genre-Listen" sowohl bei *Netflix* als auch bei *Amazon Prime Video* findet sich zwar das ‚Genre' (oder besser: die Kategorie) „International", gemeint sind hierbei aber lediglich Filme, die nicht in Amerika produziert wurden. Diese tendieren bei entsprechend verhandelten Themen zu Mehrsprachigkeit, gleichgesetzt werden können die Begriffe „International" und „polyglotter Film" in diesem Kontext jedoch keineswegs.
Sucht man stichprobenartig bereits genannte und im Zuge dieser Arbeit als mehrsprachig deklarierte Filme in der Internet Movie Database (IMDb), kommt man zu ähnlichen Ergebnissen bzgl. der Genrebezeichnungen: *Babel* wird als Drama deklariert, *Avatar – Aufbruch nach Pandora* als eine Kombination aus Action, Abenteuer, Fantasy und Science Fiction, *Katja und der Falke* als Familienfilm, *Almanya – Willkommen in Deutschland* als eine Kombination aus Komödie und Drama und *Isle of Dogs – Ataris Reise* als Kombination aus Animation, Abenteuer, Komödie, Drama, Fantasy und Science Fiction. Eventuelle Hinweise auf die Mehrsprachigkeit der entsprechenden Filme findet man mithilfe möglicher Keywords, mit denen die Filme nachträglich markiert werden können. So finden sich unter dem Suchbegriff „Language Barrier" von den gerade genannten Stichproben immerhin *Avatar – Aufbruch nach Pandora*, *Almanya – Willkommen in Deutschland* und *Babel*.
Es zeigt sich also: polyglotte Filme werden – auch 15 Jahre nach Wahls Forderung – nicht als eigenes Genre beschrieben, aber Mehrsprachigkeit wird dennoch zumindest als filmisches Mittel soweit kenntlich gemacht, dass die Rezipierenden sich zumindest in einzelnen Fällen vor der Rezeption darauf einstellen können, die Rezeptionshaltung also dementsprechend gesteuert werden kann.

3.6 Ein zweites Zwischenfazit

Im vorangegangenen Kapitel wurde der Versuch unternommen, ausgehend von den filmischen Grundelementen Raum und Figur filmische Mehrsprachigkeit funktional zu beschreiben und zu kategorisieren. Dabei wurde, der Terminologie Bordwells und Thompsons folgend, Mehrsprachigkeit als ein filmisches Verfahren beschrieben, das – wie alle anderen filmischen Verfahren auch – ein Einzelelement bezeichnet, das an der Gesamtwirkung des Films beteiligt ist. Mehrsprachigkeit kann sich auf der akustischen Ebene, aber auch auf der visuellen Ebene zeigen. Der Begriff bezieht sich dabei auf zwei der drei Aspekte der „filmischen Basissemiotik" – nämlich

56 Unter https://www.bigfm.de/liste-geheimen-netflix-codes (aufgerufen am 17.08.2020) kann eine Liste mit „geheimen Netflix-Codes" abgerufen werden. Diese Codes sind an die reguläre Netflix-URL anzuhängen und leiten auf Unterseiten, hinter denen sich sehr spezifische Subgenres verbergen und die die Genrekategorisierung somit noch einmal stark ausdifferenzieren, bspw. „Steamy Thrillers", „B-Horror-Movies" oder „Tearjerkers".

auf den dargestellten Raum und auf die filmischen Figuren, die sich darin bewegen. Dabei kann das Verfahren Mehrsprachigkeit verschieden motiviert sein; Thompson unterscheidet die kompositionelle, die realistische, die transtextuelle und die künstlerische Motivation (Thompson 1995: 36ff.). Die Hauptaufgabe eines filmischen Verfahrens ist die Funktion der **Verfremdung**. Dieser von den russischen Formalisten entlehnte Begriff meint das Fremdmachen von Alltäglichem im Film. Im Sinne Brechts, der sich für den mehrsprachigen Film ebenso heranziehen lässt, geht es zudem um das Transparentmachen der Gemachtheit des Gezeigten – der Film reflektiert also seine eigene Künstlichkeit und grenzt diese von der empirischen Wirklichkeit ab. Dadurch fordern Filme die Rezipierenden „auf allen Ebenen und verändern unser Wahrnehmen, Fühlen und Denken“ (ebd.: 30). Neben der Verfremdung können aber auch andere Funktionen ausgemacht werden, die mit dem Verfahren Mehrsprachigkeit einhergehen.

Der (einsprachige) filmische **Raum** kann durch die ihm zugeordnete Sprache genauer oder „authentischer“ beschrieben oder **charakterisiert** werden, bspw. wenn in einem dargestellten Raum, der auf die außerdiegetische Wirklichkeit verweist, auch die Sprache gesprochen wird, die dort in der Realität gesprochen wird (so wird bspw. auf den Straßen in *Midnight in Paris* französisch gesprochen – wie eben auch in der außerdiegetischen Realität). Die Funktion der sprachlichen Gestaltung geht dabei aber vor allem im Zusammenspiel mit anderen Räumen oder den sich darin bewegenden Figuren über die Generierung von Lokalkolorit hinaus. So kann durch die Differenzierung zweier Räume auf der sprachlichen Ebene eine Relation der beiden Räume zueinander geschaffen werden: Die Fremdheit zwischen den beiden Räumen wird durch die Mehrsprachigkeit verstärkt. Eine ebensolche Fremdheit kann entstehen, wenn die im Raum herrschende Umgebungssprache sich von der Sprache des*der sich darin bewegenden Held*in unterscheidet. Sprache erfüllt somit eine **separierende** Funktion, entweder zwischen zwei filmischen Räumen oder zwischen einem Raum und einer sich darin bewegenden Figur.

Marc Augé (2012) beschrieb das Denkmuster der **Nicht-Orte**, die sich aufgrund ihrer Transit-Funktion oftmals durch Mehrsprachigkeit auszeichnen. Werden solche Orte in der Gestaltung filmischer Räume aufgegriffen, zeigen auch diese oftmals eine gewisse Mehrsprachigkeit. Ein im Film dargestellter Nicht-Ort (bspw. ein Hotel, Flughafen, Gefängnis oder eine Transitzone) bedient sich oftmals des Verfahrens der Mehrsprachigkeit. Ein solcher Ort fungiert dabei in vielen Fällen als **Grenzgebiet** zwischen zwei (sprachlich separierten) Räumen, das zwischen zwei diegetischen Räumen liegt und das es von der Heldenfigur zu überschreiten gilt.

Ähnliche Funktionen erfüllt das Verfahren Mehrsprachigkeit in Hinblick auf diegetische **Figuren**. Auch diese können entweder einsprachig (die filmische Mehrsprachigkeit zeigt sich dann durch das Aufeinandertreffen mit anderssprachigen Figuren oder Räumen) oder mehrsprachig sein. Wie auch schon bei den Räumen können Figuren durch das Sprechen verschiedener Sprachen auf der akustischen Ebene voneinander **separiert** werden, wodurch etwaige Rivalitäten (wie zwischen Held*in und Antagonist*in) oder Fremdheitserfahrungen sprachlich expliziert werden. Eine Figur kann durch ihre (mehrsprachige) Gestaltung zudem genauer **charakterisiert** werden: Mit Blick auf mimetische Figuren wurde einerseits gezeigt, dass mehrsprachige Figuren ganz individuelle Migrationserfahrungen präsentieren, die sie auch auf sprachlicher Ebene zeigen. Mehrsprachigkeit kann andererseits zudem als Eigenschaft fungieren, die Helden-Figuren auszeichnet und die diesen eine (zusätzliche) Fähigkeit verleiht, die sie über ihre (einsprachigen) Konterparts stellt. Durch die sprachliche Darstellung von Figuren kann auch eine gewisse **Stereotypisierung** erfolgen, die vor allem bei der Darstellung von Antagonisten oder in der Generierung von Komik deutlich wird. Dabei findet Mehrsprachigkeit nicht immer im Sinne von Bleichenbachers Strategie *Präsenz* Verwendung, oftmals wird Anderssprachigkeit hier durch einen (übertriebenen) Akzent angedeutet. Stereotypisierung ist dabei nicht durchwegs negativ zu lesen – vor allem das Subgenre der Culture-Clash-Komödie generiert seine Komik durch die anfängliche Konstruktion und die darauf folgende Dekonstruktion von Stereotypen. Als problematisch ist Stereotypisierung zu bewerten, wenn sprachliche Stereotype im Film unreflektiert bleiben – vor allem dann ist eine kritische Auseinandersetzung damit in der Anschlusskommunikation erforderlich. Eine letzte Funktion, die die Sprache einer Figur erfüllen kann, ist die Steuerung der **Rezipierendenperspektive**. Es wurde an verschiedenen Beispielen gezeigt, dass der*die Held*in oftmals die Sprache der Rezipierenden spricht, was gefestigte Erwartungshaltungen (z.B. „Die Heldenfigur spricht die Sprache der Rezipierenden“ oder „Die Figur, die die Sprache der Rezipierenden spricht, ist die Heldenfigur“) bestärkt. Diese Funktion zeigt sich oftmals auch in Entscheidungen hinsichtlich der Synchronisierung, die auch in mehrsprachigen Filmen Anwendung findet. So sprechen in Synchronfassungen eben oftmals die Protagonist*innen die Sprache der Rezipierenden, die diegetische sprachliche Logik, die sich bspw. um eine möglichst authentische Sprache bemüht (wie etwa in *Babel* oder in *Inglourious Basterds*), wird dabei nicht immer gewahrt.

Diese Erkenntnisse, die im weiteren Verlauf der Arbeit immer wieder herangezogen werden sollen, um die sprachliche Realisierung in didaktischen Settings beschreibbar und im Anschluss an sprachliche Handlungen auch reflektierbar zu machen, versucht Abbildung 8 zusammenzufassen.

Das Modell stellt die narrativen Elemente ‚Raum‘ und ‚Figur‘ in den Fokus der Betrachtung, die entweder einsprachig oder mehrsprachig gestaltet sein können. Das Verfahren Mehrsprachigkeit kann dabei in Anlehnung an Thompson verschieden

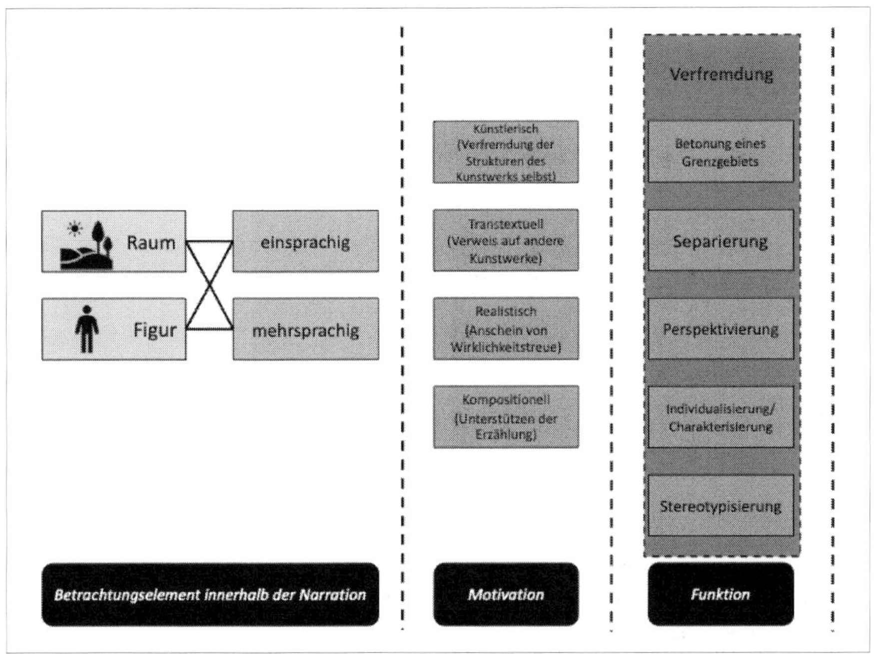

Abbildung 8 Ein Kategorisierungsmodell zur formalen Ebene der filmischen Mehrsprachigkeit

motiviert sein. Die oberste und immer gültige Funktion eines filmischen Verfahrens ist die Verfremdung, weshalb diese in einer dritten Spalte an oberster und umfassender Stelle steht. Darunter folgen die weiteren Funktionen, die in den vorangegangenen Ausführungen herausgearbeitet wurden: Das Verfahren Mehrsprachigkeit kann demzufolge die Funktion der Betonung des Hybridcharakters einer Figur oder eines Raums übernehmen, Figuren und Räume separieren, charakterisieren oder stereotypisieren. Durch die sprachliche Gestaltung kann schließlich eine Perspektivierung erfolgen, was die Lenkung der Rezipierendenperspektive meint.

Es sollte durch diese Kategorisierung deutlich werden, dass filmische Mehrsprachigkeit auf zwei Ebenen beschreibbar ist – auf einer formalen sowie auf einer funktionalen – und dass diese Ebenen sich in der Komplexität, die ihre Beschreibung erfordert, unterscheiden. Dabei sind die Funktionen, die Mehrsprachigkeit im Film erfüllt, immer auch abhängig von den Rezipierenden, die aktiv an der Bedeutungsgenerierung des Gesehenen beteiligt sind. Zudem variiert die Funktion des Verfahrens je nach Film, weshalb die Systematisierung keinesfalls als allgemeingültiges Modell zu verstehen ist, sondern immer auf den konkreten Film bezogen werden muss und abhängig davon in manchmal mehr und manchmal weniger Punkten konsensfähig ist. Für weiterführende deutschdidaktische Überlegungen bietet sich das Modell vor allem deshalb an, weil es einerseits mit der Konzentration auf diegetischen Raum und Figuren zwei Grundkonstituten der (filmischen) Erzählung in den Fokus der Betrachtungen stellt, die bereits mit Beginn der Primarstufe eine Wichtigkeit im Literaturunterricht erhalten. Andererseits bietet die Systematisierung für Lehrkräfte wie Lehramtsstudierende einen Orientierungsrahmen, inwiefern sich filmische Mehrsprachigkeit auf die Rezeption auswirken und welche Funktion(en) sie für die Erzählung erfüllen kann. Dadurch kann eine (Sach-)Analyse des Films, die dessen Sprachlichkeit berücksichtigt, erleichtert werden, welche wiederum als Grundlage dienen kann für die Konzipierung deutschdidaktischer Lernprozesse, die auch das sprachdidaktische Potential von Filmen berücksichtigen.

Der folgende Teil der Arbeit versucht genau das: er will ausgehend von der Kategorisierung der filmischen Mehrsprachigkeit einen Weg vorschlagen, wie die sprachliche Gestaltung eines Films durch sprachdidaktische, handlungs- sowie produktionsorientierte Verfahren erschlossen werden kann und dadurch in der Gesamtanalyse des Films umfassend Berücksichtigung findet.

TEIL B

Der mehrsprachige Spielfilm im Deutschunterricht

Im vorherigen Teil der Arbeit wurde filmische Mehrsprachigkeit hinsichtlich ihrer formalen wie funktionalen Realisierung kategorisiert. Es wurde aufgezeigt, wie Mehrsprachigkeit in Filmen motiviert werden und welche Funktionen sie dabei erfüllen kann. Zudem wurden die Rezeptionsbedingungen, die mehrsprachige Filme erfordern, bereits angedeutet. So wurde klar, dass fremdsprachige Sprechteile entweder durch Untertitelung oder durch eine sog. diegetische Dolmetscher-Figur für die Rezipierenden übersetzt werden können; manche Filme verzichten jedoch auf diese Verfahren, sodass die Rezipierenden sich die Bedeutung des Gesagten anhand verschiedener Faktoren erschließen müssen. All dies erschwert den filmischen Rezeptionsprozess zusätzlich, der ohnehin geprägt ist von einer aktiven Sinnkonstruktion durch die*den als Ko-Autor fungierenden Rezipierende*n (vgl. Leubner/ Saupe 2012: 233). Das Verfahren der Mehrsprachigkeit ist vor allem im Bereich der Kinder- und Jugendfilme bislang ein weniger vertrautes Wahrnehmungsmuster als diejenigen, auf die populäre filmische Produktionen verstärkt zurückgreifen: Diese Wahrnehmungsmuster, wie bspw. rasch aufeinander folgende Schnitte, kennen die Rezipierenden bereits, sie sind für diese verhältnismäßig leicht zugänglich, und die Rezipierenden können die Handlung deshalb trotz einer oberflächlichen Wahrnehmung leicht verstehen (vgl. ebd.).

Im Gegensatz dazu stehen Spielfilme, die sich jedoch auch verstärkt dem Verfahren der filmischen Mehrsprachigkeit bedienen und bei denen es sich keineswegs mehr ausschließlich um artifizielle Independent-Movies handelt. Auch in Blockbuster-Filmen oder in Serien sind verstärkt mehrsprachige Szenen festzustellen, weshalb die filmische Mehrsprachigkeit doch einen direkten Anknüpfungspunkt an das private Rezeptionsverhalten vieler Schüler*innen bietet. Je nach formaler Realisierung des Verfahrens erfordert die Rezeption verschiedene Kompetenzen. Zur Rezeption der Untertitel benötigt es bspw. zunächst eine entsprechende Lesekompetenz, die das Erfassen und Verstehen der Untertitel in kurzen Zeitabständen gewährleistet. Dabei darf sich das Erfassen der Untertitel nicht negativ auf die Rezeption der Bildebene auswirken – die Verbindung von Text und Bild muss somit weiterhin gewährleistet bleiben. Greift der Film auf keine Verfahren des sprachlichen Übertrags zurück, benötigt es einerseits die Fähigkeit, Weltwissen, Vorwissen, Filmwissen und sprachliches Wissen so miteinander zu verknüpfen, dass die Story trotz unverständlicher Tonebene (re-)konstruiert werden kann. Andererseits sollten die Rezipierenden über ein gewisses Maß an Frustrationstoleranz verfügen, um Textteile auszuhalten, in denen die Kombination aus verschiedenem Wissen nicht oder nur teilweise gelingt und ein detailliertes Verstehen zunächst außen vor bleibt (vgl. Blell et al. 2016: 24). Diese Toleranz ist nicht nur für die schulische, sondern ganz besonders für die private Filmrezeption vonnöten; sie dient dazu, eine Motivation für das Sehen mehrsprachiger Spielfilme trotz der erschwerten Bedingungen aufbringen zu können. So braucht es (Deutsch-)Unterricht, um die spezifische Rezeption von mehrsprachigen Spielfilmen zu schulen, zu üben und zu reflektieren.

Auf der anderen Seite profitieren aber auch die Lernbereiche des Deutschunterrichts vom Einbezug mehrsprachiger Spielfilme, da entsprechende fachliche Kompetenzen bei der mehrsprachigen Filmrezeption gezielt gefördert und gefordert werden: es werden Untertitel und andere schriftsprachliche Elemente des Films (Inserts oder schriftliche Bestandteile der Mise en Scene) gelesen, die Bedeutung anderssprachiger Textteile wird schriftlich oder mündlich erschlossen oder ausgehandelt, die durch Mehrsprachigkeit hervorgerufene Verfremdung des Filmerlebnisses wird in Unterrichtsgesprächen versprachlicht, sprachlich und kulturell hybride Figuren oder Räume gilt es dezidiert zu analysieren, um die Struktur des Films in Gänze analysieren zu können. Mehrsprachige Filme zeigen oftmals andere, durch sprachliche und kulturelle Vielfalt gekennzeichnete Kulturen – diese Bilder können zur Förderung von Toleranz und Vorurteilsfreiheit dienen (vgl. Honnef-Becker 2015: 217) und somit an Postulate des inter-/transkulturellen Lernens anknüpfen. Somit zeigt einerseits der mehrsprachige Spielfilm bereits mit diesem kurzen Überblick ein immenses Potential für den Deutschunterricht, andererseits bietet auch der Deutschunterricht Potential für eine reflektierte Rezeption eines mehrsprachigen Films. Im Folgenden sollen diese Überlegungen weiterhin strukturiert und ausdifferenziert werden. Um die allgemeinen Potentiale des Lerngegenstands Film überblicksweise darzustellen, dient das erste Teilkapitel dazu, die Erkenntnisse zur Filmdidaktik knapp zu systematisieren. Im weiteren Verlauf soll der Fokus dann wiederum auf den mehrsprachigen Spielfilm gelegt und dessen sprach- und mediendidaktisches Potential für einen integrativen Deutschunterricht anhand der einzelnen Lernbereiche der Bildungsstandards herausgearbeitet werden. Abschließend soll schließlich das Potential des mehrsprachigen Films zur Anbahnung von Medienkompetenz im Allgemeinen und Filmbildung im Besonderen herausgearbeitet werden.

4 Der Film im Deutschunterricht – einführende Überlegungen

Zwar löste der Film schon immer eine Begeisterung aus (man denke an die Berichte über die Vorführung des Films *L'arrivée d'un train à La Ciotat* [F 1895] der Gebrüder Lumière), die bis heute anhält, seine gesellschaftliche Entwicklung sowie sein Weg in den (Deutsch-)Unterricht zeigen jedoch, dass diese Begeisterung nicht immer von allen geteilt wurde. So stand am Anfang der Frage nach der Integration des Mediums in den Unterricht der Konflikt zwischen Kulturbürgertum und Film, der stellvertretend für die gesellschaftliche Etablierung des Mediums steht: Das sog. Kulturbürgertum, das den Film als „Ausdruck einer minderwertigen Kultur verurteilt" (Pfeiffer/Staiger 2008: 3), betrachtete den Film überaus kritisch (wie interessanterweise auch die ungefähr zeitgleich entwickelte Psychoanalyse) und fürchtete ob der gezeigten Inhalte um die „Verrohung der Heranwachsenden" (Staiger 2014: 249) sowie der Abkehr von Lesegenuss und Leseerfolg (vgl. ebd.). Um diese Abneigung des Bürgertums zu erklären, muss auch beachtet werden, dass der Film sich zu diesen Zeiten inhaltlich nicht an gesellschaftliche Konventionen zu halten hatte und vorrangig auf dem Jahrmarkt oder im Varieté (also in eher dubiosen Räumen) gezeigt wurde, wodurch ihm ein eher anrüchiger Ruf anhaftete (vgl. Pfeiffer/Staiger 2008.: 3f.). 1920 wurde daher dann schließlich eine staatliche Prüfstelle eingerichtet, die Neuerscheinungen sichtete, bewertete und über die öffentliche Vorführung der gesichteten Filme entschied (vgl. Staiger 2019a: 39). Für Kinder unter sechs Jahren war die Filmrezeption zu diesen Zeiten übrigens kategorisch verboten (vgl. ebd.).
Mit dem expressionistischen Stummfilm wurde dann der Kunstcharakter des Films betont und gesellschaftlich (jedoch nur bedingt pädagogisch und didaktisch) etabliert, sodass „das Kino seither auf breitester Ebene seinen Siegeszug [antrat]" (Pfeiffer/Staiger 2008: 4) und gesamtgesellschaftliche Anerkennung erfuhr. Dies hatte auch Auswirkungen auf filmpädagogische Ansätze, die in den Anfangsjahren des 20. Jahrhunderts zwischen bewahrpädagogischen Strömungen und der aus der Reformpädagogik stammenden Schulfilmbewegung (vgl. Staiger 2014: 249ff.) changierten. Während zur Zeit des Nationalsozialismus Filme vor allem zu Propagandazwecken genutzt wurden, wurden nach Ende des Zweiten Weltkriegs bewahrpädagogische Ansätze erneut aufgegriffen. Auch der Deutschunterricht war zu dieser Zeit „geprägt

von einer distanzierten bis ablehnenden Haltung gegenüber dem Medium Film" (Staiger 2019a: 39).

Seit der kommunikativen Wende in den 1970er-Jahren zählen AV-Medien schließlich zum Gegenstandsbereich des Deutschunterrichts (vgl. Staiger 2014: 245), im Fokus einer ideologiekritischen Deutschdidaktik wurde die Filmarbeit mit den Zielsetzungen Ideologiekritik, Aufklärung und Emanzipation (vgl. ebd.: 253) verbunden. Einerseits ging es dabei um eine kritische Analyse des Gesehenen, andererseits auch um die eigene Produktion von Medieninhalten, was wiederum zu Konzepten der aktiv-kreativen Filmarbeit oder des handlungsorientierten Umgangs mit Filmen führte, die sich seit den 1980er- und 1990er-Jahren einer besonderen Popularität erfreuen (vgl. ebd.: 254). In den 1980er-Jahren stehen vorrangig Literaturverfilmungen und der Vergleich zwischen Roman und Verfilmung im Fokus des Deutschunterrichts, in den 1990er-Jahren entwickelte sich dann die medienintegrative Deutschdidaktik, die vor allem auf Jutta Wermke (1997) zurückgeht. Wermke erkannte, „dass an die Seite der Printmedien zunehmend auditive, audiovisuelle und interaktive Medien getreten sind" (Frederking et al. 2018: 101), wodurch nicht mehr nur das Buch alleiniger Lerngegenstand des Deutschunterrichts sein könne, sondern der gesamte Medienverbund in die Aufmerksamkeit deutschdidaktischer Konzeptionen rücken müsse. Diese Erkenntnis führte unter anderem dazu, dass der Film nicht mehr nur als auf einen Roman folgende Literaturverfilmung abgetan wurde, sondern selbst im Fokus von Lernprozessen stehen kann, bspw. wenn danach gefragt wird, „welches Buch sich für eine Verfilmung eignet und wie ein entsprechendes Filmskript aussehen könnte" (ebd.).

Trotz aller Forderungen, AV-Medien stärker in den Deutschunterricht einzubeziehen, konstatiert Peter Christoph Kern (2004: 217) noch zu Beginn der 2000er-Jahre: „Eine Filmdidaktik für den Deutschunterricht gibt es nicht". Er bezieht sich dabei vorrangig auf die Feststellung, dass der Deutschunterricht sich „als Erfüllungsgehilfe einer Schriftkultur" (ebd.) verstehe, weshalb vor allem das Buch nach wie vor der Hauptgegenstand des Literaturunterrichts sei. Auch zehn Jahre später hat sich die Situation kaum verändert, wenn Albrecht und Frederking feststellen, dass „mediale Bildung im Zusammenhang mit Filmen [...] im Deutschunterricht der Gegenwart nur sehr eingeschränkt [stattfindet]" (Albrecht/Frederking 2015: 21). Kern fordert deshalb eine Einbindung des Films in den Literaturunterricht, ohne dafür ein „hochdifferenzierte[s] Curriculum" (Kern 2004: 219) zu entwickeln, wofür der „genuine Deutschunterricht einfach keine Zeit" (ebd.) habe. Stattdessen gehe es um „die Erweiterung des ästhetischen Horizontes der Schüler durch Einbezug solcher bildsemiotischen und sozialästhetischen Fragestellungen und Erkenntnisse, die den Film von den üblichen Textkosmen des Deutschunterrichts [...] unterscheiden." (ebd.)

Der Kongress „Kino macht Schule" im Jahr 2003 und der dort entwickelte Filmkanon mit 35 Filmen, „die Sie kennen müssen" (Holighaus 2005), kann dann schließlich als ein „erster Baustein für einen regulären Filmunterricht" (Pfeiffer/Staiger 2008: 5) ge-

sehen werden. Der vieldiskutierte Kanon darf in der Auswahl der von ihm umfassten Filme sicherlich hinterfragt werden (vgl. Kepser 2008b: 24f.), seine Wirkung auf den Diskurs innerhalb der Deutschdidaktik ist jedoch unbestritten.
Mittlerweile spricht Staiger von einem „soliden Fundament“ (Staiger 2014:236), auf dem die Filmdidaktik Deutsch aufgebaut ist, wie folgende Beispiele verdeutlichen: Ausgehend von den Gemeinsamkeiten und Unterschieden zwischen den erzählenden Medien Printliteratur und Film entwickelte Elisabeth Paefgen eine intermediale „**Literatur-Film-Didaktik**“ (Paefgen 2006: 173ff.). Sie sieht den Literaturunterricht als Anknüpfungspunkt für den Film im Deutschunterricht. Im Vordergrund steht durchweg der literarische Lernprozess, weshalb der Ausgangspunkt von Paefgens Literatur-Film-Didaktik immer der printmediale literarische Text (vgl. ebd.: 175) ist. Durch den Vergleich von Printtext und Film gehe es darum, medienspezifische Mittel des Erzählens herausarbeiten zu können: „Eine Filmschule kann der Deutschunterricht nicht werden, aber er kann das ‚Literarische‘ und das ‚Nichtliterarische‘ am Film nutzen, um das ‚Literarische’ an der Literatur zu verdeutlichen“ (ebd.: 176). Der Akzent liegt somit klar auf der Literatur, allerdings sieht Paefgen eine „erste Einführung in das Sehen von Filmen“ (ebd.: 175) als Grundlage für die gelingende Filmarbeit. Ähnlich argumentieren auch Leubner und Saupe (2012), die ihre „Didaktik der Erzählung“ um den Bereich des filmischen Erzählens ergänzten und gleichermaßen ein erzähldidaktisches Modell lieferten, das filmnarratologische Verfahren einleuchtend systematisierte und für den Deutschunterricht sowie die Lehrer*innenbildung nutzbar macht.
Köppert und Spinner entwickeln mit dem **imaginations- und wahrnehmungsorientierten Ansatz** (2003) ebenfalls einen literaturdidaktischen Ansatz, dessen Ziel die Förderung der Vorstellungsbildung durch imaginationsorientierte Verfahren ist. Ausgangspunkt ist die rezeptionsästhetische Orientierung, die den*die Leser*in als „Ko-Autor“ eines Textes sieht, der*die diesen durch seine*ihre Vorstellungskraft mitgestaltet. Imaginationsorientierten Verfahren geht es darum, ein zu rasches distanziertes, objektivierendes Verhältnis zum Text zu unterbinden und stattdessen durch die Grundfigur des Verfahrens „*Stelle dir vor ...*“ (Köppert/Spinner 2003: 60) Phantasietätigkeit und Textwahrnehmung miteinander zu verknüpfen, bspw. durch das Verfassen von inneren Monologen, das Malen und szenische Spielen zu Texten oder das Weiter- und Umschreiben von Einzelepisoden (vgl. ebd.). Köppert und Spinner übertragen diesen Ansatz auf den Film, der ja ebenso wie die Literatur auch die Imagination der Rezipierenden anregt und dadurch von diesen „mitgestaltet“ wird. Sie stellen ihren Ansatz einem tradiert analytischen Ansatz gegenüber, der oftmals so vorgeht, „dass man nach einem Gespräch über erste Eindrücke ein Sequenzprotokoll erstellt (oder austeilt), dann auf dieser Grundlage filmtechnische Aspekte analysiert und schließlich eine Interpretation entwickelt“ (ebd.: 63). Stattdessen übertragen sie Verfahren auf den Film, die im Rahmen eines produktionsorientierten Literaturunterrichts entwickelt und erprobt

wurden, bspw. das Verfassen von fiktiven Dialogen (vgl. ebd.: 66), das Imaginieren einer Erzählstimme (vgl. ebd.: 68) oder das Verfassen eines inneren Monologs (vgl. ebd.: 70f.). Nicht immer müssen imaginationsorientierte Verfahren mit einer vollständigen Analyse oder Interpretation einhergehen (vgl. ebd.: 72).
Neben diesen zentralen, weil grundlegenden didaktischen Konzepten, kann die Liste immer weiter geführt werden: So legte Klaus Maiwald (2005) eine „Deutschdidaktik bilddominierter Medienangebote" vor, Ingo Kammerer (2009) eine „textsortensystematisch fundierte Filmdidaktik", Michael Staiger (2010) eine Didaktik der Literaturverfilmungen und Matthias Schönleber (2012) ein Konzept für den filmintegrativen Literaturunterricht. In Einführungswerken zur Literaturdidaktik nimmt der Film eine immer größere Rolle ein (vgl. z.B. Köhnen [2011], Kepser/Abraham [2016], Ehlers [2016]). Mit „Filme im Deutschunterricht" (Abraham 2018) sowie „Einführung in die Filmdidaktik" (Anders et al. 2019) liegen nunmehr auch film<u>didaktische</u> Einführungswerke vor, die sich – im Gegensatz zu einer Vielzahl filmtheoretischer Einführungswerke – hervorragend für Lehrer*innenausbildung und den Deutschunterricht eignen, filmsprachliche Mittel kompakt systematisieren und filmdidaktische Methoden zusammenfassen und systematisieren.

Es existieren also mittlerweile eine beachtliche Bandbreite an grundlegenden Positionsbestimmungen, Überblicksdarstellungen zu unterschiedlichen Konzeptionen, Vorschläge für Filmcurricula und Schulbücher (vgl. Staiger 2014: 236). Ausgehend von diesen und weiteren filmdidaktischen Konzeptionen können bis heute drei verschiedene Ausrichtungen der Filmdidaktik unterschieden werden: (1) der **analytisch-reflexiven Ausrichtung** geht es um das Lesen und Verstehen von Filmen durch analytische Verfahren, (2) die **intermediale Ausrichtung** befasst sich mit dem Vergleich zwischen Filmen und anderen literarischen Texten mit dem Ziel der Untersuchung medienspezifischer Besonderheiten, und (3) im Fokus der **ästhetischen Ausrichtung** steht schließlich die Förderung der Vorstellungs- und Wahrnehmungsbildung (vgl. Staiger 2019a: 40). Diese strenge Dreiteilung wird in konkreten didaktischen Arrangements jedoch zumeist aufgehoben, und oftmals werden einzelne Aspekte und ausgewählte Schwerpunkte der verschiedenen Ausrichtungen sinnstiftend miteinander kombiniert.

Bei einem Überblick über die Entwicklung der Filmdidaktik Deutsch kann festgestellt werden, dass sich die überwiegende Mehrheit der Konzepte und Positionen auf den Literaturunterricht beziehen. Sprachdidaktische Arbeitsfelder[57] (‚Sprechen und Zuhören', ‚Schreiben', ‚Sprache untersuchen') werden dabei freilich mitgedacht – vor allem wenn es um produktionsorientierte Anschlusshandlungen geht, kann darauf ja auch gar nicht verzichtet werden. Insbesondere für die Sprachuntersuchung und -reflexion bleiben die Überlegungen dazu jedoch eher stichpunktartig. Maurer stellt zwar fest, dass „‘Filmsprache‘ [...] aus sprachwissenschaftlicher Perspektive betrachtet und mit Verbal- und Schriftsprache verglichen [wird]" (Maurer 2014: 341), sprachdidaktische Zugänge zu Filmen stellen jedoch nach wie vor eine Seltenheit dar (vgl. zusammenfassend Abraham 2014). Daher fragt Abraham mit Blick auf die Veröffentlichung „Film im Literaturunterricht" (Lorenz 2010): „[W]o bleibt die Publikation *Film im Sprachunterricht* [Herv. i. O.]?" (Abraham 2014: 193). Bis dato steht eine solche Veröffentlichung aus. Die folgenden Überlegungen und das daran anknüpfende Konzept verstehen sich als Impuls, der die Frage nach dem Film im Sprachunterricht erneut stellt. Dabei soll der Ansatz von Matthias Schönleber (2012) aufgegriffen werden, der nach „Schnittstellen" zwischen den klassischen Lernfeldern der Deutschdidaktik und der Filmbildung suchte und sich damit klar gegen einen „überbordenden quantitativen Zuwachs für die überfüllten Stoffpläne" (Schönleber 2012: 176) ausspricht. Er geht dabei in weiten Teilen von einem integrativen Deutschunterricht aus, der eine Verbindung zwischen „Sehen, Lesen, Schreiben" (ebd.: 188) schafft – der Hauptfokus liegt bei Schönleber jedoch, wie bei allen anderen der genannten Konzeptionen, vorrangig auf dem Verstehen von narrativen Texten. Zudem verzichtet er bewusst auf „die Vermittlung von Wissen zu spezifisch technischen, wirtschaftlichen und politischen Aspekten der Filmherstellung" (ebd.: 176). Ein solcher Ansatz, der den Film auf den „‚originären' Feldern des Deutschunterrichts" (ebd.: 132) positionieren will, braucht Filme, „die Schnittstellen zu Sprach- bzw. Schreibhandlungen und zu Textverstehensleistungen bieten" (ebd.). Dass der mehrsprachige Film genau das leisten kann und überdies hinaus auch noch Forde-

57 Traditionellerweise fallen in den Zuständigkeitsbereich der Sprachdidaktik die Teilbereiche ‚Sprache untersuchen', ‚Rechtschreiben', ‚Texte verfassen' sowie ‚Sprechen, Gespräche führen und Zuhören' (vgl. Wildfeuer/Wild 2019: 16). Steinig und Huneke sehen die Abgrenzung als nicht ganz so einfach: Für sie sind nur die Bereiche der Rechtschreibung und des sprachlichen Anfangsunterrichts in der ersten und zweiten Klasse klar der Sprachdidaktik zuzuordnen, wohingegen sie unter Anführen des „literarischen Gesprächs" oder der Gedichtpräsentation auf einen möglichen literaturdidaktischen Bezug der eher sprachdidaktischen Bereiche Sprechen/ Zuhören und Sprachreflexion verweisen (vgl. Steinig/ Huneke 2015: 13f.). Auch das Schreiben von Texten kann einen eher literaturdidaktischen Schwerpunkt erhalten, wenn Textsorten im Fokus stehen, die sich auf Texte oder andere Medien beziehen, bspw. der Interpretationsaufsatz oder eine Filmkritik. Auch der Bereich des Lesens fungiert vielmals als Schnittmenge zwischen Sprach- und Literaturdidaktik (vgl. Budde et al. 2012: 11).

rungen der schulischen Filmbildung nach technischen und auch kulturell-politischen Aspekten des kulturellen Handlungsfelds Film berücksichtigt, soll im Folgenden gezeigt werden. Dadurch soll gleichermaßen ein gängiges Argument des fehlenden Lehrplanbezugs (vgl. Sahr 2004: 2) entkräftet werden, das bis heute gegen den Einsatz von Filmen im Deutschunterricht vorgebracht wird.

5 Der mehrsprachige Film im Deutschunterricht

5.1 Fachdidaktische Begründungszusammenhänge

> *Wenn es Konsens ist, daß Film und Kino stärker in die Schule und damit stärker in den Deutschunterricht integriert werden sollen, dann reicht es nicht, Listen mit Filmtiteln zu publizieren und diese mit schulkanonischem Anspruch zu versehen; dann scheint es vielmehr angebracht, von den Aufgabenfeldern dieses Unterrichtsfaches auszugehen und zu fragen, welche Funktion filmkünstlerische Formen in diesem Vermittlungszusammenhang haben können, und zwar sowohl im allgemeinen als auch im besonderen (Paefgen 2006: 176).*

Im Fokus der folgenden Überlegungen soll die Forderung von Elisabeth Paefgen stehen, nach der Funktion des mehrsprachigen Films für die Vermittlung deutschdidaktischer Arbeitsfelder zu fragen und den „neuen Lerngegenstand" des mehrsprachigen Films so zu begründen. Ich orientiere mich dabei im Aufbau des Kapitels an der Reihenfolge der Lernbereiche in den Bildungsstandards, wenngleich diese Reihenfolge zu vereinzelten Redundanzen führen wird. Diese würden sich jedoch auch durch eine andere Reihung ergeben, da eine gegenstandsangemessene Auseinandersetzung mit dem mehrsprachigen Film ganz dezidiert einen integrativen Deutschunterricht fordert, der alle Lernbereiche zu verbinden versucht.

5.1.1 Sprechen und Zuhören

Der erste Lernbereich fasst die beiden Facetten der mündlichen Kommunikation zusammen: das (produktive) Sprechen und das (rezeptive) Zuhören. Die Bildungsstandards formulieren für den Lernbereich Sprechen und Zuhören je nach Abschluss zwei (Allgemeine Hochschulreife) oder fünf (Primarbereich, Hauptschulabschluss, mittlerer Schulabschluss) Teilbereiche, die sich resümieren lassen als „mit anderen sprechen", „zu anderen sprechen", „vor anderen sprechen" „szenisch spielen", „verstehend zuhören" und spezifisch für die Primarstufe „über Lernen sprechen" (vgl. auch Schilcher/Gegner 2019:121). Wenngleich die beiden Bereiche selbstredend zusammen gedacht werden (müssen!), da das Eine meist auch mit dem Anderen einhergeht, und der (mehrsprachige) Spielfilm beide Aspekte gleichermaßen fordern und fördern kann, möchte ich die beiden Teilbereiche zunächst getrennt voneinander betrachten. Dadurch soll einerseits die Wichtigkeit jedes einzelnen Bereichs entsprechend betont werden, und andererseits soll gezeigt werden, dass der mehrsprachige Spielfilm dazu beitragen kann, sowohl im produktiven (Sprechen) wie auch im rezeptiven (Zuhören) Bereich entsprechende Kompetenzen anzubahnen.

Zuhören

Immer wieder wird im deutschdidaktischen Diskurs betont, dass das Zuhören sowohl in der Fachwissenschaft als auch in der Fachdidaktik lange Zeit keine oder nur eine marginale Rolle spielte (vgl. Budde et al. 2012: 70). Das ist dahingehend besonders verwunderlich, da dem Zuhören eine enorme Bedeutung in allen Bereichen des professionellen, kulturellen und privaten Lebens zugesprochen wird (vgl. Imhof 2010: 15). Lange wurde jedoch davon ausgegangen, dass das Hörverstehen in der Erstsprache mit Schuleintritt bereits beherrscht werde, höchstens Kinder mit Migrationshintergrund bedürften u.U. einer expliziten Schulung des Hörverstehens (vgl. ebd.: 16). Es verwundert also nicht, dass die Schulung des Hörverstehens vor allem in der Fremd- und Zweitsprachendidaktik einen erhöhten Stellenwert einnahm.
Spätestens mit der Modellierung eines psychologischen Prozess-Modells des Zuhörens (Imhof 2003, Abbildung 9) rückte die Komplexität der lange Zeit als passiv bezeichneten Aktivität (vgl. Müller K. 2012: 40) in den Fokus der deutschdidaktischen Aufmerksamkeit. Zuhören wird hierbei im sog. S-O-I-Modell (Selektion, Organisation, Integration) dargestellt: Aufgrund einer spezifischen Zuhörabsicht gilt es zunächst, verbale und nonverbale Signale gezielt aus der Fülle sonstiger Reize zu selektieren. Die selektierten Reize werden erfasst, identifiziert und schließlich organisiert, d.h. in bereits implizit oder explizit erworbene kognitive Muster eingeordnet. Darunter fallen bspw. das Erkennen von Worten, das Verarbeiten von Sätzen, der Rückgriff auf Vorwissen und das Herstellen eines Zusammenhangs. Schließlich folgt die „Integration des Gehörten in die vorhandene Wissensstruktur, die eigentliche Interpretation des Reizes und seiner Umgebung“ (ebd.: 39). Zusammenfassend kann Zuhören also definiert werden „als intentionale Selektion, Organisation und Integration (S-O-I-Modell) verbaler und nonverbaler Aspekte akustisch vermittelter Information“ (Imhof 2010: 18). Es zeigt sich somit, dass Zuhören alles andere als passiv ist, sondern dass es sich im Gegenteil um „hochgradig aktive Konstruktionsleistungen“ (Müller K. 2012: 40) handelt und Hörverstehen somit eine komplexe, zu erwerbende Fähigkeit darstellt.

Für Imhof setzt sich der Zuhörprozess aus vier Determinanten zusammen. Die erste Determinante, „Bildung und Aufrechterhaltung einer Intention zur Selektion“ (Imhof 2003: 54), betont die Zuhörabsicht, die gebildet und aufrechterhalten werden

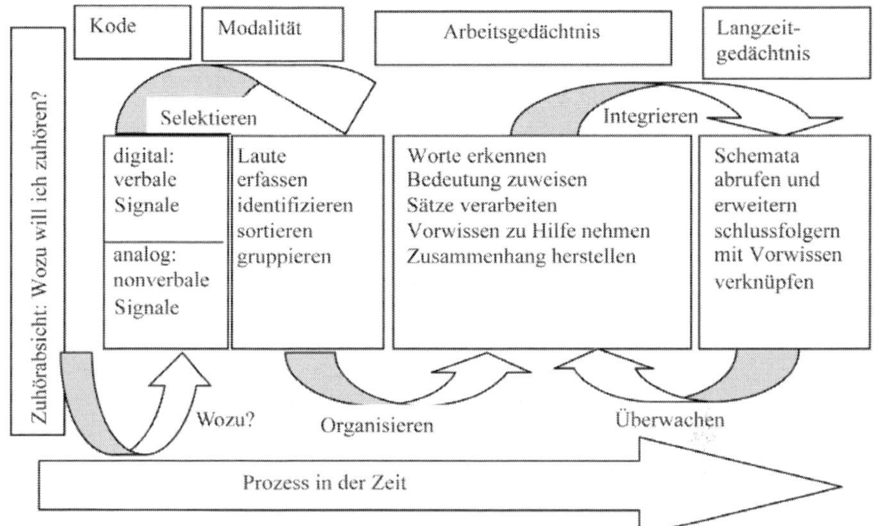

Abbildung 9 Zuhören als mehrstufiger Prozess der Informationsverarbeitung (Imhof 2010: 19)

muss, um die entsprechenden verbalen wie nonverbalen Reize zu selektieren. Die anderen drei Determinanten betonen zudem, dass der sprachliche Input zwar essentiell ist, Zuhören und Hörverstehen aber noch weitere Faktoren miteinbezieht bzw. einbeziehen muss. Sie benennen daher (2) die Wahrnehmung und Verarbeitung des sprachlichen Inputs, (3) die Wahrnehmung und Verarbeitung der Sprechermerkmale sowie (4) die Wahrnehmung und Verarbeitung der Situationsmerkmale (vgl. Imhof 2003: 54). Unter ‚Sprechermerkmale' fallen einerseits die Aspekte, „die sich über Stimme und Sprechweise implizit erschließen lassen" (Müller K 2012: 41) – also alle paraverbalen Merkmale wie Lautstärke, Tonhöhe oder Sprechgeschwindigkeit –, andererseits auch nonverbale Merkmale wie Mimik und Gestik, sofern die Sprechenden gesehen werden können (was in audiovisuellen Medienformaten wie dem Film wahrscheinlicher ist als in rein auditiven Medienformaten wie dem Hörbuch) (vgl. hierzu auch die Auflistung in Schilcher/Gegner 2019: 126-129). Mit ‚Situationsmerkmalen' sind all die Faktoren gemeint, die den Kontext, in dem gesprochen wird, umfassen, bspw. Ort, Zeit oder die Personenkonstellationen. So macht es beispielsweise einen Unterschied in der Interpretation, ob eine Figur während eines Dialogs die Lautstärke der Stimme in einer ruhigen Umgebung (z.B. in einem privaten Zimmer) erhöht oder ob sie sie in einer lauten Umgebung (wie an einem Bahnhof) erhöht. Während die Erhöhung der Lautstärke im ersten Beispiel vermutlich eher als emotionale Regung interpretiert wird, kann sie im zweiten Beispiel vor allem pragmatisch interpretiert werden: Der*die Sprecherin wird lauter, um Hintergrundgeräusche zu übertönen.

Hörverstehen bezieht sich somit also nicht ausschließlich auf das Dekodieren sprachlicher Zeichen, sondern es handelt sich stattdessen um einen Interpretationsprozess, „der konzeptgeleitet den Text in einen kommunikativen Zusammenhang stellt" (Honnef-Becker/Kühn 2019: 172).
Diese Erkenntnisse könnten dem schulischen Zuhören durchaus dienen, bspw. indem verschiedene Hörstrategien vermittelt werden. Honnef-Becker und Kühn (2019: 175f.) unterscheiden in diesem Zusammenhang das Globalverstehen (Globales Einordnen des Textes sowie Verschaffen eines Überblicks über Textthemen und -inhalte), das Selektive Verstehen (Herausarbeiten von wesentlichen oder bestimmten Textinformationen, die einer vorher formulierten Verstehensabsicht entsprechen) sowie das Detaillierte Verstehen (Erfassen möglichst aller Textinformationen bis auf die Wortebene).
Budde et al. monieren jedoch, dass sich die Notwendigkeit der Beachtung der Sprecher- und Situationsmerkmale sowie verschiedener Hörstrategien zwar erheblich auf die Konzipierung von schulischen Aufgaben zum Hörverstehen auswirken sollten, dies in der unterrichtlichen Praxis allerdings bisweilen nicht tun, da sich hier vorrangig auf „die Überprüfung der Wahrnehmung und Verarbeitung des sprachlichen Inputs beschränkt" wird (Budde et al. 2012: 71, vgl. auch Honnef-Becker/Kühn 2019: 167).

Für audiovisuelle Medien erweitert sich das ohnehin komplexe Hörverstehen zudem um die Komponente des Sehens, weshalb in diesem Zusammenhang vom **Hör-Seh-Verstehen**[58] gesprochen wird (vgl. Honnef-Becker/Kühn 2019: 211). Gemeint ist damit die simultane Verarbeitung und Interpretation des Gehörten sowie des Gesehenen und ihre wechselseitige Beeinflussung (vgl. ebd.). Aufgaben zum Hör(-seh-)verstehen auf Grundlage von audiovisuellen Texten könnten dabei die Sprecher- und Situationsmerkmale stärker in den Blick fassen, als dies bei rein auditiven Texten möglich ist. Das Bild kann hierbei unterstützend wirken, wodurch die akustische Gestaltung in einem zweiten Schritt dezidiert untersucht werden kann. Ich bemühe noch einmal das Bahnhofsbeispiel: So können die Schüler*innen in einem entsprechenden Videoclip in einem ersten Schritt auf der visuellen Ebene sehen, dass sich filmische Figuren an einem Bahnhof befinden (Züge, Gleise, Hinweisschilder), in einem zweiten Schritt können sie die akustische Darstellung des Bahnhofs dezidierter untersuchen (einfahrende Züge, sprechende Menschen, Lautsprecherdurchsagen), um dann in einem dritten Schritt zu erkennen, warum die Figur lauter spricht: Sie ist nicht wütend, sondern versucht die Hintergrundgeräusche zu übertönen. Eine reine

58 Auch in der Face-to-face-Situation kann im Übrigen von Hör-Seh-Verstehen gesprochen werden, da „Mimik, Gestik, Kleidung, Umgebung sowie paraverbale Anteile (Lautstärke, Stimme, Betonung, Akzent) die Rezeption wesentlich beeinflussen" (Honnef-Becker/Kühn 2019: 211).

Reduktion auf das Gesagte („Was sagt die abreisende Figur, bevor sie in den Zug steigt?“) fördert diese Erkenntnisse nicht unbedingt zutage.
Der mehrsprachige Film „zwingt“ seine Rezipient*innen dazu, Sprecher- und Situationsmerkmale in der Interpretation des Gesagten zu berücksichtigen, denn das in der fremden Sprache Gesprochene bleibt bei fehlenden Sprachkenntnissen auch trotz genauem Hinhören erst einmal unverständlich. Um den Einfluss der Sprecher- und Situationsmerkmale besonders herauszustellen (und um diesen dann auf herkömmliche Hörverstehensübungen sowie auf den außerschulischen Alltag zu übertragen), bietet es sich an, fremdsprachige Szenen sowohl ohne Ton (‚silent viewing‘) als auch ohne Bild (‚sound only‘) zu zeigen (vgl. Henseler et al. 2011: 90f.). Dadurch werden die beiden Komponenten ‚Hören‘ und ‚Sehen‘ voneinander isoliert betrachtet. Während im ersten Fall die Situationsmerkmale (Ort, Mimik, Gestik oder ggf. auch Untertitel) zu Mutmaßungen über das Gesagte führen können, dienen im zweiten Fall die Sprechermerkmale (Lautstärke, Sprechtempo, Sprachmelodie, Pausen) zu einer ersten Interpretation. Auf dieser Grundlage können individuelle oder gruppeninterne Interpretationen angestellt, in Bezug auf Sprecher- und Situationsmerkmale erläutert sowie überprüft, diskutiert und revidiert werden. Ebenso können dadurch ein Bewusstwerden für nonverbale Zeichen und eine Schulung der Wahrnehmungsfähigkeit angebahnt werden. Dieses Verfahren lässt sich auch arbeitsteilig durchführen (‚split viewing‘), wie Henseler et al. zeigen: So ist es möglich, Paare zu bilden, von denen jeweils ein*e Schüler*in die Szene ausschließlich sieht (‚viewers‘), der*die andere Schüler*in hingegen nur hört (‚listeners‘) (Henseler et al. 2011: 93). Als mögliche Beobachtungs- bzw. Höraspekte, die sich auch auf mehr- bzw. fremdsprachige Szenen übertragen lassen, formulieren die Autor*innen auf der visuellen Ebene das Setting, das Verhalten und das Auftreten der Figuren (insbesondere der Gesichtsausdruck ist dabei betrachtenswert) sowie die Handlungsabfolge, auf der akustischen Ebene die Anzahl der Sprecher*innen, die Stimmen der Figuren und ihre vermutlichen Gefühle während des Sprechens sowie Hintergrundgeräusche und Musik (vgl. ebd.: 94).
Bei der Aufgabenkonzipierung schlagen Budde et al. vor, sich an Aufgabenformaten zum Hörverstehen aus der Fremdsprachendidaktik bzw. zum Leseverstehen zu orientieren. Hier wird zwischen Fragen und Aufgaben unterschieden, die **vor**, **während** und **nach** dem Zuhören gestellt werden können. Diese Unterscheidung von Aufgabentypen ist in der Filmdidaktik Deutsch ebenso etabliert (vgl. Staiger 2019a: 42f.) und wird sich für die späteren Überlegungen noch als zielführend erweisen, weshalb ich darauf zu einem späteren Zeitpunkt zurückkommen werde.

Zusammenfassend sollte gezeigt werden, dass das Zuhören einerseits ein aktiver Prozess ist, der im Unterricht geschult und professionalisiert werden muss – sowohl für Schüler*innen mit der Erstsprache als auch mit der Zweitsprache Deutsch. Dieser Aufgabe kann und darf sich der Deutschunterricht nicht verweigern, sondern er muss ihr mit adäquaten Aufgabenformaten entsprechen, die alle vier Determinanten des Zuhörens berücksichtigen: Es gilt also sowohl die Intention zur Selektion zu bilden und aufrecht zu erhalten als auch sprachlichen Input, Sprechermerkmale und Situationsmerkmale in die Interpretation des Gehörten einzubeziehen. Auch müssen verschiedene Hörstrategien vermittelt werden, um auditiven Texten bedarfsgerecht begegnen zu können. Der mehrsprachige Spielfilm kann in diesem Rahmen als Medium dienen, anhand dessen entsprechende Aufgabenformate entwickelt werden können, um das Zuhören zu fördern. Andererseits braucht es neben dem aufmerksamen Zuhören gewisse Strategien, um anderssprachige Textteile erschließen zu können. Diese können in einem Zuhör-Unterricht, in dem para- und nonverbale Mittel einen entsprechenden Platz einnehmen, erarbeitet und somit für die private Filmrezeption (aber auch für andere Zuhörsituationen in der Lebenswelt der Schüler*innen) genutzt werden. Der Deutschunterricht, der sich gleichermaßen als ein das Zuhören schulender Unterricht begreift, profitiert vom mehrsprachigen Film. Aber auch die Rezeption des mehrsprachigen Films, die in der Lebenswelt der Schüler*innen immer stärker zunimmt, profitiert von einer Integration in den Deutschunterricht.

Sprechen

Während die Historie des Deutschunterrichts lange geprägt war vom Dominieren des schriftlichen Sprachgebrauchs, kann vor allem mit der Reformpädagogik zu Beginn des 20. Jahrhunderts und spätestens seit der kommunikativen Wende in den 1970er-Jahren eine Aufwertung der mündlichen Kommunikation in der Deutschdidaktik und damit einhergehend des kommunikativen Handelns im Unterricht beobachtet werden (für einen geschichtlichen Abriss des Lernbereichs vgl. Polz 2012). Mittlerweile, so konstatiert Polz, enthielten Lehrpläne und Rahmenrichtlinien weitgehend gleiche bzw. zumindest ähnliche Angaben und Vorgaben zu verschiedensten Gesprächsformen, Sprechanlässen, Kommunikationssituationen und Sprachverhaltensmustern (vgl. Polz 2012: 17).

Die sprachlichen Handlungen, die der Lernbereich umfasst, zeigen dabei eine unglaubliche Breite: In ihrem Modell zur mündlichen Kompetenz systematisieren Schilcher und Gegner einerseits verschiedene Gesprächsformen und unterscheiden andererseits zwischen den basalen mündlichen Kompetenzen (Sprechdenken, Hörverstehen und Sprechbildung) und den komplexen mündlichen Kompetenzen, die sich auf die Gesprächsformen Rede, Gespräch und das ästhetisch gestaltende Sprechen beziehen (vgl. Schilcher/Gegner 2019: 124). Auch Abraham entwirft eine Systematik, in der er ausgehend von den sprachlichen Handlungen sieben Teilkompetenzen der Mündlichkeit (Erzähl-, Informations-, Argumentations-, Gesprächs-, Rede-, Präsentations- und Spielkompetenz) anordnet und deren Schnittmengen aufzeigt (vgl. Abraham 2016a: 46).

Die folgenden Überlegungen zum Sprechen fokussieren ausgehend vom mehrsprachigen Film drei Schwerpunkte: Der Aspekt ‚Über Filme sprechen' bezieht sich vor allem auf die sprachlichen Handlungen Erzählen, Zusammenfassen, Erklären und Diskutieren, welche sowohl monologisch als auch dialogisch erfolgen können. ‚Zu Filmen sprechen' und ‚Zu Filmen spielen' fokussieren dagegen verstärkt den Bereich des bühnenwirksamen Sprechens und fördern bzw. fordern somit v.a. Präsentations- und Spielkompetenz. Freilich sind, wie es Abraham veranschaulicht, die einzelnen Kompetenzbereiche bzw. die kommunikativen Handlungen nicht trennscharf voneinander zu separieren, sondern sie zeigen eine erhebliche Schnittmenge (vgl. Abraham 2016a: 46). Es soll im Folgenden deshalb darum gehen, das Potential des mehrsprachigen Films für einen kommunikativen Sprachunterricht, der alle Teilkompetenzen des Sprechens bedient, aufzuzeigen.

Über Filme sprechen – über Mehrsprachigkeit sprechen

Das Sprechen über Filme nach dem gemeinsamen Kinobesuch mit Freunden ist zunächst keine spezifisch didaktisch-schulische Handlung, sondern gehört zum kulturellen Handlungsfeld Film selbstredend dazu, um persönliche Reaktionen oder erste Stellungnahmen zu versprachlichen. Das Filmgespräch im Unterricht, das als klassische Methode der Filmerziehung gilt (vgl. Maurer 2006: 175), knüpft zwar an diese kulturelle Praxis an, kann aufgrund der Rahmenbedingungen, die Unterricht per se mit sich bringt, aber nicht in Gänze reproduziert werden (vgl. Abraham 2018: 92), sondern stellt – wie auch das literarische Gespräch im Anschluss an eine printmediale Lektüre – eine sprachdidaktische Methodik dar, in der das Wahrgenommene versprachlicht werden soll. Es geht dabei um das Anstoßen und Weiterführen individueller Rezeptionsvorgänge sowie um die Reflexion individueller Wahrnehmungserwartungen, Wahrnehmungsweisen und der Verarbeitungsprozesse des Wahrgenommenen, wie Möbius am von ihm entwickelten „literarischen Sehgespräch" für die Primarstufe zeigt (vgl. Möbius 2008: 146f.). So greift das Sehgespräch einerseits zwar assoziative Schüler*innenäußerungen auf (wie diese auch in der privaten Anschlusskommunikation fallen könnten), kann durch das Eingreifen der Lehrkraft aber zusätzlich gelenkt werden, bspw. um erste Deutungen gezielt anzustoßen (vgl. ebd.: 147f.) oder um zu vermeiden, dass das Gespräch ins Leere läuft oder Redundanzen entstehen (vgl. Abraham 2016a: 161).
Es bietet sich an, erste Reaktionen auf den Film eher in Kleingruppen denn im gesamten Plenum zu sammeln, um die Schüler*innenäußerungen nicht zusätzlich zu hemmen. Als Einstieg in ein Filmgespräch eignen sich hierbei offene Fragen, die einerseits Assoziationen zum Gesehenen wecken und bewusst auf inhaltliche und affektive Aspekte zielen, aber auch andererseits erste Deutungsvermutungen evozieren, denn ein bloßes Sprechen über den Inhalt der Medien, „ohne nach ihrer medialen Eigenart und Qualität zu fragen, reicht nicht aus" (Abraham 2008b: 58). Abraham

(2018: 92f.) fasst die folgenden Einstiegsfragen zusammen, die durch sprachliche Gerüste unterstützt werden könnten, um die mündliche Äußerung der Schüler*innen zu erleichtern[59]:

- Was kommt dir als erstes in den Sinn, wenn du an den Film zurückdenkst?
- Welche Szene hat dich am meisten beeindruckt? Was hast du dabei empfunden?
- Welche Figuren waren dir sympathisch, welche waren dir unsympathisch? Warum?
- Welche Figur würdest du am liebsten selbst sein, wenn du wählen könntest?
- Wodurch wurde in diesem Film Spannung erzeugt?
- Was, findest du, ist an diesem Film gut gemacht? Was nicht?
- Macht er dich zuversichtlich oder traurig? Woran liegt das?
- Würdest du einem Freund oder einer Freundin den Film empfehlen? Warum (nicht)?

Abraham verweist zudem darauf, dass ein Filmgespräch, das von den genannten Impulsen ausgeht, nicht nur gegenstandsspezifisch, sondern auch themenspezifisch sein kann: „Die Formulierung eines Themas ist oft schon die halbe Deutung" (Abraham 2018: 93). Bezugnehmend auf den mehrsprachigen Film kann je nach Grad

59 Im Bereich der Zweit- und Fremdsprachendidaktik wird (auch im Kontext der fremdsprachigen Filmdidaktik) immer wieder auf das von Gibbons (2002) entwickelte Konzept des sog. *Scaffolding*, also das Zur-Verfügung-Stellen von Wort- und Satz-„Gerüsten" (engl. Scaffold), hingewiesen (vgl. bspw. Henseler et al. 2011: 89ff., Köster 2013, Geist/Krafft 2017: 36). Im Bereich der Erstsprachendidaktik bleibt dies oft außen vor oder wird so explizit nicht erwähnt, wenngleich auch v.a. jüngere Schüler*innen ohne Migrationshintergrund Schwierigkeiten haben, eigene und fremde Emotionen zu versprachlichen und das Gesehene und Gehörte differenziert zu beschreiben. Es bietet sich daher also auch im erstsprachlichen Deutschunterricht (v.a. für die Primarstufe) an, solche Gerüste zur Verfügung zu stellen, um somit einen sprachlichen Austausch über das Gesehene zu erleichtern. Dabei stellt sich die Frage, welche sprachlichen Besonderheiten und Schwerpunkte das Unterrichtsthema enthält, wie diese sprachlichen Besonderheiten in der Unterrichtssequenz vorbereitet werden können und wie der Ausbau dieser Besonderheiten zu gestalten ist (vgl. Quehl 2010: 33f.). Durch diese Vorüberlegungen können schließlich konkrete gegenstandsbezogene oder fachsprachliche Wortschätze oder Satzstrukturen für die Mündlichkeit wie die Schriftlichkeit zur Verfügung gestellt werden (vgl. Geist/Krafft 2017: 37 oder filmspezifisch Henseler et al. 2011: 102f., Anders 2019: 27), die die Schüler*innen z.B. bei filmbezogenen Äußerungen unterstützen. Wie stark sich die Schüler*innen dann an den sprachlichen Hilfestellungen orientieren, bleibt ihnen und ihrem individuellen Sprach- und Leistungsniveau überlassen. Filmbildendes und filmästhetisches Lernen ist somit immer auch sprachliches Lernen, das durch entsprechende Hilfestellungen die Anbahnung von mündlichen Kompetenzen zusätzlich fördern kann.

der Verfremdung, der sich bei den Schüler*innen durch die sprachliche Gestaltung eingestellt hat, bereits durch die ersten Impulse (z.B. durch „Was kommt dir als erstes in den Sinn, wenn du an den Film zurückdenkst?“) das Gespräch auf die sprachliche Gestaltung gelenkt werden. Andernfalls bietet es sich an, Impulse zu wählen, die zur Thematisierung der Mehrsprachigkeit hinführen (z.B. ‚Azur und Asmar – verschieden und doch gleich?‘). Diese Impulse können nicht nur sprachlicher Natur sein, auch Filmstils (vgl. Nöth 2014), Filmplakate oder Zitate können als Gesprächsimpuls dienen (vgl. Henseler et al. 2011: 103).

Dass das literarische Gespräch, das das Sprechen über printmediale Literatur und Medien gleichermaßen miteinschließt, nicht automatisch zum Kompetenzerwerb im Bereich „Gespräche führen“ beiträgt, liegt auf der Hand: So weisen Schilcher und Gegner (2019: 151) daraufhin, dass im Gegenteil sogar „bereits ein hohes Maß an Gesprächskompetenz entwickelt sein muss“, um ein literarisches Gespräch in einer größeren Gruppe erfolgreich zu bestehen. So müssen die Schüler*innen bspw. verschiedene Funktionen des Sprechens unterscheiden und situationsangemessen einsetzen können (z.B. Nacherzählen der Handlung, Informieren über Beobachtungen, Argumentieren zur Begründung von Interpretationsansätzen und Meinungen), Gesprächsregeln einhalten, sich konstruktiv am literarischen Gespräch beteiligen oder auf die Gesprächsbeiträge der anderen Teilnehmer*innen entsprechend eingehen. Dennoch können durch die sprachlichen Handlungen, die im Rahmen des literarischen Gesprächs vollzogen werden, auch die basalen mündlichen (Teil-) Kompetenzen gefördert werden. Schilcher/Gegner verweisen an dieser Stelle auf die Wichtigkeit von Diagnose- und Interventionsverfahren auf Seiten der Lehrkraft, um sprachliche Kompetenzen von Beginn an feststellen und fördern zu können (vgl. Schilcher/Gegner 2019: 135). Das bereits erwähnte Scaffolding kann hier ebenso dazu dienen, basale Fähig- und Fertigkeiten im Bereich Lexik und Grammatik auszubauen.

Die Methode des literarischen Gesprächs bietet sich nicht nur aus der Perspektive der Kompetenzförderung an, sondern auch weil das Reden und Redenlernen über Literatur im Unterricht ein anthropologisches Grundbedürfnis ist, wie Abraham betont:

> *Interpretieren ist ein menschliches Grundbedürfnis, das sich kommunikativ realisiert: Wir besprechen Texte und andere Phänomene, um uns und einander ihrer Bedeutung zu versichern. Und das heißt: das Gespräch dient eben dem Zweck, eine solche Bedeutung auszuhandeln; wer als Lehrkraft glaubt, die Aufgabe zu haben, eine in der Fachliteratur vorfindliche, in der Ausbildung gelernte Textbedeutung wiederzugeben, der missversteht die Funktion eines Interpretationsgesprächs gründlich (Abraham 2016a: 168).*

Der mehrsprachige Film kann an dieser Stelle also gesprächsdidaktische Potentiale zutage bringen, die bspw. für Kinderfilme (vgl. Möbius 2013), den Dokumentarfilm (vgl. Kuzminykh 2015) oder Klassiker der frühen Filmgeschichte (vgl. Preuß 2017) bereits ausgeführt wurden (vgl. auch überblicksweise Abraham 2016a:166, Abraham 2018: 92-94). Vor allem der Aspekt des gemeinsamen Aushandelns von Bedeutungen kann hierbei noch stärker in den Blick geraten. So gilt es ja nicht „nur", eine Gesamtinterpretation auszuhandeln, sondern das gemeinsame Sprechen über potentielle Bedeutungen setzt auf der Mikroebene des Films an, wenn einzelne anders- oder mehrsprachige Dialoge im Beobachtungsfokus stehen. Die „dialogische Sinnfindung" (Abraham 2016a: 162) greift hier in doppeltem Maß: einerseits erfolgt die Sinnfindung des Gesamt-Gesehenen (und vor allem des Gehörten) im Dialog zwischen den Lernenden bzw. zwischen den Rezipierenden, andererseits geht es ganz explizit um eine Sinnfindung des rezipierten (anderssprachigen) Dialogs.

Zu Filmen sprechen – mehrsprachig sprechen

Zu Filmen zu sprechen unterscheidet sich insofern vom Sprechen *über* Filme, als dass es dabei weniger um die inhaltliche Wiedergabe, Zusammenfassung, Interpretation oder Reflexion des Gesehenen geht als vielmehr um ein produktionsorientiertes Vorgehen, in dem ausgehend von dem jeweiligen Film neue akustische oder audiovisuelle Produkte entstehen. Das geht nun freilich gar nicht ohne das Sprechen *über* Filme, weshalb beide Handlungen in einem integrativen Deutschunterricht Hand in Hand gehen sollten. Die sprachlichen Handlungen unterscheiden sich dabei allerdings hinsichtlich ihrer Funktion und ihrer Formalität, weshalb es sinnvoll scheint, im Zuge von Kompetenzüberlegungen die beiden Bereiche (zumindest gedanklich) zunächst zu separieren.

Als typisches Verfahren des Sprechens zu Filmen ist der Oberbegriff der Synchronisation zu nennen. Dieser Vorgang zeigt in unterschiedlichen Formen mit ganz unterschiedlichen Zielsetzungen deutschdidaktische Relevanz. So nennt bspw. Matthis Kepser in seiner Systematisierung filmspezifischer Methoden das Synchronisieren eines Films (bzw. einer Filmszene) mit einer neuen Übersetzung und verweist an dieser Stelle auf den kulturellen Kontext, der die Synchronisierung von Spielfilmen vor allem in den 1950er und 1960er Jahren maßgeblich beeinflusste, wie er an Hitchcocks *Der unsichtbare Dritte* (USA 1959) zeigt (vgl. Kepser 2010: 221f.). Auch das parodistische Synchronisieren[60], das Vertonen eines Stummfilms, das Einführen eines Voice-Over, die Erstellung einer Audiofassung für Blinde (siehe hierzu auch Abraham/Kepser 2012), das Einführen einer kommentierten Audiospur oder das Herstellen einer Hörspielfassung (wie bspw. die Hörspiele zu den Disneyfilmen, die in die Audiospur des Films eine zusätzliche Erzählinstanz einführen) nennt Kepser in diesem Rahmen (vgl. Kepser 2010: 222-226). Gemein ist allen Verfahren, dass eine neue Audiospur, die von Lernenden erstellt wurde, in einen Film(ausschnitt) eingefügt wird[61]. Je nach Aufgabenstellung bzw. nach individueller Zielsetzung der Schüler*innen variieren die sprachlichen Handlungen dabei zwischen Informieren, Erzählen, Argumentieren oder Szenischem Spiel und lassen sich somit auf eine Vielzahl deutschdidaktischer Kompetenzen aus dem Bereich der Mündlichkeit beziehen. (Fast) Alle diese Verfahren lassen sich freilich auch auf den mehrsprachigen Film übertragen (außer natürlich das Vertonen eines Stummfilms, denn stumm ist der mehrsprachige Film per Definition nicht). Vor allem die (Neu-)Synchronisation eines mehrsprachigen Films bietet didaktisches Potential, das in Kepsers Ausführungen anklingt (vgl. hierzu auch die Andeutungen bei Abraham 2018: 113f., Staiger 2019a: 38 oder Anders 2019: 27) aber durchaus noch einzelne medienspezifische bzw. -didaktische Präzisierungen braucht. Im mehrsprachigen Spielfilm, wie ich ihn verstehe, werden verschiedene Sprachen (Signifikate) durch verschiedene Sprachen (Signifikanten) repräsentiert – falls überhaupt eine Synchronisierung vorliegt, dann nur von <u>einer</u> der verwendeten Sprachen. Im Gegensatz zu einem Film, von dem es eine entsprechende Synchronfassung gibt (wie Kepser es an *Der unsichtbare Dritte* ausführt), gibt es diese für einen mehrsprachigen Film nicht oder nur als Teilsynchronisierung, sodass mindestens eine im Film verwendete Sprache in der Originalfassung verbleibt. Auf das Verfahren der Synchronisierung hat dieser Unterschied in der sprachlichen Gestaltung des Films mehrere Auswirkungen: Einerseits gibt es keine ‚Vergleichs-Tonspur', mit deren Hilfe eine Übersetzung der anderssprachigen Parts vorgenommen werden kann; u.U. können Untertitel diese Hilfestellung bieten, bei Filmen, die sowohl auf Synchronisierung als auch auf Untertitelung verzichten,

60 Dieses Format ist bei Jugendlichen durchaus verbreitet. Seit den 2000er- bzw. 2010er-Jahren erfreuen sich Parodie-Videos auf Videoplattformen wie YouTube (seit 2005) oder ehemals auch Clipfish (2006-2017) großer Beliebtheit bei Jugendlichen. Vor allem die *Harry Potter*-Parodie „Harry Potter und ein Stein" (2006) der YouTuberin Coldmirror sowie die Parodien der drei *High-School-Musical*-Filme (USA 2006, 2007, 2008) durch das YouTuber-Kollektiv „German-Wildcats" prägten die Synchro-Parodie-Szene und etwaige Anschlusshandlungen im deutschsprachigen Raum maßgeblich.

61 Die Standard-Video-Bearbeitungsprogramme *Windows Movie Maker* oder *iMovie* bieten hierfür eine relativ simple Oberfläche, auf der ein Filmclip recht leicht mit einer neuern Audiospur hinterlegt werden kann.

entfällt diese Möglichkeit, was aus ihnen den spannenderen Lerngegenstand macht. Es bleibt in diesem Fall also nicht nur beim ‚bloßen'[62] Übertragen von geschriebener Sprache (Untertitel) in gesprochene Sprache (Neu-Synchronisation), sondern es bedarf einer vorherigen Interpretation para- und nonverbaler Merkmale und des Einbezugs von Wissen, um dem neu zu synchronisierenden Textteil eine Bedeutung zu unterstellen, diese ggf. mit anderen auszuhandeln und dann soweit zu versprachlichen, dass das neu Eingesprochene sich in die Gesamthandlung fügt und sowohl zu Gestik und Mimik der Sprechenden als auch zu deren Lippenbewegungen passt.
Ein weiterer Unterschied besteht in der Tatsache, dass die Neu-Synchronisierung eines nicht synchronisierten Filmausschnitts mit Fragen einhergeht, die auch bei der Produktion des Films so oder so ähnlich verhandelt werden müssen: Wie können die Rezipierenden anderssprachige Parts verstehen? Wie erfolgt die Migration des Films in eine andere Sprache? Welche Sprache(n) wird/werden synchronisiert? Welche Auswirkungen hat eine Synchronisierung auf die Diegese (bspw. in Bezug auf Dolmetscherfiguren)? Bis hin zu: Wie funktioniert der Synchronisationsprozess? Welche Aufgaben hat ein*e Übersetzer*in?
Die Thematisierung von Aspekten und Entscheidungen der Filmproduktion rücken hierbei eventuell noch einmal stärker in den Fokus, was nicht nur zu einem vertieften Verstehen der filmischen Makrostruktur, sondern auch zu einer Auseinandersetzung mit Realisierungsmöglichkeiten des Verfahrens Mehrsprachigkeit (stellvertretend für vielleicht andere filmsprachliche Verfahren) führt. Inhalt und Form werden dadurch also in gleichem Maße berücksichtigt.

Jenseits der literaturdidaktisch motivierten sprachlichen Handlung (Synchronisierung eines Filmausschnitts) erfolgt die Aushandlung zur Bearbeitung der Aufgabe zum größten Teil mündlich in Form eines Dialogs zwischen mindestens zwei Schüler*innen. Dass sich die Kompetenzen, die für dialogische Gesprächsformen vonnöten sind (vgl. die Auflistung nach Becker-Mrotzek 2012: 66ff.: Prozessieren des thematischen Wissens, Prozessieren der Identität, Prozessieren der Handlungsmuster und Prozessieren der Unterstützungsverfahren), in Gruppen- und Partnerarbeiten von selbst ergeben und deshalb nicht explizit gefördert werden müssten, stimmt so freilich nicht (vgl. Schilcher/Gegner 2019: 148), ein solches Aufgabenformat kann aber dazu motivieren, mündliche Kompetenzen in dialogischen Gesprächsformen weiterzuentwickeln bzw. der Lehrkraft zur Beobachtung von bisher erworbenen und noch zu erwerbenden Kompetenzen dienen.

62 Was alleine natürlich schon eine anspruchsvolle und kompetenzfördernde Handlung ist, wie Abraham/Kepser 2012 zeigen.

Zu Filmen spielen[63] *– mehrsprachig spielen*

Ein letzter Teilbereich des Lernbereichs ‚Sprechen und Zuhören', der in der Differenz von ‚Sprechen zu Filmen' und ‚Sprechen über Filme' auch explizit so in den Bildungsstandards benannt wird, ist das Szenische Spielen. Belgrad sieht in dieser Bezeichnung einen Überbegriff und differenziert zwischen vier verschiedene Formen des Szenischen Spiels: das Situationsspiel, das Textspiel, das Rollenspiel und das Darstellende Spiel. Die Unterscheidung richtet sich dabei entweder nach der Art der Vorlage, die in Szene gesetzt wird (Situation oder Text), oder nach dem Ziel, mit dem das Spiel stattfindet. So zielt das Rollenspiel auf das Verstehen und das Darstellende Spiel auf das Gestalten ab (vgl. Belgrad 2012: 286f.). Dass diese vier Formen eher als Pole zu verstehen sind, zwischen denen das konkrete Spiel eingeordnet werden kann, zeigt einerseits die Matrix, in der Belgrad die vier Begriffe anordnet (vgl. ebd.: 287), und kann andererseits exemplifiziert werden mit dem Versuch, die Position des Spiels einer Filmszene in dieser Matrix zu bestimmen. So handelt es sich bei dieser Spielform zwar klar um ein Textspiel (es geht um das In-Szene-Setzen eines Textes), das Ziel – und somit die Unterscheidung zwischen Rollenspiel und Darstellendem Spiel – kann jedoch variieren, oder beide Aspekte lassen sich prinzipiell nicht klar voneinander abgrenzen.

Als Grundlage für das Szenische Spiel sieht Abraham neben dem Füllen von Leerstellen auch das Sichtbarmachen von Zusammenhängen zwischen Handlungen, das Erschließen von Sinnhorizonten, das Einnehmen und Vergleichen von Figurenperspektiven oder das Vorbereiten von Deutungen (vgl. Abraham 2016a: 129). Es zeigt sich durch das szenische Spiel also ein großes literaturdidaktisches Potential; das sprachdidaktische Potential darf an dieser Stelle aber ebenfalls nicht aus dem Blick geraten: So geht es gleichermaßen um situationsangemessenes Sprachhandeln, also bspw. um die Wahl des richtigen Registers oder der passenden Varietät oder um die Beachtung und Adaption nonverbaler Signale (vgl. ebd.).

Analog zum literarischen Rollenspiel, in dem es nicht um das bloße Nachspielen, sondern um das bewusste Eingreifen in die Textvorlage geht (ebd.: 127), plädiert Abraham auch bei der Arbeit mit Filmen dafür, Einstellungen und Szenen nicht nur nachzuspielen, sondern ein Verständnis für die Figurensituation zu erspielen, bspw. wenn ausgehend von der Textvorlage eine szenische Umsetzung erfolgen soll (vgl. Abraham 2018: 98). Der mehrsprachige Film bietet dahingehend Potential, dass mit anderssprachigen, nicht untertitelten Szenen Leerstellen gegeben werden, die sprachlich und szenisch gefüllt werden können. Dies kann auf verschiedene Arten geschehen: durch ein filmisches Rollenspiel, durch Neusynchronisierung oder aber auch

63 Vgl. für eine ausführliche und differenzierte Didaktik und Methodik des Rollenspiels Honnef-Becker/Kühn 2019: 154-166.

durch Untertitelung. Wenngleich die methodische Herangehensweise und das Endergebnis bzw. der fokussierte Lernbereich und somit die geforderten und zu fördernden Kompetenzen variieren, gleicht sich doch das Ziel dieser Verfahren, zumindest aus einer medienspezifischen Perspektive: Es geht um das Füllen von Leerstellen, die durch das Nichtverstehen anderssprachiger Textteile entstehen. Wir wollen in diesem Abschnitt die Potentiale für den Lernbereich ‚Sprechen und Zuhören' fokussieren, weshalb zunächst die Tätigkeiten des Rollenspielens und der Synchronisierung in den Blick genommen werden sollen.

Mit Belgrad (2012: 288ff.) lassen sich verschiedene Teilkompetenzen unterscheiden, die beim szenischen Spiel gefördert und gefordert werden können: Inszenierungs- und dramaturgische Kompetenzen, sprecherische Kompetenzen, körperliche Kompetenzen sowie mediale Kompetenzen.
Auch die Synchronisation, für die ein Großteil der genannten Kompetenzen ebenso erforderlich ist und gefördert wird, lässt sich demnach als eine Form des szenischen Spiels einordnen. Eine Einschränkung ist dabei jedoch zu machen: Die Synchronisation sowie das Voice-Over[64] verzichtet auf den Aspekt der Körperlichkeit. Dies heißt nun freilich nicht, dass Körperlichkeit bei der Synchronisationsarbeit gar keine Rolle spielt. Ein Blick in Sprecherkabinen zeigt immer auch Sprecher*innen oder Schauspieler*innen, die nicht nur verbal, sondern auch mimisch und gestisch agieren, um ihrer Figur eine authentische Stimme zu verleihen. Allerdings ist die Körperlichkeit ein Teilaspekt des Aufnahmeprozesses, der im Endprodukt nicht im Einzelnen nachvollzogen werden kann.

Honnef-Becker und Kühn (2019: 162ff.) weisen darauf hin, dass sich das szenische Spiel dazu eigne, um Mehrsprachigkeit und language awareness im Unterricht einzubeziehen und umzusetzen[65]. Sie illustrieren dies an einem szenischen Text des luxem-

64 Diese beiden methodischen Verfahren gleichen sich bis auf den Aspekt der Lippensychronität hinsichtlich Vorarbeit, Ausführung und zu erwerbenden Kompetenzen, sodass ich sie im Folgenden zusammenfassen werde.

65 Vgl. ausführlich zum sprachfördernden Potential der Filmproduktion bzw. der handlungsorientierten Verfahren zum Film Holdorf/Maurer 2013, die von einem Sprachförderprojekt durch den Dreh eines Kurzfilms berichten. Mit jugendlichen deutschen Erstsprachler*innen und DaF-Lerner*innen wurde im Rahmen eines Sommercamps produktionsorientiert gearbeitet und Kurzfilme gedreht. Dabei konnten einerseits kommunikative Aushandlungsprozesse, die an einem arbeitsteiligen Filmset stattfinden, und andererseits eine vertiefte Auseinandersetzung mit Filmsprache ausgemacht werden. Die Gattung Spielfilm konnte die Teilnehmer zu fachlichem und sprachlichem Handeln motivieren (vgl. Holdorf/Maurer 2013:356); vgl. im Anschluss daran die umfangreiche Methodensammlung zur filmpädagogischen Sprachförderung in Holdorf/Maurer 2017.

burgischen Autors Guy Rewening, in dem die Figur „Hänkipänki“ einer Schulklasse eine Hand voll Sand mitgebracht hat, nach dessen Herkunft nun im gemeinsamen Gespräch gesucht wird. Als Fazit wird schließlich gezogen, dass es vollkommen egal sei, woher der Sand komme, denn „Sand ist Sand“ und in Anlehnung daran dann „ein Land ist ein Land“ und „ein Kind ist ein Kind“ (vgl. ebd.). Honnef-Becker und Kühn schlagen vor, diesen Text szenisch zu interpretieren und andere Sprachen, die im Klassenzimmer bekannt sind, in die Interpretation zu integrieren. Dadurch kann das szenische Spiel „zu einer auf die Klasse bezogenen identitätsfördernden Erfahrung“ (ebd.: 165) werden und als Zeichen der Wertschätzung aller Sprachen dienen.
Dies ist so nun auch für das szenische Spiel zum Film möglich: Szenen oder Szenenausschnitte können in andere von den Kindern gesprochene Sprachen übertragen werden, einzelne Figuren können in anderen Sprachen sprechen, neue, anderssprachige Figuren können in die Handlung integriert werden usw. So können Lernende andere Sprachen in den Unterricht einbringen und erfahren dadurch eine Wertschätzung für ihre eigene Sprachlichkeit. Mehrsprachigkeit kann so als die positive Ressource etabliert werden, die sie nachweislich ist (vgl. bspw. Vishek 2019: 17).

Dass Film und (reflexives) Sprechen im (Deutsch-)Unterricht zusammengehören, würde wohl niemand bestreiten. So können Potentiale zum Sprechen über Filme und zu Filmen sowie bzgl. des szenischen Spiels festgestellt werden. Ebenso werden dabei verschiedene Sprachhandlungen (bspw. Erzählen, Zusammenfassen, Erklären, Diskutieren, bühnenwirksames Sprechen) abverlangt, die in diesem Zuge gleichermaßen gefordert wie gefördert werden können. Der mehrsprachige Film verändert dieses nachgewiesene Potential nun nicht maßgeblich, er erweitert bzw. spezifiziert es jedoch an der einen oder anderen Stelle. So bieten anderssprachige Textteile, die nicht untertitelt oder auf eine andere Art übersetzt werden, weitere Leerstellen an, die im Deutschunterricht gefüllt werden können und für eine Gesamtinterpretation auch gefüllt werden müssen. Im Rahmen eines literarischen Sehgesprächs, durch die Neusynchronisierung oder das Sprechen über Synchronisierungsalternativen oder aber durch eine szenische Interpretation können mögliche Bedeutungen kommunikativ und dialogisch ausgehandelt werden. Dadurch dient Sprache nicht nur als Lernmedium (zum Interpretieren des Films), sondern wird gleichermaßen zum Lerngegenstand, wenn die Sprachlichkeit des Films dezidiert in den Fokus der Aufmerksamkeit rückt. So fordert der mehrsprachige Film einerseits zum Sprechen über ihn heraus und dient somit als Impuls für einen Deutschunterricht, der das Sprechen als reflexive Praxis fördern will und muss. Andererseits braucht es aber auch eine Schulung dieses Sprechens, um mehrsprachige Filme in Gänze verstehen zu können, sich mögliche Bedeutungen im gemeinsamen Austausch zu erschließen und im Dialog mit anderen Rezipierenden aushandeln und den Film somit genießen zu können.

5.1.2 Schreiben

Schreiben ist neben dem Lesen und Sprechen eine der Basiskompetenzen, um an einer von Schriftlichkeit geprägten Kultur partizipieren zu können. Die Hinführung zur Kulturtechnik Schreiben, also der Übergang von der Mündlichkeit zur Schriftlichkeit, die einer „Revolution im Kopf" (Hüttis-Graff 2011: 72) gleichkommt, steht vor allem im Fokus der Grundschule. Erschwert wird das Schreibenlernen durch Aspekte, die einen konzeptionell schriftlichen von einem konzeptionell mündlichen Text unterscheiden, bspw. Leserorientierung, Prägnanz, Kontextualisierung oder Orthographie (vgl. ebd.). Schreiben lernt man nur durch Schreiben – Schreibkompetenz baut man also vor allem durch vielfältige Erfahrungen mit Texten und Schreibaufgaben auf, die „die Interessen des Kindes treffen und Spielräume bieten zur Erprobung" (ebd.: 73); diese Orientierung an Interessen und Motivation gilt freilich in der Primarstufe, darf aber auch in der Sekundarstufe nicht gänzlich in Vergessenheit geraten.
Martin Fix definiert Schreibkompetenz als die Fähigkeit, „pragmatisches Wissen, inhaltliches (welt- und bereichsspezifisches) Wissen, Textstrukturwissen und Sprachwissen in einem Schreibprozess so anzuwenden, dass das Produkt den Anforderungen einer (selbst- oder fremdbestimmten) Textfunktion [...] gerecht wird" (Fix 2008a: 33). Er betont den Stellenwert einer selbst erarbeiteten Wissensbasis sowie des Bewusstseins, dass es sich beim Schreiben um kommunikatives Handeln mit einer Funktion handelt (vgl. Fix 2008b: 118). Ein Text ist demzufolge eine zusammenhängende Einheit aus sprachlichen und evtl. nichtsprachlichen Elementen (bspw. Bildern oder Graphiken), die zum einen einer kommunikativen Funktion nachkommt und zum anderen schriftlich oder in einer anderen Form in einer zerdehnten Kommunikationssituation vorliegt (vgl. Geist/Krafft 2017: 96).

Deutschlehrer sind auch Schreiblehrer, weshalb eben nicht davon ausgegangen werden kann, dass Schüler*innen keine Unterstützung mehr beim Schreiben brauchen, sondern im Gegenteil: Durch die gesamte Schullaufbahn hindurch sollten verschiedene Arrangements geschaffen werden, die den komplexen Schreiberwerb unterstützen:

> *Dazu muss man, im Klassenzimmer und nach Möglichkeit außerhalb, Gelegenheit zum Schreiben schaffen und Schreibsituationen bewusst gestalten [...]; man muss mit Schreibaufgaben selbstverständlich an den Interessen der Lernenden anknüpfen; man muss Textentwürfe vorlesen, besprechen, kritisieren, verbessern und schließlich in Textmappen sammeln; [...] man muss Kommunikations- und Kooperationsmöglichkeiten, zum Beispiel bei Schreibkonferenzen, schaffen, mit Stift und Papier oder am PC [...] (Abraham/Kupfer-Schreiner/Maiwald 2005: 10).*

Neben dem bewussten Gestalten von Schreibsituationen gilt es auch, Schreibaufgaben zu konzipieren, die an die Interessen der Lernenden anknüpfen, die „inhaltlich und emotional herausfordern“ (Hüttis-Graff 2011: 74). Bachmann und Becker-Mrotzek prägten in diesem Zusammenhang das Konzept der sog. **‚profilierten Aufgabenformate‘** und meinen damit Aufgaben, „die so klar und konturiert sind, dass sie für die Lerner/innen in einem klar erkennbaren und nachvollziehbaren Handlungszusammenhang stehen bzw. einen solchen abbilden“ (Bachmann/Becker-Mrotzek 2010: 194). Die Schreibaufgabe soll dabei ein Problem stellen, das von den Schreiber*innen durch eine (schrift-)sprachliche Handlung gelöst werden kann. Das Lösen dieses Problems erfolgt in Form eines Schreibprozesses, der sich aus den drei Phasen Planen, Formulieren und Bearbeiten zusammensetzt und von diversen externen Faktoren, wie z.B. dem Wissen des Schreibers*der Schreiberin, der Aufgabenumgebung oder dem Textentwurf, beeinflusst wird (vgl. zusammenfassend Bachmann/Becker-Mrotzek 2017: 31f.). Das Ziel von Schreibaufgaben muss es in diesem Kontext sein, sinnvolle und lernförderliche Schreibprozesse anzuregen (vgl. Bachmann/Becker-Mrotzek 2010: 195). Als Bedingungen sinnvoller schreibdidaktischer Settings nennen Bachmann und Becker-Mrotzek die folgenden Punkte (vgl. ebd.):

- Erfüllen einer identifizierbaren Funktion: Wissen über Ziel und Adressaten des Textes als Grundlage, um „sinnvolle Entscheidungen über den Aufbau, den propositionalen Gehalt und die Auswahl der sprachlichen Muster und Mittel“ (ebd.) treffen zu können.
- Aneignung von erforderlichem Wissen (Weltwissen, sprachliches Wissen)
- Verfassen des Textes im Kontext sozialer Interaktion: dadurch lässt sich v.a. für jüngere Schreiber*innen die „Zerdehnung der Sprechsituation“ (ebd.) leichter überwinden; zudem kann eine Entlastung auf der motorischen Ebene des Schreibens erfolgen (vgl. zudem Geist/Krafft 2017: 102)
- Überprüfung der Wirkung des Textes auf die Rezipierenden

Sog. profilierte Aufgaben beeinflussen die Ausdifferenzierung anspruchsvoller pragmatischer Schreibfähigkeiten einerseits und können andererseits ungünstige Ausgangsvoraussetzungen wie ‚Bildungsferne‘ oder ‚Deutsch als Zweitsprache‘ teilweise ausgleichen (vgl. ebd.: 197). Sie stellen somit ein erstrebenswertes Aufgabenformat dar, das im Folgenden herangezogen werden soll, um eine auf den mehrsprachigen Film formulierte Schreibaufgabe zu konzipieren. Als Überblick kann zudem die Zusammenfassung von Sturm und Weder (2016) dienen, die die Merkmale einer „guten“ (Sturm/Weder 2016: 118) Schreibaufgabe im Zusammenspiel betrachten. Das Raster für „gute“ Schreibaufgaben, das sich selbst als Werkzeug zur Aufgabenanalyse bzw. -optimierung versteht, bezieht dabei die Merkmale einer profilierten Aufgabe mit ein und macht es sich vor allem zum Ziel, den sozialen Aspekt des Schreibens zu betonen.

Schreibaufgaben zum Film

In einem produktionsorientierten Filmunterricht nehmen Textprodukte eine zentrale Rolle ein (vgl. Kepser 2010), denn mit dem sprachlichen Anschluss an Filme und andere Medienformate kann ein Beitrag zur Erbringung differenzierter Verstehensleistungen erfolgen (vgl. Schönleber 2012: 186, Abraham 2007: 87). Durch produktive Verfahren wird das Sehen verlangsamt und Imagination sowie reflexive Verarbeitung verstärkt. Diese Erkenntnis ist zunächst nicht neu, denn nicht nur der Film sondern auch andere literarische Texte dienen seit jeher als Grundlage für „traditionelle Schreibaufgaben“ wie Personenbeschreibungen, Figurencharakteristiken, Nacherzählungen oder Inhaltsangaben (vgl. ebd.). Im Unterschied zum printliterarischen Text können Schreibaufgaben zum Film aber auch dazu beitragen, das vom Film vorgegebene Rezeptionstempo zu drosseln, über Einzelbilder, Einstellungsgrößen oder Montageformen schriftlich nachzudenken und das Gesehene kritisch beurteilen zu können (vgl. Abraham 2007: 87). Dem Schreiben zum Film kommt also oftmals eine heuristische Funktion zu (vgl. ebd.). Durch die Schriftlichkeit kann sowohl das Erzählte als auch die Erzählweise reflektiert werden, weshalb Abraham die damit einhergehende Verlangsamung des Rezeptionsprozesses als „Anker [...] im Strom der Bilder“ (ebd.: 90) bezeichnet.

Ganz allgemein können mit Abraham (2018: 96) vier verschiedene Arten des Schreibens zu Filmen unterschieden werden: die Verstehenssicherung durch klärendes Schreiben (Zusammenfassen der Filmhandlung, Charakterisierung der Figuren usw.), die Bewertung und Einschätzung des Films durch rhetorisches Schreiben (Verfassen eines Leserbriefs oder einer Filmkritik), das Sich-Hineinversetzen in Figuren durch expressives Schreiben (Innerer Monolog oder Tagebucheintrag einer Figur) sowie schließlich das Anregen der Fantasie durch poetisches Schreiben (Verfassen einer Vorgeschichte, Übertragen filmsprachlicher Dialoge ins Deutsche).

Matthis Kepser systematisiert filmspezifische Textsorten und arbeitet bspw. den deutschdidaktischen Gehalt des Exposees[66], des Treatments[67] oder des Drehbuchs aus (vgl. Kepser 2010: 190ff.). Auch das Schreiben einer Filmkritik, einer TV-Programmankündigung, eines DVD-Klappentextes (oder als Äquivalent eines Beschreibungstextes für ein Streamingportal) oder einer FSK-Stellungnahme wird von Kepser vorgeschlagen (vgl. ebd. 202ff.). Das Schreiben zu Filmen ist – trotz der fehlenden

66 Ein erster Textentwurf, der die Grundidee des Films umreißt. Dieser Entwurf geht folgenden Langfassungen voraus und richtet sich oftmals an Drehbuchagenten, Produzenten oder Regisseure, um den Plot vorzustellen und diese für die Produktion der Filmidee zu gewinnen. Dem zwei- bis vierseitigen Exposee kommt damit v.a. eine werbende Funktion zu (vgl. Kepser 2010: 190f.).

67 Das Treatment umfasst 10-30 Seiten und ist eine Weiterentwicklung des Exposees: Es geht nicht mehr nur um das Vorstellen einer Grundidee, sondern um die (verknappte) Darstellung von Haupt- und Nebenhandlungen, wie sie auch im endgültigen Film ablaufen würde (vgl. ebd.: 191f.).

empirischen Befunde (vgl. ebd.: 196) – weit verbreitet und methodisch ebenso breit ausdifferenziert. Die diversen hier genannten Schreibaufgaben sind dabei teilweise stärker oder weniger stark situiert. In den entsprechenden Arrangements kann dem Schreiben eine zentrale Funktion als Lernmedium (vgl. Abraham/Kupfer-Schreiner/Maiwald 2005: 9) zukommen, die neben der vertieften Auseinandersetzung mit dem Film oftmals mit der Persönlichkeitsentwicklung der Schreiber*innen sowie einer Einführung in die kulturelle Praxis des Schreibens einhergehen wird (vgl. ebd.).
Um eine profilierte filmische Schreibaufgabe zu stellen, die sowohl die Mehrsprachigkeit des Films als auch die Mehrsprachigkeit der Schüler*innen einbezieht, braucht es neben dem klaren Adressatenbezug und dem Einbezug von Wissen die Möglichkeit, den Text in sozialer Interaktion zu verfassen. Hier kann der mehrsprachige Film ein besonderes Potential bieten: Das gemeinsame Bearbeiten von filmbezogenen Schreibaufgaben, v.a. von Aufgaben, die auf das Übertragen oder zumindest das Paraphrasieren von anderssprachigen Textteilen zielen, bietet sich für das gemeinsame Schreiben nach Schmölzer-Eibinger (2012) an, da im Fokus des Lernens nicht ausschließlich das Schreiben, sondern auch das Aushandeln möglicher Bedeutungszuschreibungen aufgrund visueller und akustischer Signale sowie des Welt- und Kontextwissens stehen. Dieses gemeinsame Aushandeln zeigt sich in einem kooperativen Schreibsetting ganz besonders: „Dies erfordert einen intensiven Austausch in Bezug auf die Verwendung einzelner Begriffe, die reflektierte Konstruktion von Sätzen und die nachvollziehbare Entfaltung des Themas“ (Schmölzer-Eibinger 2012: 167). Dabei ist es zunächst weniger bedeutsam, um welche Textform es sich handelt, die genannten Kriterien erweisen sich als produktiv für Figurenbeschreibungen, für einen Brief der Hauptfigur an andere Figuren, für eine mögliche Übersetzung mehrsprachiger Szenen oder auch für einen inneren Monolog der Hauptfigur. Die Mehrsprachigkeit des Mediums kann in diesem Zuge die Schüler*innen zudem dazu motivieren, die eigene Mehrsprachigkeit in den Unterricht und in den Schreibprozess einzubringen (vgl. Ricart Brede 2016: 68). Diese Berücksichtigung der filmischen wie auch der individuellen Mehrsprachigkeit ist für viele der genannten Textformen möglich: Bei einer Figurencharakterisierung kann der sprachliche Hintergrund explizit berücksichtigt werden, das Schreiben zu Filmstils kann in mehreren Sprachen erfolgen, eine weitere (anderssprachige) Figur kann schriftlich in die Filmhandlung eingreifen, das Exposee oder Treatment-Ausschnitte für eine Fortsetzung des Films greifen natürlich die im Film gesprochenen Sprachen auf, oder es können erste schriftliche Übersetzungen von anderssprachigen Textteilen vorgenommen werden[68].
Im Folgenden soll mit der **Untertitelung** eine Textform näher ausgeführt werden, die

68 Vgl. hierzu den Unterrichtsvorschlag von Abraham zu *Katja und der Falke*, indem mehrmals Schreibaufträge wie „Du verstehst kein Italienisch. Schreibe auf, was die Straßenkinder zu Katja sagen könnten“ (Abraham 2007: 97) formuliert werden.

die bisherigen Überlegungen zu verbinden sucht, da sie einerseits die filmische sowie die individuelle Mehrsprachigkeit in den Fokus der Aufmerksamkeit rückt, ohne dabei eine inhaltliche oder filmsprachliche Auseinandersetzung zu vernachlässigen, und sich andererseits durch ihre Situierung, das Einbetten in einer sozialen Interaktion sowie durch die abschließende Prüfung der Wirkung auf die Rezipierenden am Konzept der profilierten Schreibaufgaben orientiert.

Das Untertiteln

Im fremdsprachigen Filmunterricht nimmt die Untertitelung bereits einen größeren Stellenwert ein (vgl. hierzu jüngst den Sammelband von Gambier/Caimi/Mariotti 2015): Diese Praxis kommt sowohl in der L1 (intralingual) als auch in der L2 (interlingual) vor und kann bspw. das Verständnis des in L2 Gesprochenen unterstützen, als Grundlage für Übungen zur ‚listening' und/oder ‚reading comprehension' dienen, zur Sprachproduktion anregen oder zu Übungen zum Wiedererkennen von Vokabeln herangezogen werden (vgl. zusammenfassend Lertola 2015: 247). In der Deutschdidaktik nimmt die Untertitelung von Filmszenen bisher keinen besonderen Stellenwert ein, Abraham und Kepser (2012) weisen jedoch bereits auf das deutschdidaktische Potential der Untertitelung von Filmen hin, indem sie deren Bedeutung für eine Filmbeschreibung herausarbeiten. Sie beziehen sich dabei vorrangig auf intralinguale Untertitel, also auf Untertitel ohne sprachlichen Transfer, die sich in erster Linie an hörgeschädigte Rezipierende richten (SDH) (vgl. Abraham/Kepser 2012: 105f.). Diese Art der Untertitelung stellt an die Untertitelnden neben dem Übertrag der gesprochenen Sprache in die formalen Konventionen der Untertitel zudem die Aufgabe, sowohl Haupt- (Monologe, Dialoge) als auch Nebentexte (Geräusche, Musik, ggf. Intonation) zu verschriften. Dies erfordert auf der Produktionsseite, wie Abraham/Kepser herausstellen, mindestens[69] die Sprechakte Beschreiben und Erklären (ebd.: 108), um das übergeordnete Ziel der Filmbeschreibung anzubahnen.
Die Untertitelung, die bei mehrsprachigen oder anderssprachigen Filmen zum Einsatz kommt, ist dagegen eine interlinguale – es findet ein sprachlicher Übertrag zwischen der gesprochenen und der dann zu lesenden Sprache statt. Dadurch zeigt sich zwar eine gewisse Schnittmenge zu den Überlegungen von Abraham/Kepser (2012), aber es gibt eben auch klar spezifische Unterschiede. Während bei der intralingualen Untertitelung die Verschriftung von Geräuschen und die Musik (bzw. die Verschriftung von deren Wirkung) eine zentrale Rolle (und demzufolge auch einen didaktischen Anknüpfungspunkt) einnehmen, sind bei der interlingualen Untertitelung vor

69 Abraham und Kepser erwähnen zudem noch das Benennen von wichtigen Gegenständen und das Schildern von wichtigen Schlüsselstellen bzw. von nonverbalem Verhalten (Abraham/Kepser 2012: 108). Die Autoren kombinieren dabei jedoch die sprachlichen Handlungen der Audiodeskription und der Untertitelung miteinander, beide Verfahren führen sie im Vorfeld aus.

allem Sprechtexte[70] relevant, wohingegen auf die Verschriftlichung von Geräuschen, die sprachübergreifend verstanden werden können, i.d.R. verzichtet wird. Dennoch lassen sich die deutschdidaktischen Ziele, die Abraham und Kepser für die SDH benennen, auch mit der Produktion interlingualer Untertitel anbahnen. So soll im Folgenden gezeigt werden, dass das Untertiteln von mehrsprachigen Filmszenen nicht nur dazu beitragen kann, „Sprachbewusstsein zu schärfen, Adressatenorientierung im Schreiben zu stärken und filmische Codes im Unterricht zu thematisieren (ebd.: 98), sondern noch über weiteres deutschdidaktisches Potential verfügt.

In Anlehnung an Incalcaterra McLoughlin und Lertola (2011: 249ff.) die sich in ihren methodischen Überlegungen auf den Fremdsprachenunterricht beziehen, lässt sich das (interlinguale) Untertiteln als Unterrichtsmethode in fünf Teilschritte aufgliedern: Einführung in die folgende Aktivität (‚motivation'), die Sichtung des zu untertitelnden Filmmaterials (‚globality'), das analytische Verstehen des Gesehenen (‚analysis'), das Übersetzen und Untertiteln (‚synthesis') sowie schließlich das Reflektieren des Untertitelungsprozesses sowie der -ergebnisse (‚reflection'). Wenngleich ein einfacher Übertrag aufgrund der sprachlichen Kenntnisse der Lernenden nicht möglich ist (im Fremdsprachenunterricht verfügen die Schüler*innen ja zumindest über basale Fähigkeiten in der zu untertitelnden Sprache), lässt sich daraus doch eine einleuchtende Struktur für die Untertitelung mehrsprachiger Filmszenen im Deutschunterricht ableiten.
Zuerst bedarf es der Motivierung für die folgende Methode (‚motivation'), die entweder von der Lehrkraft vorgeschlagen oder besser von den Schüler*innen selbst zur Problemlösung einer entsprechenden (Schreib-)Aufgabe („Bearbeite den Filmausschnitt so, dass anderssprachige Teile problemlos von Rezipierenden verstanden werden können") gewählt wird. In diesem Zusammenhang sollten auch andere Möglichkeiten der ‚Audiovisual Translation' (z.B. die Synchronisation) bekannt sein. Auch eine Einführung in die Methode des Untertitelns bzw. in die formalen Kriterien von Untertiteln sollte an dieser Stelle erfolgen. Hier bietet sich je nach Alter der Schüler*innen eine didaktisch reduzierte Version des *Code of Good Subtitling* (Ivarsson/Carroll 1998) (s. Kapitel 2.2.1) an. Lertola schlägt vor, sich bei der Untertitelung im Sprachunterricht auf die folgenden Aspekte des umfangreichen *Codes* zu beschränken:

- Translation quality must be high with due consideration of all idiomatic and cultural nuances;
- The language register must be appropriate and correspond with the spoken text; Subtitle text must be distributed from line to line and page to page in sense blocks and/or grammatical units. [...]

70 Dazu zählen auch Lieder bzw. Songtexte, sofern sie eine handlungstragende Funktion aufweisen.

- Each subtitle must be meaningful and self-contained;
- There must be a close correlation between film dialogue and subtitle: source oral language and target written language should be synchronized as far as possible;
- When it is necessary condense the dialogue;
- Obvious repetition of names and common comprehensible phrases can be omitted.
- Subtitles should stay on the screen for a minimum of one second to a maximum of seven seconds;
- The language should be grammatically correct and make use of punctuation (Lertola 2015: 255f.)

Im Anschluss daran folgt eine (wiederholte[71]) Sichtung des Filmmaterials (‚globality'), welches dann untertitelt werden soll, idealerweise unter Bearbeitung begleitender Sehaufgaben, die bereits para- und nonverbale Merkmale in den Fokus der Rezeption stellen. Es folgt das Verstehen des Gesehenen (‚analysis'). Anders als im Fremdsprachenunterricht kann bei einer anderssprachigen Szene im Deutschunterricht nicht davon ausgegangen werden, dass die Lernenden über Kenntnisse der zu untertitelnden Sprache verfügen. Die Analyse der zu untertitelnden Textteile resultiert also nicht aus spezifischen Hörverstehensübungen unter Einbezug des Wörterbuchs. Auch kann sie sich nicht auf die sprachliche Kompetenz der Lehrkraft beziehen, da diese in den meisten Fällen, die entsprechende Sprache nicht spricht (und das auch nicht tun muss!). Es gilt somit, den Fokus auf andere Aspekte zu legen: So kann das Wissen über die vorausgegangene und die nachfolgende Handlung dazu beitragen, die entsprechende Szene in den Handlungsverlauf einzuordnen und Mutmaßungen über den Inhalt des Gesprochenen anzustellen. Auch die Interpretation von para- und nonverbalen Merkmalen[72] helfen, Inhalt und Funktion des Gesagten näher zu bestimmen. U.U. kann an dieser Stelle auf die Sprachkompetenz von mehrsprachigen Schüler*innen zurückgegriffen werden, die das Gesprochene oder vereinzelte Textteile oder Wörter verstehen. Diese ersten Überlegungen können dann abgeglichen werden mit kulturellem Wissen und Weltwissen, mit dem sich die Interpretationen entweder vereinbaren lassen oder eben nicht, weshalb sie noch einmal überdacht

71 Abhängig ist dies von der Entscheidung der Lehrkraft, in welchem Modus der Film gesichtet werden soll. Unterschieden werden können die folgenden Möglichkeiten: Der gesamte Film wird am Stück rezipiert, der gesamte Film wird in Teilen rezipiert und evtl. durch entsprechende Aufgaben begleitet, der Film wird nur in Ausschnitten rezipiert, fehlende Ausschnitte werden dann z.B. mündlich zusammengefasst (vgl. Staiger 2019a: 45).

72 Im Übrigen handelt es sich hierbei um Aspekte, die innerhalb einer Figuren- bzw. einer Gesamtanalyse Beachtung finden sollten. Das Untertiteln steht in diesem Kontext also nicht für sich, sondern ist einem umfassenden Verständnis des Filmes durchaus zuträglich.

werden sollten. Auch der Einbezug externen Wissens ist denkbar, bspw. durch das Nutzen eines Übersetzungstools oder des Filmdrehbuchs.
Auf dieser Grundlage kann schließlich eine erste Zusammenfassung des (mutmaßlich) Gesagten erstellt werden. Diese dient dann als Ausgangspunkt, um den Inhalt in die formalen Konventionen der Untertitel zu übertragen (‚synthesis'). Hierbei kann bei entsprechenden Kenntnissen die konventionelle Untertitelungsform, wie sie Ivarsson und Carroll vorgeben, bewusst gebrochen werden, indem bspw. mit Bezug auf die kreative Untertitelung verschiedene Schriftarten, -größen oder -farben erprobt werden.
In einem abschließenden Schritt soll schließlich eine Reflexion erfolgen (‚reflection'), welche sich auf zwei Ebenen beziehen sollte: Zum einen gilt es, die Methode und den Prozess des Untertitelns zu reflektieren. So können u.U. noch einmal Textstellen näher in den Fokus (der gesamten Klassengemeinschaft) rücken, bei denen sich das Interpretieren des Gesagten als besonders herausfordernd erwies, wie die Untertitler*innen damit umgegangen sind und wie sich dies auf ihre Arbeit auswirkte. Zum anderen sollen die Arbeitsergebnisse aber auch gemeinsam rezipiert werden, um so eine Würdigung zu erfahren und gleichermaßen zu überprüfen, ob die Untertitelung das gestellte Problem („Übersetze die anderssprachigen Textteile für andere Rezipierende") zielführend lösen konnte. In diesem Rahmen bietet es sich zudem an, über die gewählte Methode zu reflektieren und diese und ihre Wirkung bspw. mit der Synchronisierung zu vergleichen. Dadurch eröffnen sich Überlegungen, die nicht nur alle Lernbereiche des Deutschunterrichts, sondern auch alle Kompetenzfelder des Kompetenzmodells der Länderkonferenz MedienBildung (Filmnutzung, Filmanalyse, Filmeproduktion und Präsentation, Film in der Mediengesellschaft) betreffen.

Eine besondere Herausforderung (sowohl auf Seiten der Schüler*innen als auch der Lehrer*innen) ist die technische Realisierung der Untertitelung. Freilich wäre es denkbar, die Schreibaufgabe mit Zettel und Stift zu bearbeiten, z.B. indem unter entsprechende Filmstils die zweizeiligen Untertitel händisch notiert werden. Dadurch würde die Methode jedoch einiges an Potential verschenken. So gilt das Schreiben mit Computer oder Smartphone einerseits als Erleichterung auf der motorischen Ebene des Schreibens und kann deshalb v.a. für Schüler*innen, die Schwierigkeiten beim Schreiben zeigen, vorteilhaft wirken (vgl. Geist/Krafft 2017: 102). Andererseits kann sich das digitale Schreiben auch motivierend auf die Schreibhaltung auswirken. Zudem würde ein Unterschlagen des technischen Aspekts von Untertiteln dem Medium kaum gerecht werden, denn der Nutzen von Untertiteln liegt ja nicht nur darin, dass sie den Inhalt des Gesagten „übersetzen", sondern dass diese Übersetzung zeitgleich mit dem Bild, auf das sich der Sprechtext bezieht, rezipiert wird. Durch ein „Mitlesen auf dem Papier" wäre eine solche Schrifttext-Bild-Ton-Kombination, die den Nutzen von Untertiteln begründet, nicht möglich. Gabriele Blell empfiehlt in ihren Ausführungen zum fremdsprachdidaktischen Potential mehrsprachiger Spielfilme die frei zugängliche Untertitelungssoftware *Subtitle Workshop* (vgl. Blell 2016: 312), die für alle gängigen Betriebssysteme (Windows, Mac, Linux) zur Verfügung steht (Stand März 2020). Auch das vom EU-Programm „Lifelong Learning“ (2011-2014) geförderte *ClipFlair* bietet sich dazu an, Untertitel zu erstellen (vgl. Lertola 2015: 247f.). Es handelt sich hierbei um ein online verfügbares Programm, das nicht auf den PC heruntergeladen werden muss. Es ist jedoch ausschließlich mit dem Windows-Betriebssystem verfügbar. Auch die kostenlosen Programme *Windows Movie Maker* (für das Windows-Betriebssystem) und *iMovie* (für das Betriebssystem von Apple) ermöglichen das einfache Untertiteln.

Das Untertiteln von Filmausschnitten kann nach Definition von Bachmann und Becker-Mrotzek als profilierte Aufgabe gestaltet werden. So geht das gestellte Problem – anderssprachige Filmausschnitte für andere Rezipierende verständlich zu machen – mit einer klar definierten Funktion einher: Das Untertiteln hat Relevanz für die Rezipierenden; somit werden nicht nur ein situiertes Problem, sondern gleichermaßen die Leser*innen (oder besser: die Nutzer*innen) umrissen. Diese werden die Untertitel schließlich auch zur Filmrezeption nutzen, um ein unmittelbares Feedback geben zu können. Das erforderliche Hintergrundwissen (im Sinne von Sprachwissen, kulturellem Wissen, Weltwissen) sollte von der Lehrkraft zur Verfügung gestellt bzw. in Form eines kooperativen Lernsettings oder mit der Lehrkraft gemeinsam erschlossen werden. Auch die Lehrkraft zählt bei dieser Aufgabe nur zum Teil als Expert*in und kann er*sie vermutlich bzgl. der Formulierung von Untertiteln oder bei der technischen Umsetzung behilflich sein, bei der Interpretation des Gesagten (analysis) besitzt sie aber u.U. die gleichen Sprach(-un-)kenntnisse wie die Schüler*innen. Das Untertiteln bietet sich ganz besonders in einem kooperativen Setting an, denn nicht nur das Schreiben, sondern vor allem das Aushandeln von Bedeutungszuschreibungen der anderssprachigen Textteile gewinnt durch die soziale Interaktion ungemein dazu. Aufgrund des begrenzten Umfangs sowie des kooperativen Settings findet zudem eine Differenzierung statt: auch schreibschwächere Schüler*innen sind dadurch in der Lage, das gestellte Problem zu lösen und erzielen somit schnell ein Erfolgserlebnis, das zum weiteren Schreiben motivieren kann. Die Methode eignet sich daher auch bereits in Klassen der Primarstufe, hat aber ebenso in der Sekundarstufe noch ihre Berechtigung, wo sie ggf. mit dem Fremdsprachenunterricht verknüpft werden und somit als Brücke zur sprachübergreifenden Filmbildung (Blell et al. 2016) fungieren kann.

Die vorangegangenen Ausführungen sollten zeigen, dass der Film ganz problemlos seinen Platz im schulischen Schreibunterricht finden bzw. den schon gewonnen Platz ohne große Mühe verteidigen kann. Die Kombination aus ‚klassischen‘ Textformen

(Inhaltszusammenfassung, Figurencharakteristik) und ‚neueren' filmspezifischen Textformen (Exposee, DVD-Werbetext) bieten ein breites Spektrum an, um *für* Filme, *zu* Filmen und *über* Filme zu schreiben (vgl. Staiger 2019a: 38). All diese Verfahren gelten für den mehrsprachigen Film gleichermaßen. Der mehrsprachige Film erweitert dieses bereits bestehende Repertoire an Textformen zudem um die Untertitelung. Wie dargelegt wurde, bietet sich diese Form bestens dazu an, profilierte Aufgaben zu formulieren, die Schüler*innen zum Schreiben motivieren, über die sprachliche Gestaltung des Films sowie über gelingende und misslingende Kommunikation im Allgemeinen nachdenken lassen und einen Einblick in die kulturübergreifende Praxis des Untertitelns geben. Die Schüler*innen werden zudem produktionsorientiert an eine Textform herangeführt, die durch die Zunahme von mehrsprachigen Spielfilmen, aber auch in digitalen Spielen oder in Videos auf sozialen Plattformen wie Snapchat, Instagram oder Facebook[73] stetig zunehmen. Sie erwerben einerseits Rezeptionskompetenzen, um den Anforderungen begegnen zu können, die die Rezeption von Schrifttext-Bild-Ton-Kombinationen stellen. Andererseits erwerben sie Produktionskompetenzen, um selbst in diesem Feld zu handeln, um mehrsprachige Videos sprach- und kulturübergreifend teilbar zu machen, um Videos zu produzieren, die durch Untertitelung auch in Bus, Bahn oder an der Supermarktkasse ohne Ton rezipiert werden können – kurzum: um am kulturellen und digitalen Leben partizipieren zu können.

5.1.3 Lesen – mit Texten und Medien umgehen

Der dritte Lernbereich der Bildungsstandards umfasst einerseits die grundlegenden Lesefertigkeiten und andererseits das Verstehen und Nutzen von literarischen und pragmatischen Texten in printmedialer und jedweder anderen medialen Ausprägung. Ausgehend von einem erweiterten Textbegriff wird der Film dabei immer mitgedacht, auch wenn er nicht an jeder Stelle explizit genannt, sondern unter dem Begriff der Medien subsumiert wird. Der Umgang mit literarischen Texten soll einerseits Lesefähigkeiten, Leseinteresse und Lesebereitschaft fördern und andererseits zu Empathie und Fremdverstehen beitragen (vgl. KMK 2004: 9). So wird bspw. in den Bildungsstandards für die Primarstufe formuliert: „Beim Hören und Lesen literarischer Texte beschäftigen sich die Kinder mit wichtigen sie bewegenden Fragen und setzen sich identifizierend und abgrenzend mit literarischen Figuren auseinander" (KMK 2005a: 9). Dabei wird auch das interkulturelle Lernen mitgedacht (vgl. KMK 2004: 7; KMK 2005a: 6; KMK 2005b: 6). Ganz allgemein gesprochen geht es Literaturunterricht also um **Identitätsbildung** (vgl. Kepser/Abraham 2016: 18).

73 Vgl bspw. https://blog.mynd.com/de/videos-untertitel-anleitung (zuletzt aufgerufen am 17.06.2020)

Identitätsbildende Konzepte, die den Film als einen Lerngegenstand des Literaturunterrichts begründen, gibt es – wie eingangs ausgeführt wurde – mittlerweile immer mehr. Dabei wird immer wieder auf das Potential verwiesen, das der Film für das Literarische Lernen im Allgemeinen hat und bei entsprechend verhandelten Themen und Motiven auch für das interkulturelle Lernen. Dadurch kann er der Anbahnung von Fremdverstehen und Empathie dienen. Dieses (literaturdidaktische) Potential erkennt die deutschdidaktische Forschung und Praxis mittlerweile weitgehend an. Freilich war der Literaturunterricht schon immer Medienunterricht, durch die Entwicklung mediendidaktischer Strömungen erweiterte er sein Gegenstandsfeld von printliterarischen Texten hin zu anderen medialen Textformaten wie dem Hörspiel, dem Spielfilm oder jüngst dem Computerspiel. Der Film zählt neben Epik, Lyrik und Dramatik als „vierte fiktionale Großgattung" (Kepser/Abraham 2016: 52).
Dazu bedarf es zunächst nicht einmal der expliziten Erwähnung konkreter Medienformen, denn – so fordert Maiwald (2013: 231) – „[w]o für eine fachorientierte Medienintegration explizite Curricula fehlen, sind entsprechende Vorgaben medienbezogen zu integrieren". Auf dieser Grundlage ist das „literaturnahe[ ] Lernpotential" (Paefgen 2006: 187) des Mediums Film relativ gut erschlossen.
Der mehrsprachige Spielfilm verändert das literaturdidaktische Potential des Mediums nun nicht grundlegend, allerdings kann er an vereinzelten Punkten neue Impulse stärker aufgreifen, als dies ein einsprachiger Film bisweilen kann. Die folgenden Überlegungen wollen daher das Interkulturelle Lernen verstärkt in den Blick nehmen und schließlich in einem abschließenden Absatz auf das Literarische Lernen und die spezifischen Potentiale des mehrsprachigen Films in diesem Bereich verweisen.

Schnittstellen zu einer interkulturellen Literaturdidaktik

Schüler*innen ein Gefühl für das Fremde und für Fremdheit zu vermitteln und sie dadurch auf ein Leben in „postnationalen Konstellationen" (Dawidowski 2015: 17) vorzubereiten, ist zur allgemeinen Aufgabe der schulischen Bildung und somit auch des Faches Deutsch geworden. Während die Zielsetzung oftmals klar ist („Schülerinnen und Schüler werden sich der eigenen kulturellen Pluralität bewusst, erkennen kulturelle Vielfalt, nehmen sie als positiv wahr und lernen damit umzugehen" [Honnef-Becker 2019: 76]), kann dies für die Benennung eines Unterrichts, der dieser Aufgabe nachkommen will, nicht gesagt werden. So sprechen die einen von einem interkulturellen Deutsch- bzw. Literaturunterricht (Dawidowski 2015, Kilian/Neuland 2019), die anderen von einem transkulturellen Deutsch- bzw. Literaturunterricht (Kepser 2015, Dawidowski 2019). Dieser Terminologiediskurs ist jedoch kein ausschließlich der Deutschdidaktik inhärenter, sondern kann auch in anderen Disziplinen so oder so ähnlich verzeichnet werden. Zur Schwierigkeit der Begrifflichkeit resümiert Oueslati knapp: „[U]nter dem Begriff interkulturelle Pädagogik [können] heute eben inter- und transkulturelle und rassismuskritische Haltung gemeint werden" (Oueslati 2014: 24f.). Diese Forschungserkenntnis schlägt sich jedoch noch nicht in einem Konsens nieder, denn

> *dies würde eben bedeuten, dass mit dem Begriff zusätzlich transkulturelle oder rassismuskritische Haltungen in Verbindung gebracht werden müssen. Doch oft wird die interkulturelle Pädagogik, vor allem in der Unterrichtspraxis, leider nur auf das reduziert, was ihr Name eben beinhaltet: Inter-kulturalität (ebd.).*

Die Unterscheidung der Begriffe Interkulturalität und Transkulturalität fußt auf den diesen Konzepten zugrundeliegenden kulturtheoretischen Ansätzen: Der kulturphilosophische Ansatz von Wolfgang Welsch stellt ein Gegenmodell zum tradierten Nations- und Kulturbegriff Herders dar, der Kulturen als voneinander abgrenzbare Kugeln wahrnimmt. Auch die Konzepte der Multi- und Interkulturalität rekurrieren auf Herders Kugelmodell, sie verzeichnen und betonen Unterschiede innerhalb von Gesellschaften (Multikulturalität) und zwischen den Gesellschaften (Interkulturalität) (vgl. Welsch 2009: 7). Im Gegensatz dazu stellt Welsch in seinem Ansatz dar, dass „Alltagsroutinen, Kompetenzen, Überzeugungen, Umgangsformen, Sozialregulationen [und] Weltbilder" (Welsch 2009: 1) aufgrund zunehmender Globalisierung nicht an nationale Grenzen gebunden sind, sondern durch ebendiese Kulturgrenzen hindurchgehen, sich überschneiden und in mehreren Kulturen zu finden sind (vgl. ebd.: 4) – sie sind daher als transkulturell zu bezeichnen. Doch nicht nur auf der Makroebene der Gesellschaft verzeichnet Welsch Transkulturalität: auch Individuen sind transkulturell geprägt, eine Vielzahl der Menschen sind durch mehrere kulturelle Herkünfte oder Verbindungen bestimmt (vgl. ebd.: 5). Welsch betont jedoch, dass es (kulturelle) Unterschiede auch in seinem Konzept weiterhin gebe, allerdings „handelt [es] sich nicht mehr um Unterschiede zwischen nebeneinander stehenden Monokulturen, sondern um Unterschiede von Individuum zu Individuum oder von Gruppe zu Gruppe bei insgesamt anwachsender Gemeinsamkeit" (ebd.: 14).

Lüsebrink grenzt den Begriff der Transkulturalität zudem noch etwas klarer von ähnlichen Begrifflichkeiten (Interkulturalität, Multikulturalität) ab, wenn er schreibt, dass Transkulturalität auf Phänomene und Prozesse der kulturellen Grenzüberschreitung verweise (vgl. Lüsebrink 2016: 22). Auch er betont dabei: Transkulturelle Phänomene sind somit Phänomene, die mehreren Kulturen oder Kulturräumen gemeinsam sind, bspw. das lateinische Alphabet, kulturübergreifende Medienangebote (vgl. hierzu auch Kepser 2015) oder die sog. Amerikanisierung, also der kulturelle und wirtschaftliche Einfluss Nordamerikas auf die Welt (vgl. Lüsebrink 2016: 22). Transkulturalität und Interkulturalität sind laut Lüsebrink also keine sich ausschließenden Gegensatzpaare, sondern sie sind in vielen Fällen miteinander verbunden:

> *Transkulturelle Phänomene ziehen ihrerseits häufig, wenn auch nicht durchgehend, interkulturelle Prozesse nach sich, die sich mit der Methodik des Kulturtransfers analysieren lassen: Der Transfer und die Aufführung beispielsweise von Filmen und Theaterstücken in anderen Kulturen und Kulturräumen ist häufig mit Formen der sprachlichen, aber auch der interkulturellen Adaption verknüpft, die von der Synchronisation über die Einfügung von Untertiteln und Zusatzerklärungen bis hin zur kulturspezifischen Ästhetik von Programmheften und Film- sowie Theaterplakaten reicht (ebd.: 23).*

Die Fremdsprachendidaktikerin Britta Freitag-Hild sieht die Begriffe Interkulturalität und Transkulturalität ebenfalls nicht als zwei sich ausschließende Gegensätze. Stattdessen plädiert sie für die Erweiterung eines interkulturellen Literaturunterrichts um eine transkulturelle Perspektive, weil dadurch „interne kulturelle Differenzen, kulturelle Grenzüberschreitungen und Hybridisierungen sowie komplexe Identifikationsentwürfe genauer erfasst und beschrieben werden können [...]“ (Freitag-Hild 2010: 347). Auch Stork sieht einen Zusammenhang zwischen den beiden Begriffen, wenn er die von ihm verwendete Terminologie rechtfertigt:

> *In dieser Hinsicht inkorporiert der interkulturelle Bildungsansatz stets eine transkulturelle Dimension, nämlich die der Hybridisierung und der Aushandlung von Gemeinsamkeiten. Meiner Auffassung nach ist es deshalb nicht vonnöten eine klare Grenze zwischen inter- und transkulturellem Lernen zu treffen (Stork 2012: 121).*

Um die Problematik und Uneinheitlichkeit des Begriffs wissend, spreche ich im Folgenden aus zwei Gründen von Interkulturalität: Einerseits beinhaltet in meinem Verständnis die interkulturelle Bildung auch transkulturelle Haltungen und stellt für mich somit einen Überbegriff statt einer begrifflichen Verengung dar. Andererseits dominiert der Begriff der Interkulturalität v.a. im deutschdidaktischen Diskurs nach wie vor (vgl. Dawidowski 2015: 17), weshalb in entsprechenden Publikationen eben vorrangig vom interkulturellen Deutsch- bzw. Literaturunterricht die Rede ist. Betrachtet man Interkulturalität als Überbegriff kann eine Subsumierung von interkulturellen und transkulturellen Ansätzen gelingen.

Traditionell stellt das von Michael Byram (1997) modellierte Konzept der Intercultural Communicative Competence (ICC) die Basis für interkulturelles Lernen dar. Das ICC-Konzept gliedert sich in fünf Kompetenzschwerpunkte (vgl. zusammenfassend Kepser 2015: 79f.):

- *Savoir*: interkulturelles Wissen, das Schüler*innen ermöglicht, fremdsprachige Texte und Filme zu verstehen und sich mit fremden Kulturen auseinanderzusetzen
- *Savoir-faire*: interkulturelle Handlungsfähigkeit in ungewohnten Situationen

- *Savoir-être*: interkulturelles Bewusstsein, um fremde Perspektiven einzunehmen, Empathie zu entwickeln und kulturelle Vielfalt wertzuschätzen
- *Savoir-s'engager*: Fähigkeit zur kritischen Beurteilung der Eigen- sowie Fremdkultur
- *Savoir-apprendre/comprendre*: Bereitschaft, fremde Kulturen zu verstehen und lebenslang dazuzulernen

Zusammenfassend setzt sich Interkulturelle Kommunikative Kompetenz nach Byram also aus vier Dimensionen zusammen: der (1) Einstellung/Haltung, die dazu führen soll, Ethnozentrismus zu vermeiden, (2) dem Bewusstsein über die eigene kulturelle Prägung und deren Auswirkung auf das Bild einer fremden Kultur, (3) dem kognitiven Wissen über fremde Kulturen, das nicht nur ein Faktenwissen umfasst, sondern auch immer „eigenkulturelle[ ] Sachverhalte und vorgefasste[...] Bilder über die Fremdkultur" (Stork 2012: 123) berücksichtigt, und schließlich (4) den Fähigkeiten, sich in interkulturellen Situationen angemessen verhalten, sich kulturelle Phänomene erklären und sich neues kulturelles Wissen aneignen zu können.
Vor allem in der Fremdsprachendidaktik, die sich das Interkulturelle Lernen schon wesentlich länger zur Aufgabe macht als die Deutschdidaktik, wird das Byramsche Konzept breit rezipiert und für den unterrichtlichen Kontext modifiziert. Das Modell wurde im fremdsprachdidaktischen Kontext daher ergänzt – einerseits um die Dimension der Sprachkompetenz (savoir communiquer) sowie andererseits um die Bereitschaft, sich mit der eigenen und fremden Körperlichkeit auseinanderzusetzen. Ziel dabei ist es, diese in der interkulturellen Kommunikationssituation zu nutzen und durch sie Aufgeschlossenheit, Akzeptanz und Toleranz auszudrücken (savoir perçevoir) (vgl. Kessler 2008: 55). Stork greift diese Erweiterungen auf und integriert sie in seine Darstellung (s. Abbildung 10), die als Grundlage für seinen Ansatz dient, der Film- und Dramendidaktik für einen interkulturellen Englischunterricht kombinieren und fruchtbar machen will und die auch Anknüpfungspunkte im Deutschunterricht finden kann. Im Zentrum des Modells steht dabei das Bewusstsein, eine Bereitschaft für die Auseinandersetzung mit Eigen- und Fremdkultur sowie mit der eigenen und fremden Körperlichkeit. Das metakognitive Bewusstsein nimmt somit eine zentrale Schlüsselrolle im Modell ein, die als Grundlage für Fähigkeiten, Einstellungen/Haltungen und Wissen interpretiert werden kann.

Spezifisch für die Deutschdidaktik legte Heidi Rösch einen Ansatz vor, der es sich zur Aufgabe macht, auf die veränderten gesellschaftlichen und globalen Entwicklungen zu reagieren, die interkulturelle Akzentuierung von Lerngegenständen verstärkt zu betonen sowie interkulturelle Kompetenz anzubahnen (vgl. Rösch 2008: 92). Interkulturelle Kompetenz definiert sie dabei in Anlehnung an Weinerts Kompetenzdefinition als „die verfügbaren oder erlenbaren kognitiven Fähig- und Fertigkeiten, um

	Fähigkeiten Interpretieren und verstehen *(savoir comprendre)* *(savoir perçevoir)* Erkennen des Kommunikationsgehalts körperlicher Äußerungen	
Wissen Über eigene & fremde Kultur/en *(savoirs)* *(savoir perçevoir)* Wissen über kulturspezifische körperliche Zeichen	**Bewusstsein** Bereitschaft zur kritischen Auseinandersetzung mit eigener & fremder Kultur *(critical cultural awareness, savoir s'engager)* *(savoir perçevoir)* Bereitschaft zur kritischen Auseinandersetzung mit der eigenen Körperlichkeit und der des anderen	**Einstellungen / Haltungen** Toleranz, Empathie, Offenheit, Abstand vom Ethnozentrismus *(savoir être)* *(savoir perçevoir)* Bereitschaft zu körperlicher Kommunikation dieser Haltungen
	Fähigkeiten Entdecken und interagieren *(savoir apprendre / savoir faire)* *(savoir perçevoir)* Körperlich kompetent interagieren	
	savoir communiquer	

Abbildung 10 Modell der interkulturellen kommunikativen Kompetenz in Anlehnung an Byram 1997, Müller-Hartmann/Schocker-von Ditfurth 2005, Kessler 2008 (Stork 2012: 124)

interkulturelle Kommunikation zu gestalten“ (ebd.: 95). Interkulturelle Kommunikation umfasst im Sinne des Weinertschen Begriffs weiterhin kognitive Fähigkeiten (verstanden als Erwerb und Umsetzung von Wissen), kognitive Fertigkeiten (verstanden als methodische Grundlagen), soziale Bereitschaften und Fähigkeiten sowie motivationale und volitionale Bereitschaften und Fähigkeiten (vgl. ebd.: 96). Für den Deutschunterricht bedeutet das, dass dieser eine kulturwissenschaftliche Ausrichtung erfahren müsse, was sich auch in einer Ausweitung der Lerngegenstände (z.B. auf Pop-Kultur und -Literatur, Jugendsprache(n) oder Ethnolekte) bemerkbar machen müsse. Als Lerngegenstände für einen interkulturellen Literaturunterricht empfiehlt Heidi Rösch kanonische Texte, Bilder- und Kinderbücher, Migrationsliteratur der Gegenwart sowie international verbreitete Literatur, deren Gemeinsamkeit es ist, dass sie interkulturelle Begegnungen und Konflikte thematisieren (vgl. ebd.: 100ff.). Zusammenfassend geht es also um Texte, die Fremdheitserfahrungen darstellen und vermitteln sollen (vgl. Honnef-Becker 2019: 76).

In diese Nennung kann sich der Film problemlos einreihen (so benennt Rösch bspw. Fatih Akins *Gegen die Wand* [D/TR 2004] als ein mögliches Beispiel für Migrationsliteratur der Gegenwart [vgl. ebd.: 102]), der sich nicht nur auf inhaltlicher Ebene mit Inter- und Transkulturalität auseinandersetzen und somit entsprechende Fremdheitserfahrungen anbieten kann, sondern der auf Produktions- und Rezeptionsseite fast immer durch Inter- bzw. Transkulturalität geprägt ist (vgl. Kepser 2015). In der

Fremdsprachendidaktik werden die Aspekte „(Inter-)Kulturelles Sehverstehen und Interkulturelles Lernen“ (Blell/Lütge 2008: 128) daher an prominenter Stelle in einem Modell zur Filmbildung im Fremdsprachenunterricht positioniert (vgl. dazu auch Surkamp 2004). Gemeint ist damit die „Befähigung zur Analyse filmischer Vermittlung kultureller u. gesellschaftlicher Gegebenheiten eigener und fremder visueller Kulturen“ sowie die „Entwicklung von kulturellem Sehverstehen im Spannungsfeld der Visualität bildproduzierender und bildrezipierender Kulturen & Förderung des Fremdverstehens“ (Blell/Lütge 2008: 129). Rösch (2008) benennt fünf Konzepte, um das interkulturelle Potential von Literatur und Medien im Deutschunterricht aufzugreifen:

- Die Thematisierung von multiplen Identitäten und kultureller Hybridisierung (ebd.: 103)
- Anbahnung von Empathie durch Perspektivübernahme literarischer Figuren und durch einen Perspektivwechsel (ebd.: 104)
- Multiperspektivische Imagination als das Wahrnehmen anderer Vorstellungsbilder und das In-Beziehung-Setzen zu eigenen Vorstellungsbildern (ebd.: 105f.)
- Kognition und Dekonstruktion als methodische Verfahren zur Entschlüsselung eines Textes (ebd.: 106)
- Gestaltung von Interkulturalität durch produktive Verfahren (ebd.)

Mittlerweile werden interkulturelle Begegnungen oder Konflikte im Film zunehmend mehrsprachig arrangiert – oder anders herum kann man sagen: ein mehrsprachiger Film zeigt immer auch in irgendeiner Art interkulturelle Begegnungen und/oder Konflikte. Eine Implementierung des mehrsprachigen Films in den Deutschunterricht kann somit als Brücke dienen: einerseits zwischen fachdidaktischem Lernen und interkultureller Bildung[74], andererseits zwischen Deutschdidaktik und der verwandten Fremdsprachendidaktik, die bereits konzeptionelle wie methodische Überlegungen bzgl. einer interkulturell orientierten Filmarbeit vorlegt. Die bisherigen Überlegungen einbeziehend kristallisieren sich für den mehrsprachigen Film im Rahmen eines interkulturellen Deutschunterrichts die folgenden Potentiale heraus:

Die Förderung des Verstehens von fremdsprachigen Gesamttexten durch interkulturelles Wissen (savoir) erfolgt v.a. im Fremdsprachenunterricht unter Einbezug der zu erlernenden Fremdsprache. Einem Deutschunterricht, in dem der mehrsprachige

74 Blell konstatiert für den mehrsprachigen Film, dass kulturelles und sprachliches Handeln zusammengedacht werden müsse, da es einerseits um die Entschlüsselung des Gesagten (und damit einhergehend um das Entdecken von Gemeinsamkeiten und Unterschieden von Sprache) geht, andererseits funktioniert diese Dekodierung nicht ohne Deutung und Verstehen der kulturellen Konnotation (vgl. Blell 2015: 36).

Film als Lerngegenstand im Fokus steht, kann es im Gegensatz zum Fremdsprachenunterricht nicht darum gehen, durch differenzierte Hör- und Hör-Seh-Übungen eine möglichst textnahe Übersetzung der fremdsprachigen Dialoge zu geben. Stattdessen soll es eher um die Vermittlung von Strategien gehen, wie das Verstehen oder Erschließen anderssprachiger Situationen im Film (und im Übertrag dann auch in der extradiegetischen Realität der Schüler*innen) erfolgen kann. Hierzu erweist sich das Einbeziehen der Körperlichkeit, wie sie Stork vornimmt, als durchaus gewinnbringend: Vor allem in Situationen, in denen die gesprochene Sprache nur bedingt Aufschluss über das Gesagte zulässt, bietet sich eine Fokussierung der nonverbalen Kommunikation bzw. der Unterstützung des Gesagten durch nonverbale Hinweise an. Diese Körperlichkeit kann zudem im darstellenden Spiel erprobt und anschließend auf die Bedeutung in der eigenen und der fremden Kultur hin reflektiert werden. Das Einnehmen fremder Perspektiven steht immer wieder im Fokus v.a. eines handlungs- und produktionsorientierten Literaturunterrichts. Lernende werden dabei zumeist angehalten, sich in den*die Protagonist*in einzufühlen und aus ihrer Position heraus zu schreiben, zu sprechen oder darzustellen. Handelt es sich bei der Protagonistin oder dem Protagonisten um eine Figur, die sich in einer interkulturellen Situation befindet, bahnt eine handlungs-und produktionsorientierte Aufgabe zur Perspektivübernahme gleichzeitig die Teildimension *Savoir-être* an, also das Bewusstsein, eine andere Perspektive einnehmen zu können und Empathie dafür zu entwickeln. Durch das Einnehmen einer fremden (literarischen) Perspektive kann es gelingen, die Wertschätzung von kultureller Vielfalt sowie Empathiefähigkeit zu unterstützen.
Da Film immer auch Kultur repräsentiert, werden Filme im Fremdsprachenunterricht als „authentische Kulturprodukte" (Blell/Lütge 2008: 134) nicht nur zum sprachlichen, sondern auch zum landeskundlichen Lernen genutzt. Dies gilt natürlich auch für den Deutschunterricht: Der (mehrsprachige) Film kann den Rezipierenden Einblicke in andere Kulturen geben. Dabei ist jedoch vor einer naiven Sehweise zu warnen, die die fiktionale mit der empirischen Wirklichkeit gleichsetzt (vgl. ebd.). Das im Film Gezeigte ist die fiktive Darstellung einer Kultur, die ihrerseits kulturgeprägt ist. Im Sinne der Teildimension *Savoir-s'engager* kann die Darstellung von Kulturen erkannt, hinsichtlich ihrer kulturellen Prägung (handelt es sich bspw. um einen amerikanischen Blockbuster, in dem eine andere Kultur dargestellt wird?) reflektiert und in Bezug auf die empirische Wirklichkeit abgeglichen werden. Ausgehend davon können Parallelen zur außerfilmischen Realität gezogen werden und die kritische Beurteilung der eigenen und fremden Kultur angebahnt werden.
Schließlich kann durch die Begegnung mit mehrsprachigen Filmen, in denen andere Kulturen nicht nur auf der visuellen sondern auch auf der akustischen Ebene dargestellt werden, die Bereitschaft gefördert werden, andere Kulturen zu verstehen (*Savoir-apprendre*). Vor allem in Anbetracht dessen, dass die Begegnung mit anderen Kulturen (sei es in Medien oder in der Realität) einen direkten Bestandteil der

Lebenswelt der Schüler*innen darstellt, ist eine solche Bereitschaft nicht nur wünschenswert sondern unabdingbar. Der mehrsprachige Film kann also somit auch dazu dienen, das von der Kultusministerkonferenz angestrebte Ziel der Interkulturellen Bildung (KMK 2013) anzubahnen, ohne dabei das fachliche Lernen zu vernachlässigen oder zu instrumentalisieren.

Schnittstellen zum Literarischen Lernen

Als Beitrag zur Kompetenzdebatte veröffentlichte Kaspar H. Spinner 2006 seine elf Aspekte[75] des Literarischen Lernens. Spinner sieht im Literarischen Lernen neben dem „Erschließen von Inhalten [...], der Förderung psychologischer Einsichten, dem sozialen Lernen, dem Einblick in die Geistesgeschichte und [...] der Vermittlung von Weltwissen" (Spinner 2006: 7) eine weitere Zielsetzung des Literaturunterrichts. Literarisches Lernen umfasst einerseits die Anbahnung literarästhetischer Bildung und stellt andererseits einen Sammelbegriff für „alle Beiträge literarischen Lesens zur **Persönlichkeitsentwicklung**" (Kepser/Abraham 2016: 113, Herv. i. O.) dar. So werden unter diesem Begriff also Aspekte wie das Eintauchen in einen Text, das imaginative Ausgestalten eines literarischen „Übergangsraums", das Nachempfinden von Emotionen und Stimmungen und das Beurteilen von literarisch präsentierten Situationen und Problemen genannt (vgl. ebd.). Mit den elf Aspekten versuchte Kaspar H. Spinner, einen Orientierungsrahmen für Lehrer*innen (vgl. ebd.) zu schaffen, wobei es keineswegs um Vollständigkeit gehen will, wie die Zahl *elf*, die sich bewusst zwischen die Zahlen zehn und zwölf und deren „Aura von Geboten, Aposteln und Geschworenen" (Maiwald 2015: 85) stellt, bereits andeutet. Auch Spinner betont diese gewollte Unvollständigkeit immer wieder selbst, bspw. wenn er darauf verweist, dass die explizite Berücksichtigung der audiovisuellen Medien hierbei (noch) fehle (vgl. Spinner 2006: 13).

Dass literarisch-ästhetische Sozialisation und somit auch das Literarische Lernen heutzutage in weiten Teilen weniger durch Buchlektüre angebahnt wird, sondern multimedial verläuft (vgl. Abraham 2008a: 14), ist keine neue Erkenntnis. Abraham führte aufgrund dieser Feststellung den Begriff der poetischen Kompetenz ein und

75 Die er wie folgt formuliert: 1) Beim Lesen und Hören Vorstellungen entwickeln, 2) Subjektive Involviertheit und genaue Wahrnehmung miteinander ins Spiel bringen, 3) Sprachliche Gestaltung aufmerksam wahrnehmen, 4) Perspektiven literarischer Figuren nachvollziehen, 5) Narrative und dramaturgische Handlungslogik verstehen, 6) Mit Fiktionalität bewusst umgehen, 7) Metaphorische und symbolische Ausdrucksweise verstehen, 8) Sich auf die Unabschließbarkeit des Sinnbildungsprozesses einlassen, 9) Mit dem literarischen Gespräch vertraut werden, 10) Prototypische Vorstellungen von Gattungen/ Genres gewinnen, 11) Literaturhistorisches Bewusstsein entwickeln (Spinner 2006: 8-13).

betonte damit, dass das „Zeug zur Poesis" (ebd.: 20) nicht nur printmediale Texte, sondern prinzipiell alle Medien innehaben – allen voran der (fiktionale) Film. Poetische Kompetenz umfasst einerseits eine „Nähe zu den Stimmen, Figuren und Schauplätzen der Texte" und andererseits eine „kritische Distanz zu den Formentscheidungen und Ausdrucksabsichten der Autor/-innen" (ebd.: 21). Sie subsumiert somit literarische Rezeptionskompetenz, literarisch-ästhetische Kompetenz sowie literarische Handlungskompetenz (vgl. ebd.) und denkt das Literarische Lernen bzw. die Literarische Kompetenz weiter, indem sie sich explizit medienübergreifend versteht. Poetische Kompetenz gilt somit gleichermaßen für literarische Printtexte wie auch für alle anderen fiktionalen Medienformate wie das Hörspiel (Müller K. 2012), digitale Spiele (Boelmann 2015) oder eben den Film.

Auch Klaus Maiwald erweitert und systematisiert die Überlegungen Spinners, wobei er jedoch betont, dass die Elf Aspekte „ein wertvoller Denkanstoß für die Ausrichtung von Literaturunterricht unter den Gegebenheiten der Kompetenzorientierung" (Maiwald 2015: 92) seien. Gleichermaßen moniert er jedoch fehlende Aspekte (mediale Formen von Literatur, die Wertung von Texten, die literarische [Produktions-] Praxis) und betont, dass einige der von Spinner genannten Operatoren und Begrifflichkeiten konkretisiert bzw. stärker voneinander abgegrenzt werden müssten (vgl. ebd.). Das von ihm vorgelegte Modell (s. Abbildung 11) formuliert literarisches Lernen als Einheit gegenstandsbezogener und subjektbezogener Zielsetzungen, das sich stark an Spinners elf Aspekten orientiert, sich aber dennoch in einzelnen Punkten davon unterscheidet. So beinhaltet das Modell Leseförderung (sowohl im Hinblick auf Lesemotivation als auch auf Lesefertigkeiten) als Basis für alle weiteren Aspekte des literarischen Lernens (vgl. dazu auch Möbius 2008: 143). Als Bindeglied zwischen gegenstands- und subjektbezogenen Zielsetzungen sieht Maiwald die von ihm eingefügte kulturelle Praxis, die das Mitteilen und Aushandeln von Rezeptionserfahrungen sowie die eigene Produktion beinhaltet. Zudem werden Text- und Kontextebene voneinander getrennt und einzelne Einträge erweitert bzw. konkretisiert. Schließlich bezieht sich das Modell nicht ausschließlich auf printmediale Texte, sondern legt einen weiten Textbegriff zugrunde und benennt diesen auch explizit bspw. wenn als mögliches Motiv das musikalische Leitmotiv im Film genannt wird (vgl. ebd.).

Im Folgenden soll die von Maiwald vorgenommene Erweiterung herangezogen werden, um das Potential des mehrsprachigen Films für das Literarische Lernen herauszuarbeiten. Wenngleich sich eine Schnittmenge zu allen genannten Aspekten herstellen ließe, sollen vor allem die Punkte herausgegriffen werden, die für das Vorgehen in Kapitel 6 besonders relevant erscheinen.

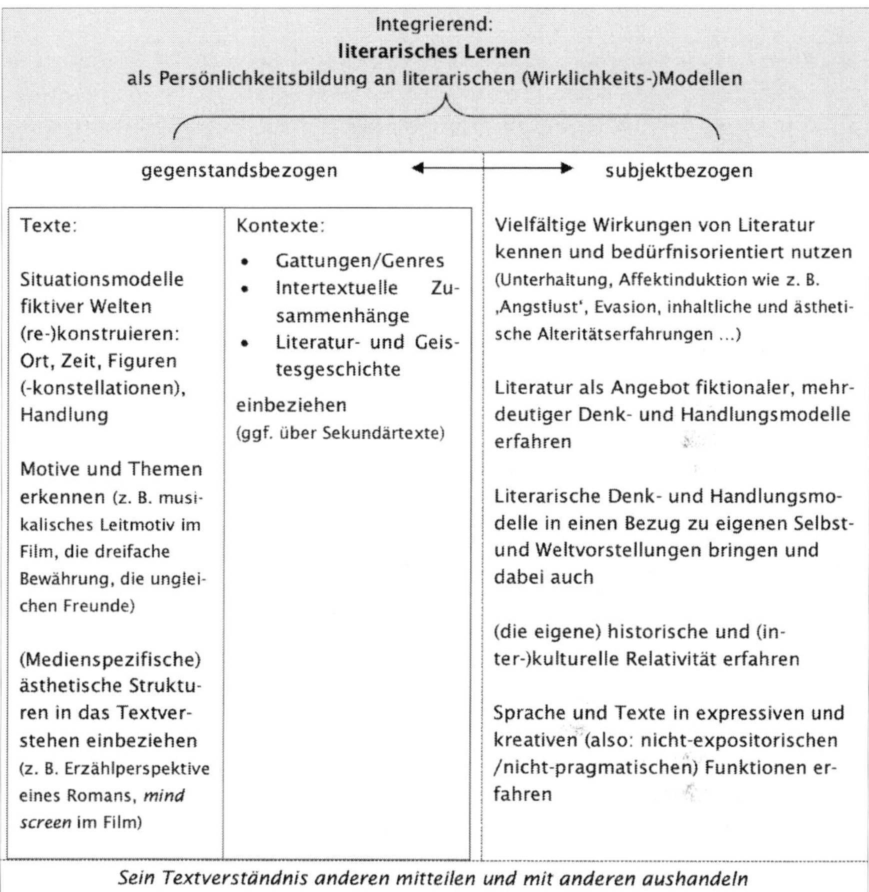

Abbildung 11 Literarisches Lernen als didaktischer Integrationsbegriff (Maiwald 2015: 93

a) Situationsmodelle fiktiver Welten (re-)konstruieren:

Dass filmische Mehrsprachigkeit immer im Zusammenhang steht mit Orten und Figuren, wurde im ersten Teil dieser Arbeit ausgeführt. Dieser Zusammenhang kann nicht nur als Kategorisierungsraster, sondern auch im Literaturunterricht für die Interpretation genutzt werden (vgl. auch Spinner 2018: 62). Oliver Ruf legte ein Unterrichtskonzept vor, in dem er Fatih Akins *Gegen die Wand* auf Grundlage von Lot-

mans Raumsemantik[76] erschloss (Ruf 2010). Durch den Rückgriff auf das Modell des russischen Formalisten gelang es ihm, „die semiotische Komplexität des Films wie auch seine interne interkulturelle filmische Erzählweise“ (ebd.: 90) zu unterstreichen. Wie bereits gezeigt wurde, lässt sich eine solche semiotische Komplexität in einer Vielzahl mehrsprachiger Filme erkennen, in denen die interkulturelle Begegnung eine signifikante Rolle einnimmt. Dadurch können die Überlegungen Rufs auf den mehrsprachigen Film übertragen werden, wenngleich er die gesprochene Sprache, die ja eben auch einen Zusammenhang zwischen Raum und Figur darstellt, in seinen Überlegungen eher außen vor lässt. Ruf schlägt ein Unterrichtskonzept für die gymnasiale Oberstufe vor, das sich in vier Phasen der raumsemantischen Ausgestaltung des Films annähert: Nach einer Einstimmung in die raumsemantische Struktur mithilfe einer „Raumgeschichte“ (Phase 1) folgt die „subjektive Konkretisation der filmischen Realisation“ (ebd.: 91) durch eine Beschäftigung mit den Eröffnungsszenen (Phase 2) – sowohl in der Print-Version des Drehbuchs als auch schließlich in der filmischen Umsetzung. Im Anschluss daran setzen sich die Schüler*innen sowohl produktionsorientiert als auch analytisch mit der raumsemantischen Ausgestaltung des Films auseinander, indem sie den Zusammenhang zwischen den Räumen und den sich darin bewegenden Figuren herausarbeiten (Phase 3). Schließlich sollen diese Schritte dazu führen, „das – interkulturelle – Gesamtverständnis des Films“ (ebd.) artikulieren zu können (Phase 4).
Rufs Unterrichtsvorschlag zeigt mehreres: Zum einen setzt er sich dezidiert mit der Raumgestaltung in literarischen Texten auseinander und erfüllt somit die Forderungen der Bildungsstandards. Er greift dabei auf eine dem russischen Formalismus entstammende Erzähltheorie zurück, die sich für den (mehrsprachig) interkulturellen Film als fruchtbar erweist, um die filmische Handlung anhand der semantischen Räume nachzeichnen und analysieren zu können. Zum anderen ließe sich an dem von Ruf gewählten Beispiel auch die raumseparierende sowie die charakterisierende

76 Auch Kaspar H. Spinner (2008) legt ein Unterrichtskonzept vor, das die Raumsymbolik als didaktischen Zugang zur Filminterpretation hernimmt. Er sieht dabei Interpretationskompetenz als übergeordnetes Ziel einer Filmdidaktik. Wahrnehmungsbildung und symbolisches Verstehen (zwei Aspekte des literarischen Lernens) sind zentrale Kategorien, um diese anzubahnen (vgl. Spinner 2008: 43). In der filmischen Raumgestaltung, die in vielen Filmen besonders symbolisch besetzt ist, sieht Spinner daher ein besonderes didaktisches Potential, um bewusstes symbolisches Filmverstehen zu vermitteln (ebd.: 45). Auch Spinner bezieht sich auf die Überlegungen Lotmans und nähert sich einer Gesamtinterpretation des Films ausgehend von den Raumkonzepten. Er zeigt dabei anhand der Beispiele *Chocolat – Ein kleiner Biss genügt* (UK/USA 2000) und *Die fabelhafte Welt der Amelie* (F/D 2001) auf, dass Raumkonzepte als Ausgangspunkt für Beobachtungen „zu weiteren Gestaltungsmitteln und zu den inhaltlichen Zusammenhängen“ (ebd.: 52) dienen können.

Funktion des Verfahrens Mehrsprachigkeit herausarbeiten, die den inter- und innerkulturellen Konflikt, in dem sich die beiden Protagonisten Cahit und Sibel befinden, auch auf der akustischen Ebene noch einmal verdeutlicht. Eine Fokussierung auf die Mehrsprachigkeit des Films würde somit die Darstellung der Räume und der sich darin bewegenden Figuren noch genauer ausdifferenzieren, und sie böte somit eine Möglichkeit, auch die akustische Ebene in die Gesamtanalyse miteinzubeziehen. So trägt nämlich bspw. die sprachliche Realisierung bereits in den ersten beiden Szenen dazu bei, die kontrastiv gegenübergestellten Räume sowie den Protagonisten, der sich wohl dazwischen bewegt, zu erkennen: die Sängerin, die vor dem Bosporus und der Skyline Istanbuls steht, singt eine Ballade über die unerwiderte Liebe – auf Türkisch. In der darauffolgenden Szene wird Cahit während seiner Arbeit als ‚Springer' in Nachtclub gezeigt. Die mit dem Markennamen ‚Astra' beschrifteten Bierkästen, Hinweisschilder sowie eine deutsche Preistafel, vor der Cahit schließlich ein Bier trinkt, lassen auf der Bildebene keinen Zweifel daran, dass sich der Protagonist nicht in dem in der ersten Szene gezeigten Raum befindet, sondern in einem deutschen Club. Das daran anschließende Gespräch mit seinem Kollegen Seref auf Türkisch (für die deutschen Rezipierenden untertitelt) zeigt aber dennoch, dass Cahit eine Verbindung zu beiden gerade etablierten und voneinander abgegrenzten Räumen hat. Die raumsemantische Filmanalyse wird durch den Einbezug der im Film gesprochenen Sprache somit nicht erschwert oder überlastet, sondern lediglich präzisiert, und Mehrsprachigkeit im Film wird als das wahrgenommen, was sie nun einmal ist: ein filmisches Verfahren, das eine Funktion erfüllt – in diesem Fall u.a. auch eine raumseparierende und figurencharakterisierende.

Wenngleich Ruf mit seiner Filmauswahl (FSK 12, JMK 14) seinen Fokus ganz klar auf die gymnasiale Oberstufe legt, heißt dies im Umkehrschluss jedoch nicht, dass eine (didaktisch reduzierte) Analyse der Raumsemantik in der Sekundarstufe I oder in der Primarstufe undenkbar wären (vgl. hierzu auch Müller 2018) . So konkretisiert bspw. der bayerische Lehrplan für die Jahrgangsstufe vier im Lernbereich ‚Lesen – mit Texten und weiteren Medien umgehen' und im Unterbereich ‚Texte erschließen': „Die Schülerinnen und Schüler ... beschreiben Räume und Orte in Kinderliteratur oder -medien und welche Bedeutung sie für die Figuren sowie die Handlung haben (z.B. Wald, Turm, Brunnen, Brücke)" (Bayerisches Staatsministerium für Bildung und Kultus, Wissenschaft und Kunst 2014: 165). Wenn die Darstellung filmischer Räume durch Mehrsprachigkeit erfolgt, kann dies auch in der Grundschule bereits benannt und beschrieben werden. Der Aspekt der Mehrsprachigkeit ist in diesem Falle also kein die Analyse erschwerender oder ausufernder, sondern ein sie unterstützender Aspekt, der deshalb unbedingt ins Auge gefasst werden sollte.

b) Kontexte einbeziehen (Gattungen/Genres, intertextuelle Zusammenhänge, Literatur- und Geistesgeschichte)

Die Frage, ob der mehrsprachige Film ein eigenes Genre ist, stand im Fokus von Kapitel 3.5. In diesem Rahmen wurde gezeigt, dass diese Frage weniger leicht zu beantworten ist, als es zunächst scheint. Genrekonventionen sind einerseits zwar wandelbar und verändern sich immerwährend, andererseits erfordern sie vor allem eine gesellschaftliche Rezeption, um als solche anerkannt zu werden. Mehrsprachige Filme weisen sowohl in Inhalt als auch in Funktion viele Gemeinsamkeiten stofflich-motivlicher, dramaturgischer, formal-strategischer, stilistischer sowie ideologischer Art auf (vgl. Faulstich 2013: 31) – ein Genre des „polyglotten Films" (Wahl 2005) wäre also durchaus denkbar. Andererseits bildet sich ein Genre vor allem durch ein Bewusstsein dieser Gemeinsamkeiten bei Produzierenden und Rezipierenden (vgl. Hickethier 2014: 71), der Genrebegriff ist also ein kulturindustrieller, der eine leichte Zuordnung für Kritiker*innen oder Rezipient*innen ermöglicht. In der Filmproduktion bzw. -rezeption hat sich der polyglotte Film jedoch bisher (noch) nicht als eigenes Genre etabliert. So kann man vielleicht höchstens sagen, dass sich der mehrsprachige Film aktuell zu einem (Sub-)Genre entwickelt. Dies macht ihn für den Deutschunterricht in der Sekundarstufe I (und II) zudem attraktiv, denn hier bieten sich Gelegenheiten zur Diskussion über Genrekriterien und zur Reflexion über ihre Funktion. Auch weitere ‚Kontexte' lassen sich in diese Überlegungen miteinbeziehen: (landesspezifische) Produktionsbedingungen, Regisseure und die Autorenfrage, die Besetzung von Rollen mit bestimmten Schauspieler*innen (Starsystem). Es eröffnen sich dadurch nicht nur Möglichkeiten, die Kategorie ‚Genre' theoretisch und praktisch einzuführen und zu diskutieren, sondern der Fokus kann ebenso auf die Produktionsbedingungen bzw. auf Produktionsfaktoren des Films gelegt werden. So lassen sich gleichermaßen wieder Verbindungen zum Kompetenzbereich ‚Filmanalyse' sowie ‚Film in der Mediengesellschaft' ziehen, die das Modell zum Kulturellen Handlungsfeld Film der Länderkonferenz MedienBildung (2015)[77] benennt.

c) Sprache und Texte in expressiven und kreativen Funktionen erfahren

Wie bereits dargelegt wurde, stellt filmische Sprache im Allgemeinen ein Verfahren dar, das zur Gesamtwirkung des Films beiträgt (bspw. indem es Figuren näher charakterisiert) und somit per se eine Funktion erfüllt. Mehrsprachigkeit kann diese Funktionen noch expliziter und somit leichter erfahrbar machen, da sie die gewohnte (Ein-)Sprachigkeit des Mediums durchbricht, Sehgewohnheiten verändert und somit verfremdet. Je nach Motivation des Verfahrens (kompositionell, realistisch, transtextuell, künstlerisch) können damit verschiedene Funktionen einhergehen wie die Separierung, Perspektivierung, Charakterisierung oder Stereotypisierung (vgl. Kapitel

77 Vgl. hierzu ausführlich Kapitel 5.2.1

3). Vor allem in Filmen, in denen Mehrsprachigkeit künstlerisch motiviert ist (vgl. z.B. die folgenden Ausführungen zu *Isle of Dogs – Ataris Reise* oder *Almanya – Willkommen in Deutschland*), kann deren kreative Funktion noch stärker in den Fokus der Lernenden rücken – durch den Verfremdungseffekt eventuell sogar von alleine und somit ohne die Steuerung durch die Lehrkraft. Zudem zeigt der mehrsprachige Film auch den Schüler*innen die expressive Funktion von Mehrsprachigkeit, die diese aufgrund der eigenen Mehrsprachigkeit nicht aus ihrem unmittelbaren Umfeld kennen.

d) Sein Textverständnis anderen mitteilen und mit anderen aushandeln

Maiwald verweist auf Spinners neunten Aspekt (‚mit dem literarischen Gespräch vertraut werden‘) und bemerkt zu Recht, dass die starke Gewichtung, die dem literarischen Gespräch zuteil wird, zwar einerseits plausibel erscheint (v.a. um den Kontrast zum leitfragengelenkten Unterricht herauszustellen). Andererseits wird das Literarische Gespräch in diesem Rahmen zu einer eigenen Kompetenz erklärt und „als einzige Form des kommunikativen Anschlusses an Literatur [herausgehoben]“ (Maiwald 2015: 90). Maiwald schlägt daher eine andere Formulierung vor, die den Aspekt des Anschlussgesprächs weiterhin beinhaltet, sich jedoch nicht nur auf ein methodisches Verfahren (nämlich auf das des literarischen Gesprächs) beschränkt: „(S)ein Textverständnis anderen Leser(inne)n mitteilen und mit diesen aushandeln“ (ebd.). Das (gemeinschaftliche) Aushandeln des Textverständnisses ist somit einerseits ein zentraler Aspekt des literarischen Lernens und andererseits ein Punkt, der beim Verstehen mehrsprachiger Filmstellen maßgeblich sein kann. Wie noch ausgeführt werden wird, kann gemeinsames Aushandeln den Verstehensprozess zielführend unterstützen. Die Interpretation mehrsprachiger Filmstellen erfolgt aufgrund von Wissen sowie durch das Deuten non- und paraverbaler Merkmale. Sofern kein*e Schüler*in in der Klasse sitzt, die die Sprache(n) des Films übersetzen kann, verbleiben alle Deutungsansätze eben Interpretationsversuche, die sich zurückführen lassen auf die genannten Merkmale. Vor allem durch sprachliches Aushandeln in der Gruppe oder im Klassenverbund können die individuellen Interpretationsversuche verglichen, reflektiert und u.U. angepasst werden.

e) Leseförderung als Vermittlung prozessualer Lesefertigkeiten

Maiwald betont abschließend die Bedeutung von Leseförderung als Grundlage „für weiter gehende didaktische Ziele“ (Maiwald 2015: 92). Dieser Aspekt wird in den Überlegungen Spinners sicherlich mitgedacht, Maiwald hebt diese Bedeutung aber explizit hervor, indem er sie in sein Modell integriert. Auch für den mehrsprachigen Spielfilm muss betont werden, dass prozessuale Lesefertigkeiten maßgeblich zum Verständnis des Films beitragen. Wie bereits ausgeführt wurde, greift der mehrsprachige Film oftmals auf Schriftsprache zurück, zuvörderst bei der Verwendung von

Untertiteln. Das Lesen von Untertiteln ist – auch das ist mehrfach angeklungen – eine herausfordernde Tätigkeit: Neben dem (vor allem in der Primarstufe) ohnehin herausfordernden Erkennen von Wörtern und Sätzen erschweren mit Blick auf die hierarchieniedrige Stufe des Leseprozesses (vgl. Rosebrock/Nix 2017: 17ff.) drei Faktoren das Erlesen von Untertiteln:

Erstens werden Untertitel nur für eine begrenzte Zeit eingeblendet. Ausgegangen wird von einer Lesegeschwindigkeit von 13 bis 24 Zeichen pro Sekunde (cps), wodurch ein Untertitel (höchstens zwei Zeilen) je nach Länge eine bis höchstens sieben Sekunden eingeblendet wird. In Kindersendungen können etwas geringere Geschwindigkeitswerte zwischen 9 cps und 15cps beobachtet werden[78] (vgl. Mälzer/Wünsche 2019: 6). Dies erfordert bereits eine hohe Automatisierung in der Worterkennung, die v.a. bei Schüler*innen der Grundschule (noch) nicht vorausgesetzt werden kann. Eine zweite Herausforderung, die Untertitel an ihre Leser*innen stellen, ist die Kohärenzbildung, die sich durch den mitunter zergliederten Satzbau ergibt. Zwar benennen Ivarsson und Carroll die ‚abgeschlossene Einheit' von Untertiteln als ein Kriterium des guten Untertitelns (vgl. Ivarsson/Carroll 1998: 157f.), gelegentlich kann die Satzgrenze dabei aber nicht eingehalten werden. Ein Satz erstreckt sich demnach über mehrere Einblendungen. Dies erschwert die Satzerkennung bzw. die lokale Kohärenzbildung zusätzlich.

Eine dritte Schwierigkeit der Untertitelrezeption ist schließlich das Zusammenspiel aus Schriftsprache, Ton und Bild. Die schriftsprachlichen Untertitel stehen nicht für sich alleine, sondern sie übersetzen die akustische Ebene eines Films. Sie ersetzen dabei jedoch die gesprochene Sprache nicht gänzlich, da paraverbale Merkmale (wie Lautstärke, Intonation) i.d.R. nicht in Untertitel übertragen werden. Bei der Rezeption von Untertiteln gilt es also dennoch, diese mit der akustischen Ebene zu kombinieren. Zudem bezieht sich die gesprochene Sprache bzw. die Schriftsprache der Untertitel immer auch auf die visuelle Ebene, also das Bild. Um Untertitel somit zielgerichtet rezipieren zu können, genügt nicht das bloße Lesen der Schriftsprache, sondern es erfordert eine Kombination aus Text, Bild und Ton. Nur so können untertitelte Filmteile gänzlich verstanden werden.

Auch der mehrsprachige Spielfilm setzt somit prozessuale Lesefertigkeiten für eine Rezeption voraus. Die Rezipierenden müssen im Falle einer Untertitelung demnach über die entsprechenden Fähigkeiten und Fertigkeiten auf der Prozessebene des Lesens verfügen, um Ton, Bild und Text sinnstiftend und verständnisunterstützend miteinander kombinieren zu können. Andererseits kann die Rezeption von mehrsprachigen Filmausschnitten aber auch gleichermaßen diese Lesefertigkeiten fördern, wenn die Rezeption durch entsprechende Übungen und Strategien (Leseübungen zur

78 Die Untersuchung von Mälzer/Wünsche bezieht sich allerdings nicht auf die Untertitelung in anderssprachigen Filmformaten, sondern auf SHD für schwerhörige und gehörlose Kinder.

Wort- und Satzerkennung, Formulieren von Erwartungen an die Untertitel, Einbezug des Kontextwissens) entlastet wird. Prozessuale Lesefertigkeiten sind somit ebenso Grundlage für die Rezeption mehrsprachiger Filme im Allgemeinen wie auch für das Literarische Lernen durch diese im Besonderen.

Zusammenfassend kann also festgestellt werden, dass das literaturdidaktische Potential des Spielfilms für den Deutschunterricht aus verschiedenen Perspektiven bereits relativ umfangreich erschlossen ist. Der mehrsprachige Spielfilm verändert dieses Potential nicht maßgeblich, sondern kann es v.a. hinsichtlich der Aspekte des Interkulturellen Lernens und des Literarischen Lernens spezifizieren. Durch das Einbeziehen von Medien, die interkulturelle Themen aufgreifen, und durch die aktive Auseinandersetzung mit deren Gestaltung bzw. der Reflexion über ihre Umsetzung kann v.a. das Interkulturelle Lernen angebahnt werden. Das Potential des mehrsprachigen Spielfilms bzgl. des Literarischen Lernens liegt vor allem im Rekonstruieren der Situationsmodelle fiktiver Welten, im Einbeziehen von Kontexten (insbesondere im Hinblick auf die Genrefrage), im Mitteilen und Aushandeln des eigenen Textverständnisses sowie schließlich in der Förderung prozessualer Lesefähigkeiten. Dadurch bestätigt der mehrsprachige Spielfilm zunächst das literaturdidaktische Potential des Mediums und erweitert es andererseits um Aspekte, die bei der privaten Rezeption von mehrsprachigen Filmen verlangt werden. Eine Schulung dieser Fähigkeiten und Fertigkeiten dient somit also sowohl der Anbahnung fachlicher Kompetenzen als auch von Kompetenzen für die eigene Mediennutzung.

5.1.4 Sprache und Sprachgebrauch untersuchen

Seit jeher nimmt der Arbeitsbereich ‚Sprache und Sprachgebrauch untersuchen' einen gesonderten Stellenwert ein, sowohl im fachdidaktischen Diskurs, in schulischen Curricula als auch in der Gunst von Lernenden und Lehrenden. Der Arbeitsbereich hat seine Wurzeln im lateinischen Grammatikunterricht – je nach Konzeption zeigt er diesen Ursprung auch mehr oder weniger deutlich (vgl. z.B. den traditionellen Grammatikunterricht). Im Fokus stehen dabei oftmals „relativ komplexe systematische und abstrahierende Tätigkeiten mit eigenen Fachbegriffen und Prozeduren" (Lischeid 2011: 121), was immer wieder zur Infragestellung des Grammatikunterrichts innerhalb der Fachdidaktik führte (vgl. Boettcher 1994). Sowohl bei Lernenden als auch bei Lehrenden genießt der Arbeitsbereich oftmals einen zweifelhaften Ruf, was zumeist mit den schulischen Erfahrungen der Deutschlehrer*innen erklärt wird, die diese mitsamt der daraus entwickelten subjektiven Einstellung wiederum in ihren eigenen Unterricht tragen. So fasst Boettcher 1994 zusammen, was bis heute Gültigkeit hat:

Sprache und Sprachgebrauch untersuchen
Sprache zur Verständigung gebrauchen,
fachliche Kenntnisse erwerben,
über Verwendung von Sprache nachdenken und sie als System verstehen

Methoden und Arbeitstechniken
werden mit den Inhalten des Kompetenzbereichs erworben

Sprechen und Zuhören	**Schreiben**	**Lesen – mit Texten und Medien umgehen**
zu anderen, mit anderen, vor anderen sprechen, Hörverstehen entwickeln	reflektierend, kommunikativ und gestalterisch schreiben	Lesen, Texte und Medien verstehen und nutzen, Kenntnisse über Literatur erwerben
Methoden und Arbeitstechniken *werden mit den Inhalten des Kompetenzbereichs erworben*	***Methoden und Arbeitstechniken*** *werden mit den Inhalten des Kompetenzbereichs erworben*	***Methoden und Arbeitstechniken*** *werden mit den Inhalten des Kompetenzbereichs erworben*

Abbildung 12 Kompetenzstrukturmodell der nationalen Bildungsstandards (KMK 2004: 8)

> *Schulischer Grammatikunterricht ist nach wie vor ein Problem – und das Problem beschränkt sich nicht auf die Schulzeit: Grammatikunterrichtsgeschädigte Schüler werden Lehrerstudenten, studieren Grammatik, geprägt von ihrer schulischen Sozialisation, und unterrichten, beladen mit dieser Hypothek, als Lehrer Grammatik: ein Teufelskreis (Böettcher 1994: 170).*

Dennoch nimmt der Bereich in den nationalen Bildungsstandards eine Metaposition ein, die sich auch in der optischen Anordnung innerhalb des Kompetenzstrukturmodells zeigt. ‚Sprache und Sprachgebrauch untersuchen' „steht in Beziehung zu jedem der drei anderen Bereiche" (KMK 2005b: 8) und stellt die fachspezifischen Methoden und Arbeitstechniken zur Verfügung (bspw. das Anwenden grammatischer Proben, das Anwenden von Rechtschreibstrategien und das Nutzen von Nachschlagewerken [vgl. ebd.: 16]) (s. Abbildung 12).

Als Zieldimension des Lernbereichs gilt **Sprachbewusstheit/Sprachbewusstsein**. Oft werden die beiden Begriffe synonym verwendet. Wenn auch immer wieder der Versuch unternommen wird, die beiden Begrifflichkeiten stärker zu akzentuieren und klarer voneinander abzugrenzen (vgl. hierzu bspw. Neuland 2002), setzen sich diese vereinzelten Konkretisierungsversuche kaum durch[79].

Um für eine Einheitlichkeit im Verlauf der folgenden Ausführungen zu sorgen, spreche ich im Folgenden von **Sprachbewusstheit**[80] und sehe – wie es in der Forschung weitgehend Konsens scheint – im Begriff Sprachbewusstsein ein entsprechendes Synonym. Beiden Bezeichnungen wohnt der Begriff des Bewussten inne, das Ossner als zentrales Moment betont: er verdeutlicht, dass das Ziel von Sprachreflexion (oder Sprachbetrachtung[81]) nicht nur das Ausdehnen des Sprachgebrauchs ist, sondern dass es v.a. um bewusstes und somit begründbares Sprechen und Schreiben gehe (vgl.

79 So definiert Neuland (2002) Sprachbewusstsein als eine theoretisch reflexive Einstellung zum eigenen wie fremden Sprachgebrauch, die das sprachliche und kommunikative Wissen umfasst, das für einen reflektierenden Sprachgebrauch benötigt wird (vgl. Neuland 2002). Diese Einstellung zeichnet sich durch Klarheit, Begründbarkeit und Sachgerechtigkeit aus und muss daher von einem wissenschaftlich begründeten Sprachunterricht gefördert werden (vgl. Neuland/Peschel 2013: 34). Bei Sprachbewusstsein handele es sich also um eine „kognitive Einheit" (Neuland/Peschel 2013: 34), wohingegen Sprachbewusstheit „ein je aktueller kognitiver Zustand" (ebd.) ist, welcher als interne Größe nicht beobachtet werden könne. Genau umgekehrt grenzt Lischeid (2011: 122) die Begriffe voneinander ab: In Anlehnung an Bredel definiert er Sprachbewusstheit als das „explizite, systematisch-deklarative und metasprachliche bzw. metakognitive Wissen hinsichtlich sprachlicher Gegenstände und Sachverhalte" (ebd.), das durch analytisch-reflexive Prozeduren explizit gemacht wird. Im Gegensatz dazu steht in dieser Abgrenzung Sprachbewusstsein für das Gesamt des impliziten sprachlichen Wissens und Könnens (vgl. ebd.). In einer Vielzahl anderer Publikationen scheint es, als ob eine Unterscheidung der beiden Begrifflichkeiten gar nicht vorgenommen wird: So spricht Ossner von Sprachbewusstheit als dem „Leitbegriff der Deutschdidaktik, der alle Arbeitsbereiche durchzieht" (Ossner 2006: 69) und Budde et al. (2012) meinen mit Sprachbewusstsein die Bereitschaft und Fähigkeit zur bewussten Hinwendung zur Sprache (Budde et al. 2012: 136 f.). Hochholzer betont, dass Mehrsprachigkeit zu Sprachbewusstsein führe (vgl. Hochholzer 2015: 85), Wildfeuer und Wild, die sich wiederum auf Hochholzer beziehen, fassen die Vorteile von Zwei- und Mehrsprachigkeit zusammen und stellen fest: „Mehrsprachigkeit führt zu Sprachbewusstheit" (vgl. Wildfeuer/Wild 2019: 13).

80 An dieser Stelle sei noch einmal auf die Wurzel des Begriffs verwiesen, die im amerikanischen Language Awareness-Konzept liegt. 1991 fand eine einheitliche Übersetzung von *Language Awareness* für die deutsche Forschung statt: Man einigte sich darauf, einheitlich von Sprachbewusstheit zu sprechen (vgl. Wildemann 2013: 322)

81 Auch diese Begriffe werden weitgehend und so auch in dieser Arbeit synonym verwendet.

Ossner 2006: 68). Sprachbewusstheit ist notwendig, um mit eigenen und fremden Sprachverwendungsproblemen besser umgehen zu können, um komplexere Sprachstrukturen besser verstehen zu können, um sprachliche Äußerungen kritisch einschätzen zu können und um sprachliche wie interkulturelle Missverständnisse erkennen und aufklären zu können (vgl. Steinig/Huneke 2015: 192).

Systematisch-deklaratives Wissen ist dabei (nur) ein Teilgebiet von Sprachbewusstheit – Lischeid (2011: 121) spricht daher von einem Arbeitsbereich mit „Doppelfunktion". Eine reine Verengung des Lernbereichs und die Erreichung seiner Zieldimension auf den Grammatikunterricht wäre demzufolge nur bedingt angemessen. Dennoch konstatiert Lischeid, dass v.a. die Aspekte Morphologie, Syntax und Orthographie den wesentlichen Kern der Sprachreflexion ausmachen; in den höheren Jahrgangsstufen erfolgen dann u.U. vereinzelte Ergänzungen mit Aspekten der Semantik und Pragmatik (vgl. Lischeid 2011: 123). Doch die Bildungsstandards spannen das Gegenstandsfeld des Kompetenzbereichs wesentlich weiter, indem sie sich nicht nur auf grammatisches Wissen beschränken, sondern auch Sprachgefühl und den bewussten Umgang mit Sprache fördern wollen (vgl. Knopf/Luptowicz 2017: 130). So fordern bereits die Bildungsstandards des Primarbereichs das Untersuchen der sprachlichen Verständigung sowie das Entdecken von Gemeinsamkeiten und Unterschieden von Sprachen – dies bezieht sich nicht nur auf Standardsprache und Dialekt, sondern ebenso auf die „Muttersprachen der Kinder mit Migrationshintergrund", Fremdsprachen oder Nachbarsprachen (KMK 2005a: 13). Eine ähnliche Ausdifferenzierung des Bereichs Sprachreflexion zeigt sich bei Susanne Riegler, die sechs „Anlässe, Gegenstände und Aufgaben von Sprachreflexion" (Riegler 2006: 60) benennt und somit ebenfalls die Verengung auf unterrichtliche Sprachenlehre hinterfragt. Riegler nennt die folgenden Aspekte:

Reflexion über ‚wortkundliche' Gegenstände (ebd.: 60): Ausgehend vom natürlichen Interesse der Kinder an Wörtern könne anhand dieser sprachlichen Einheit das Interesse an Sprache verstärkt und die Förderung einer kritischen Sprachaufmerksamkeit angebahnt werden (vgl. ebd.). Unterschiedliche (bspw. semantische, lexikologische, lexikographische oder namenkundliche) Schwerpunktsetzungen können zum Nachdenken über Sprache anregen und somit die Grundlage für die weitere schulische Sprachreflexion bilden.

Reflexion ‚innerer' Mehrsprachigkeit: Entwicklung und Förderung eines „Sprachdifferenzbewusstseins" (ebd.: 63): Als Sprachdifferenzbewusstsein bezeichnet Riegler in Anlehnung an Neuland die Verbindung von Sprachbewusstheit und Sprachvariation sowie deren didaktische Relevanz (vgl. ebd.). Es gehe darum, die Variationen des Deutschen – die „Sprachen in der Sprache" – gezielt zu berücksichtigen, allen voran nennt Riegler hierbei die Jugendsprache, anhand derer den Lernenden eine Hilfestellung beim sprachlichen und metasprachlichen Lernen gegeben werden soll, um die eigene Sprache besser sprechen zu können und zu wissen, was beim Sprechen passiert (vgl. ebd.: 65).

Reflexion ‚äußerer' Mehrsprachigkeit: Sprachenvielfalt als Chance (ebd.: 65): Unter Rückgriff auf das Language Awareness-Konzept und das Konzept der Mehrsprachigkeitsdidaktik nach Ingelore Oomen-Welke plädiert Riegler für den Einbezug der Sprachenvielfalt im Klassenzimmer, um bspw. das Nachdenken über Sprachen, über das Funktionieren von Sprachen oder über Unterschiede zwischen Sprachen und Schriften anzuregen und somit Sprachwissen und Sprachbewusstheit anzubahnen (vgl. ebd.: 68). Der Ansatz bezieht sich dabei keineswegs nur auf mehrsprachige (DaZ-)Schüler*innen, sondern richtet sich dezidiert an alle Lernenden mit ihren individuellen, heterogenen sprachlichen Voraussetzungen.

Sprachreflexion und Sprachkritik (ebd.: 69): Durch das Einnehmen einer betrachtenden, beurteilenden Distanz zur Sprache soll diese kritisch betrachtet und hinterfragt werden können (vgl. ebd.: 70). Bereits in der Grundschule soll Sprachkritik angebahnt werden, um sprachliche Normen zu erkennen und diese gezielt zu hinterfragen.

Reflexion über nonverbale Kommunikationsmodalitäten (ebd.: 71): Die Thematisierung nonverbaler Kommunikation kann einerseits das Zusammenspiel von sprachlichen und nicht-sprachlichen Aspekten in der Kommunikation verdeutlichen, sie kann andererseits auch interkulturell angelegt sein und Körpersprache interkulturell betrachten und vergleichen (vgl. ebd.: 73). Das Nachdenken darüber, WIE etwas gesagt wurde, kann bspw. anhand von Rollenspielen, mit Videoaufzeichnungen oder durch das Nachahmen von alltäglichen Kommunikationssituationen erfolgen (vgl. ebd.: 72).

Reflexion über die ‚großen Fragen' (ebd.: 73): Dieser letzte Aspekt bezieht sich auf das (ergebnisoffene) Philosophieren über Sprache im Allgemeinen oder den Sprachursprung mit dem Ziel, ein implizites Sprachverständnis zu versprachlichen sowie Interesse an Sprachlichem zu vertiefen.

Für eine umfassende Sprachreflexion, die alle geforderten Teilbereiche adäquat und modern fördert, bietet es sich an, literarische Texte zu integrieren, die zur Sprachreflexion herausfordern (vgl. Knopf/Luptowicz 2017: 137, Riegler 2006: 62). Hier zeigt sich das integrative Potential zum Lernbereich „Lesen – mit Texten und Medien umgehen". Eine weitere Schnittmenge der beiden Lernbereiche zeigt sich auch hinsichtlich des inter-/transkulturellen Lernens bzw. des Aufbaus inter-/transkultureller Kompetenzen – diese sind nicht nur Ziel des Literatur- sondern auch des Sprachunterrichts: Durch die gezielte Behandlung anderer Sprachen und Kulturen sollen alle Schüler*innen auf das Leben in einer mehrsprachigen Gesellschaft vorbereitet, einem deutschen Ethnozentrismus soll entgegengewirkt und mehrsprachigen Schüler*innen soll der Wert ihrer sprachlichen Vielfalt bewusst gemacht werden (vgl. Steinig/Huneke 2015: 255). Den letztgenannten Aspekt betont auch Günther (2012: 25), wenn er feststellt, dass „[d]ie Bedeutung und Wertigkeit der Herkunftssprache der zugewanderten Schüler [...] für die Herausbildung der persönlichen Identität und die zwischenmenschliche Kommunikation dringend notwendig [ist]". Im unterrichtlichen Kontext gestaltet sich eine Thematisierung der sprachlichen Unterschiede dabei oftmals leichter als die der kulturellen Unterschiede: Während sich die kulturellen Einflüsse von Schüler*innen oftmals vermischen (und in vielen Fällen nicht deckungsgleich mit ihrer Herkunftskultur sind) – auch hier findet sich wieder das Bild des kulturellen Hybrids –, fällt es Schüler*innen oftmals auch schwer, über ihre Herkunftskultur zu sprechen und „kulturelle Klischees kolportieren zu müssen, die sie selbst als eigentümlich empfinden" (Steinig/Huneke 2015: 256). Die Gemeinsamkeiten und Unterschiede verschiedener (Herkunfts-)Sprachen lassen sich dagegen sachlicher und distanzierter thematisieren, sprachliches Wissen (oder auch Unwissen) lässt sich leichter beschreiben als subjektive, oftmals hybride Kulturvorstellungen (vgl. ebd.).

Zugegeben: bisher hielten sich die Bestrebungen der Filmdidaktik Deutsch eher in Grenzen, die Bereiche Film und Sprachreflexion sinnstiftend konzeptionell miteinander zu verbinden. Zwar finden sich vereinzelte Hinweise darauf, dass auch mit Filmen Sprachreflexion betrieben und Sprachbewusstheit angebahnt werden könne, eine grundständige Konzeption ist jedoch ein Desiderat der Deutschdidaktik. So schlägt bspw. Michael Staiger zur Arbeit mit Synchronfassungen eher stichpunktartig vor: Hier „können Probleme der Synchronisation, Untertitelung oder verschiedener Sprachen in einem Film thematisiert werden" (Staiger 2014: 248). Knopf und Luptowicz (2017) nennen immerhin konkrete Filme, bleiben aber ebenso schlaglichtartig, wenn sie vorschlagen:

> *Ferner geben die jugendsprachlichen Ausdrücke der ‚Wilden Kerle' (Joachim Massanek) oder das nonverbale Agieren der ‚Minions' (‚Die Minions', Coffin & Balda 2015) nicht nur Anregungen zum Sprachvergleich, sondern eröffnen auch eine Verbindung mit bereits bekannten sprachlichen Kategorien. (Knopf/Luptowicz 2017: 138)*

So stichwortartig die Nennungen hier erfolgen, so zentral sind dennoch die Aspekte, die sie andeuten: Staiger verweist auf das sprachliche Potential, das ein Film vor

allem dann hat, wenn er „migriert" ist – wenn es also alternative Sprachfassungen oder Untertitelungen gibt, auf die im Unterricht Bezug genommen werden kann (vgl. hierzu auch Abraham 2018: 112-114). Knopf und Luptowicz verweisen auf die Sprachlichkeit, die dem Medium inhärent ist und die oftmals entweder versucht, außerdiegetische Sprache möglichst authentisch nachzuahmen oder bewusst damit zu brechen. Beide Punkte bieten Potentiale für den Sprachunterricht und sprechen daher für einen Einbezug des Mediums Film in die Sprachbetrachtung.
Der mehrsprachige Film geht darüber zudem noch hinaus: Auch in einer Sprachfassung präsentiert er bereits mehrere Sprachen, die sprachvergleichend betrachtet werden können. Aber auch ein mehrsprachiger Film migriert oftmals sprachlich, was den Einbezug von verschiedenen Synchronfassungen, der Originalfassung und Untertitelungen ebenso ermöglicht. Mehrsprachige Filme können also somit den Ausgangspunkt für Sprachuntersuchungen anhand eines authentischen Gegenstands bieten. Dieser ergibt sich durch die Interkulturalität, die das Medium von sich aus bereits mitbringt, und kann schließlich durch eine thematische Interkulturalität, die oftmals mit dem Verfahren der Mehrsprachigkeit in Verbindung steht, ergänzt werden.

Sprachvergleich

Das Entdecken von Gemeinsamkeiten und Unterschieden von Sprachen, wie es in den Bildungsstandards ab der Primarstufe gefordert wird, verlangt nach dem Einbezug anderer Sprachen in den Deutschunterricht. Ziel ist es, durch das Einholen von Fremdsprachen sowie „nicht deutsche[n] lebensweltliche[n] Sprachen der Schülerinnen und Schüler" (Dirim 2017: 332)[82] Vergleiche anzustellen, bspw. hinsichtlich verschiedener Schriften und Schriftsysteme, syntaktischer Strukturen, phonologischer Besonderheiten sowie morphologischer oder semantischer Unterschiede (vgl. Jeuk 2014: 392). Die „Vergleichsgröße", also das, was in mehreren Sprachen gegenübergestellt wird, kann dabei variieren – so können einzelne Wörter oder Sätze, ein Gedicht oder das graphische System miteinander verglichen werden (vgl. Oomen-Welke 2015: 90). Abraham und Kepser verweisen auch auf den Vergleich literarischer Übersetzungen (vgl. Abraham/Kepser 2008: 11f.).
Die Ziele eines unterrichtlichen Sprachvergleichs sind dabei ganz verschiedene: Stefan Jeuk spricht davon, dass durch die Kontrastierung deutscher Sprachspezifika mit anderen Sprachen Vertrautes fragwürdig wird und die Kinder somit Besonderheiten und Eigenschaften des/der vertrauten Sprachsystems/Sprachsysteme erkennen (vgl.

82 Ein Sprachvergleich kann selbstredend auch mit Varietäten oder Soziolekten des Deutschen stattfinden. Da die in diesem Rahmen definierten mehrsprachigen Filme sich jedoch explizit nicht auf Varietäten einer Dachsprache beziehen, beschränken sich die Ausführungen in diesem Rahmen auf den Vergleich von verschiedenen Sprachen. Für einen Überblick zum Sprachvergleich mit Dialekten und Soziolekten vgl. zusammenfassend Tophinke (2017).

Jeuk 2016: 27). Durch diesen Kontrast erhalten die Schüler*innen auch zunehmend Einsichten in die Struktur und Funktion der deutschen Sprache (vgl. Wildemann/ Rathmann 2019: 7; Dirim 2017: 333). Die Schüler*innen können durch den Vergleich verschiedener Sprachen erfahrungsbasierte Präkonzepte hinsichtlich Sprache in wissenschaftliche Konzepte übertragen, wodurch sie zunehmend explizites Sprachwissen erwerben (Wildemann/Rathmann 2019: 6f.) – nicht nur hinsichtlich der deutschen Sprache, sondern gleichermaßen im Sinne einer allgemeinen sprachlichen Bildung (vgl. Dirim 2017: 333). Oomen-Welke betont zudem auch den Gewinn für die Lehrkräfte, wenn sie konstatiert, dass das Einbeziehen von Mehrsprachigkeit in den Unterricht Allgemeinwissen, Sprachwissen und Methodenkompetenz erweitert, sowohl für Kinder als auch für Lehrer*innen (vgl. Oomen-Welke 2019: 11). Im Sinne eines „Unterrichts der Sprachenvielfalt" (Oomen-Welke 2010: 482) kann der Einbezug von Mehrsprachigkeit bzw. der Vergleich verschiedener Sprachen zu einem Bewusstsein für gesellschaftliche Mehrsprachigkeit führen und Sprachen als etwas gleichwertiges (nämlich als Regelsystem und Instrument der Kommunikation) zeigen (vgl. Dirim 2017: 335f.). Sprachliche Hierarchien können dadurch aufgedeckt und reflektiert werden. Besonders motivierend gestaltet sich ein sprachvergleichender Deutschunterricht vor allem dann, wenn die Schüler*innen ihre eigenen sprachlichen Kompetenzen darin zur Geltung bringen können (vgl. Andronie 2019: 13). Dadurch fühlen sich mehrsprachige Schüler*innen „in ihrer Sprache und Kultur angenommen" (Jeuk 2014: 395), sie erhalten zudem einen Expertenstatus hinsichtlich „ihrer" Sprache, was sie aus einer unterrichtlichen Unterlegenheitsrolle befreit (vgl. Oomen-Welke 2015: 90). Schließlich können weitere affektive Zielsetzungen verzeichnet werden, wie das Stärken des Einfühlungsvermögens, der Toleranz gegenüber anderen sowie der Kooperationsfähigkeit (vgl. Jeuk 2014: 395). Damit einher geht wiederum die Förderung interkultureller Kompetenz (vgl. ebd.).

Marcus Prade und Susanne Riegler entwerfen eine Unterrichtskonzeption zum mehrsprachigen Bilderbuch „Am Tag, als Saída zu uns kam" (Gómez Redondo/Wimmer 2016) und betonen dabei: Der dort vorgenommene Sprachvergleich zwischen dem Arabischen und dem Deutschen ziele freilich nicht darauf ab, „die Kinder systematisch in das Arabische einzuführen" (Prade/Riegler 2019: 30). Stattdessen gehe es um das Schaffen eines Bewusstseins dafür, mit welchen Herausforderungen Spracherwerb verbunden ist. Kinder mit Migrationshintergrund haben diese Erfahrungen vermutlich bereits gemacht, einsprachige deutsche Kinder nehmen ihre Sprache oftmals als etwas Natürliches hin und nehmen Schwierigkeiten (natürlicherweise) in Phonologie, Syntax oder Graphemik nicht wahr. Ein Sprachvergleich kann hier einen Perspektivwechsel vornehmen. Ähnlich wie die Rezipierenden von *Almanya – Willkommen in Deutschland* durch die verfremdete Darstellung von Sprache in die Rolle der ‚Fremden in Deutschland' gebracht werden, können deutschsprachige Schüler*innen durch einen Sprachvergleich eine andere Perspektive einnehmen. Sprachvergleiche können also die Perspektivübernahme stützen, sowohl hinsichtlich literarischer Figuren als auch gegenüber anderssprachigen Mitmenschen. Der mehrsprachige Film könnte „künstliche methodische Verrenkungen" (Riegler 2006: 68) ersparen, indem er Sprachvergleiche in einen gegenstandsmotivierten Kontext setzt.

Film bietet sich für den Vergleich von Herkunftssprachen der Schüler*innen, schulischen Fremdsprachen sowie Sprachvarietäten wie Dialekte oder Soziolekte im Unterricht hervorragend an. Das Vergleichen von und Nachdenken über Sprache(n) kann durch den Einstieg über eine im Film vorkommende Sprache erleichtert werden: erste Berührungsängste können fallen, mehrsprachige Schüler*innen können dazu ermutigt werden, ihre weitere(n) Sprache(n) in den Unterricht einzubringen. Vor allem in Unterrichtskontexten, in denen der Einbezug der klasseninternen Mehrsprachigkeit (noch) nicht als Selbstverständlichkeit gilt, kann eine Annäherung an den Sprachvergleich über eine dritte ‚neutrale' Sprache leichter gelingen. Was König für den Aspekt Gender im Film schlüssig beleuchtet, gilt gleichermaßen auch in Bezug auf den Aspekt der Mehrsprachigkeit: „Für die Lernenden unter Umständen sensible, schwer zu thematisierende Aspekte lassen sich (im Falle von Spielfilmen) am Beispiel der Filmfiguren und im Schutz der Fiktionalität verhandeln" (König 2016: 280).

Der Film leistet zudem noch etwas anderes: Durch die Einbettung in die Arbeit mit dem Lerngegenstand Spielfilm steht der in die entsprechende Einheit eingebettete Sprachvergleich nicht für sich (vgl. Geist/Krafft 2017: 125), sondern kann immer wieder bezogen werden auf den rezipierten Film.

Allgemein betrachtet bieten mehrsprachige Filme eine Vielzahl an Möglichkeiten, wie ein Sprachvergleich angeleitet werden kann: So können bspw. „wortkundliche" Gegenstände im Fokus der Aufmerksamkeit stehen (z.B. Namen von Filmfiguren oder Gruß- und Abschiedsformeln), oder es können (v.a. geschlossene) Untertitelungen in verschiedenen Sprachen miteinander verglichen werden (vgl. Blell 2015: 38). Auch das Phänomen des Code-Switchings kann in diesem Rahmen kennengelernt werden: Ein Sprachwechsel kann dann erfolgen, wenn beide Sprecher jeweils in beiden Sprachen kompetent sind; er kann sowohl bei Kindern als auch bei Erwachsenen beobachtet werden und sich in verschiedenen Situationen (z.B. auch im Unterricht) zeigen, wobei oftmals „beeindruckende sprachliche Fähigkeiten" (Geist/Krafft 2017: 116) beobachtet werden können, wenn bspw. deutsche Wörter passend flektiert in die L1 der Schüler*innen übertragen werden. Im Rahmen der Filmrezeption kann genau dieses Diskursphänomen reflektiert werden: die Schüler*innen können Überlegungen anstellen, „warum welcher Charakter welche Sprache spricht oder warum er/sie in andere Sprachen wechselt" (Blell 2016: 320).

Um im Rahmen eines eigenaktiven strategiegestützten (Sprachen-)Lernens selbstständige Sprachvergleiche bei der Rezeption eines mehrsprachigen Films anstellen zu können (vgl. ebd.: 314), gilt es als erstrebenswert, das hochkomplexe Verfahren des Sprachvergleichs bereits früh anzubahnen. Durch mehrsprachige Filme bieten sich erste Möglichkeiten des Sprachvergleichs bereits im Primarbereich an.

Einen Leitfaden zur Planung von angeleiteten Sprachvergleichen im Unterricht geben Wildemann und Rathmann (2019): Ausgehend von einem als Gesprächsanlass fungierenden Lerngegenstand gilt es zunächst Impulse zu formulieren, die zum Nachdenken und Sprechen über Sprache anregen und motivieren sollen. Wildemann und Rathmann betonen die Wichtigkeit offener Formulierungen („Was denkst du...?“, „Was glaubst du, ...?“), um den Schüler*innen zu verdeutlichen, dass es um das Äußern von Vermutungen und Erfahrungen (nicht um richtige oder falsche Antworten) geht. Auch die Lehrkraft kann eigene Vermutungen und Irritationen einbringen und die Lernenden somit anhalten, Hypothesen zu reflektieren oder zu bestärken. Abschließend sollte an die Vermutungen der Schüler*innen angeknüpft werden können; bspw. in Form von zusätzlichem Material oder von Aufgaben zum Finden von möglichen Lösungen. (vgl. Wildemann/Rathmann 2019: 4f.)

Der mehrsprachige Film kann somit als Lerngegenstand verstanden werden, der zu Sprachvergleichen animieren kann, die nicht für sich stehen, sondern die immer wieder auf den Film bezogen werden können. Mehrsprachige Schüler*innen können dabei in eine Expert*innenrolle schlüpfen, wenn der Film auf von ihnen gesprochene Sprachen zurückgreift, oder sie können ihre Mehrsprachigkeit als etwas Normales bzw. als etwas Positives erleben. Einsprachige Schüler*innen erhalten Einblicke in andere Sprachen und können diese mit ihrer eigenen hinsichtlich Gemeinsamkeiten und Unterschieden vergleichen. Dadurch kann nicht nur ein ethnozentrisches Weltbild überwunden und interkulturelle Kompetenz angebahnt werden, sondern auch das Verständnis für die deutsche Sprache kann systematisiert und vertieft werden. Um den mehrsprachigen Film zu verstehen und die Funktion des Verfahrens Mehrsprachigkeit dezidiert erläutern zu können, braucht es zudem Wissen über sprachliche Phänomene wie das Code-Switching. Ein Unterricht, der Sprache und Sprachgebrauch untersucht und reflektiert und der dabei auch andere Sprachen einbezieht, gewinnt durch den mehrsprachigen Film also einen Gegenstand, an dem ein solcher Sprachenvergleich ohne „künstliche methodische Verrenkungen“ (Riegler 2006: 68) möglich ist. Der mehrsprachige Film gewinnt auf der anderen Seite durch einen sprachvergleichenden Deutschunterricht Rezipierende, die die Funktionen des Verfahrens Mehrsprachigkeit verstehen und dezidiert reflektieren können.

5.2 Weitere medienspezifische Begründungszusammenhänge

5.2.1 Medienkompetenz und Filmbildung

Im Beschluss der Kultusministerkonferenz 2012 „Medienbildung in der Schule" heißt es: „Medienbildung gehört zum Bildungsauftrag der Schule, denn Medienkompetenz ist neben Lesen, Rechnen und Schreiben eine weitere wichtige Kulturtechnik geworden" (KMK 2012: 9). Für Schülerinnen und Schüler, die in einer Mediengesellschaft aufwachsen, ist Medienkompetenz[83] ohne Frage neben dem Lesen, Schreiben und Rechnen eine ebensolche Kulturtechnik, die es braucht, um bestmöglich an der Gesellschaft partizipieren zu können. Um diese vierte Kulturtechnik anzubahnen, fordert die Kultusministerkonferenz die Akzentuierung und Aktualisierung der Medienbildung in den einzelnen Fachlehrplänen, denn Medienbildung sei nach wie vor kein eigenständiges Unterrichtsfach und werde in den landesspezifischen Lehrplänen zwar durchgehend aufgeführt, Art, Umfang und Ausführlichkeit der Angaben variierten dabei jedoch stark (vgl. ebd.: 6). Bis heute wurde eine Angleichung der landesspezifischen Lehr- und Bildungspläne nur bedingt vorgenommen. Somit obliegt es weiterhin jedem Bundesland (oftmals auch jeder einzelnen Schule oder Lehrer*in), Medienbildung in den Fachunterricht so zu integrieren, dass das Lernen mit sowie das Lernen über Medien gewährleistet ist. Als Ziel schulischer Medienbildung nennt der Beschluss der KMK die vierte Kulturtechnik „Medienkompetenz". Diese wird definiert als jene „Kenntnisse, Fähigkeiten und Fertigkeiten, die ein sachgerechtes, selbstbestimmtes, kreatives und sozial verantwortliches Handeln in der medial geprägten Lebenswelt ermöglichen" (ebd.: 3).
Der Deutschunterricht nimmt in diesem Bereich eine Schlüsselrolle ein: Durch seine medialen Unterrichtsgegenstände Sprache und Literatur gilt er als „Medienunterricht par excellence" (Frederking et al. 2018: 89). Frederking et al. konkretisieren daher den Begriff der Medienkompetenz für das Fach Deutsch:

Mit der im Fach Deutsch zu vermittelnden bzw. zu erwerbenden Medienkompetenz bezeichnen wir die kognitive Fähigkeit und Fertigkeit zum fachspezifischen Umgang mit Medien und zur Lösung aller damit verbundenen theoretischen und praktischen Problemstellungen sowie die motivationale, volitionale und soziale Bereitschaft und Fähigkeit,

83 Um die Schwierigkeit des Medienbegriffs wissend (vgl. hierzu bspw. Frederking et al. 2018: 11-24), folge ich im Folgenden der Mediendefinition nach Tulodziecki. Er versteht Medien als Mittler, „durch die in kommunikativen Zusammenhängen potenzielle Zeichen mit technischer Unterstützung erzeugt, übertragen, gespeichert, verarbeitet und/oder wiedergegeben werden und grundsätzlich losgelöst vom Urheber oder dem ursprünglichen Sachverhalt in abbildhafter und symbolischer Form zur Verfügung stehen" (Tulodziecki 2020: 91).

> *diese auf medienspezifische Fragen bezogenen Problemlösungen zielführend im Umgang mit Sprache und Literatur und ihren medialen Grundlagen zu verwirklichen (Frederking et al. 2018: 89).*

Vor allem zwei Modelle der Medienkompetenz können diese eher allgemeine Definition weiter ausdifferenzieren: die vier Dimensionen von Medienkompetenz nach Dieter Baacke (1999) sowie die sieben Dimensionen der Medienkompetenz nach Norbert Groeben (2002).
Erste wegweisende Überlegungen zur Medienkompetenz legte Dieter Baacke vor. Zusammenfassend kann Medienkompetenz in Anlehnung an Baacke als die Fähigkeit verstanden werden, „alle Arten von Medien in aktiv aneignender Weise für das eigene Kommunikations- und Handlungsrepertoire einsetzen zu können" (Barsch 2006: 104); der Ansatz ist also ein handlungsorientierter. Baacke gliedert Medienkompetenz in die vier Fähigkeitsmerkmale Mediennutzung, Medienwissen, Mediengestaltung und Medienkritik. An dieser Vierteilung orientieren sich zahlreiche nach wie vor aktuelle Kompetenzüberlegungen für konkrete Einzelmedien, u.a. auch für den Film. So führen Tobias Kurwinkel und Philipp Schmerheim bspw. ihre Definition von Filmbildung auf den Kompetenzbegriff Baackes zurück: Filmbildung vermittele in diesem Rahmen Kenntnisse und Kompetenzen bzgl. der Filmnutzung, des Filmwissens, der Filmkritik und der Filmgestaltung (vgl. Kurwinkel/Schmerheim 2013: 289).

Norbert Groeben legte ein Modell vor, das Medienkompetenz an sieben Dimensionen festmacht. Er unterscheidet die Folgenden (Groeben 2006: 160-166):

- Medienwissen/Medialitätsbewusstsein
- Medienspezifische Rezeptionsmuster
- Medienbezogene Genussfähigkeit
- Medienbezogene Kritikfähigkeit
- Selektion/Kombination von Mediennutzung
- Ausbildung produktiver Partizipationsmuster
- Fähigkeit zur Anschlusskommunikation

Bezieht man diese Teildimensionen in eine fachspezifische Kompetenzformulierung mit ein, so kann ein kompetenter Medienrezipient bzw. eine kompetente Medienrezipientin (alte und neue) Medien bedienen bzw. sich mit der Bedienung neuer Medien vertraut machen. Er*sie verfügt neben diesem technologischen Wissen auch über deklaratives Strukturwissen und erweitert durch die Medienrezeption seinen oder ihren Erfahrungs- und Wissensstand. Er oder sie kann die Medienrezeption einerseits bewusst genießen, andererseits kann er oder sie die rezipierten Inhalte kritisch reflektieren, sowohl alleine als auch in Form von sozialer Anschlusskommunikation. Aus der Vielzahl der existierenden Medienangebote können je nach zu erreichen-

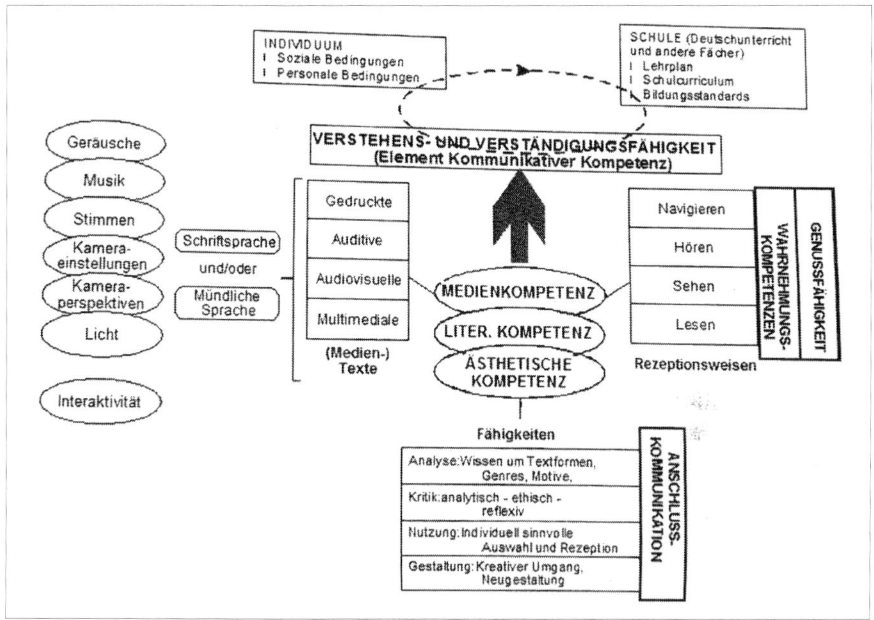

Abbildung 13 Medienkompetenz-Modell für den Deutschunterricht (Josting 2008: 78)

dem Ziel die passenden Medienformate ausgewählt und entsprechend miteinander kombiniert werden. Schließlich kann der*die kompetente Rezipient*in Medien nach eigenen inhaltlichen oder ästhetischen Vorstellungen gestalten, um dadurch aktiv an der Medienlandschaft partizipieren zu können.
Ausgehend von der Erkenntnis, dass das Leitmedium von Kindern und Jugendlichen nicht mehr das Buch, sondern vor allem audiovisuelle Medienformate sind, entwickelte Petra Josting ein Modell, das versucht, Medienkompetenz für den Deutschunterricht zu systematisieren und didaktisch fruchtbar zu machen (s. Abbildung 13). Sie stützt sich hierbei auf Überlegungen des medienintegrativen Deutschunterrichts, der von einem weiten Textbegriff ausgeht, alle Medien einbezieht, an die Wahrnehmungsgewohnheiten der Schüler*innen anknüpft und eine Offenheit für alle Unterrichtsformen und -methoden zeigt (vgl. Josting 2008: 76).

Josting unterscheidet im Zentrum ihres Modells verschiedene Medientexte, Rezeptionsweisen und Fähigkeiten. Da sich das Modell im Sinne des medienintegrativen Deutschunterrichts auf alle Medienformate bezieht, unterteilt Josting diese in vier Kategorien: gedruckte Medien, auditive Medien, audiovisuelle Medien sowie multimediale Medien. Die vier Medienbereiche zeigen in ihren Eigenschaften viele Gemeinsamkeiten (so findet sich Schriftsprache bspw. in gedruckten, multimedialen und manchmal auch in audiovisuellen Medien, Musik und Geräusche finden sich bspw. in auditiven, audiovisuellen und u.U. auch in multimedialen Medienbereichen), andererseits aber auch medienspezifische Besonderheiten, die sie von anderen Medienbereichen abgrenzen. Eine zweite Bezugsgröße von Medienkompetenz sind die Fähigkeiten, die es zu fördern gilt. Dabei orientiert sich Josting an den vier Dimensionen der Medienkompetenz nach Baacke. Als Fähigkeiten der Medienkompetenz benennt Josting Medienanalyse (das Wissen um Textformen, Genres und Motive), Medienkritik (hinsichtlich analytischer, ethischer und reflexiver Aspekte), Mediennutzung (die individuelle sinnvolle Auswahl und Rezeption von Texten) sowie die Mediengestaltung (produktiv-kreativer Umgang mit Medien). Ergänzt werden die Fähigkeiten schließlich um den Aspekt der Anschlusskommunikation, die im Zusammenhang mit den vorher genannten Dimensionen steht und deshalb quer zu diesen verläuft. Anschlusskommunikation meint einerseits den produktiven Austausch über die Medienerfahrung mit anderen und andererseits das Aushandeln von Bedeutungen sowie die Diskussion über das Rezipierte (vgl. Josting 2008: 80). Die dritte Bezugsgröße sind schließlich Rezeptionsweisen und Wahrnehmungskompetenzen, die vonnöten sind, um die genannten Fähigkeiten zu entfalten und zu fördern (vgl. ebd.). Darunter fallen die Rezeptionsweisen Lesen, Sehen, Hören und Navigieren (was sich v.a. auf multimediale Texte bezieht). Auch der Aspekt der Genussfähigkeit, den auch Groeben in seinen sieben Dimensionen von Medienkompetenz betont, wird in dieser Bezugsgröße mitgedacht.

Die bisherigen Überlegungen versuchen, medienübergreifend (und damit einhergehend eher allgemein) Teilkompetenzen zu formulieren, die in einem medienintegrativen (Deutsch-)Unterricht gefördert und gefordert werden können. Für den Film und die Zieldimension der Filmbildung sollen diese Überlegungen nun konkretisiert werden. Zwar gilt Filmbildung als die Voraussetzung für eine kompetente, kritische und reflektierte Filmrezeption, allerdings ist es nach wie vor das Bestreben, Filmbildung curricular verpflichtend zu verankern und somit zu garantieren, dass Schüler*innen nicht nur zu passiven Konsument*innen von audiovisuellen Medienformaten werden (denn nutzen tun sie diese Formate ja), sondern diesen auch kompetent begegnen können (vgl. Spielmann 2011: 107ff.). Filmbildung ist eine Grundvoraussetzung, um in einer audiovisuell geprägten Gesellschaft bestehen und interagieren zu können. Es muss daher Ziel sein, diese in der Schule anzubahnen. Dabei ist Filmbildung jedoch kein automatisches Folgeprodukt, das sich ‚nebenbei' aus der fachdidaktisch motivierten Arbeit mit Filmen ergibt.

Uneinheitlich verhält sich hierbei zunächst einmal eine klare Benennung des Ziels: so sprechen einige Publikationen von ‚Filmbildung' (Abraham 2018, Maurer 2010, Müller 2012, Spielmann 2011) oder ‚Filmerziehung' (Sahr 2004), andere von ‚Filmkompetenz' (Fritsch/Fritsch 2010, Schönleber 2012, Stork 2012) oder ‚Filmlesefähigkeit'

(Frederking et al. 2008: 187f., Hildebrand 2012, Maiwald 2013), wieder andere rekurrieren auf das angloamerikanische literacy-Konzept und sprechen von ‚visual literacy' (Abraham 2018, Schultz-Pernice 2017) oder ‚film literacy' (Kurwinkel/Schmerheim 2013, Surkamp 2004). Wenngleich sich Akzentverschiebungen der einzelnen Begriffsdefinitionen zeigen, überwiegt v.a. deren Schnittmenge, was dazu führt, dass die Begriffe teilweise nicht ganz trennscharf, teilweise gänzlich synonym verwendet werden. Um eine begriffliche Einheitlichkeit zu gewährleisten, spreche ich im Folgenden von Filmbildung[84] und meine damit eine übergeordnete Zieldimension, die Aspekte der Film-Lese-Fähigkeit (film literacy) ebenso umfasst wie bspw. politische und kulturelle Aspekte des Mediums Film (vgl. hierzu auch Staiger 2014: 243).

In allen bisherigen Überlegungen und Modellvorschlägen, wie Filmbildung in schulische Curricula eingebunden werden kann, nimmt neben den Fremdsprachen, Musik und Geschichte (vgl. Staiger 2014: 242) der Deutschunterricht eine zentrale Rolle ein: Er gilt als „Leitfach der Medien- und Filmbildung" (Maurer 2010: 137) und steht somit (fast) immer im Zentrum von Modellentwürfen, die schulische Filmbildung curricular zu verankern suchen.
Das erste Modell einer „Integrativen Filmdidaktik" im deutschsprachigen Raum wurde im Jahr 2008 von einer Arbeitsgruppe der **PH Freiburg** (Fuchs et al. 2008) vorgelegt. Das Modell (s. Abbildung 14) tituliert einerseits den Film als „Gesamtkunstwerk", geht aber andererseits davon aus, dass er nur dann in Gänze erschlossen werden könne, wenn „unterschiedliche Fachdidaktiken bereit sind, vorhandenes Filmwissen zusammenzuführen und didaktische Modelle zu entwickeln, in denen die engen Fachgrenzen überschritten und filmdidaktischen Erkenntnisse miteinander vernetzt werden" (Fuchs et al. 2008: 84). Das Modell spaltet das Gesamtkunstwerk Film somit in seine einzelnen Ausdrucksebenen Text, Bild und Ton auf und ordnet die jeweiligen Inhalte den dafür „zuständigen" Fachdidaktiken (Deutsch, Kunst und

84 Ich orientiere mich dabei an der Herleitung Maurers: „Filmbildung ist nach meinem Verständnis Teil einer übergreifenden Medienbildung, die das Subjekt dazu befähigt, sich in der Welt der audiovisuellen Medienangebote zu orientieren, selbstbestimmt und emanzipiert aus der gegebenen Vielfalt auszuwählen und das Medium Film verantwortungsvoll sowohl rezeptiv, als auch aktiv-produktiv zur Lebensbewältigung und -gestaltung zu nutzen. Der Begriff ‚Bildung' meint dabei aber gleichzeitig ein Ziel bzw. Zustand – das filmgebildete und mündige Individuum – und einen Prozess, innerhalb dessen sich ein Individuum unter pädagogisch-erzieherischer Begleitung schrittweise und mit zunehmender Selbstständigkeit Filmbildung aneignet. [...] Der ausschließlich im deutschen Sprachraum gebräuchliche *Bildungs*begriff betont zwar eher die vom Subjekt ausgehenden, eigenaktiven Aneignungsbedürfnisse und -leistungen, er schließt aber immer auch erzieherisches Handeln mit ein, das im Falle der Filmbildung von normativen Grundannahmen über Medien- und Filmkompetenz geleitet wird" (Maurer 2010: 21).

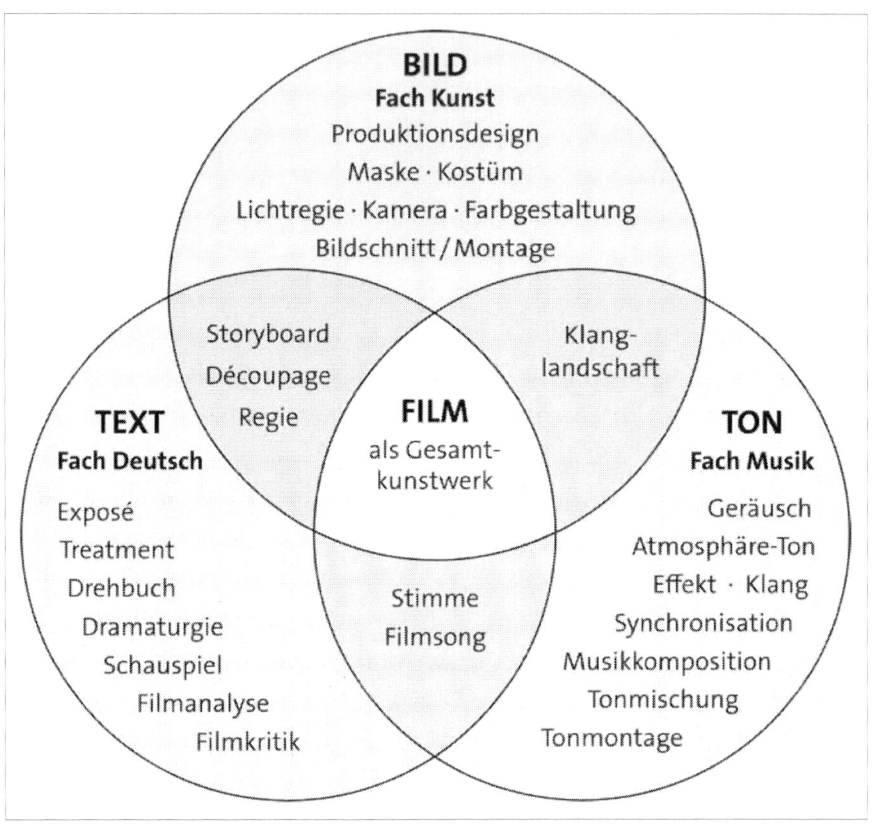

Abbildung 14 Das Freiburger Modell einer Integrativen Filmdidaktik (Klant/Spielmann 2008: 5)

Musik) zu. Das Curriculum erstreckt sich über die gesamte Schulzeit (Primarstufe, Sekundarstufe eins und zwei) und formuliert Kompetenzen und Lernziele für sechs verschiedene Klassenstufen (2, 4, 6, 8, Oberstufe).

Dass wesentlich mehr als die drei genannten Fächer einen Beitrag zur schulischen Filmbildung leisten (könnten), kritisierte u.a. Kepser aufgrund der Ergebnisse seiner Befragung von deutschen Abiturient*innen hinsichtlich ihres erlebten Filmunterrichts: Filmbildung finde vor allem in den sprachlichen Fächern statt, allen voran im Englischunterricht (vgl. Kepser 2008a). Das Modell wurde daher in den beiden Bänden *Grundkurs Film* (Klant/Spielmann 2008 und Pfeiffer/Staiger 2010) um eine Vielzahl anderer Fächer ergänzt, die an das aus den drei Fächern Deutsch, Musik und Kunst bestehende Zentrum andocken (vgl. zusammenfassend Kepser/Abraham 2016: 212). So findet sich in Spielmann 2011 bspw. eine Erweiterung des Modells um

die Fächer Englisch und Geschichte als Sphärenmodell, in Klant 2012 erfolgte eine Umarbeitung als Wolkenmodell, in dem alle schulischen Fächer zu finden sind und das somit das fächerübergreifende Potential des Films aufzeigt.
Es bleibt zudem nicht unkritisiert, dass die Zerlegung des Gesamtkunstwerks Film künstlich sei, da Film als multimodales Medium synästhetisch rezipiert werde und ebenso synästhetisch behandelt werden müsse (vgl. Kepser/Abraham 2016.: 213). Zwar bietet das Modell unter dem Punkt „integrative Aspekte“ vereinzelte disziplinübergreifende Punkte an, der Fokus liegt jedoch weiterhin auf der Aufspaltung der drei Betrachtungsebenen. Müller moniert des Weiteren die fehlende Trennschärfe zwischen den Rubriken Kompetenzen, Inhalte und Verfahren (Müller 2012: 38) sowie die schulpraktische Unmöglichkeit, einen Lerngegenstand zu gleichen Teilen auf das ‚Hauptfach‘ Deutsch sowie die im Lehrplan mit weitaus weniger Stunden bedachten Nebenfächer Kunst und Musik aufzuteilen (vgl. ebd.: 40).

Das von der Länderkonferenz Medienbildung (2010 bzw. überarbeitet 2015) vorgelegte Modell zur kompetenzorientierten Filmbildung (s. Abbildung 15) setzt den Fokus auf das kulturelle Handlungsfeld Film, dessen selbstbestimmte und reflektierte Nutzung das oberste Ziel der schulischen Filmbildung ist (vgl. Länderkonferenz Medienbildung 2015: 3). Das Modell gliedert sich in die vier Kompetenzbereiche ‚Filmproduktion und Präsentation‘, ‚Filmnutzung‘, ‚Filmanalyse‘ und ‚Film in der Mediengesellschaft‘, die eng an die Kompetenzfelder der Medienkompetenz nach Dieter Baacke anknüpfen (vgl. ebd.: 4) und in denen Ines Müller „eine systematische Grundlage für filmbildnerische Vermittlungsprozesse“ (Müller I. 2012: 44) erkennt.

Im Gegensatz zum Freiburger Modell werden im kompetenzorientierten Filmbildungskonzept kein konkretes Fach (oder konkrete Fächer) und keine fachspezifische Verteilung der Zuständigkeiten in diesem Bereich genannt. Während Müller einen Vorteil in dieser Vermeidung eines konkreten Fächerbezugs sieht, da bei Kompetenzformulierungen der Gegenstand Film und nicht fachspezifische Interessen im Fokus stünden (vgl. Müller 2012: 44), befürchten Kepser und Abraham eher, „dass da, wo alle angesprochen werden, keiner sich zuständig fühlt“ (Kepser/Abraham 2016: 214), dass also durch eine fehlende Benennung konkreter Zuständigkeitsbereiche eine (bereits bestehende) Vernachlässigung der Filmbildung bestehen bleibe. Petra Anders sieht zudem einen weiteren Kritikpunkt: Obwohl das Modell zwar von einem umfassenden Filmbegriff ausgeht und somit „alle möglichen Formen des Bewegtbildes“ (Länderkonferenz Medienbildung 2015: 3) miteinschließt, liegt der Fokus jedoch auf dem Spiel- und Dokumentarfilm „als Urform des audiovisuellen Erzählens“ (ebd.). Dies erscheint Anders aus mehreren Gründen problematisch (Anders 2019: 22): Das kulturelle Handlungsfeld Film wird auf Kinoproduktionen verengt, obwohl Kinder und Jugendliche (aber eigentlich

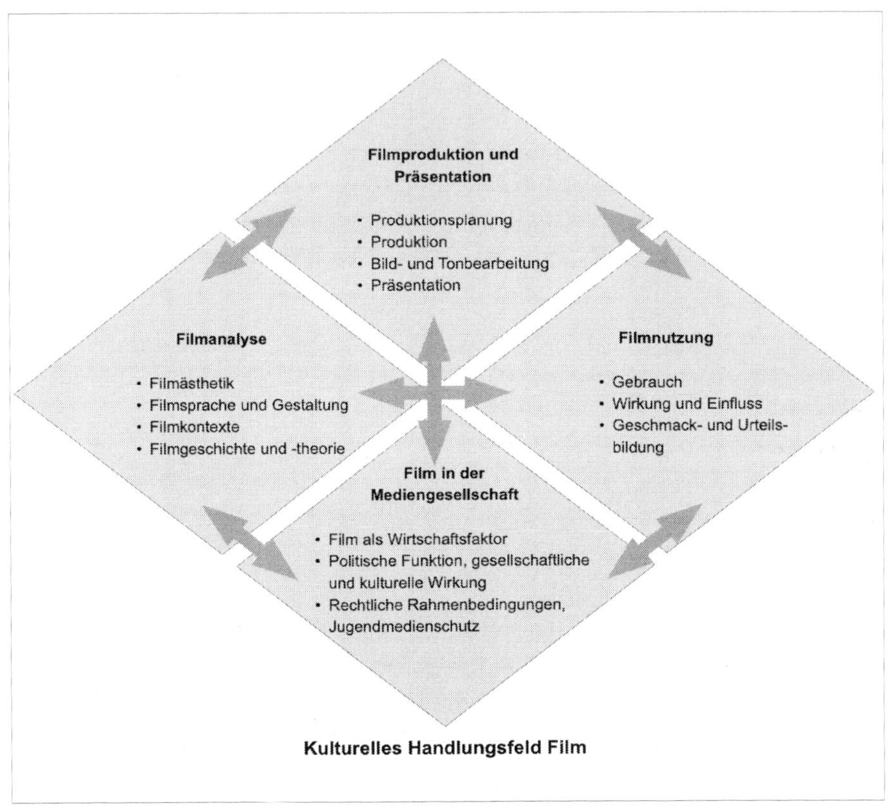

Abbildung 15 Das Filmbildungskonzept der Länderkonferenz Medienbildung (2015: 5)

Rezipient*innen jedweden Alters) eine Vielzahl von filmischen Produktionen konsumieren (sowohl im Fernsehen als auch über Streaming- und andere Onlinedienste). Eine Konzentration auf den Dokumentarfilm hält Anders deshalb für überstürzt, da diese Gattung noch nicht lange und in angemessenem Umfang für den Unterricht erschlossen sei, um adäquat behandelt werden zu können (vgl. ebd.). Der Einführungsband in die Filmdidaktik von Anders, Staiger, Albrecht, Rüsel und Vorst (2019) folgt diesem Modell dennoch und zeigt umfassend, dass das Filmbildungskonzept auch auf weitere filmische Genres und Formate als ausschließlich auf den Spiel- und Dokumentarfilm übertragen werden kann: So können bspw. auch Kurzstummfilme, Gedichtfilme, Jugendserien, Werbespots oder Castingshows herangezogen werden, um Kompetenzen in den vier formulierten Kompetenzfeldern anzubahnen (vgl. Anders 2019: 23). Das Filmbildungskonzept der Länderkonferenz Medienbildung bie-

Teilkompetenzen der Länderkonferenz Medienbildung	Aspekte des mehrsprachigen Films im Deutschunterricht
Filmanalyse	**Filmästhetik**: Die Schüler*innen erörtern die durch die verwendete Sprache hervorgerufene ästhetische Wirkung eines Films. **Filmsprache und Gestaltung**: • Tongestaltung: Die Schüler*innen analysieren, erörtern und interpretieren die sprachliche Gestaltung eines Films. • Narration/Dramaturgie: Die Schüler*innen erkennen die sprachliche Gestaltung einer Figur als narratives Element. • Die Schüler*innen analysieren und interpretieren den Film auch im Hinblick auf die sprachliche Gestaltung. • Genre: Die Schüler*innen berücksichtigen die Sprache des Films bei der Genreanalyse und positionieren sich im Hinblick auf die Frage, inwiefern die Mehrsprachigkeit eines Films genrebestimmend ist. • Kontext: Die Schüler*innen ordnen den rezipierten Film in seinen historischen und/oder kulturellen Kontext.
Filmproduktion und Präsentation	**Produktionsplanung**: Die Schüler*innen berücksichtigen bei dem Entwurf filmischer Figuren und Charaktere auch deren Sprache als charakterisierendes Element. **Bild- und Tonbearbeitung**: Die Schüler*innen berücksichtigen in der Postproduktion ggf. die Regeln der Untertitelung, um den Rezipierenden anderssprachige Textteile verständlich zu machen.
Filmnutzung	**Gebrauch**: • Die Schüler*innen beschreiben und analysieren die eigene Filmnutzung und beschreiben eventuelle Schwierigkeiten, die mit mehrsprachigen Filmen einhergehen. • Die Schüler*innen vergleichen die filmische Darstellung von Mehrsprachigkeit mit Erfahrungen aus der eigenen Lebenswelt. **Wirkung und Einfluss**: Die Schüler*innen analysieren und bewerten, wie sich die sprachliche Gestaltung filmischer Figuren oder die Darstellung von Kulturen auf das Weltverständnis der Rezipierenden auswirken kann.
Film in der Mediengesellschaft	**Film als Wirtschaftsfaktor**: Die Schüler*innen erkennen, dass die sprachliche Gestaltung eines Films auch von wirtschaftlichen Aspekten abhängig ist (Machart, Zielgruppe, Produktionsbudget). **Politische Funktion, gesellschaftliche und kulturelle Wirkung:** Die Schüler*innen erkennen die durch die sprachliche Gestaltung von Filmen hervorgerufene Manipulation bzw. Diskriminierung.

Abbildung 16 Teilkompetenzen der Länderkonferenz Medienbildung für den mehrsprachigen Film

tet auch vielfache Anknüpfungspunkte für die Besonderheiten des mehrsprachigen Films, wie Abbildung 16 an einzelnen Aspekten aufzeigt.

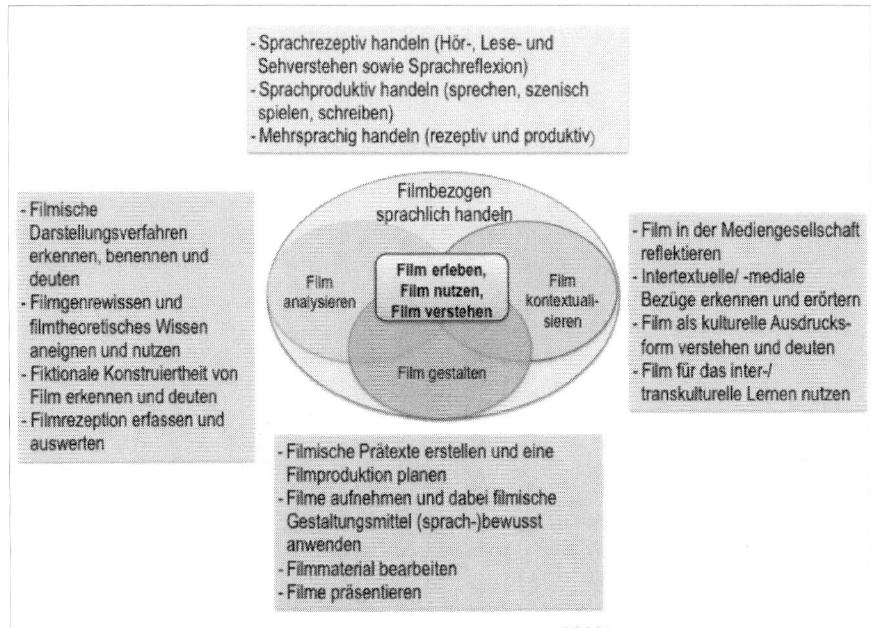

Abbildung 17 Kompetenzfelder einer sprachlich orientierten Filmbildung (Blell et al. 2016: 41)

Ein stärkerer Fachbezug steht schließlich im Fokus des jüngsten Modells (s. Abbildung 17) zur schulischen Filmbildung: Ausgehend von den Erkenntnissen Kepsers, dass vor allem die Fächer der sprachlichen Bildung einen (oder besser gesagt: den) erheblichen Beitrag zur schulischen Filmbildung leisten (vgl. Kepser 2008a), entwarf eine Gruppe aus Fachdidaktiker*innen der Fächer Deutsch, Englisch, Französisch und Spanisch 2016 ein Modell zur fächerverbindenden Filmbildung, dessen Grundidee eine Vernetzung der Filmbildung im schulischen Sprachunterricht ist (Blell et al. 2016). Durch die klare Adressierung der sprachlichen Fächer wird der von Kepser und Abraham (vgl. 2016: 214) monierte Kritikpunkt am Modell der Länderkonferenz Medienbildung umgangen. Eine Zusammenarbeit der sprachlichen Fächer bietet sich v.a. dann an, wenn bspw. sprachvergleichende Aspekte oder sprachenübergreifende Methoden und Verfahren im Fokus der filmischen Arbeit stehen. Dadurch, so plädieren die Herausgeberinnen und Herausgeber des Sammelbandes, könne sich dem Medium Film mehrperspektivisch genähert und ein intertextueller wie intermedialer Sprachenunterricht gefördert werden (vgl. Blell et al. 2016: 12).

Das Modell benennt den Kompetenzbereich ‚Film erleben, Film nutzen, Film verstehen‘ mit seinen vier Kompetenzfeldern ‚Film kontextualisieren‘, ‚Film gestalten‘,

,Film analysieren', ,Filmbezogen sprachlich handeln' und formuliert auf drei (klassenunabhängigen) Kompetenzstufen ausführliche Lernziele.
Der Kompetenzbereich ,Film erleben, Film nutzen, Film verstehen' knüpft an die bereits erläuterten Modelle sowie an curricular verankerte sprachdidaktische wie mediendidaktische und -pädagogische Forderungen an und betont sowohl die affektiven als auch die pragmatischen und kognitiven Dimensionen des Lernens mit Filmen im Unterricht (vgl. Blell at al. 2016: 20). Durch die Bezeichnung soll der enge Zusammenhang zwischen Filmerleben und Filmverstehen unter Einbezug produktiver Verfahren (Film nutzen) verdeutlicht werden (vgl. ebd.)
Während sich in den Kompetenzfeldern ,Film analysieren', ,Film gestalten' und ,Film kontextualisieren' Schnittstellen zum kompetenzorientierten Modell der Länderkonferenz Medienbildung zeigen, thematisiert das Modell erstmalig den Kompetenzbereich ,Filmbezogen sprachlich handeln', der sich wiederum in die drei Teilbereiche ,sprachrezeptiv handeln', ,sprachproduktiv handeln' und ,mehrsprachig handeln' (rezeptiv wie produktiv) aufgliedert (vgl. ebd.: 23 ff.). Im Gegensatz zu den sonst eher literatur- und mediendidaktischen Zielsetzungen wird in diesem Modell die sprachdidaktische Arbeit mit Filmen expliziert. Dabei wird auf Überlegungen zurückgegriffen, die im Bereich der Zweit- und Fremdsprachdidaktik keineswegs neu sind: Hier geht die Arbeit mit Filmen immer auch mit sprachlichem Handeln oder mit der Schulung des Hör- und Hör-Seh-Verstehens einher. Allerdings verkommt der Film dabei oft zum reinen Unterrichtsmedium, wohingegen sich Blell, Grünewald, Kepser und Surkamp für eine sprachdidaktische Arbeit am Unterrichtsgegenstand Film aussprechen (vgl. ebd.: 19). Der Ursprung der sprachdidaktischen Arbeit mit Filmen zur Zweit- und Fremdsprachendidaktik zeigt sich jedoch auch in diesem Modell: Oftmals steht das sprachliche Handeln (sowohl produktiv als auch rezeptiv) eben doch im Zeichen des Fremdsprachenunterrichts (s. hierzu die Auflistung bei Blell 2016: 320f.). Allerdings, so betont Blell, erfordert gerade dieser Kompetenzbereich „ein Zusammendenken von Ergebnissen und Positionen der Mehrsprachigkeitsdidaktik, der einzelnen Sprachdidaktiken und der Audio-Visual Translation Studies und ihrer Didaktik" (Blell 2016: 322).
Somit gilt es auch unter der Berücksichtigung dieser Begründung, das sprachliche Handeln stärker für den Deutschunterricht zu konkretisieren. Da der Fremdsprachenunterricht nicht bundesweit zum Anfangsunterricht zählt, ist der Deutschunterricht, der mit Eintritt in die Schule einsetzt, somit auch im Bereich des sprachlichen Handelns der erste und zunächst zentralste Ansatzpunkt der schulischen Filmbildung, auf dem die sprachlichen Fächer dann im weiteren Verlauf der Schulzeit aufbauen können.

Für die folgenden Überlegungen ist das Modell dahingehend wegweisend, da es den polyglotten Film ganz explizit als Unterrichtsgegenstand benennt und eine sog. ,Mehrsprachigkeitskompetenz' definiert, die die gelingende Rezeption eines poly-

glotten Films erfordert. Eine solche Mehrsprachigkeitskompetenz beinhaltet das Verstehenkönnen mehrsprachiger Filme durch den Aufbau von Sprachbewusstheit, die Reflexion ausgewählter mehrsprachiger Diskursphänomene (z.B. Sprache der Charaktere, Gründe für Code-Switching) sowie filmbezogene sprachproduktive und sprachmittelnde Tätigkeiten (vgl. Blell et al. 2016: 25f.).
Problematisiert werden könnte auch an diesem Modell eine mögliche Verengung des Zuständigkeitsbereichs: Durch die klare Adressierung der sprachlichen Fächer fokussiert die schulische Filmarbeit in diesem Modell den analytischen und produktiven Umgang mit filmästhetischen Mitteln, wohingegen medienethische oder gesellschaftspolitische Zugänge, die die urteilsbildenden Fächer Politik, Geschichte oder Philosophie böten, eher außen vor bleiben (vgl. Anders 2019: 25).

Während sich vor allem in produktiven Kompetenzbereichen wie ‚Filmproduktion und Präsentation' (Länderkonferenz Medienbildung 2015) oder ‚Film gestalten'" (Blell et al. 2016) ein klarer Bezug zu fachspezifischen Handlungen und Kompetenzen erkennen lässt, gehen die zitierten Modelle zur schulischen Filmbildung über die bisher erläuterten fachdidaktischen Begründungszusammenhänge zumindest in Teilen hinaus. Daher erweisen sich vor allem die Teilbereiche ‚Filmnutzung' und ‚Film in der Mediengesellschaft' sowie die für mehrsprachige Filme notwendige ‚Mehrsprachigkeitskompetenz' als Faktoren, die in die folgenden Überlegungen zu einer Didaktik des mehrsprachigen Spielfilms einfließen sollen (und müssen). Maurer weist deshalb darauf hin, dass eine umfassende Filmbildung nicht von einem einzigen Fach geleistet werden kann (vgl. Maurer 2010: 142). Zudem warnt der Medienpädagoge davor, die Fachgrenzen der Literatur- und Sprachdidaktik für die Arbeit mit Filmen zu „zementieren" (ebd.: 142) und ruft dazu auf, medienpädagogische und medienwissenschaftliche Erkenntnisse in die deutschdidaktische Arbeit mit einzubeziehen (vgl. ebd.: 143). Auch Staiger betont, dass ein Zusammenspiel zwischen allgemeinen medienpädagogischen Fragestellungen und fachspezifischen Zugängen für eine umfassende Filmbildung unerlässlich ist (vgl. Staiger 2014: 243). Es gilt daher immer, sowohl allgemein medienpädagogische als auch fachdidaktische Forderungen sinnstiftend miteinander zu verbinden, um eine umfassende schulische Filmbildung zu gewährleisten.

5.2.2 Weitere Besonderheiten der Rezeption mehrsprachiger Filme

Zu guter Letzt gilt festzuhalten, dass ein Film, der sich des Verfahrens Mehrsprachigkeit bedient, Anforderungen an seine Rezipierenden stellt, die sich von den Rezeptionsbedingungen eines einsprachigen Blockbusterfilms unterscheiden. Diese veränderten Anforderungen, die vorausgehend bereits erläutert wurden, begründen sich durch die mediale Machart des Films.

Bereits mehrmals wurde angemerkt, dass die Rezeption eines mehrsprachigen Films mit einer größeren Anstrengung einhergeht als die Rezeption eines (einsprachigen) Blockbusterfilms, an dessen filmische Verfahren die Rezipierenden gewöhnt sind und die daher leichter zu dekodieren sind. Das Aushalten von Nicht-Verstehen, das Lesen von Untertiteln oder das Verarbeiten von non- und paraverbalen Hinweisen sind Rezeptionsanforderungen, an die es sich zu gewöhnen gilt. Wie gezeigt wurde, hat das Lesen und Verfassen von Untertiteln, das Füllen von Leerstellen oder Übungen zum genauen Sehen und Hören, um para- und nonverbale Hinweise zu erschließen, ihre Berechtigung für den Deutschunterricht, da diese an die fachlichen Lernbereiche anknüpfen. Durch ein Trainieren der spezifischen Rezeptionsanforderungen kann die Rezeption eines mehrsprachigen Films ihre Schwierigkeit ebenso verlieren wie das Lesen von Büchern, das aufmerksame Hören eines Hörspiels oder die Kohärenzbildung beim Rezipieren einer Serie. Auch diese Rezeptionssituationen sind ja bekanntermaßen keineswegs einfach, sondern sie gewinnen nur durch stetiges Üben an Leichtigkeit und erst dann können sie dazu hergenommen werden, um während der Rezeption „abzuschalten".
Die verstärkte Rezeption von mehrsprachigen Spielfilmen und das Üben entsprechender Rezeptionsstrategien kann dadurch auch Auswirkungen haben auf eine generelle **Erwartungshaltung** bzgl. der Filmrezeption. So mutmaßt Matthias Bauer:

> *Es könnte jedoch sehr wohl sein, dass bestimmte Erwartungen erst ihre Relevanz und dann ihre Persistenz verlieren, wenn eine bestimmte Rezeptionssituation, an die man sich lange gewöhnt hat, dauerhaft suspendiert wird und die diegetische Welt als alternativer Version der Welt in Szene gesetzt wird, die gemeinhin für die einzig mögliche gehalten wird (Bauer 2019: 163f.).*

Dabei denkt Bauer über die Erwartungshaltung bzgl. der Sprachlichkeit und des Verstehens des Films hinaus, denn er spielt gleichermaßen auch auf Werthaltungen an, die sich durch die Rezeption von (mehrsprachigen) Filmen verändern können. Er illustriert dies am Beispiel eines Deutschen, der lange im Ausland lebt: vielleicht legt dieser nach langer Zeit nicht nur einzelne Begriffe der Muttersprache ab, sondern auch „deutsche" Werthaltungen und Einstellungen. In Analogie dazu, so Bauer, wäre es also denkbar, dass durch eine dauerhafte Rezeption von mehrsprachigen Filmen bestimmte Erwartungen hinsichtlich der Rezeption, aber auch hinsichtlich der Repräsentation von Werten und Einstellungen zunächst weniger wichtig und schließlich vollkommen hinfällig werden (vgl. ebd.).
Diese Bedingungen können (auch) im Deutschunterricht insofern geschult werden, als dass entsprechende Grundfertigkeiten (wie das Lesen von Untertiteln) als Übungsformate vertieft werden und so niedrigschwellig zu einer Gewöhnung an die Rezeption mehrsprachiger Filme hinführen.

Zudem kann bei Rezipierenden der Gegenwart ein Phänomen beobachtet werden, das sich als sog. **Second Screening** bezeichnen lässt (vgl. Anders/Staiger 2019: 10). Gemeint ist damit das parallele Nutzen des Fernsehers und eines anderen technischen Geräts (z.B. eines Smartphones oder eines Tablets). Das kombinierte Nutzen mehrerer Endgeräte lässt sich vor allem bei Jugendlichen beobachten, ist laut Sherryl Wilson jedoch stärker an das Genre des Rezipierten denn an Geschlecht oder Alter der Rezipierenden gebunden (vgl. Wilson 2016: 188). Die Kombination unterschiedlicher, nicht zusammenhängender Inhalte auf verschiedenen Geräten (ungerichtetes Second Screening) (vgl. Anders/Staiger 2019: 10) findet sich vor allem in einem Nutzungsmodus, der das Ziel der Entspannung – des Zurücklehnens – verfolgt (vgl. Wilson 2016: 187). Vor allem das lineare Fernsehen (vgl. Anders/Staiger 2019: 10), aber zunehmend auch Filme und Serien, die über Streaminganbieter rezipiert werden, werden für den Modus der Entspannung genutzt.
Der mehrsprachige Film steht nun im Kontrast zu einem solchen Nutzungsmodus. Da untertitelte Textteile entweder erlesen werden müssen oder anderssprachige Textteile nur durch Interpretieren para- und nonverbaler Merkmale verstanden werden können, behindert das ungerichtete Second Screening die Rezeption in diesem Fall. Anderssprachige Textteile bedürfen einer erhöhten Aufmerksamkeit, um ein globales Verstehen des Gesehenen garantieren zu können. Der mehrsprachige Spielfilm eignet sich somit weniger zum „Zurücklehnen“ und erfordert einen anderen Rezeptionsmodus. Demzufolge müssen Jugendliche lernen, aktiv zwischen verschiedenen Rezeptionsmodi und deren jeweiligen Anforderungen zu wechseln. Ein mehrsprachiger Film muss anders rezipiert werden als eine Folge einer Sitcom-Serie oder als ein kurzer Clip auf YouTube. In der Schule kann die Rezeption eines mehrsprachigen Spielfilms somit dazu dienen, Rezeptionsmodi der Schüler*innen zu identifizieren, zu unterscheiden, zu reflektieren und zu trainieren, diese je nach Genre bewusst zu wählen.

Eine Integration des mehrsprachigen Spielfilms in den Deutschunterricht kann daher sowohl fachspezifische Kompetenzen fördern als auch Kompetenzen anbahnen, die über das Fach hinaus gehen und die für das Leben in einer bildlastigen, medialisierten, schriftbasierten und globalisierten Gesellschaft vonnöten sind. Dabei sind mehrsprachige Spielfilme mittlerweile keine Ausnahme mehr, stattdessen handelt es sich um einen **Trend**, der dazu führt, dass immer mehr Produktionen sich des Verfahrens der Mehrsprachigkeit bedienen (vgl. z.B. Bauer 2019: 164). Dabei handelt es sich nun auch gar nicht mehr ausschließlich um artifizielle Independentfilme, sondern auch Hollywoodblockbuster oder auch Serien greifen filmische Mehrsprachigkeit auf. Mehrsprachigkeit im Film knüpft also direkt an die Lebenswelt bzw. die private Medienrezeption von Kindern und Jugendlichen an. Durch eine unterrichtliche Unterstützung kann es gelingen, Rezeptionsstrategien zu erarbeiten und zu trainieren, um den privaten Medienkonsum zu professionalisieren. Bauer vermutet, dass in einer sich global entwickelnden und wachsenden Welt Filme und Serien immer häufiger ohne Synchronisierung und Untertitelung auskommen werden (vgl. Bauer 2019: 164). Es muss daher also das Ziel sein, die Schüler*innen von heute so vorzubereiten, dass sie die volitionale, motivationale und soziale Bereitschaft aufbringen können, sich in der Medienwelt von morgen bewegen zu können.

5.3 Ein drittes Zwischenfazit

Im vorangegangenen Kapitel wurde das Potential des mehrsprachigen Spielfilms für einen integrativen Deutschunterricht herausgestellt. Es sollte gezeigt werden, dass die diegetische Mehrsprachigkeit insofern die Arbeit mit Filmen im Deutschunterricht erweitern kann, als dass sich dadurch Schnittstellen zu allen vier Lernbereichen des Fachs zeigen. Während bereits diverse Konzepte für einen filmintegrativen Literaturunterricht mit verschiedenen Zielsetzungen vorliegen, gibt es bislang nur vereinzelte Überlegungen zum Film im Sprachunterricht. Der mehrsprachige Film, der Sprache oftmals ja ganz bewusst in Szene setzt, kann dabei als Gegenstand dienen, um auch die Lernbereiche ‚Sprechen und Zuhören', ‚Schreiben' sowie ‚Sprache und Sprachgebrauch untersuchen' stärker in die unterrichtliche Filmarbeit zu integrieren. So bietet es sich im Bereich ‚Sprechen und Zuhören' einerseits an, auf das bewährte Format des Filmgesprächs zurückzugreifen und dabei auch die Sprachlichkeit des Films bewusst zu thematisieren und im Plenum zu erschließen. Andererseits können durch anderssprachige Textteile Leerstellen entstehen, die im Rahmen eines literarischen Rollenspiels oder durch das Verfahren der Neusynchronisation gefüllt werden können. Die Mehrsprachigkeit des Mediums kann die Lernenden zudem dazu anregen, ihre eigene Mehrsprachigkeit in kommunikative Anschlusshandlungen einzubeziehen.

Das Füllen von (sprachbedingten) Leerstellen kann auch durch schriftliche Anschlusshandlungen erfolgen. ‚Tradierte' schriftliche Verfahren wie das Verfassen einer Figurencharakterisierung oder eines inneren Monologs (der bspw. in Form eines Voice-Overs wiederum eingesprochen werden könnte) können dabei die Mehrsprachigkeit des Mediums, aber auch der Schüler*innen aufgreifen – müssen dies aber nicht zwingend. Darüber hinaus bietet das Verfahren der Untertitelung Potential zur Formulierung einer profilierten Schreibaufgabe (Bachmann/Becker-Mrotzek 2010: 194), deren Bearbeitung eine klar identifizierbare Funktion erfüllt sowie in sozialer Interaktion erfolgen kann und deren Wirkung auf die Rezipierenden schließlich überprüft werden kann. Durch diese Methode werden nicht nur Ziele des Fachs Deutsch angestrebt, sondern gleichermaßen Teilkompetenzen der Filmbildung angebahnt, wie sie von der Länderkonferenz Medienbildung in den Teilbereichen ‚Filmanalyse', ‚Filmproduktion und Präsentation', ‚Filmnutzung' sowie ‚Film in der Mediengesellschaft' formuliert werden.

Ein besonderes Potential bietet der mehrsprachige Film vor allem für einen Sprachunterricht, der andere Sprachen einbeziehen und nutzen will, um Gemeinsamkeiten und Unterschiede zwischen Sprachen zu untersuchen. Die Funktion von Sprache im Film wird in mehrsprachigen Filmen besonders deutlich, weshalb eine Analyse des Films die Untersuchung von Sprache nicht außen vor lassen darf. Durch die Präsenz verschiedener diegetischer Sprachen wird zudem die Forderung Oomen-Welkes erfüllt, andere Sprachen in den Unterricht einzubeziehen und sich auf den Weg zu machen hin zu einer Didaktik der Sprachenvielfalt (vgl. Oomen-Welke 2010). Dabei muss nicht auf andere Erstsprachen von Schüler*innen zurückgegriffen werden, sondern die im Film verwendete(n) andere(n) Sprache(n) kann einerseits zum Vergleichen von Sprachen dienen und andererseits als Eisbrecher fungieren, der die Schüler*innen ihre Sprachkenntnisse in den Unterricht einbringen lässt.
Nicht zuletzt bietet der Film freilich immenses Potential für den Literaturunterricht, sowohl im Hinblick auf Imaginationsbildung, literarisches Lernen, interkulturelles Lernen oder andere Aspekte der allgemeinen Persönlichkeitsbildung und -entwicklung. Steht also der Film im Zentrum des Deutschunterrichts geht es immer auch (zumindest in Teilen) um Analyse und Interpretation. Es soll daher ein Konzept folgen, das versucht, alle gewonnenen Erkenntnisse miteinander zu verbinden: Einerseits sollen die spezifischen Rezeptionsbedingungen, die ein mehrsprachiger Film erfordert, berücksichtigt werden, andererseits sollen Anforderungen jedes Lernbereichs so integriert werden, dass diese zu einer Gesamtanalyse des Films führen, die die sprachliche Gestaltung des Mediums explizit berücksichtigt.

6 Stufen einer Didaktik des mehrsprachigen Films für den Deutschunterricht

Aufbauend auf den vorangegangenen Überlegungen soll ein Konzept aufgezeichnet werden, wie der mehrsprachige Spielfilm im Deutschunterricht so erschlossen werden kann, dass neben anderen filmischen Verfahren das Verfahren Mehrsprachigkeit eine besondere Berücksichtigung in der Gesamtinterpretation erfährt. Primär geht es Abraham zufolge darum, „Äußerungs- und Interpretationskompetenz aufzubauen für ästhetische und symbolische Formen der Darstellung in den AV-Medien“ (Abraham 2009: 237). Die Darstellung von Sprache bzw. Mehrsprachigkeit (also einer der beiden zentralen Lerngegenstände des Deutschunterrichts) steht somit im Fokus der Filmarbeit.
Es soll im Folgenden ein Weg gezeichnet werden, der von der ersten naiven Filmrezeption über alle Lernbereiche des Deutschunterrichts zu einer bedarfsgerechten Filmanalyse gelangt, in der die filmische Mehrsprachigkeit eine ihr angemessene Berücksichtigung erfährt. Dieser Erkenntnisweg basiert auf Befunden zu den spezifischen Rezeptionsbedingungen des mehrsprachigen Films, auf dem Versuch, alle Lernbereiche in die Filmarbeit zu integrieren, auf bereits vorhandenen Konzepten schulischer Filmarbeit und auf Erfahrungen, die im Rahmen einer Lehrveranstaltung zum mehrsprachigen Film im Deutschunterricht (vgl. Kapitel 7) gesammelt wurden. Daraus ergeben sich fünf Schritte, die von der Erstrezeption des Films zu einer abschließenden Gesamtanalyse führen, in der filmische Mehrsprachigkeit berücksichtigt wird. Diese Teilschritte nenne ich im Einzelnen:

- Erkennen und Akzeptieren der filmischen Mehrsprachigkeit
- Globales Erschließen der Makrostruktur
- Beschreiben der formalen Realisierung von Mehrsprachigkeit
- Detailliertes Erschließen der Mikrostruktur
- Beschreiben der funktionalen Realisierung von Mehrsprachigkeit

Die Grafik verdeutlicht die Reihenfolge der einzelnen Teilschritte, die einerseits aufeinander aufbauen und andererseits zunehmend komplexer werden und abstrakteres Denken verlangen. Die Teilschritte sind dabei mehr als Zwischenschritte zur Gesamtinterpretation denn als Kompetenzen zu verstehen, da sie wiederum spezifische

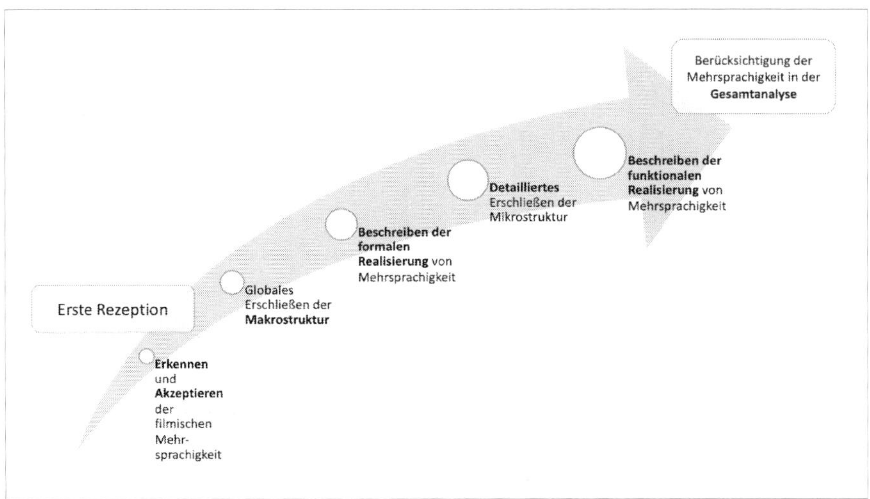

Abbildung 18 Stufen einer Didaktik des mehrsprachigen Films im Deutschunterricht

Teilkompetenzen erfordern und anbahnen. Im Folgenden sollen die einzelnen Etappen auf dem Weg zur Gesamtinterpretation eines mehrsprachigen Films näher ausgeführt werden. Dabei wird pro Teilschritt erläutert, welches Ziel dabei verfolgt wird und mit welchen methodischen Arrangements dies erreicht werden könnte.

6.1 Erkennen und Akzeptieren der filmischen Mehrsprachigkeit

Traditionell gehen der unterrichtlichen Filmrezeption spezifische Aufgaben „vor dem Sehen" voraus (vgl. Staiger 2019a: 42). Dazu zählen bspw. der Austausch über Vorkenntnisse zum Film und zu seinem Medienverbund; das Sammeln von Assoziationen zu Filmtitel, Filmplakat, Titelsong oder Pressebilder; das Assoziieren zu Screenshots; die Annäherung über ein Rollenspiel zu einem Filmdialog; die Durchführung eines Castings oder das antizipatorische Schreiben zu Filmtitel, -plakat oder -trailer (vgl. ebd.). Derlei Übungen und Aufgabenformate dienen vor allem dazu, durch die Aktivierung von Vorwissen und durch das Entwickeln von Erwartungshaltungen zur Filmrezeption hinzuführen und eine Motivation dafür zu aufzubauen. Um der unterrichtlichen Filmrezeption gemäß der erforderlichen Rezeptionsabsicht durchgehend zu folgen, sollte diese Motivation möglichst lange aufrechterhalten werden bzw. nicht durch eine erschwerte Rezeption unterlaufen werden. Wie bereits ausgeführt wurde, kann das Verfahren der Mehrsprachigkeit die Rezeption allerdings durchaus erschweren: Das Nichtverstehen einzelner Textteile kann für Irritationen sorgen und das detaillierte Verstehen des Gesehenen bei der Erstrezeption negativ beeinflussen, das Lesen von Untertiteln kann ungewohnt sein und je nach Alter und

Lesekompetenz der Rezipierenden zu Schwierigkeiten führen. Diese Aspekte können u.U. dazu führen, dass eine aufmerksame, motivierte Rezeption der Schüler*innen – die Grundlage für die weitere Beschäftigung mit dem Film – schnell ausbleibt. Ein erster Zwischenschritt, der als Basis für alle weiteren Teile dient, muss es somit sein, Mehrsprachigkeit im Film einerseits zu erkennen, um eventuell einsetzende Verstehensschwierigkeiten begründen zu können, und andererseits die dadurch entstehenden Wirkungen wie das eingeschränkte Verstehen zu akzeptieren (vgl. zum Aspekt der Frustrationstoleranz auch Blell 2016).

Durch entsprechende methodische Arrangements kann in einer vorwissensaktivierenden Phase eine entsprechende Erwartungshaltung aufgebaut werden, die auf potentielle Verstehensschwierigkeiten vorbereitet (vgl. hierzu auch Honnef-Becker/Kühn 2019: 222) und die somit vorentlastend wirkt: Mehrsprachige Filme erzählen i.d.R. von (wie auch immer gearteten) interkulturellen Begegnungen. Auf diese weisen sie oftmals mehr oder weniger direkt in ihren Paratexten hin. Dabei geben Filmtitel, Filmplakat oder Filmtrailer zumeist Hinweise auf ihre interkulturelle (und somit auch mehrsprachige) Thematik. Diese Hinweise können auf ganz unterschiedliche Art erfolgen: So kann bereits der Titel Mehrsprachigkeit oder Interkulturalität andeuten (*Almanya – Willkommen in Deutschland, Lost in Translation, Die Dolmetscherin, Exit Marrakech*), der Trailer kann mehrsprachige Szenen beinhalten oder die Sprachlichkeit thematisieren (*Babel*), oder das Filmplakat kann auf Bild- oder Textebene Hinweise auf Figuren aus unterschiedlichen Kulturen, auf kulturell geprägte, problematische Figurenkonstellationen oder auf andere Schriftsysteme (*Isle of Dogs – Ataris Reise*) hinweisen. Durch das Assoziieren zu diesen Aspekten können die Lernenden bereits für eine eventuelle interkulturelle Thematik sensibilisiert, auf das Verfahren der Mehrsprachigkeit hingewiesen werden und Erfahrungen einbringen, die sie u.U. bereits mit mehrsprachigen Filmen gesammelt haben.
Aufgaben vor dem Sehen eignen sich hier nicht nur deshalb, weil aktiviertes Vorwissen den Rezeptionsprozess im Allgemeinen gewinnbringend unterstützen kann, sondern weil die generierte Erwartungshaltung u.U. schon bekannte Rezeptionsstrategien aktiviert. Für den mehrsprachigen Film ist diese Phase deshalb so wichtig, weil an dieser Stelle bereits darüber entschieden werden kann, ob sich die Schüler*innen auf die erschwerte Filmrezeption einlassen oder ob sie sich dieser verweigern, was beim unvermittelten Aufeinandertreffen mit anderssprachigen, nicht verständlichen Textteilen durchaus passieren könnte. Je nach Vorerfahrung mit mehrsprachigen Filmen, mit der in der Primarstufe vermutlich weniger, in der Sekundarstufe I aber durchaus häufiger gerechnet werden kann, könnten durch den Hinweis auf Mehrsprachigkeit bereits eine implizite Zuhörabsicht gebildet und dadurch bereits erworbene Rezeptionsstrategien aktiviert werden: So könnten es sich die Rezipierenden bereits ohne Lenkung durch die Lehrkraft zur Aufgabe machen, anderssprachige Textteile durch die Interpretation

von non- und paraverbalen Hinweisen oder von Vorwissen verstehen zu wollen. Da dieses Vorgehen allerdings von den individuellen Vorerfahrungen der Rezipierenden abhängig ist und konkrete Strategien zur Verständnisgenerierung in einem späteren Schritt thematisiert werden sollten, empfiehlt es sich an diesem Punkt noch nicht, ein Verständnis mehrsprachiger Dialoge einzufordern. Das Erkennen und Akzeptieren von Mehrsprachigkeit wird schließlich als Grundlage für eine gelingende Filmrezeption gesehen. Ist dieser Wegpunkt durch entsprechende Aufgaben vor dem Sehen erreicht, kann schließlich die Filmsichtung folgen.

6.2 Globales Erschließen der Makrostruktur

Matthis Kepser und Ulf Abraham schlagen in Anlehnung an Phasenmodelle für den Literaturunterricht ein Raster zur Strukturierung einer Unterrichtsreihe zum Spielfilm vor (vgl. Kepser/Abraham 2016: 219ff.). Die Autoren benennen dabei die ersten vier Phasen eines filmgestützten Deutschunterrichts wie folgt (Kepser/Abraham 2016: 219):

- Hinführung, Antizipation, Reflexion der Erwartungshaltung
- Begegnung
- Sammlung von (naiven) Ersteindrücken
- Sensibilisierung für die Makrostruktur

In Bezug auf die bisherigen Überlegungen zur Sequenzierung einer Unterrichtsreihe zum mehrsprachigen Film lassen sich Parallelen zu den Ausführungen von Kepser/Abraham feststellen: Das Erkennen und Akzeptieren von Mehrsprachigkeit (Stufe 1) kann im Rahmen einer Hinführung erfolgen. Daran anschließend sollte – wie von Abraham und Kepser vorgeschlagen – die Rezeption des Films stattfinden. Ob dabei eine Gesamtrezeption am Stück oder in Teilen oder nur eine Teilrezeption präferiert wird, hängt einerseits von didaktisch-methodischen Überlegungen und Konzeptionen der Lehrkräfte, andererseits von organisatorischen Gegebenheiten wie der Stundenplanung ab. Zu empfehlen ist allerdings, sofern die Rahmenbedingungen das erlauben, die Gesamtrezeption eines Films (vgl. ebd.).
Dass es sich bei Filmrezeption generell nicht um ein „passives Glotzen“ handelt, zeigen konstruktionspsychologische Erkenntnisse. Um aber auch zu vermeiden, dass Schüler*innen sich kognitiv aus dem Rezeptionsprozess ausklinken (der aktive Rezeptionsprozess kann nämlich auch schlichtweg verweigert werden), bietet es sich an, Beobachtungsaufträge zu formulieren, die ein aktives Sehen verlangen und die Rezeption bereits auf gewisse Aspekte lenken, bspw. solche, die den Film ästhetisch prägen. Im Fall des mehrsprachigen Films bieten sich Beobachtungsaufträge an, die sich auf Figuren, Räume oder die gesprochene Sprache beziehen. Auch die Konzentration auf geschriebene Sprache (z.B. diegetische Schilder, Briefe oder Untertitel) wäre bei ent-

Figurenkonstellation – Legende

○	weibliche Figur	( )	Tod vor Einsatz des Discours/der Darstellung
△	männliche Figur		
□	Geschlecht nicht bekannt	[ ]	Tod während/aufgrund dargestellter Geschichte
	(direkte) Abstammung Positionen, die im Text nicht erwähnt werden, bleiben offen.	*	Erläuterungen, etwa bezüglich der Todesart
	Abstammungslinie	●●○	Relevanz der Figuren im Discours
=	eheliche, legitime Beziehung		andere Beziehungen (Freundschaft, Feindschaft, Adoption, Erziehung etc.)
	nicht eheliche, illegitime Beziehung		
⇒	einseitig	?	aus dem Text nicht eindeutig/Vermutungen im Text
//	Trennung, Scheidung		
1 2 3	Reihenfolge von Beziehungen	≈	Identität von Figuren

Abbildung 19 Legende zur Notation von Figurenkonstellationen nach Krah (2006: 363f.), zitiert nach Pissarek 2018: 147

sprechenden Filmen denkbar. Die Beobachtungsaufträge bzw. die dadurch gewonnenen Ergebnisse können schließlich als Einstieg in ein Filmgespräch dienen, in dem die Schüler*innen ihre Seheindrücke, aber auch Verständnisschwierigkeiten versprachlichen können. Margarete Imhof weist darauf hin, dass eine Reflexion von Verstehensschwierigkeiten erst ab einem Alter von zehn bis zwölf Jahren einsetzt (vgl. Imhof 2010: 23). Ab dem Ende der Primarstufe bietet es sich daher besonders an, solche Verstehensschwierigkeiten aufzudecken und zu thematisieren sowie geeignete Strategien einzuüben, um auch schwierigere oder komplexere Texte (wie mehrsprachige Filme sie ohne Zweifel darstellen) erschließen zu können.

Um die Makrostruktur des Films, also Handlungsverlauf, Erzählstruktur und Personenkonstellationen (vgl. Kepser/Abraham 2016: 219), zu erschließen und zu verstehen, lässt sich idealerweise auf die vorher gestellten Beobachtungsaufträge zurückgreifen. Ausgehend von diesen können Figurenkonstellationen veranschaulicht und die Handlung zusammengefasst werden. Der Handlungsverlauf lässt sich sowohl schriftlich als auch mündlich zusammenfassen, bspw. durch das Ordnen von vorgegebenen Filmstills, durch das Erstellen eigener Filmstills und das Erzählen dazu oder durch die Anfertigung eines Sequenzprotokolls (vgl. Staiger 2008: 17).

Für die Darstellung von Figurenkonstellationen schlägt Markus Pissarek das Notationssystem nach Krah (2006: 363f.) vor (s. Abbildung 19), mit dessen Hilfe ein Überblick über das Figurengeflecht erstellt werden kann (vgl. Pissarek 2018: 147). Eine grafische Realisierung literarischer Figurenkonstellationen kann als Erinnerungshilfe für weitere Arbeitsschritte oder für die Prüfungsvorbereitung dienen, und durch sie können Texte auf analoge Paradigmen zurückgeführt werden, was sie leichter vergleichbar werden lässt und Regelmäßigkeiten aufzeigt (vgl. ebd.) – ein solches Paradigma wäre im Fall des mehrsprachigen Films der*die grenzüberschreitende Held*in.

Bei der Darstellung der Figurenkonstellation bietet es sich gleichermaßen an, die Anordnung der filmischen Räume einzubeziehen, in denen sich die jeweiligen Figuren bewegen. Diegetische Räume sind besonders dann interessant, wenn sie sich Gegensätzen zuordnen lassen und wenn sich bestimmte Figuren wiederum bestimmten Räumen zuordnen lassen (vgl. Spinner 2008: 45). Diese Untersuchung ist zunächst einmal ohne explizite Berücksichtigung der Sprache möglich – sie kann vorerst eher allgemein für eine Orientierung in der Makrostruktur des Films sorgen. Gleichermaßen kann dadurch aber eine Vertiefung der sprachlichen Gestaltung vorbereitet werden, da sich Mehrsprachigkeit eben vor allem in Hinblick auf Raum- und Figurengestaltung zeigt.
Auch Maurer (2006: 180) sieht das Erfassen des Filminhalts als den ersten von insgesamt sechs Lernbereichen, die zu einer Gesamtinterpretation des Films hinführen. Als zentrale Fragen, die es in einem ersten Schritt zu erfassen gilt, nennt Maurer Setting, Figurenensemble, Handlung, Motiv, Zeit und Folgen der Handlung (vgl. ebd.). Methodisch schlägt er hierfür bspw. ein Filmquiz oder die Rekonstruktion des Filmverlaufs durch Einzelbilder vor (vgl. ebd.: 180f.). Auch hier geht es darum, ein globales Verstehen der Makrostruktur zu gewährleisten, ggf. Verständnislücken zu schließen und somit auf die folgenden Schritte vorzubereiten, die sich mit der Mikrostruktur einzelner (mehrsprachiger) Szenen beschäftigen.
Mit dem aktiven Erschließen der Makrostruktur geht zudem eine Erkenntnis einher, die für Deutsch- und Sprachunterricht, interkulturelles Lernen und Alltagssituationen gleichermaßen eine hohe Relevanz besitzt: Globales Verstehen von Geschriebenem oder Gesprochenem ist auch dann möglich, wenn nicht jedes einzelne Wort oder jede einzelne Formulierung detailliert verstanden wird. Die Unterscheidung zwischen globalem und detailliertem Verstehen ist den Schüler*innen aus Aufgabenformaten zum Lese- und Hörverstehen im Deutsch- oder Fremdsprachenunterricht u.U. bekannt, sie lässt sich aber eben auch auf die außerdiegetische Wirklichkeit des Films und die außerunterrichtliche Realität übertragen. Dank der Filmfiguren wird deutlich, dass ein globales Verstehen auch dann möglich ist, wenn der*die Dialogpartner*in nicht oder nur in Teilen dieselbe Sprache spricht.

6.3 Beschreiben der formalen Realisierung filmischer Mehrsprachigkeit

Der Unterricht nähert sich der filmischen Mehrsprachigkeit dann in einem ersten Schritt von einer formalen Seite her an. Dazu soll zunächst eher allgemein danach gefragt werden, an welchen Stellen des Films andere Sprachen verwendet werden und wie die Rezeption dieser Textstellen gelingt (oder eben misslingt). Mögliche Beobachtungsaufträge, die dazu dienen, sich der Sprachlichkeit auf der formalen Ebene zu nähern, wären z.B.:

- Welche Sprachen werden im Film gesprochen?
- Wer spricht welche Sprache?
- Spricht eine Figur die Sprache der Rezipierenden?
- Wie verstehen die Rezipierenden anderssprachige Textteile?

Um die formale sprachliche Realisierung eines Films umfassender verständlich zu machen, sollte zudem der Blick auf den Produktionskontext gerichtet werden. Es kann nach Produktionsland, Produktionsbeteiligten (Regisseur*innen, Drehbuchautor*innen, Schauspieler*innen etc.) und nach der Originalsprache des Films gefragt werden. Diese Informationen erhält man durch eine Internetrecherche i.d.R. relativ schnell; auch ein Blick auf die DVD- oder Blu-ray-Hülle kann helfen. Dadurch kann bereits der ‚Migrationsweg' des Films aufgespürt werden; es wird ggf. klar, dass der Film eventuell in einem anderen (fremden) Kontext spielt, dessen detailliertes Verständnis weiteres Wissen benötigt. Zudem kann bereits hier festgehalten werden, wie Mehrsprachigkeit im rezipierten Film ausgedrückt wird, welche Sprache durch die Rezipierendensprache repräsentiert wird bzw. wie sich die Rezipierenden die Bedeutung der fremdsprachigen Textteile herleiten können. Die eben gestellten Fragen können an dieser Stelle bereits vertieft und differenzierter beantwortet werden:

- Über welche Sprachregister verfügen die Figuren mit einem anderssprachigen Hintergrund? Wie werden diese Sprachregister filmisch realisiert?
- Wechseln die Figuren ihr Sprachregister und wenn ja, in welchen Situationen?
- An welchen Stellen können fremdsprachige Textteile leicht verstanden werden? An welchen Stellen wird das Verstehen erschwert?
- Werden fremdsprachige Textteile untertitelt? Wenn ja, erfolgt die Untertitelung durchgehend oder nur in ausgewählten Szenen? Warum ist das (vermutlich) so?
- Gibt es eine Figur, die zwischen einer fremdsprachigen Figur und einer Figur, die die Sprache der Rezipierenden spricht, dolmetscht?

Einerseits bereiten diese Fragen, die bspw. als Beobachtungsaufträge formuliert und deren Antworten nach der Filmrezeption in einem gemeinsamen Austausch oder in Gruppen gesammelt werden können, Aspekte der später folgenden Filmanalyse vor. So klingen hier bereits die Figuren bzw. die Raumgestaltung an, die Hinweise auf die Motivation für das Verfahren Mehrsprachigkeit geben und die im Umkehrschluss ebenso von der Mehrsprachigkeit gezeichnet werden. Andererseits wird aber bereits hier ganz konkret die Sprache und der Sprachgebrauch der diegetischen Figuren untersucht. Unter Umständen fallen bereits Sprachenwechsel in Form von Code-Switchings auf, oder es zeigen sich konkrete Textstellen oder einzelne Wörter, die verstanden werden können (bspw. weil Internationalismen verwendet werden), vielleicht können Textstellen benannt werden, die als Exempel für gelungene oder misslungene Kommunikation dienen. Ebenso denkbar wäre es, dass mehrsprachige Schüler*innen die fremdsprachigen Textteile ganz oder in Auszügen verstehen und die im weiteren Verlauf der Unterrichtseinheit somit als Dolmetscher*in zwischen filmischen Figuren und ihren Mitschüler*innen fungieren können.

In diesem Zusammenhang können auch erste Vermutungen hinsichtlich der Motivation des Verfahrens Mehrsprachigkeit angestellt werden, sofern dieses vor allem kompositionell oder realistisch motiviert ist. Um im Unterricht die realistische Motivation von Mehrsprachigkeit angemessen zu bewerten, ist ein Blick auf bzw. eine Sensibilisierung für Mehrsprachigkeit in der außerdiegetischen Wirklichkeit erforderlich. Oftmals kann dabei auf die Vorerfahrungen der Schüler*innen zurückgegriffen werden, die in einer globalisiert mehrsprachigen Welt aufwachsen und für die Mehrsprachigkeit immer mehr zu ihrem Alltag dazugehört. Eine Sensibilisierung für Mehrsprachigkeit in der Gesellschaft im Allgemeinen und in der Klassengemeinschaft im Besonderen kann als lohnenswertes grundlegendes Unterrichtsprinzip begriffen werden (vgl. Oomen-Welke 2010). Als empirisch abgesichert und im Kontext der Zweitsprachendidaktik breit rezipiert gilt die Methode des Sprachenporträts (Krumm 2010), die eine Sichtbarmachung klasseninterner sowie individueller Mehrsprachigkeit ermöglicht und zum Nachdenken über Sprache und Mehrsprachigkeit sowie zum Hinterfragen von sprachlichen Hierarchien anregt. Sprachenporträts können bereits zu Beginn des Schuljahres als Zugriff auf individuelle und lebensweltliche Mehrsprachigkeit angefertigt werden, um die Klassengemeinschaft und ihre Sprachen zu (re-)präsentieren, zu reflektieren und zu stärken (vgl. Kalkavan-Aydın 2015: 62f.). Sie können aber auch in eine Unterrichtsreihe zum mehrsprachigen Film integriert werden. Unabhängig davon, wann und in welchem Rahmen die Sensibilisierung für bzw. die Bewusstmachung und Reflexion von Mehrsprachigkeit erfolgt, ist es wichtig, <u>dass</u> sie erfolgt, um den Transfer des im Film Gesehenen (und Gehörten) auf die eigene Lebenswelt zu unterstützen und es somit zu ermöglichen, dass filmisches Lernen auch zu interkulturellem und persönlichem Lernen wird.

6.4 Detailliertes Erschließen der Mikrostruktur

Nachdem in den vorangegangenen Schritten ein Verständnis für die Makrostruktur des Films entwickelt wurde und das filmische Verfahren der Mehrsprachigkeit dabei zunächst anhand seiner formalen Realisierung näher betrachtet wurde, gilt es in einem weiteren Schritt, für die Mikrostruktur des Films zu sensibilisieren. Unter dem Aspekt der Mikrostruktur verstehen Kepser und Abraham die Analyse ausgewählter Einstellungen oder Sequenzen, bspw. hinsichtlich Cadrage, Mise-en-scène oder Dialogführung (vgl. Kepser/Abraham 2016: 220). Es geht also nicht mehr nur um die Gesamthandlung, sondern um die vertiefte Auseinandersetzung mit kleineren filmischen Teilen, aus denen sich eine Gesamtinterpretation zusammensetzt. Im Sinne der Neoformalisten sollten die Verfahren in den Fokus einer Analyse gestellt werden, die im betrachteten Film besonders auffällig sind – Mehrsprachigkeit kann ein solch auffälliges Verfahren sein, das die Aufmerksamkeit der Rezipierenden maßgeblich einnimmt und dadurch zur Verfremdung beiträgt.
Für den mehrsprachigen Film gilt es in diesem Schritt, Textteile, deren Rezeption durch die sprachliche Gestaltung erschwert wird, zu identifizieren und mithilfe von spezifischen Strategien durch das Bilden von Inferenzen, Antizipationen oder Hypothesen entsprechende Leerstellen zu füllen. So soll mit dem Erreichen dieses Wegpunktes sichergestellt werden, dass auch anderssprachige Textteile in die Gesamterzählung eingeordnet werden können und ihre Funktion für die Gesamthandlung durch die Analyse der Mikrostruktur erschlossen werden kann. Der Einsatz von Verstehensstrategien erweist sich deshalb als gewinnbringend, da das detaillierte Verstehen des konkreten Unterrichtsgegenstands (also des betreffenden Films) nicht das einzige Unterrichtsziel sein kann – stattdessen geht es im Sinne der Kompetenzorientierung um den Erwerb von Strategien, die auch in der privaten Filmrezeption Anwendung finden und diese somit erleichtern können. Es kann zudem nicht darum gehen, eine bestmögliche ‚Übersetzung' bzw. Interpretation von allen anderssprachigen Textteilen vorzunehmen, die der Film beinhaltet. Aufgrund der fehlenden Sprachkenntnisse dürfte dies einerseits sowieso nicht (oder nur durch unverhältnismäßig hohe Anstrengung) in Gänze möglich sein, andererseits ist es nicht das oberste Bestreben des Deutschunterrichts, anderssprachige Texte zu übersetzen (im Gegensatz zum Fremdsprachenunterrichten). Vielmehr geht es mit dem Ziel einer Gesamtinterpretation darum, anhand ausgewählter Textteile einerseits das Verfahren Mehrsprachigkeit und seine Realisierung genauer zu beschreiben, seine Funktion verstärkt in den Blick zu nehmen und die erworbenen Strategien auf die private Filmrezeption zu übertragen, um dadurch das Nichtverstehen bzw. die damit einhergehende Frustrationstoleranz, die notwendig ist, um Nichtverstehen ertragen zu können, so gering wie möglich zu halten. Ebenso kann durch das aufmerksame Wahrnehmen von Sprache sowie durch die damit einhergehenden Sprachvergleiche Sprachbewusstheit angebahnt werden,

die nicht nur für die Rezeption von mehrsprachigen Filmen, sondern auch für die Partizipation in einer globalisierten Gesellschaft vonnöten ist.

Daher soll es im Folgenden also darum gehen, Schritte herauszuarbeiten, die ein Verständnis anderssprachiger Textteile anbahnen können, wodurch eine Sensibilisierung für die filmische Mikrostruktur auf akustischer Ebene gelingen kann. Dazu ist es in einem ersten Schritt notwendig zu beschreiben, auf welches Wissen zurückgegriffen werden kann, um eine mögliche Bedeutungszuschreibung anderssprachiger Filmszenen zu generieren. Honnef-Becker und Kühn (2019: 172f.) nennen an dieser Stelle die folgenden Arten von Wissen, die es für den Film an einzelnen Stellen noch zu erweitern gilt:

- **Allgemeines Sach- und Weltwissen**: Tatsachenwissen, aber auch Wissen über Wertungen und Haltungen, Wissen über kulturspezifische und soziale Verhaltensnormen usw.
- **Sprachwissen über kommunikative Zusammenhänge**: Wer ist der Sprecher des Textes? Wer ist/sind der/die Zuhörer? Welche Absicht(en) sollen mit dem Hörtext verfolgt werden? Welche Zuhörintentionen und -motive sind zu erkennen? Welche Hörtextsorte liegt vor? Wo und wann ist der Text erschienen? Gibt es Vorgänger- oder Nachfolge-Texte usw.
- **Wissen über schematische Themen- und Handlungszusammenhänge**: Was ist das Thema des Textes? Welche Themenentwicklung ist erwartbar? Wie ist der Text strukturiert?
- **Sprachwissen** auf allen Ebenen von der Phonetik über die Lexik, Grammatik und Syntax bis hin zum Text.

Um dies an einem Beispiel zu veranschaulichen, bemühe ich den bereits zitierten Kinderfilm *Katja und der Falke*. Anhand der Sequenz (Katja und der Falke 00:25:25-00:29:24), in der Katja zum ersten Mal (bewusst) auf die vier italienischen Jungen trifft, die im Laufe der Filmhandlung ihre Freunde werden sollen, lässt sich zeigen, wie anderssprachige Textteile auch ohne die entsprechenden Sprachkenntnisse erschlossen werden können:

Ein erster Faktor ist das Wissen über die vorangegangene und die nachfolgende Handlung. Eine Filmszene kann in den Kontext des Films eingebunden werden und erfüllt in Anbetracht der Gesamthandlung eine Funktion, um diese voranzutreiben. Das Einbeziehen von **Kontextwissen** kann also dazu beitragen, einen Text mit Bedeutung zu versehen. Die ausgewählte Szene kann sich in großen Teilen durch den filmischen Kontext erklären lassen: Die vier Jungen, die mit dem vom Koch erhaltenen Essen vor dem Antagonisten (Don Fanucci) des Films fliehen können, bieten Katja als Dank für ihre Hilfe etwas zu essen an. Die Rezipierenden wissen aus der vorherigen Handlung, dass Katja eine lange Reise hinter sich hat und sicherlich hungrig sein muss.

Sie folgt den vier Jungen deshalb nach Hause. Auf dem Weg dorthin stellen sie sich gegenseitig vor – sie legen somit das Fundament für ihre folgende Freundschaft, die im Fokus des Films steht. Als sprachliche Handlungen können durch die Berücksichtigung der vorangegangenen und der folgenden Handlung die folgenden Punkte ausgemacht werden: ‚Bedanken bei Katja für ihre Hilfe bei der Flucht vor Don Fanucci', ‚Einladung zu sich nach Hause', ‚Vorstellung und Nennen der Namen'.

Das namentliche Vorstellen kann als eine kulturelle Gegebenheit angesehen werden, die den kindlichen Rezipierenden vertraut ist: Sobald man jemanden kennenlernt, stellt man sich ihm*ihr mit seinem Namen vor. Die Rezipierenden erkennen hier eine anderssprachige Situation wieder, die ihnen aus ihrem eigenen kulturellen Kontext vertraut ist (**Wissen über kulturspezifische Verhaltensnormen**). Trotz fehlender Sprachkenntnisse wird dennoch klar, was in dieser Szene (vermutlich) gesagt wird, wenn der Kleinste der vier Jungen auf sich deutet und (s)einen Namen (*Carlo*) nennt. Auch Katja wird dies nach der vierten Namensnennung und einer Frage – aufgrund ihres **Sprachwissens** weiß sie, dass die ansteigende Tonhöhe am Ende des Satzes eine Frage kennzeichnet – deutlich, wenn sie sich den vier Jungen vorstellt. Weiteres Sprachwissen wäre bspw. das Erkennen von Internationalismen oder von ähnlichen Worten in verwandten Sprachen.

Im Dialog zwischen Katja und den vier Jungen zeigt sich zudem etwas, das auch in der extradiegetischen Wirklichkeit beobachtet werden kann, wenn verbale Sprache an ihre Grenzen gerät: sie wird durch Gestik, Mimik und besonders hervorgehobene parasprachliche Merkmale unterstützt. Im filmischen Beispiel zeigt sich zwischen den Kindern eine solche interkulturelle Kommunikationssituation, in der genau dies geschieht: Carlo schüttelt Katja die Hand, als er sich bei ihr bedankt, deutet mit der Hand die Richtung, wenn er Katja einlädt, ihnen zu folgen und unterstützt die Frage danach, ob Katja Hunger habe, mit der passenden Handbewegung. **Die Interpretation para- und nonverbaler Hinweise** kann somit auch zur Bedeutungszuschreibung beitragen.

Die Mutmaßungen der Rezipierenden, dass die vier italienischen Jungen es gut mit Katja meinen und dass sie ihnen vertrauen kann, wenn sie sie einladen, ihnen zu folgen, wird durch die Filmsprache bzw. durch deren Interpretation verstärkt. So ist im Hintergrund eine sympathische Musik zu hören, die der hektischen Musik der vorangegangenen Verfolgungsszene gegenübersteht, die als ein musikalisches Thema immer wieder im Film auftauchen wird. Weitere filmsprachliche Mittel, die die Interpretation anderssprachiger Textteile beeinflussen würden, wäre bspw. die Farb- und Lichtgestaltung oder die Kameraeinstellung. Um das Gezeigte und die Art, wie es gezeigt wird, miteinander in Verbindung zu bringen und für eine Interpretation zu nutzen, braucht es **filmästhetisches Wissen**. Schüler*innen verfügen oftmals implizit über solche Wissensbestände; Ziel des Deutschunterrichts ist es, dieses Wissen explizit zu machen und für das gemeinsame Aushandeln von möglichen Bedeutungszuschreibungen versprachlichen zu können.

Schließlich kann auch **externes Wissen** herangezogen werden, um Mutmaßungen über die Bedeutung des Gesagten zu überprüfen. So kann ein Übersetzungsprogramm bspw. dazu dienen, einzelne deutsche Begriffe übersetzen zu lassen und diese Übersetzungen mit dem filmischen Text abzugleichen. Dadurch kann z.B. überprüft werden, was Carlo sagt, wenn er Essensbewegungen simuliert. „Fame" (Katja und der Falke 00:28:20) bedeutet ‚Hunger', getroffene Vermutungen bestätigen sich somit: er erkennt, dass Katja Hunger hat, und lädt sie zum Essen ein. Auch das sprachliche Wissen einzelner Schüler*innen oder Eltern mit entsprechenden Sprachkenntnissen, auf das in diesem Rahmen zurückgegriffen werden kann, kann als externes Wissen angesehen werden. Durch das Einbeziehen der Sprachkenntnisse der Schüler*innen kommt diesen einerseits eine Expert*innenrolle zu, andererseits erfährt die Mehrsprachigkeit eine positive Würdigung, was nicht nur für einzelne Schüler*innen, sondern für das gesamte interkulturelle Klassenzimmer wünschenswert ist. Schließlich kann auch auf filmische Paratexte zurückgegriffen werden, sofern diese verfügbar sind. Dies meint einerseits geschlossene Untertitel, die sich frei zu- oder abschalten lassen, aber auch Auszüge aus dem Drehbuch oder zusätzliche Audiokommentare. Im Fall von *Katja und der Falke* bleibt die Möglichkeit der filmischen Paratexte außen vor: das Drehbuch kann nicht eingesehen werden, mögliche Untertitel oder Audiospuren sind nicht vorhanden.

Ausgehend von diesen Überlegungen wird deutlich, wie komplex die durch eine fremdsprachige Filmszene ausgelöste Assoziationskette sein kann. Um anderssprachige Textteile interpretieren zu können, gilt es also zunächst, den Wissensbedarf zu konstatieren, das entsprechende vorhandene Wissen zu aktivieren, auf die entsprechenden Textteile zu übertragen und dadurch eine mögliche Bedeutung des Gesagten zu konstruieren. Um diesen komplexen Prozess der Bedeutungsgenerierung im Unterricht anzubahnen, bietet es sich in einem ersten Schritt an, eine explizite Rezeptionsabsicht (in Anlehnung an Imhofs [2010: 18f.] ‚explizite Zuhörabsicht') zu formulieren, um den Rezeptionsprozess gezielt zu steuern und weitere Strategien wie die Aktivierung und den Einbezug von spezifischem Wissen zu explizieren. Denkbar wäre die Methode des ‚Silent Viewing' oder ‚Sound only'. In diesem Rahmen können sich das bisherige Wissen über die Handlung des Films sowie Fragen, die die Informationsaufnahme steuern, positiv auf das Verstehen auswirken. Langfristig sollte v.a. für die private Filmrezeption natürlich angestrebt werden, diese Regulation selbst vornehmen zu können – das Formulieren einer Rezeptionsabsicht, die Aktivierung des entsprechenden Wissens, die Einordnung einer einzelnen Sequenz in den Gesamtzusammenhang.
Unter Einbezug dieser Hinweise und dieses Wissens sollen die Schüler*innen somit zunächst für sich oder in (Klein-)Gruppen mögliche Bedeutungsinterpretationen vornehmen. Ohne die entsprechenden fremdsprachigen Kenntnisse bleiben die Bedeutungszuschreibungen nichts Weiteres als Mutmaßungen (dies sollte auch immer wieder betont werden!), die jedoch entsprechend begründet oder hergeleitet werden

können. Die Interpretation bezieht sich hierbei einerseits auf Sprache, indem sie anhand externen Wissens oder außersprachlicher Hinweise Mutmaßungen über den Inhalt anstellt, andererseits bedarf es wiederum sprachlicher Handlungen, um die eigene Interpretation festzuhalten und/oder in der Gruppe oder im Plenum zu teilen. Vor allem der Austausch in der Gruppe kann sich in diesem Kontext als besonders fruchtbar erweisen, da in einer solchen Konstellation eine mögliche Gruppeninterpretation im Rahmen einer Gruppendiskussion ausgehandelt werden muss – im Fokus steht das Mitteilen und Aushandeln des eigenen Textverständnisses (vgl. Maiwald 2015: 93). Dazu gilt es, die gesammelten Hinweise überblicksweise zusammenzufassen und die daraus hergeleitete Interpretation sprachlich kohärent aufzubereiten, um den Gruppenmitgliedern den individuellen Arbeits- und Interpretationsprozess transparent machen und diesen dadurch reflektieren zu können. Dadurch werden nicht nur verschiedene sprachliche Textmuster bedient, was das Vorgehen in einem Sprachunterricht legitimiert, sondern es werden ebenso Strategien erworben, die sich sowohl auf das schulische Zuhören als auch auf die außerschulische Kommunikation übertragen lassen: Der Fokus wird vom sprachlichen Input verschoben auf die Sprechermerkmale und die Situationsmerkmale.

Das detaillierte Untersuchen der Mikrostruktur bzw. der sprachlichen Gestaltung ist ein (wenn nicht sogar DER) entscheidende(r) Schritt bei der Arbeit mit mehrsprachigen Spielfilmen im Deutschunterricht. Hierbei wird die Rezeptionshaltung professionalisiert und geht über das naive Sehen hinaus. In diesem Schritt werden sprachliche Handlungen vollzogen, die alleine aus deutschdidaktischer Perspektive umfassend begründet werden können, die aber darüber noch hinausgehen. Die Thematisierung von filmischer Mehrsprachigkeit im Deutschunterricht steht exemplarisch für die Beschäftigung mit filmästhetischen Verfahren. Um dieses Verfahren reflektieren zu können, bedarf es einer genauen Analyse ausgewählter Szenen. Es ist in diesem Zusammenhang nicht nur relevant, was gesagt wird (und was die Rezipierenden u.U. nicht verstehen), sondern auch, wie es gesagt wird, warum es in einer anderen Sprache gesagt wird, wie sich die Rezipierenden die entsprechenden Bedeutungen erschließen und welche Funktion diese sprachliche Realisierung für den gesamten Film hat. All diese Fragen klingen immer wieder an, wenn die Schüler*innen darüber nachdenken, was die filmischen Figuren denn da eigentlich sagen. Die Funktionszuschreibung wird sich dabei immer wieder um das konkret Gesagte drehen, was eine ungefähre Mutmaßung über den Inhalt des Sprechtextes als Start- und Zielpunkt einer vertieften Analyse unabdingbar macht.

Der sprachliche Übertrag des Sprechtextes von der fremden Sprache in die Rezipierendensprache ist gleichermaßen Grundlage für alle weiteren Anschlusshandlungen. So werden, wie bereits erwähnt wurde, immer wieder methodische Ideen stichpunktartig genannt, wie mit mehrsprachigen Filmen gearbeitet werden kann. Diese Vorschläge

setzen allerdings direkt bei einem methodischen Verfahren an (z.B. Untertitelung oder Neu-Synchronisation), ohne den komplexen Prozess des sprachlichen Übertrags zu bedenken. Dies ist insofern etwas irreführend, da es den Eindruck erweckt, die Herausforderung liege auf dem Übertragen anderssprachiger Textteile in die formalen Vorgaben von bspw. Untertiteln oder Synchronisierung. Ohne diesem Arbeitsschritt seine Komplexität abzusprechen, ist das Übertragen (nicht Übersetzen!) von einer Sprache in die andere aber mindestens ebenso herausfordernd. Das Konzept dieser Arbeit stellt dem Erproben von sprachlichen Realisierungstechniken (s. nächster Schritt) daher explizit die Auseinandersetzung mit der sprachlichen Mikrostruktur voran.
Die Bedeutungszuschreibung von anderssprachigen Filmstellen auf Grundlage von spezifischem Wissen dient nicht nur weiteren handlungs- und produktionsorientierten Anschlusshandlungen, sondern unterstützt auch die private Filmrezeption maßgeblich. Die stetig wachsende Anzahl mehrsprachiger Spielfilme erfordert, wie bereits ausgeführt wurde, spezifische Fähigkeiten und Fertigkeiten, um der (veränderten) Rezeptionssituation adäquat begegnen zu können, ohne durch einen zu analytischen Blick das filmische Genusserleben zu verlieren. Ebenso wie die Fähigkeit, die Makrostruktur des Films durchschauen zu können, braucht es die Fähigkeit, mit anderssprachigen Textteilen so umzugehen, dass ein Verständnis der *story* gewährleistet ist. Es braucht dazu eben nicht unbedingt Fremdsprachenkenntnisse, sondern filmspezifisches, Kontext- und Sprachwissen, das – durch die entsprechende Rezeptionsabsicht gelenkt – ein grundständiges Verständnis ermöglichen kann. Eine gezielte Lenkung der Rezeptionsabsicht sowie eine explizite Aktivierung und Kombinierung entsprechenden Wissens sollte daher das Ziel eines Deutschunterrichts sein, der sich mit mehrsprachigen Spielfilmen beschäftigt, um die Schüler*innen auf die ungesteuerte private Filmrezeption vorzubereiten und zu vermeiden, dass sie von unvertrauten Sprachen und (intendierten) Verständnisschwierigkeiten abgeschreckt werden.

6.5 Beschreiben der funktionalen Realisierung von Mehrsprachigkeit

Ausgehend von den Überlegungen des Neoformalismus zielen filmische Verfahren vor allem auf die Verfremdung von Sehgewohnheiten, um so zum Nachdenken über das Rezipierte anzuregen. Wie bereits herausgearbeitet wurde, kann auch dem Verfahren der filmischen Mehrsprachigkeit diese Verfremdungsabsicht als übergeordnete Funktion unterstellt werden. Doch auch weitere Funktionen können unterschieden werden: Das Verfahren Mehrsprachigkeit kann Figuren und/oder Räume genauer charakterisieren oder voneinander separieren, es kann die räumliche Darstellung eines Grenzgebiets betonen oder dafür sorgen, dass filmische Räume oder Figuren stereotyp erscheinen. Es kann schließlich auch die Perspektive der Rezipierenden lenken, indem Figuren bewusst die Sprache der Rezipierenden sprechen oder nicht

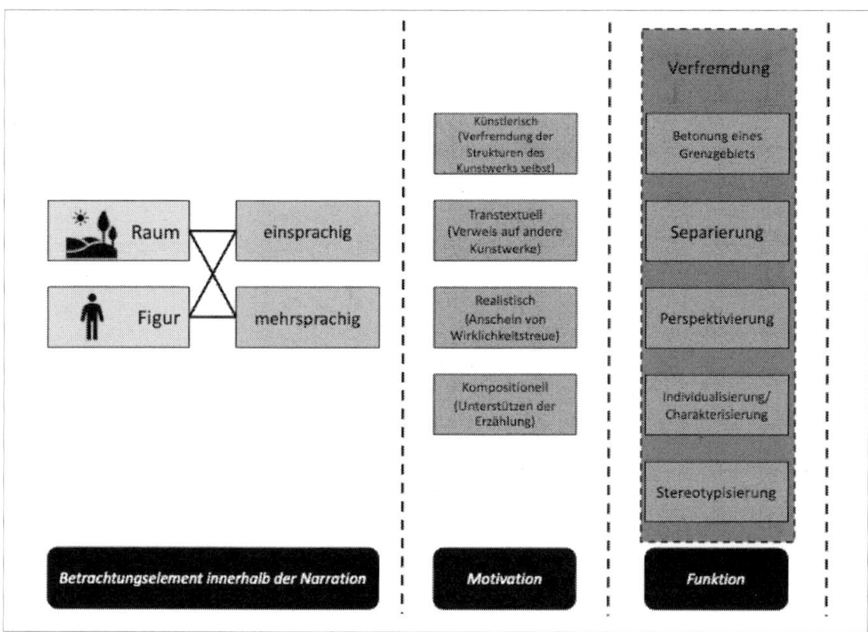

Abbildung 20 Das Verfahren der Mehrsprachigkeit und seine Funktionen

sprechen lässt (s. Abbildung 20). Das Verfahren verfolgt dabei nicht immer nur eine Funktion, sondern es kann davon ausgegangen werden, dass oftmals mehrere Funktionen intendiert sind, je nach Rezipient*in unterschiedlich stark interpretiert werden oder in verschiedenen Teilen des Films eine Akzentverschiebung erfahren (so kann sich bspw. eine durch Mehrsprachigkeit bedingte stereotype Figurendarstellung im Verlauf des Films zu einer eher individualisierten Figurendarstellung entwickeln). Wichtig ist es daher, mögliche Funktionen und Bedeutungen (von Mehrsprachigkeit, aber auch von allen anderen filmischen Verfahren) nicht im Sinne einer schematischen Zusammenstellung aufzuführen, sondern sie sollten sich immer spezifisch auf den behandelten Film beziehen, da sie sich erst aus dem konkreten Zusammenhang ergeben.

Diese Funktionen können Schülerinnen und Schüler bei der Beschäftigung mit der Mikrostruktur des Films herausarbeiten, um sie in der Gesamtanalyse zu berücksichtigen. Je abstrakter die Funktion wird, desto komplexer ist das Herausarbeiten für die Schüler*innen. Dies bedeutet dennoch, dass auch Lernende in der Primarstufe die charakterisierende Funktion von Mehrsprachigkeit durchaus erkennen und herausarbeiten können – es bedarf dabei allerdings konkreterer Impulse, die die Rezeption lenken (s. das Beispiel *Azur und Asmar* in Kapitel 9).

Durch die Reflexion mehrsprachiger Sequenzen soll es an diesem Punkt also darum gehen, die Funktionen des Verfahrens der filmischen Mehrsprachigkeit beschreiben zu können. Dazu soll auf den bisherigen Schritten aufgebaut werden, in denen mithilfe globalen Verstehens die Makrostruktur des Films erschlossen und filmische Mehrsprachigkeit auf einer formalen Ebene beschrieben wurde (Welche Sprachen werden wann von wem gesprochen? Wie verstehen die Rezipierenden anderssprachige Sprechteile?). Im Sinne des Selektiven Hörverstehens (vgl. hierzu bspw. Honnef-Becker/Kühn 2019: 176) sollten dann ausgewählte mehrsprachige Szenen hinsichtlich ihrer Mikrostruktur untersucht worden sein: Durch das explizite Einbeziehen von Sprach-, Welt- und Kontextwissen ist es möglich, die Leerstellen, die anderssprachige Textteile generieren, zu füllen oder zumindest Vermutungen hinsichtlich ihrer Bedeutung anzustellen. Dabei wurden filmische Paratexte (wie Trailer, Poster, Drehbuch, Klappentext der DVD, Kritiken) einbezogen. Um nun die funktionale Realisierung von Mehrsprachigkeit beschreiben zu können, stehen handlungs- und produktionsorientierte Verfahren (vgl. von Brand 2019, Haas 2018, Kepser 2010) im Fokus der folgenden Überlegungen, welche sich auf die vorherigen Schritte stützen.
Um die Funktion von Mehrsprachigkeit und ihrer spezifischen Realisierung beschreiben zu können, genügt es nicht nur, danach zu fragen, **wie** Mehrsprachigkeit realisiert wird (Schritt 3), sondern auch **warum** sie im behandelten Film genauso realisiert wird, welche Wirkung damit einhergeht und welche Funktion dadurch herausgelesen werden kann. Der Beschäftigung mit dem Warum soll eine Phase vorausgehen, in der alternative Realisierungstechniken durch handlungs- und produktionsorientierte Verfahren erprobt werden. Durch den Vergleich von verschiedenen Möglichkeiten soll dann die Wirkung der tatsächlichen Realisierung deutlicher werden.
Das Verfassen von Untertiteln, von Neu-Synchronisierungen oder von Voice-Overs wird in Methodenübersichten immer wieder zumindest stichpunktartig genannt (vgl. bspw. Kepser 2010: 221, 236; Abraham 2018: 112). Oftmals liegt der Schwerpunkt der methodischen Darstellung dabei auf den letzten Handlungsschritten (dem Verfassen von Untertiteln nach entsprechenden formalen Vorgaben oder dem Einsprechen einer neuen Synchronfassung), während die zentrale Vorarbeit – nämlich das Übersetzen bzw. in unserem Fall das sprachliche Übertragen – als logische Notwendigkeit zwar erwähnt, aber in ihrer Komplexität nicht vollständig dargestellt wird. Wie bereits ausgeführt wurde, ist dieser Schritt aber freilich die Grundlage für daran anschließende (Übersetzungs-)Handlungen. Je nach Ausgangsfilm gibt es nun verschiedene Möglichkeiten, welche konkrete Methode angewandt werden kann, um sich handlungsorientiert mit der sprachlichen Gestaltung des Films auseinanderzusetzen. Arbeitet ein Film mit Untertitelung, könnten anderssprachige untertitelte Textteile **neu synchronisiert** werden, oder konventionelle Untertitel könnten durch eine **kreative Untertitelungsform** ersetzt werden. Nicht untertitelte Sequenzen können untertitelt oder neu synchronisiert werden – anders herum können auch unterti-

telte Sequenzen ohne Untertitel rezipiert werden. Zudem kann **ein*e diegetische*r Dolmetscher*in** an Stellen des Films integriert werden, wo es diese*n noch nicht gibt (bspw. im Zuge eines literarischen Rollenspiels oder einer neu gefilmten Szene). Auch ein **parodistisches Synchronisieren** wäre denkbar (vgl. Kepser 2010: 222), in dem es bewusst nicht um einen möglichst genauen sprachlichen Übertrag, sondern um das Synchronisieren mit überspitzten, komischen oder verspottenden Texten geht. Schließlich ist es auch denkbar, entsprechende mehr- oder anderssprachige Filmszenen im Sinne eines literarischen Rollenspiels nachzuspielen und dabei den sprachlichen Übertrag zu leisten: So können alle Figuren die Sprache der Rezipierenden sprechen, neue Sprachen können integriert werden, die Sprachen der Figuren können miteinander getauscht werden usw. Wichtig ist dabei, dass es nicht um ein bloßes Nachstellen einer Filmszene geht, sondern um ein produktives Eingreifen in deren sprachliche Gestaltung. Handlungs- und produktionsorientierte Verfahren haben in diesem Schritt mehrere Funktionen: Einerseits erfordern sie eine Vielzahl verschiedener (schrift-)sprachlicher Handlungen, sodass die Arbeit mit Filmen auch immer ein Arbeiten an und mit Sprache ist. Andererseits können gelungene Produkte nur dann entstehen, wenn die Lernenden sich intensiv mit dem originalen Filmmaterial auseinandergesetzt, sich dessen Makro- und Mikrostruktur erschlossen und mögliche Bedeutungen von fremdsprachigen Textteilen durch gemeinsames Aushandeln erarbeitet haben. Schließlich setzen sich die Schüler*innen reflektiert mit Sprache auseinander, vergleichen verschiedene Bedeutungsmöglichkeiten, aktivieren und erweitern ihr Sprachwissen. Kurzum: eine solch intensive Vorarbeit ist dem Beschreiben der funktionalen Realisierung von Mehrsprachigkeit zuträglich.

Liegen neben der originalen Sprachfassung des Films weitere von den Lernenden produzierte Versionen vor, in denen filmische Mehrsprachigkeit auf eine andere Weise realisiert wird, sollten die Fassungen hinsichtlich ihrer spezifischen Eigenschaften und ihrer Wirkung(en) miteinander verglichen werden. Im Fokus der Beobachtung können je nach den vorliegenden Varianten einer Szene die folgenden Fragen stehen:

- Hat die Veränderung der Sprache eine Auswirkung auf das Wissen der Zuschauer*innen? Wie wirkt sich dies auf das Filmerleben aus?
- Wie verändert sich eine bestimmte Figur, wenn sie in einer anderen Sprache spricht? Ändern sich dadurch ihre Eigenschaften? Ändert sich dadurch das Verhältnis der Rezipierenden ihr gegenüber?
- Welche Auswirkungen hat eine sprachliche Veränderung auf den Raum, in dem die Handlung spielt?
- Entstehen durch die sprachliche Veränderung Redundanzen? Werden Informationen bspw. durch Untertitel und durch eine Dolmetscherinstanz übersetzt? Wurden diese Redundanzen von den Schüler*innen erkannt und in der Produktion

berücksichtigt?Welchen Einfluss hat die veränderte sprachliche Realisierung auf die Rezeption? Wird diese erschwert oder erleichtert?

Zusammenfassend kann festgestellt werden: Die **funktionale Realisierung von Mehrsprachigkeit beschreiben** zu können bedeutet, das Verfahren Mehrsprachigkeit nicht nur formal beschreiben zu können, sondern durch das gezielte Eingreifen und Verändern der Originalversion und den anschließenden Vergleich der originalen mit alternativen Versionen auch Aussagen hinsichtlich der Funktion der Mehrsprachigkeit für die filmische Handlung und den Rezeptionsprozess treffen zu können. Die Schüler*innen sollen das Verfahren Mehrsprachigkeit hinsichtlich seiner charakterisierenden Funktion für Figuren und Raum ebenso benennen können wie die Auswirkungen, die die sprachliche Gestaltung auf die Rezeption hat. Dabei muss jedoch klar werden, dass die Funktionen eines Verfahrens je nach Kontext variieren kann: Mehrsprachigkeit kann in zwei verschiedenen Filmen oder gar in zwei verschiedenen Ausschnitten desselben Films ganz unterschiedliche Funktionen erfüllen.

6.6 Berücksichtigung der filmischen Mehrsprachigkeit in der Gesamtanalyse

Zusammenfassend lassen sich drei verschieden filmdidaktische Konzeptionen unterscheiden: die analytisch-reflexive Ausrichtung, die intermediale Ausrichtung sowie die ästhetische Ausrichtung (vgl. Staiger 2019a: 40). Konkrete filmdidaktische Unterrichtskonzeptionen kombinieren diese Ausrichtungen zumeist sinnstiftend miteinander. Das Ziel der Arbeit mit Filmen im Unterricht ist daher neben der sinnlichen Wahrnehmung und der Erschließung des audiovisuellen Textes i.d.R. eine Filmanalyse, -interpretation und -reflexion (vgl. ebd.: 41). Auch in ein Unterrichtskonzept zum mehrsprachigen Film muss eine Analyse bzw. Interpretation integriert werden, die die zuvor gewonnen Einzelergebnisse zur sprachlichen Realisierung, zur Figuren- und Raumgestaltung und zu entdeckten Leerstellen zusammenführt.
Mikos unterscheidet die drei Begriffe *Analyse*, *Beschreibung* und *Interpretation* voneinander. Bei der Analyse geht es ihm zufolge darum, „die Komponenten eines Films oder einer Fernsehsendung systematisch herauszuarbeiten und diese in einem zweiten Arbeitsschritt in Beziehung zum gesamten Text, also dem Film oder der Fernsehsendung als Gesamtwerk, sowie zu den Kontexten zu stellen“ (Mikos 2008: 78). Dabei geht die Beschreibung der Analyse voraus und dient ihr als Ausgangspunkt – sie kann als „sprachliche Operation“ verstanden werden, die das Rezipierte zusammenfasst und dadurch sichert. Die Interpretation ist schließlich der letzte Schritt nach der Analyse – „sie stellt die Ergebnisse der Analyse in einen theoretischen und historischen Kontext“ (ebd.).

Wie auch bei der unterrichtlichen Auseinandersetzung mit printmedialen Texten kann sich eine Analyse nicht nur auf das Benennen und Beschreiben rhetorischer (bzw. filmsprachlicher) Mittel reduzieren. Als Leitfrage der Filmanalyse formuliert Abraham (2018: 69) daher: „Was wird wie mit welcher Wirkung in welchem Zusammenhang gezeigt?" Ähnlich argumentieren die Neoformalisten Bordwell und Thompson, bei denen die Form und Funktion filmischer Verfahren im Mittelpunkt der Analyse steht (vgl. Hartmann/Wulff 2014: 196f.). Sie gehen also von einem konkreten Verfahren aus und untersuchen dieses in einem oder mehreren Filmen hinsichtlich Funktionen und Wirkung. Dadurch greifen sie nicht auf ein festes Analyseraster zurück, sondern wählen passende Methoden zur Analyse des jeweiligen Films und der im Vorfeld formulierten Fragestellung. Ähnlich formuliert es auch Faulstich, wenn er betont: „Es müssen jene Kategorien ausgewählt werden, die am ergiebigsten sind, das heißt, die Verwendung des konkret eingesetzten Instrumentariums rechtfertigt sich aus den Resultaten" (Faulstich 2013: 29). Filmanalyse ist dabei kein Selbstzweck, sondern sie dient nach Hickethier (2012: 3)

- der Sensibilisierung der eigenen Wahrnehmung;
- der Vervollkommnung der ästhetischen Geschmacksbildung;
- der Steigerung des ästhetischen Genusses;
- der Gewinnung von Kenntnissen über die audiovisuellen Medien;
- der genaueren Beschreibung und Beurteilung von medialen Prozessen.

Schulische Filmanalyse kann das Filmwissen der Schüler*innen somit explizieren und dieses für den (Deutsch-)Unterricht nutzbar machen (vgl. Stork 2012: 78).
Ein allgemein gehaltenes (und dadurch für den konkreten Film gut adaptierbares) Grundmodell der Filmanalyse legt Werner Faulstich (2013) vor. Da es nicht nur beliebig anpassbar ist, sondern in seinem Aufbau „der lernpsychologisch bewährten Reihenfolge ‚vom Leichterem zum Schwereren' entspricht" (Faulstich 2013: 28), eignet es sich auch für den unterrichtlichen Kontext. Faulstichs Modell differenziert vier Blickweisen auf den Film, durch deren Kombination eine Gesamtanalyse geleistet werden kann: Der erste Schritt fragt nach der Handlung des Films (‚Was?'), der zweite nach den Figuren oder Charakteren (‚Wer?'). In einem dritten Schritt rückt das ‚Wie?' in den Fokus der Aufmerksamkeit, wenn nach den Bauformen des Erzählens gefragt wird. Schließlich rundet viertens die Frage nach der Ideologie oder Message (‚Wozu?') die Analyse ab. (vgl. ebd.: 28f.) Auch die bisherigen Schritte meiner „Didaktik des mehrsprachigen Films" folgen dieser Reihenfolge: Ausgehend von der Makrostruktur (Handlung und Figuren), folgt eine Auseinandersetzung mit der formalen Realisierung der Mehrsprachigkeit und mit den Details der Mikrostruktur (Bauformen). Abschließend geht es um die Funktion des Verfahrens Mehrsprachigkeit, was Faulstichs ‚Wozu?' zu beantworten versucht. Für die Sekundarstufe I reduziert Manfred Rüsel (2015) die Vielzahl der möglichen Analysekategorien einer

Filmanalyse auf die Exposition, die Figurendarstellung, die farbliche Gestaltung (vor allem in Hinblick auf signifikante Signalfarben) und auf die Analyse ausgewählter, weil charakteristischer Standbilder. Er will mit diesem Herunterbrechen auf vereinzelte Grundlagen der Filmanalyse „Berührungsängste abbauen" (Rüsel 2015: 117), indem er die Komplexität des Mediums Film, der ja einen Zusammenschluss aus Visuellem, Auditiven, Narration sowie Kameratechnik und Schnitt bildet, verringert.

Kurwinkel und Schmerheim betonen für die Kinder- und Jugendfilmanalyse neben den traditionellen Untersuchungsfeldern der Filmanalyse (Dramaturgie und Figuren, Bild und Mise-en-scéne, Montage) – die so ja auch von Manfred Rüsel benannt werden – vor allem den Bereich „Ton und Auralität" (vgl. Kurwinkel/Schmerheim 2013: 97). Ausgehend von der Vermutung, dass Kinder und Jugendliche Filme verstärkt über den Gehörsinn rezipieren und Filme für diese Zielgruppe somit entsprechend akustische Ausdrucksmittel nutzen, sehen sie in der „Auralität" einen zentralen Aspekt der Kinder- und Jugendfilmanalyse. Unter Auralität sind einerseits die auditiven Aspekte eines Films (Filmmusik, Geräusche, Dialoge) zu verstehen, andererseits sind damit auch rhythmische Verschränkungen von Bild und Ton, Kamera- und Figurenbewegung oder musikalisierte Montagestrukturen gemeint (vgl. ebd.: 282). Ein Teilaspekt der Auralität ist auch die gesprochene Sprache, die nicht nur der Informationsübermittlung dient, sondern ebenso Figuren charakterisieren und dem Gesagten eine spezifische Bedeutung verleihen kann (vgl. ebd.: 126) – wodurch sich wiederum eine Verbindung zur Figurenanalyse zeigt. Auch hier können sich die bisherigen Erkenntnisse, die sich in den vorangegangenen Schritten gebildet haben, problemlos integrieren. Abgesehen davon, dass Kurwinkel und Schmerheim der gesprochenen Sprache (und somit eben auch der filmischen Mehrsprachigkeit) durch den Aspekt der Auralität einen besonderen Stellenwert zuschreiben, kann Sprache zudem zur Figurencharakterisierung beitragen (und nimmt bei der Figurenanalyse somit ebenfalls eine Rolle ein), sich durch Verstehen und Nicht-Verstehen zentraler Stellen maßgeblich auf die Dramaturgie des Films auswirken und schließlich nicht nur in gesprochensprachlicher sondern auch in schriftsprachlicher Form auftauchen und somit eine Relevanz auf der Bildebene haben.

Benedikt Descourvières (2002: 33) beschreibt das folgende Grundschema, das zu einer aus seiner Sicht fundierten filmwissenschaftlichen Analyse hinführt:

- Vorführung des Films
- Film-Gespräch mit der Sammlung erster subjektiver Einschätzungen und Auffälligkeiten
- Formulierung von zu untersuchenden Fragestellungen („Problematisierung und Fragestellung")
- Formal-inhaltliche Bestandsaufnahme
- Analyse und Interpretation zur Ermittlung der intendierten Wirkung des Films

- Untersuchung der historischen Verankerung und Rezeption
- Verallgemeinerung (bewertendes Resümee der wichtigsten Erkenntnisse)

All diese Schritte lassen sich in den bisherigen Überlegungen wiederfinden. Eine Analyse des Films ausgehend von seiner sprachlichen Realisierung kann in mehrfacher Hinsicht gewinnbringend sein: einerseits steht im Fokus der Betrachtung ein explizit deutschdidaktischer Lerngegenstand (Sprache), der somit viele „Schnittstellen" zum Lehrplan Deutsch anbietet und fachspezifisches Lernen fördert. Andererseits können durch die Konzentration auf zunächst ein filmisches Verfahren die grundlegenden Schritte einer zielführenden Filmanalyse veranschaulicht werden, die sich freilich auf alle anderen Filme und zu untersuchenden Aspekte übertragen lässt.

6.7 Ein viertes Zwischenfazit

Durch den mehrsprachigen Spielfilm kann es gelingen, einerseits die Rezeption eines filmischen Verfahrens zu fördern, das im kulturellen Handlungsfeld zunehmend häufiger begegnet, und andererseits durch die Verbindung aller Lernbereiche einen Deutschunterricht zu konzipieren, der interkulturelles und literarisches Lernen ebenso fördern kann wie Sprachbewusstheit. Aufbauend auf bestehendne Konzepten zur Filmbildung, auf Erkenntnissen zu den Anforderungen der Rezeption mehrsprachiger Spielfilme und auf aus universitären Lehrveranstaltungen gewonnenen Erfahrungen wurde ein deutschdidaktisches Konzept entwickelt, das in fünf Schritten von der Erstrezeption hin zu einer Analyse des Films führt, die das Verfahren Mehrsprachigkeit angemessen berücksichtigt.

In einem ersten Schritt ist es notwendig, auf die Filmrezeption und die besonderen Rezeptionsanforderungen vorzubereiten. Durch spezifische Aufgaben vor dem Sehen, wie bspw. das Betrachten des Filmplakats, des Titels, des Trailers oder ausgewählter Filmstils, können eventuell interkulturelle Narrative und das Verfahren Mehrsprachigkeit erkannt werden. Dieses gilt es dann als filmisches Verfahren zu akzeptieren, das gewisse Funktionen verfolgt (allen voran die Verfremdung des Rezeptionserlebnisses) und das oftmals ganz bewusst darauf zielt, die Rezeption zu erschweren. Durch das Erkennen und Akzeptieren der filmischen Mehrsprachigkeit soll es also gelingen, eine Frustrationstoleranz aufzubauen, die es ermöglicht, das Nicht-Verstehen anderssprachiger Textteile zu ertragen und die Motivation zur Rezeption dennoch aufrechtzuerhalten.

Durch Aufgaben während des Sehens kann es dann in einem nächsten Schritt gelingen, die Makrostruktur des gesichteten Films zu erfassen. Spezifische Beobachtungsaufträge (z.B. „Welche Figuren helfen dem Helden oder der Heldin, sein*ihr Ziel zu erreichen?") während der Filmvorführung dienen im weiteren Verlauf dazu, die Makrostruktur zu erschließen. Es geht dabei vor allem um ein globales Verständnis von Handlungsverlauf, Erzählstruktur und Figurenkonstellation; ein detailliertes Verstehen einzelner anderssprachiger Textteile ist dazu i.d.R. noch nicht notwendig. Im Rahmen eines Filmgesprächs können Seheindrücke und Beobachtungen gesammelt und erste Irritationen thematisiert werden. Dadurch fällt der Blick u.U. bereits auf das Verfahren der Mehrsprachigkeit. Dennoch kann an diesem Punkt bereits festgestellt werden: Für ein globales Verstehen des Gesehenen braucht es zunächst keine Fremdsprachenkenntnisse.

In einem dritten Schritt soll das Verfahren Mehrsprachigkeit unter formalen Vorzeichen untersucht werden. Es soll also danach gefragt werden, welche Sprachen im Film von wem gesprochen werden, wie und an welchen Stellen die diegetische Mehrsprachigkeit in dem betreffenden Film realisiert wird, wie die Rezipierenden fremdsprachige Textteile verstehen oder welche Textteile nur unter erschwerten Bedingungen verstanden werden können. Diese Fragen können einerseits durch entsprechende Beobachtungsaufträge angebahnt werden, andererseits können sie sich im Filmgespräch in Kleingruppen oder im Plenum ergeben. Ein entsprechender Impuls kann das Filmgespräch so lenken, dass der Fokus auf die sprachliche Gestaltung des Films fällt. Um die formale Realisierung von Mehrsprachigkeit beschreiben zu können, bietet es sich ebenfalls an, einen Blick auf den Produktionskontext und die „Migrationsgeschichte" des Films zu werfen. Dadurch kann ein erstes Gespür dafür entwickelt werden, ob es sich um die sprachliche Originalfassung des Films handelt oder ob der Film synchronisiert und somit verändert wurde. Zudem können Produktionsland, Regisseur*in oder Schauspieler*innen Hinweise auf das Setting der filmischen Handlung geben. Durch diese eher beschreibenden Tätigkeiten nähert sich die Analyse der filmischen Mehrsprachigkeit zunächst niederschwellig an.

Ausgehend von den Vorüberlegungen zur formalen Seite des Verfahrens Mehrsprachigkeit sollen in einem nächsten Schritt Textteile in den Blick genommen werden, die durch ihre Anderssprachigkeit anspruchsvoller zu rezipieren sind. Anhand ausgewählter Szenen soll die filmische Mikrostruktur erschlossen werden, wobei freilich besonders auffallende filmsprachliche Mittel wie spezifische Kameraeinstellungen, die Cadrage oder die Mise en Scène berücksichtigt werden, der Fokus aber auch auf der sprachlichen Gestaltung des mehrsprachigen Films liegen soll. Unter Einbezug von Weltwissen, Sprachwissen und filmästhetischem Wissen soll es gelingen, eine mögliche Bedeutung anderssprachiger Textteile zu erschließen, ohne eine konkrete Übersetzung zu verlangen. Durch Beobachtungsstrategien, die den filmischen Kontext, para- und nonverbale Kommunikationsmerkmale, filmsprachliche Mittel sowie allgemeines (kulturgebundenes) Sach- und Weltwissen berücksichtigen, kann es gelingen, die durch eine fremde Sprache geschaffenen Leerstellen im Rahmen filmischer Anschlusskommunikation zu füllen.

Das Füllen der Leerstellen bildet die Grundlage für handlungs- und produktionsorientierte Anschlusshandlungen, in denen anhand der im Vorfeld gefüllten Leerstellen das im Film verwendete Verfahren zur Darstellung von Mehrsprachigkeit verändert werden soll. So können bspw. anderssprachige Textteile neu synchronisiert oder untertitelt werden, untertitelte Textteile können mit kreativen Untertiteln versehen werden, Dolmetscherfiguren oder andere anderssprachige Figuren können in die Diegese eingefügt werden, Sprachen können synchronisiert werden etc. Ziel dieser methodischen Verfahren ist es, Produkte zu generieren, die alternative Darstellungstechniken von Mehrsprachigkeit präsentieren und die sich somit dazu eignen, die originale Filmversion zu reflektieren. Dadurch steht die Funktion des verwendeten Verfahrens im Mittelpunkt der Betrachtung: Warum spricht eine Figur diese Sprache(n)? Wie wirkt sie dadurch auf die Rezipierenden? Wie verändert sich diese Wirkung, wenn die Sprache(n) verändert werden? An welchen Stellen wird die Rezeption durch die Veränderung erschwert oder erleichtert? Ausgehend von den semiotischen Größen Figur und Raum kann durch den Vergleich mit alternativen Realisierungsmöglichkeiten die Funktion des Verfahrens herausgearbeitet werden. Dadurch kann es schließlich gelingen, das filmische Verfahren Mehrsprachigkeit angemessen in der Gesamtanalyse zu berücksichtigen – sowohl hinsichtlich seiner Umsetzung als auch seiner Funktion.

Dieses Schema soll im folgenden Kapitel auf drei konkrete mehrsprachige Spielfilme übertragen werden. Am Beispiel von *Azur und Asmar*, *Isle of Dogs – Ataris Reise* und *Almanya – Willkommen in Deutschland* soll zunächst aufgezeigt werden, dass sich die Mehrsprachigkeit des Films mit dem in den Teilkapiteln 2 und 3 entwickelten Raster beschreiben und analysieren lässt und dass mit den in diesem Kapitel formulierten Stufen einer Didaktik des mehrsprachigen Films Unterrichtskonzeptionen entworfen werden können, die vom Aufbau einer Rezeptionsmotivation über alle Lernbereiche des Deutschunterrichts hin zu einer adäquaten Filmanalyse führen können, die Mehrsprachigkeit als filmisches Verfahren anerkennt und entsprechend integriert.

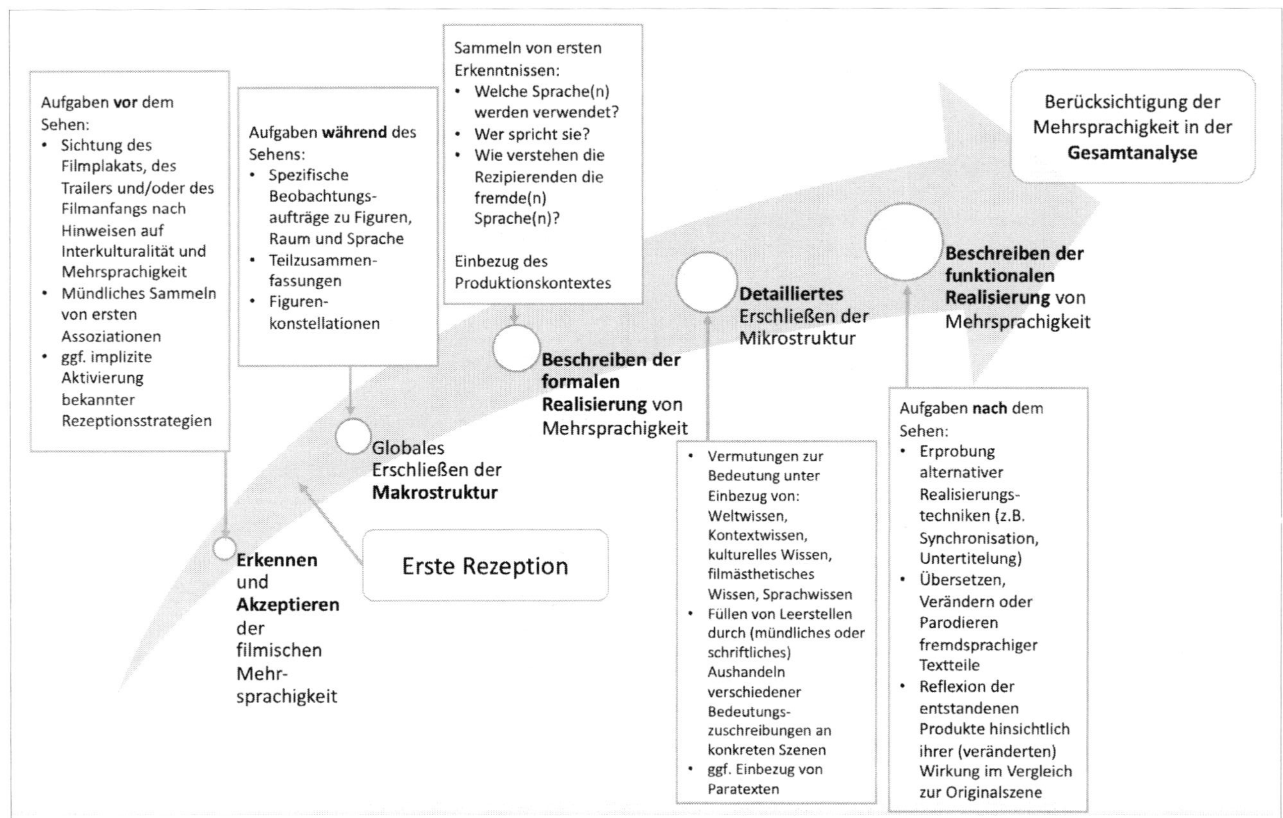

Abbildung 21 Stufen einer Didaktik des mehrsprachigen Films

7 Exkurs: Der mehrsprachige Spielfilm in der Ausbildung angehender Deutschlehrer*innen

Obwohl das (literatur-)didaktische Potential des Films für den Deutschunterricht recht umfangreich in der fachdidaktischen Forschung erschlossen ist und nunmehr sowohl schulische Filmbildungscurricula als auch fachdidaktische Ausarbeitungen zum Film vorliegen (vgl. Kapitel 4), ist sein Stand im konkreten Unterricht weitaus weniger gefestigt. Wenngleich davon ausgegangen werden kann, dass eine ablehnende Haltung gegenüber Medien heutzutage weniger aus der Überzeugung resultiert, dass von ihnen starke negative Wirkungen und Gefahren ausgehen (vgl. Barsch 2006: 173), so ist doch nach wie vor ein geringerer Einsatz von Filmen im Deutschunterricht zu beobachten. Um diesem Trend entgegenzuwirken, genügt es allerdings nicht, den Lerngegenstand und seine sprach- wie literatur- und mediendidaktischen Facetten für den Deutschunterricht theoretisch zu erschließen (wie es sich auch diese Arbeit in erster Linie zur Aufgabe macht), denn für den Spielfilm gibt es in der Forschung ja bereits eine Vielzahl von (literatur-)didaktischen Unterrichtskonzepten. Stattdessen gilt es, die daraus gewonnen Erkenntnisse auch ganz praktisch in die Ausbildung bzw. Professionalisierung von Deutschlehrerinnen und Deutschlehrern zu implementieren. Wie dies für den Gegenstand des mehrsprachigen Spielfilms gelingen könnte, soll der folgende Exkurs verdeutlichen, der das Konzept einer entsprechenden Lehrveranstaltung wiedergibt, in der es eben genau darum ging.

Konzeptionelle Überlegungen

Ähnlich wie für die Einbindung des Films in schulische Curricula verhält es sich auch mit dem Film in der Lehrer*innenbildung (vgl. Staiger 2014: 245): Einheitliche Medienbildungsstandards gibt es bis dato nicht, mediale Studieninhalte zeichnen sich durch eine gewisse Beliebigkeit aus (vgl. Marci-Boehncke 2014: 202 f.) und sind oftmals wiederum abhängig von den Präferenzen der Dozierenden. Printliteratur gilt dagegen einstimmig als Hauptmedium des Germanistikstudiums und somit der Deutschlehrer*innenausbildung. Es verwundert daher nicht, dass Lehrer*innen Medien im Allgemeinen und Filme im Besonderen deshalb weitaus seltener als das Buch in ihren (Deutsch-)Unterricht integrieren, weil sie sich vergleichsweise unsicher im Umgang mit diesem Medium fühlen (vgl. Barsch 2006: 174, Maurer 2014:

334). Um einen filmintegrierenden Deutschunterricht zu fordern, in dem der Film nicht nur zu einer motivierenden Zugabe zur Auflockerung des Unterrichtsalltags oder zu einer „distinkten Konklusion“ (Stork 2012: 12) einer literaturgestützten Unterrichtsreihe verkommt (vgl. ebd.), muss daher also bereits in der ersten Phase der Lehrer*innenbildung angesetzt werden. Zweifelsohne müssen (angehende) Lehrer*innen mit curricularen und didaktisch-methodischen Grundlagen der Filmbildung vertraut gemacht werden, um diese bei der Planung ihres Unterrichts nutzen zu können. An entsprechenden Angeboten mangelt es jedoch oftmals in der universitären Ausbildung, wie Hoffmann und Khalaf in der Auswertung ihres Projekts „Filmbildung für Lehramtsanwärter/innen“ zeigen (vgl. Hoffmann/Khalaf 2012: 7), obgleich sich auch zeigt, dass die Teilnehmer*innen ein generelles Interesse für die Integration des Films in ihren Unterricht mitbringen.
Dafür gilt es jedoch als elementar, die Grundlagen der Filmbildung in der Lehrerinnenbildung zu thematisieren, um Berührungsängste zum Medium Film abzubauen, Technikängste zu überwinden und den „Film als eigenständige und dem Buch gleichwertige ästhetische Kunstform“ (Sahr 2004: 2) zu etablieren. In der Pressemitteilung der Tagung „Kino macht Schule“ heißt es daher bereits vor knapp 20 Jahren: „Filmkompetenz muß integraler Bestandteil jeder pädagogischen Ausbildung an den Universitäten – inklusive Leistungsnachweis sein“ (bpb 2003: 2). Obgleich ein verpflichtender Einzug der Filmbildung in universitäre Curricula jedoch (noch) nicht erfolgte, gibt es vereinzelte Ansätze, die eine grundlegende Filmbildung in der Ausbildung von Lehrer*innen anstreben.

Konzeptionelle Überlegungen für ein universitäres bzw. hochschulspezifisches Filmbildungscurriculum in der Ausbildung von Lehrer*innen stellt Mauerer (2014: 342 f.) an. Ausgehend von der Verbindung der filmwissenschaftlichen, medienpädagogischen und fachdidaktischen Perspektive benennt er dabei sowohl grundlegende als auch vertiefende Inhalte für Bildungswissenschaft sowie für Fachdidaktik; auch eventuelle Praktikumsoptionen bedenkt der Medienpädagoge. Dadurch entwirft er eine Konzeption, die sich dezidiert an alle Lehramtsstudierenden richtet. Sein Konzept umfasst im Bereich der Grundbildung der Bildungswissenschaft dabei die folgenden Inhalte:

- Reflexion der eigenen Medienbiographie (vgl. ebd.: 345) sowie eine Auseinandersetzung mit Filmproduktions- und Rezeptionsmustern von Kindern und Jugendlichen
- Urheber- und Persönlichkeitsrechte
- Niederschwellige filmpädagogische Settings und Übungen
- Filmanalyse als Forschungsmethode (vgl. ebd.: 344)
- Grundbegriffe, einfache Analyseinstrumente

Filmkompetenz: Die Lehrenden kennen die Inhalte von Filmbildung, sind in der Lage, eigene Filmprojekte durchzuführen, planen Unterricht fach- und sachgerecht und führen ihn fachlich und sachlich korrekt durch.	**Filmpädagogische Kompetenz:** Die Lehrenden kennen wesentliche Aspekte einer persönlichkeitsbildenden und subjektorientierten Filmdidaktik, nutzen die Verfahren von Filmbildung und wenden Methoden des s elbstbestimmten und eigenverantwortlichen Lernens an. Sie motivieren die Lernenden und fördern ihre individuellen Fähigkeiten.	**Filmtheoretische Kompetenz:** Lehrende kennen die gesellschaftliche, politische und kulturelle Bedeutung von Film und berücksichtigen diese im Rahmen von Filmbildung in der Schule.
Standards: • Lehrende verfügen über weitreichende Kenntnisse der Ästhetik und Gestaltung von Film sowie filmgeschichtlicher Zusammenhänge und gestalten vor diesem Hintergrund ihren Unterricht. • Lehrende sind in der Lage, einen Film zu produzieren, dabei dramaturgische und visuelle Konzepte entsprechend der Intention zu berücksichtigen. Aus dieser Produktionserfahrung leiten sie Konsequenzen für die Unterrichtsplanung und -organisation ab. • Lehrende kennen die Produktionsabläufe bei der Herstellung eines Spiel- und Fernsehfilms. • Lehrende kennen die kulturelle, ökonomischen und politische Bedeutung des Films und seiner Distributionswege und können die Kontextualisierung von Informationen und Bild kritisch analysieren. • Lehrende kennen und reflektieren die Bedeutung des Spielfilms und des Fernsehens in Bezug auf Urteils- und Meinungsbildung und wissen, wie man selbstbestimmtes Urteilen und Handeln im Unterricht fördert. • Lehrende reflektieren ihre eigene Mediennutzung und setzen sie in Beziehung zu ihrer Tätigkeit. • Lehrende setzen sich kritisch mit wesentlichen Aspekten des Jugendmedienschutzes und des Urheberrechts auseinander. Sie beachten diese Aspekte bei der Planung von Unterricht.	Standards: • Lehrende kennen und reflektieren Vermittlungsansätze der Filmbildung und beachten bei ihrem Einsatz die soziale und kulturelle Vielfalt der Lerngruppe. • Lehrende setzen sich kritisch mit den Grundsätzen einer konstruktivistischen Didaktik auseinander und beachten diese bei der Planung von Unterrichtsreihen zur Filmbildung. • Lehrende machen die Auseinandersetzung mit dem Schaffensprozess des Films zum Ausgangspunkt von Filmbildung; sie beziehen die Lernenden aktiv in den Unterricht mit ein und initiieren Anschlusskommunikation. • Lehrende kennen und nutzen Verfahren zur Filmbildung und wissen, wie man sie anforderungs- und situationsgerecht anwendet. • Lehrende wissen um den Prozess der Perzeption, setzen sich mit dem Prinzip der didaktischen Reduktion auseinander und nutzen diese Erkenntnisse für die Gestaltung von Unterricht. • Lehrende kennen Methoden des kooperativen Lernens und nutzen sie beim Einsatz der Verfahren zur Filmbildung. • Lehrende kennen und reflektieren Formen der systematischen Leistungsbewertung. Sie nutzen Lernprodukte als Diagnoseinstrumente für einen Kompetenzzuwachs und betrachten die Selbstbewertung als konstitutives Element der Notengebung.	Standards: • Lehrende kennen Bild- und Filmtheorien, reflektieren diese kritisch und beziehen sie in den Unterricht mit ein. • Lehrende schlussfolgern aus Bild- und Filmtheorien sozialisationstheoretische Implikationen, reflektieren diese kritisch und berücksichtigen sie in Bezug auf etwaige Benachteiligungen von Lernenden bei Lernprozessen. • Lehrende kennen die Entwicklung der Bildkultur und das sich daraus ergebende Spannungsfeld zur Schriftkultur. Sie berücksichtigen dies bei der Diagnose von Lernvoraussetzungen und Lernprozessen von Lernenden. • Lehrende nutzen Forschungsergebnisse der Bild- und Filmwissenschaft für die eigene Tätigkeit und entwickeln ihre Kompetenzen ständig weiter.

Abbildung 22 Filmbildungsstandards für die Lehrer*innenbildung (Müller I. 2012: 248ff.)

Für die deutschdidaktische Grundbildung benennt die Konzeption zudem die folgenden Ergänzungen (vgl. ebd.):

- Bauformen filmischen Erzählens, Narration, Dramaturgie
- Charakteristika des Mediums Film im Unterschied zu anderen Textarten
- Schnittfeld von Literatur, Theater und Film
- Filmtheorie / Filmklassiker / Filmkanon

Auch Ines Müller (2012) legt ein Konzept für Filmbildung in der Lehrer*innenausbildung vor. Sie unterscheidet dabei drei verschiedene Arten von Kompetenzen, die angehende Lehrer*innen in der ersten Phase der Lehramtsausbildung erwerben sollten: Filmkompetenz, filmpädagogische Kompetenz und filmtheoretische Kompetenz (vgl. Müller I. 2012: 248ff.). Ausgehend von dieser Dreiteilung formuliert Müller konkrete Standards, an denen die zu erwerbenden Kompetenzen zu beobachten sind. Im Einzelnen nennt Müller die in Abbildung 22 dargestellten Standards.

Für den Aufbau einer Lehrveranstaltung, die sich mit dem Lerngegenstand des mehrsprachigen Films beschäftigt, bieten die Konzeptionen von Müller (2012) und Maurer (2014) erste Impulse hinsichtlich des Aufbaus und der Inhalte. Zusätzlich müssen bisherige Überlegungen um den Aspekt der Mehrsprachigkeit erweitert werden.
Die Auseinandersetzung mit Mehrsprachigkeit ist in der Ausbildung angehender Lehrer*innen aus mehreren Gründen besonders bedeutsam, wie ein Blick auf die Ergebnisse der BLUME-Studie (Ü**b**erzeugungen von Grundschul**l**ehrkräften zum **U**mgang mit **Me**hrsprachigkeit) exemplarisch zeigt (vgl. Pohlmann-Rother/Lange 2020: 29). Grundschullehrkräfte geben an, sich wenig oder schlecht vorbereitet zu fühlen für den Umgang mit Mehrsprachigkeit in ihrem Unterricht (vgl. ebd.). Dafür besonders verantwortlich sei die Tatsache, dass weder in Studium noch in Fort-/Weiterbildungen dem Thema Mehrsprachigkeit und DaZ (Deutsch als Zweitsprache) entsprechende Aufmerksamkeit gewidmet würde (vgl. ebd.: 31). Dies ist insofern als kritisch zu sehen, da die Überzeugungen von Lehrer*innen als eine zentrale Voraussetzung für einen absichtsvollen Umgang mit sprachlicher Heterogenität benannt werden: „Die Überzeugung der Lehrkräfte bezüglich des Lernens mehrsprachiger Schülerinnen und Schüler sowie zu ihren Unterrichtszielen im Kontext von Mehrsprachigkeit" (Pohlmann-Rother/Lange 2020: 10) tragen maßgeblich dazu bei, ob Mehrsprachigkeit im Unterricht als etwas positiv Besetztes wahrgenommen wird oder nicht. Es erfordert in der Lehrer*innenbildung daher grundlegende Einblicke in die Mehrsprachigkeitsdidaktik bzw. in den Erwerb von Mehrsprachigkeit und in den produktiven Umgang damit im (Deutsch-)Unterricht, bspw. anhand von mehrsprachigen Texten und Medien oder in Auseinandersetzung mit sprachlichen Hierarchien und sprachbasierten Vorurteilen.

Das im Folgenden vorgestellte Konzept machte es sich somit zur Aufgabe, zwei Teilbereiche der Lehrer*innenbildung zu kombinieren, deren Wichtigkeit zwar durchaus empirisch belegt ist, die in der Ausbildung von Deutschlehrer*innen aber aufgrund fehlender curricularer Bestimmungen bislang nur fakultativ ihren Platz finden. Das im Folgenden knapp erläuterte Konzept ist als Versuch zu verstehen, den Lerngegenstand des mehrsprachigen Spielfilms in die Ausbildung angehender Deutschlehrer*innen zu integrieren und in diesem Zuge den beiden benannten Aspekten einen größeren Fokus zu geben. Ziel der Lehrveranstaltung war es dabei einerseits, ganz allgemein einen Beitrag zur universitären und somit schulischen Filmbildung zu leisten und andererseits die im Rahmen dieser Arbeit theoretischen Überlegungen für einen bis dato im Deutschunterricht wenig beachteten Lerngegenstand praktisch zu erproben. Als Ziel der Überlegungen zur Konzeption standen dabei die Angaben der Kultusministerkonferenz zur Frage nach der Medienkompetenz in der Lehrer*innenbildung:

> *Lehrkräfte müssen mit den Medien und Medientechnologien kompetent und didaktisch reflektiert umgehen können, sie müssen gleichermaßen in der Lage sein, Medienerfahrungen von Kindern und Jugendlichen im Unterricht zum Thema zu machen, Medienangebote zu analysieren und umfassend darüber zu reflektieren, gestalterische und kreative Prozesse mit Medien zu unterstützen und mit Schülerinnen und Schülern über Medienwirkungen zu sprechen (KMK 2012: 7).*

Diesen Überlegungen zufolge geht es also sowohl um einen kompetenten und didaktisch reflektierten Umgang mit mehrsprachigen Filmen unter Einbezug der Medienerfahrungen der Schüler*innen als auch um das Anleiten und Unterstützen von gestalterischen und kreativen Prozessen mit mehrsprachigen Filmen, um daran anknüpfend, Medienwirkungen reflektieren zu können.
Die im Folgenden vorgestellte Lehrveranstaltung wurde nicht empirisch begleitet, weshalb die Erkenntnisse, die sich für den Verfasser dieser Arbeit aus diesen Seminaren ergaben, keinesfalls als verallgemeinerbar zu verstehen sind. Es soll daher weder über die Wirksamkeit eines solchen Fortbildungsformats spekuliert werden, noch sollen Aussagen hinsichtlich der Überprüfbarkeit des studentischen Lernzuwachses gemacht werden. Stattdessen vermittelt dieser Exkurs einen praktischen Eindruck davon, wie der mehrsprachige Spielfilm in die Lehrer*innenbildung integriert werden könnte, um somit auch seinen Weg ins Klassenzimmer zu finden.

Das Seminarsetting

Bei der beschriebenen Lehrveranstaltung handelte es sich um ein Seminar, welches im Sommersemester 2019 sowie im Wintersemester 2019/2020 an der Katholischen Universität Eichstätt-Ingolstadt durchgeführt wurde. Es richtet sich an Studierende aller Lehrämter, die Germanistik in ihrer Fächerkombination studieren. Die insgesamt 30 Teilnehmenden (14 im ersten, 16 im zweiten Durchgang) der Lehrveranstaltung setzten sich aus allen Lehrämtern zusammen und brachten gänzlich heterogene Ausgangsvoraussetzungen hinsichtlich ihres germanistischen Wissens mit. Das Seminar wurde in Blockform abgehalten. Die fünf Tage mit jeweils 4,5 Seminarstunden wurden auf drei thematische Blöcke verteilt.

Beschreibung und Ablauf des Seminars

Das Seminar näherte sich dem Gegenstand des mehrsprachigen Spielfilms in drei thematischen Blöcken. Dabei bezogen sich die ersten beiden Blöcke ganz allgemein auf das Potential des Films für den Deutschunterricht, im letzten Block schließlich wurde dann der Fokus auf den Aspekt der Mehrsprachigkeit bzw. auf den mehrsprachigen Film gelegt.

Durch das Erstellen einer Film-Biographie (in Anlehnung an Kliewers Lesebiographie [vgl. Kliewer 2005: 118f.]) wurden die Studierenden in einem ersten eintägigen Block zunächst angehalten, ihr eigenes Medien- und Rezeptionsverhalten zu reflektieren und sich mit der subjektiven Bedeutung des Mediums Film auseinanderzusetzen. Im Anschluss daran reflektierten die Teilnehmer*innen die Bedeutung des Mediums für Kinder und Jugendliche sowie für den Deutschunterricht. Darauf aufbauend erarbeiteten sie sich anhand grundlegender Modelle (Länderkonferenz Medienbildung 2015, Klant/Spielmann 2008, Blell et al. 2016) den Begriff der Filmbildung inklusive entsprechender Kompetenzfelder, die es in einem filmintegrativen Deutschunterricht zu fördern gilt. In diesem Zusammenhang setzten sich die Lernenden auch mit dem Filmkanon der Länderkonferenz Medienbildung auseinander, beschäftigten sich mit der Frage nach dem Einbezug von Filmklassikern in den Deutschunterricht und reflektierten die Chancen und Grenzen eines verpflichtenden Filmkanons.
In einem zweiten zweitägigen Block beschäftigten sich die Studierenden mit der Grundlage der Filmanalyse. Da es in der Deutschlehrer*innenausbildung aufgrund des geringen Studienanteils der Germanistik bzw. ihrer Fachdidaktik nicht um die Ausbildung von Filmwissenschaftler*innen gehen kann und darf, diente das didaktisch reduzierte Modell der Filmanalyse von Leubner und Saupe (2012: 178) als Ausgangspunkt für die Erarbeitung verschiedener Aspekte der Filmanalyse. Die Teilnehmer*innen beschäftigten sich anhand konkreter Filmausschnitte mit den Bereichen ‚Kamera', ‚Audio', ‚Mise en Scène' und ‚Montage', um dieses Wissen in einer eigenen Filmanalyse anwenden zu können. Dadurch wurde zudem grundlegendes Wissen erarbeitet, um eine adäquate Sachanalyse zum Lerngegenstand Film verfassen zu können, die über die inhaltliche Dimension des Gezeigten hinausgeht. Im zweiten Teil des Blocks lernten die Studierenden eine Vielzahl an filmspezifischen Verfahren für den Deutschunterricht kennen und reflektierten deren Potential für konkrete Situationen und Zielgruppen. Im Anschluss daran erhielten sie eine Ein-

Block	Thema	Kompetenzen
1	Verfassen einer Filmbiographie	Die Lernenden reflektieren anhand der Anschlusskommunikation über die von ihnen verfasste Filmbiographie ihre eigene Medienbiographie, ihre Mediennutzung sowie die subjektive Bedeutung des Mediums Film.
	Begründungszusammenhänge für Filme im Deutschunterricht	... erarbeiten anhand ausgewählter Textauszüge die Begründungszusammenhänge für die Arbeit mit Filmen im Deutschunterricht, um eine Vorstellung von der Relevanz von Filmen für ihren späteren DU zu entwickeln.
	Kompetenzmodelle Filmbildung in der Schule	... reflektieren die ausgewählten Kompetenzmodelle im Hinblick auf eigene Zielformulierungen für die eigene spätere Unterrichtsplanung.
2	Filmanalyse als Forschungsmethode, Grundbegriffe der Filmanalyse	... erarbeiten sich anhand konkreter Filmausschnitte und Textauszüge Kenntnisse über Ästhetik und Gestaltung des Mediums Film. Sie erarbeiten sich zudem einfache Analyseinstrumente, die sie in einer Filmanalyse sinnstiftend zusammenführen können.
	Verfahren im Umgang mit Filmen im Deutschunterricht	... lernen sowohl analytische als auch handlungs- und produktionsorientierte Verfahren für den Umgang mit Filmen im Deutschunterricht kennen, um diese in ihrer eigenen kompetenzorientierten Unterrichtsplanung zielführend einsetzen zu können. ... erhalten Kenntnisse über einfache Filmschnittprogramme, indem sie sich praktisch handelnd mit diesen auseinandersetzen und produktionsorientierte Verfahren erproben.
3	Mehrsprachigkeit in Alltag, Literatur und Medien	... reflektieren die eigene Vorstellung und Einstellung zu Mehrsprachigkeit, indem sie sich durch die Erarbeitung eines Sprachenporträts über ihre individuelle Mehrsprachigkeit austauschen. ... erarbeiten sich anhand des präsentierten Textausschnitts die unterschiedlichen Möglichkeiten, Mehrsprachigkeit in Spielfilmen zu realisieren. Sie werden dadurch auf die gesprochene Sprache des Films kritisch aufmerksam und definieren für sich auf dieser Grundlage den Begriff des *mehrsprachigen (polyglotten) Spielfilms*. Die Lernenden analysieren, reflektieren und kritisieren zudem die Darstellung filmischer Mehrsprachigkeit in ausgewählten Filmbeispielen hinsichtlich ihrer stereotypisierenden Wirkung.
	Das Verfahren der filmischen Mehrsprachigkeit	... erarbeiten formale wie funktionale Aspekte der filmischen Mehrsprachigkeit, um diese in einer Filmanalyse zu berücksichtigen.
	Das Potential des mehrsprachigen Films im Deutschunterricht	... diskutieren und reflektieren das Potential des mehrsprachigen Films für den Deutschunterricht hinsichtlich sprachdidaktischer wie literaturdidaktischer Kompetenzen unter Einbezug des bayerischen Lehrplans für ihre entsprechende Schulart.
	Verfahren im Umgang mit mehrsprachigen Filmen im Deutschunterricht	... erproben methodische Verfahren, die im Deutschunterricht dazu dienen können, die formale wie funktionale Realisierung von filmischer Mehrsprachigkeit zu reflektieren und zu analysieren. ... wählen geeignete Verfahren aus, um sprach- oder literaturdidaktische Kompetenzen im Deutschunterricht anhand des Lerngegenstands ‚mehrsprachiger Film' anzubahnen.

Tabelle 3 Exemplarischer Aufbau einer Lehrveranstaltung zum mehrsprachigen Film im Deutschunterricht

führung in ein einfaches Filmschnittprogramm, mit dem sie die davor besprochenen produktionsorientierten Methoden (Erstellen eines Trailers, Erstellen eines Filmstils usw.) praktisch erproben und reflektieren konnten.
In einem letzten Block beschäftigten sich die Studierenden schließlich explizit mit der filmischen Mehrsprachigkeit. Ausgehend von der Auseinandersetzung mit der eigenen Mehrsprachigkeit und der Einstellung zu Mehrsprachigkeit in Gesellschaft und Unterricht, lernten die Studierenden die Taxonomie der Mehrsprachigkeit (vgl. Bleichenbacher 2008) kennen. Dadurch entwickelten sie eine kritische Aufmerksamkeit bzgl. der Darstellung von Mehrsprachigkeit in Filmen und deren kultureller wie gesellschaftlicher Auswirkungen. So näherten sich die Studierenden der filmischen Mehrsprachigkeit sowohl formal als auch funktional und konnten diese Erkenntnisse in einer Filmanalyse berücksichtigen. Darauf aufbauend setzten sie sich mit dem sprach- sowie literatur- und mediendidaktischen Potential mehrsprachiger Spielfilme auseinander. Im Abgleich mit dem bayerischen Lehrplan der entsprechenden Schulart erarbeiteten die Studierenden die Schnittstellen zwischen den curricular festgelegten Zielen des Deutschunterrichts und dem mehrsprachigen Film. Daraus entwickelten sie eigene Ideen, mit welchen Zielen sie konkrete mehrsprachige Filme im Deutschunterricht einsetzen könnten. Abschließend erprobten die Seminarteilnehmer*innen schließlich konkrete methodische Verfahren (bspw. die Neusynchronisierung und die Untertitelung), anhand derer die funktionale und formale Realisierung von Mehrsprachigkeit analysiert und reflektiert werden kann.
Bereits zu Beginn der Blockveranstaltung erhielten die Studierenden einen konkreten mehrsprachigen Film (etwa *Azur und Asmar*, *Katja und der Falke*, *Isle of Dogs – Ataris Reis*e oder *Almanya – Willkommen in Deutschland*), zu dem sie immer wieder Einzelaufgaben bearbeiteten, die an die in der Veranstaltung behandelten Inhalte anknüpften. So wählten die Studierenden bspw. eine Kompetenz, die sie mit ihrem jeweiligen Film im Deutschunterricht besonders fördern wollten, und ein dazu passendes produktionsorientiertes Verfahren, um das Stundenziel zu erreichen. Als abschließende Aufgabe planten sie schließlich eine Unterrichtssequenz zu dem ihnen jeweils zugeteilten mehrsprachigen Film für eine Klassenstufe ihrer Wahl.

Schlussfolgerungen

Generell zeigte sich, dass die Studierenden ein großes Interesse an der Arbeit mit Filmen haben und diese in ihren zukünftigen Deutschunterricht einbeziehen wollen. Dabei sollten jedoch die Erfahrungen, die Hoffmann und Khalaf in ihrem Modellprojekt gemacht haben, nicht ignoriert werden:

> *Eine entsprechende Handlungsorientierung darf sich nicht vom Mythos täuschen lassen, weil junge Menschen im Schnitt viele Filme gucken, würden sie sich auskennen. Das ist oft nur ein oberflächliches, teils auch eigensinniges Können und Auskennen, das durch kri-*

tisches Reflexionsvermögen (Analyse, genaues hinsehen (sic!), Gestaltungsmöglichkeiten erweitern etc.) ergänzt werden kann und muss [...]. In dieser Hinsicht unterscheiden sich die Schüler kaum von den Teilnehmern unserer Befragung [...] (Hoffmann/Khalaf 2012: 9).

Neben einem oftmals nur rudimentären Filmwissen klang bei vielen Teilnehmenden noch etwas anderes an: So ist mittlerweile nämlich keineswegs mehr davon auszugehen, dass „junge Menschen im Schnitt viele Filme gucken" (ebd.). Generell ist ein Trend zur Rezeption kurzer Videoformate (bspw. auf der Streamingplattform YouTube) festzustellen (vgl. Anders/Staiger 2019: 9) – Jugendliche ziehen oftmals die Rezeption von kurzen Videoformaten der eines 90- bis 120- minütigen Spielfilms vor. Ähnliche (subjektive) Beobachtungen bestätigten sich immer wieder in den Gesprächen mit den Seminarteilnehmenden: Auch bei angehenden Deutschlehrer*innen geht der Trend verstärkt zur Rezeption von Kurzformaten oder einzelnen Episoden einer Serie. Filme dienen oftmals nur zur „Berieselung nebenbei", eine konzentrierte Rezeption ist dabei gar nicht vorgesehen. Somit verwundern Aussagen wie „Ich gehe nicht gerne ins Kino. Filme schaue ich am liebsten im Bett, denn ich schlafe dabei eh meist ein" (Antwort einer Studentin in einem Filmseminar zur Frage nach dem persönlichen Stellenwert von Film und Kino) kaum mehr. Solche Aussagen sind freilich nicht verallgemeinerbar, sondern (hoffentlich) Einzelfälle. Es lässt sich durch diese und ähnliche Beobachtungen aber vielleicht doch erkennen, dass eine generelle Affinität zum Medium Film bei angehenden Deutschlehrer*innen nicht so selbstverständlich ist, wie sie der „Generation Z" (vgl. Scholz 2014) oftmals unterstellt wird. Gerade eine solche Affinität der Lehrperson zum Medium Film ist jedoch ein wichtiger Faktor für die Quantität und Qualität filmbasierten Unterrichts (vgl. Stork 2012: 15). Neben der Vermittlung von filmgeschichtlichem, -analytischem und -didaktischem Wissen sollte es in entsprechenden Fortbildungsformaten also immer auch um eine Entfachung oder Aufrechterhaltung der Begeisterung für Filme gehen.

Ein weiterer Punkt, der von den Teilnehmenden positiv hervorgehoben wurde, ist der Einbezug des Aspekts Mehrsprachigkeit in ein filmdidaktisches Seminar. Viele Studierende kennen mehrere mehrsprachige Filme, es zeigte sich jedoch, dass sie die sprachliche Gestaltung bisher kaum reflektiert hatten. Als besonders interessant wurde in einer Abschlussevaluation v.a. das Stereotypen-bildende bzw. -festigende Potential genannt, das mit der Realisierung (oder Nicht-Realisierung) von Mehrsprachigkeit in einem Film einhergehen kann. Der Anstoß, sich dezidiert mit der eigenen Sprachlichkeit auseinanderzusetzen und auch außerhalb des „Deutsch als Zweitsprache"-Studiums den Bereich Mehrsprachigkeit zu thematisieren, wurde von Teilnehmenden positiv gewürdigt. So wurde für die Teilnehmenden deutlich, dass der Einbezug, die Würdigung und der Umgang von und mit Mehrsprachigkeit ein fächerübergreifendes Ziel ist, das unabhängig von der studierten Fächerkombination relevant ist und das durch entsprechende Unterrichtsgegenstände in den Unterricht integriert werden kann (und sollte).

Vor allem die praktische Erprobung konkreter methodischer Verfahren und die anschließende Reflexion über diese wurde von den Studierenden gelobt. Dies deckt sich ebenfalls mit den Ergebnissen von Hoffmann und Khalaf, die feststellen, dass die Teilnehmer*innen ihres Modellprojekts „einen sehr hohen Anteil praktischer Arbeit“ (Hoffmann/Khalaf 2012: 7) einforderten. Durch die handlungsorientierte Auseinandersetzung mit Verfahren wie dem Untertiteln oder der Neusynchronisation konnten die Studierenden einerseits die Funktionen des Verfahrens der filmischen Mehrsprachigkeit handlungsorientiert erarbeiten und reflektierten andererseits die Komplexität, die mit diesen Verfahren verbunden ist. Das Seminar profitierte daher von den gemeinsamen Überlegungen, wie mit den methodischen Vorschlägen konkret im Unterricht gearbeitet werden kann und wie diese komplexen Arbeitstechniken des kulturellen Handlungsfeldes Film vorentlastet und für den (Deutsch-)Unterricht adaptiert werden können.

Ich bedanke mich an dieser Stelle herzlich (und ganz bewusst nicht in einer Fußnote) bei den dreißig Teilnehmerinnen und Teilnehmern meiner Seminarveranstaltungen, die sich mit mir daran gemacht haben, den Lerngegenstand des mehrsprachigen Films für den Deutschunterricht zu erschließen, methodische Verfahren zu durchdenken und konzeptionelle Überlegungen zu erproben. In gemeinsamen Gesprächen, Reflexionsrunden und in ihren schriftlichen Arbeiten haben sie mir viele Impulse und Anregungen für diese Arbeit gegeben und mich immer wieder zum Weiterdenken veranlasst.

TEIL C

Unterrichtsvorschläge

8 Einleitende Gedanken zur Auswahl von Filmen im Unterricht

Wegweisend für die schulische Filmarbeit waren der im Jahr 2003 veröffentlichte Filmkanon der Bundeszentrale für politische Bildung und die darauf folgende Publikation mit erläuternden Texten zu ebendiesen „35 Filme[n], die Sie kennen müssen" (Holighaus 2005). So grundlegend und wichtig der Kanon für die Debatte um die schulische Filmbildung war (und auch nach wie vor ist), so umstritten ist er gleichermaßen, vor allem aus der Sicht von Lehrer*innen und Fachdidaktiker*innen (von denen keiner in der verantwortlichen Expertenkommission vertreten war). Ein Kritikpunkt ist dabei die Intransparenz der Auswahlkriterien, nach denen der Kanon konzipiert wurde (vgl. Kepser 2008b: 21). So erstreckt sich der Filmkanon angefangen von *Nosferatu* (D 1922) bis hin zu *Alles über meine Mutter* (SP/F 1999) – über circa 80 Jahre der Filmgeschichte, umfasst neben amerikanischen auch deutsche, französische und italienische Produktionen sowie ein breites Genrespektrum. Unklar bleibt dabei jedoch, an wen sich der Kanon maßgeblich richtet.

Dieser Mangel zeigt sich vor allem in Hinblick auf die Primarstufe und die Sekundarstufe I: Bei lediglich fünf der 35 gelisteten Filme handelt es sich um Kinder- und Jugendfilme (vgl. Kurwinkel/Schmerheim 2015: 170). Als Reaktion darauf legte die Zeitschrift Kinder- und Jugendfilm-Korrespondenz einen von zwanzig Fachleuten aus dem Bereich des Kinderfilms erstellten Filmkanon vor, der sich dezidiert an Kinder zwischen sechs und zwölf Jahren richtet, indem er die fünf von der Bundeszentrale für politische Bildung gelisteten Filme um neun weitere Titel ergänzte. Dieser Filmkanon für Kinder umfasst somit die folgenden Titel (vgl. Kinderkino München 2003: 4):

- Die Abenteuer des Prinzen Achmed (D, 1924-1926)
- Auf Wiedersehen, Kinder (F/BRD 1987)
- Drei Haselnüsse für Aschenbrödel (CSSR/DDR 1973)
- Das Dschungelbuch (USA 1967)
- E.T. – der Außerirdische (USA 1982)
- Emil und die Detektive (D 1931 bzw. das Remake D 2001)
- Flussfahrt mit Huhn (BRD 1983)
- Die Geschichte vom kleinen Muck (DDR 1953)
- Goldrauch (USA 1925)

- The Kid (USA 1921)
- Kiriku und die Zauberin (F/B/LUX 1998)
- Ronja Räubertochter (S/NOR 1984)
- Wo ist das Haus meines Freundes? (I 1988)
- Der Zauberer von Oz (USA 1939)

Inzwischen gilt die Forderung nach einem Film- oder einem Literaturkanon für den Deutschunterricht „als praxisfern und didaktisch fragwürdig" (Kepser 2008b: 27). Ein solcher Kanon „wäre der Vielfalt der Filmkultur nicht angemessen" (Pfeiffer/Staiger 2010: 9). Ziel der schulischen Filmbildung sollte eine facettenreiche Auseinandersetzung mit filmgeschichtlich bedeutenden Werken sein, die aber auch Referenzfilme sind für ein bestimmtes Genre oder für die Leistung eines bestimmten Regisseurs (vgl. Abraham 2010: 44). Dabei sollten sowohl Erwachsenenfilme als auch Kinder- und Jugendfilme berücksichtigt werden, freilich mit Blick auf die entsprechende Zielgruppe. Die Filmauswahl sollte changieren zwischen „guten Mainstream-Produkten und avancierten Filmen ihrer Zeit" (ebd.: 53) und sowohl deutsche als auch internationale Produktionen berücksichtigen. Schließlich betont Abraham noch, dass ein im Unterricht behandelter Film den Lehrenden das „Schlagen von Schneisen" (ebd.) ermöglichen sollte, um ausgehend von dem besprochenen Film bspw. intermediale, Adaptions- oder thematische Längsschnitt-Vergleiche anzustellen (vgl. ebd.). Es sollte daher vielmehr darum gehen, Anregungen zur Filmauswahl zu geben (wie es bspw. Matthis Kepser [2008b: 29f.] tut), die als Empfehlungen gesehen werden können, die sich aber der Statik eines obligatorischen Kanons entziehen wollen.

Diese Überlegungen liefern Begründungszusammenhänge für die Filme, die im Folgenden herangezogen werden sollen, um das im vorherigen Kapitel herausgearbeitete Konzept einer Didaktik des mehrsprachigen Films näher zu begründen. Zwar bedienen sich alle Filme des Verfahrens Mehrsprachigkeit, allerdings in gänzlich verschiedenen Kontexten: so unterscheiden sich die Genres (Abenteuerfilm, Culture-Clash-Komödie) ebenso wie die Machart (Spielfilm und Animationsfilm) und die Zielgruppe (Kinderfilm und Erwachsenen-/All-Ages-Film). Auch die jeweils verwendeten Sprachen (Arabisch, Japanisch, Türkisch) unterscheiden sich voneinander. Den folgenden drei Filmen soll kein kanonischer Wert zugesprochen werden, sondern sie sollen als Beispiel dafür dienen, nach welchen Kriterien ein mehrsprachiger Film für den Deutschunterricht ausgewählt und dann didaktisch aufbereitet werden kann. Diese Vorgehensweise soll dabei helfen, Verfahren der Mehrsprachigkeit im schulischen Deutschunterricht der Primarstufe und der Sekundarstufe I besser zu verstehen.

Der Aufbau der folgenden Kapitel gleicht den bisherigen Überlegungen: Nach einer kurzen Erläuterung des Inhalts wird das Verfahren Mehrsprachigkeit zunächst von formaler, dann von funktionaler Seite aus betrachtet. Im Anschluss daran werden die Schritte der Didaktik des mehrsprachigen Spielfilms für den entsprechenden Film konkretisiert. Unter Einbezug von in den Bildungsstandards aufgeführten Kompetenzen soll gezeigt werden, dass sich das in dieser Arbeit entwickelte Vorgehen nicht nur dazu eignet, das Verfahren Mehrsprachigkeit zu analysieren, sondern dass sich eine Vielzahl an Schnittstellen zu den fachdidaktischen Zielsetzungen zeigen.

9 Beispiel 1: *Azur und Asmar* (F/BEL/SP/I 2006)

Azur und Asmar ist ein französischer Animationsfilm von Michel Ocelot aus dem Jahr 2006. In Deutschland fand die Veröffentlichung der Synchronfassung im Jahr 2011, also fünf Jahre nach der Erstveröffentlichung, statt. Der erste Spielfilm Ocelots, *Kiriku und die Zauberin* (F/B/LUX 1998), wird im Kinderfilmkanon der Zeitschrift *Kinder- und Jugendfilm-Korrespondenz* aufgeführt. Dort wird vor allem die Gestaltung von Ocelots Erstlingswerk gewürdigt, vor allem die Ausgestaltung der Figuren, die kunstvolle Gestaltung der Hintergründe, die Farbgebung, die Tiefe der Geschichte sowie die langsame Erzählweise (vgl. Kinderkino München 2003: 26). Die hier genannten Punkte lassen sich auch in Ocelots Animationsfilm *Azur und Asmar* wiedererkennen. Die langsame Erzählweise (die sich auch in den fast schon statischen Bewegungen der animierten Figuren zeigt) stellt einen Kontrast zu den oftmals schnell geschnittenen Animationsfilmen aus den Disney- und Pixar-Studios dar. Dies fordert zu Beginn der Rezeption eventuell eine gewisse ‚Eingewöhnungszeit'. Durch die märchenhaften und fantastischen Elemente greift der Animationsfilm aber dennoch von Beginn an Medienpräferenzen von Kindern auf. Der Animationsfilm ist von der Freiwilligen Selbstkontrolle der Filmwirtschaft ab einem Alter von 0 Jahren freigegeben und kann somit im Unterricht der Primarstufe eingesetzt werden. Die folgenden Überlegungen richten sich an Schüler*innen der dritten und vierten Klasse.

9.1 Inhalt des Films

Die titelgebenden Helden Azur und Asmar wachsen als Brüder auf, wenngleich sie dies nicht sind: Azur ist der Sohn eines französischen Adeligen und wird von seiner maghrebinischen Amme Janane großgezogen, ebenso wie ihr Sohn Asmar. Von frühester Kindheit an erzählt Janane den beiden Jungen die Legende von der gefangenen Fee der Djinn, die nur durch einen mutigen Prinzen befreit werden kann, der die diversen Prüfungen, die ihm die Rettung erschweren, erfolgreich bestehen muss. Diese Geschichte soll den weiteren Lebensweg der beiden Jungen maßgeblich prägen. Eines Tages werden die beiden brüderlich aufwachsenden Freunde voneinander

getrennt: Azur wird von seinem Vater, dem Schlossherrn, auf eine Schule in die Stadt geschickt, Janane und ihr Sohn Asmar werden daraufhin vom Hof entlassen und kehren in ihre Heimat zurück.
Da er Geschichten seiner Kindheit nicht vergessen kann, begibt sich Azur im jungen Erwachsenenalter auf eine Reise, um die sagenumwobene Fee der Djinn zu befreien und zu heiraten. Sein Schiff kentert dabei jedoch, und er wird an die Küste eines ihm fremden Landes gespült. Aufgrund der Sprache der Einheimischen, die er nur noch bruchstückhaft versteht und sprechen kann, erkennt er das Land als „das Land seiner Amme". Die Bewohner, auf die Azur trifft, fliehen zunächst vor dem blauäugigen Azur, dessen Augenfarbe in der einheimischen Kultur als Unglück bringend gilt. Um weitere Schmähungen zu vermeiden, beschließt Azur, die Augen zu schließen und sich blind zu stellen, sodass seine Augenfarbe künftig unerkannt bleibt. Dabei begegnet er dem Bettler Crapoux, ebenfalls ein Franzose, der vor vielen Jahren auf der Suche nach der Fee der Djinn in das fremde Land kam, die Fee jedoch nie fand und sich seither durch Betteln und kleine Gaunereien über Wasser hält.
Crapoux lotst den sich blind stellenden Azur in die Stadt, auf dem Weg dorthin finden sie – geleitet von Azurs geschärftem Tast- und Geruchssinn – bereits zwei der insgesamt drei Schlüssel, die es der Legende nach benötigt, um bis zu der Höhle zu gelangen, in der die Fee der Djinn gefangen gehalten wird. In der Stadt angekommen, trifft Azur auf seine totgeglaubte Amme, die mittlerweile zur reichsten Kauffrau der Stadt geworden ist. Er erfährt von Janane, dass auch Asmar sich auf die Suche nach der Fee der Djinn machen möchte – die Geschichte ihrer Kindheit beeinflusst also beide Männer noch immer. Mit Hinweisen und magischen Hilfsmitteln von Crapoux, dem Weisen Yadoa und der kindlichen Prinzessin Chamsous Sabah ausgestattet, begeben sich die beiden Brüder zwar zeitgleich aber dennoch zunächst getrennt voneinander auf die Suche nach der Fee. Ihr Weg wird immer wieder von Räubern gekreuzt, die zuerst Azur verletzen und Asmar schließlich niederstechen – kurz vor dem Eingang zur Höhle, in der die beiden die Fee zu finden hoffen. Azur trägt seinen schwer verwundeten Bruder schließlich durch die drei Tore, deren Schlüssel die beiden im vorherigen Verlauf der Handlung gefunden haben, bis vor die Fee der Djinn, die durch das Eintreffen der beiden Männer gerettet wird. Problematisch ist jedoch das zeitgleiche Eintreffen der beiden Männer vor der Fee, die laut der Legende nur den einen heiraten darf, der zuerst zu ihr vordringt. Zur Beratung ruft sie daher die Mutter Asmars, Crapoux, den weisen Yadoa, Prinzessin Chamsous Sabah sowie letztendlich ihre Cousine, die Fee der Elfen, herbei. Die abschließende Entscheidung treffen schließlich die beiden Feen: die europäische Fee der Elfen verliebt sich in Asmar, die Fee der Djinn verliebt sich in Azur. Diese alle glücklich stimmende Entscheidung zelebrieren die in der Höhle Versammelten schließlich mit einem Tanz.

9.2 Formale Realisierung von Mehrsprachigkeit

Auf der akustischen Ebene unterscheidet der Film zwei Sprachen: So sprechen Azur und die Figuren, die aus Azurs Heimat stammen, die Sprache der Rezipierenden, die aus dem Maghreb stammenden Figuren sprechen Arabisch. Das Arabische repräsentiert sich dabei selbst (Signifikant = Signifikat), die Sprache der Rezipierenden repräsentiert das Französische, was ein Blick auf den Produktionshintergrund vermuten lässt. Der französische Originalton lässt sich lediglich an einer vereinzelten Stelle im Film erkennen: Die beiden Jungen werden am Abend von zwei magischen Gestalten besucht, die die Jungen mit einem Lied in den Schlaf singen. Die beiden blauen, geflügelten Wesen, die sich nur durch ihre Kleidung voneinander unterscheiden, stellen sich als Djinn (im islamischen Kontext) bzw. als Elf (im mittelalterlichen, christlich-abendländischen Kontext) heraus, „kleine Männchen, die sich um unsere Welt kümmern“ (AuA 00:03:30). Die beiden Fabelwesen besingen vorausdeutend die Zukunft der beiden Jungen, der Djinn auf Arabisch, der Elf auf Französisch, wobei der französische Gesang untertitelt wird.

Bis auf diese Ausnahme ist der Rest des Films nicht untertitelt, die Rezipierenden müssen sich die Inhalte des Gesprochenen vorrangig durch die Interpretation von parasprachlichen und nonverbalen Zeichen sowie durch Kontextwissen erschließen. An manchen Stellen dolmetschen Figuren einzelne Textteile, ohne dabei jedoch als ausgewiesene Dolmetscherfigur zu fungieren. So versteht Azur bei seiner Ankunft an der maghrebinischen Küste einzelne arabische Worte, die er – im Sinne eines inneren Monologs – für die Rezipierenden übersetzt.

9.3 Funktionale Realisierung von Mehrsprachigkeit

9.3.1 Mehrsprachigkeit und Raum

Azur ist der Sohn eines französischen Adeligen. Er wird zusammen mit dem gleichaltrigen Asmar, dem Sohn von Azurs Amme Janane, großgezogen. Janane kommt aus dem Maghreb und kehrt dorthin nach der Entlassung aus dem französischen Haushalt auch wieder zurück. Die Handlung des Films findet in zwei verschiedenen Ländern statt, die als diegetische Kulisse fungieren: Die Protagonisten, vor allem jedoch Azur, verbringen die Kindheit in Frankreich, mit Eintritt in das Erwachsenenalter beschließt Azur in das Land seiner Amme – einen der Maghreb-Staaten – aufzubrechen, um sich auf die Suche nach der sagenumwobenen Fee der Djinn zu begeben.

Auf visueller Ebene werden die beiden Schauplätze vor allem durch ihre Farbgebung voneinander abgegrenzt. Während in Azurs Heimat immer wieder kühle Blau- und Grüntöne dominieren, zeigt die Heimatstadt der Amme sich oftmals in warmen Orange-, Rot- und Brauntönen. Der Ankunftsort Azurs, an dem er nach dem Kentern des

Schiffes strandet und der einen Übergang zwischen seiner Heimat und der Heimat der Amme darstellt, ist grau-braun gestaltet und kann somit auch anhand der Farbgebung als ein Ort des Übergangs und Transits (als ein Nicht-Ort?) beschrieben werden.

Auf der auditiven Ebene werden die beiden dargestellten Räume durch die dort gesprochenen Sprachen voneinander abgegrenzt: Die Umgebungssprache im französischen Elternhaus Azurs sowie in allen öffentlichen wie privaten Institutionen (Ballettschule, Reitschule) ist die Rezipierendensprache (in der französischen Originalfassung Französisch, in der deutschen Synchronfassung somit Deutsch), die Umgebungssprache im Land der Amme ist Arabisch. Die sprachlichen Unterschiede zwischen Azur und Asmar werden jedoch gleich zu Beginn des Films nivelliert: die privaten Räume der Amme sind seit der ersten Szene als Orte der Zweisprachigkeit markiert. In ihrer kindlichen Sprachlichkeit tragen Azur und Asmar ihre Zweisprachigkeit auch nach außen in öffentliche Räume, wo sie jedoch nicht akzeptiert wird: Allen voran Azurs Vater weist seinen Sohn immer wieder auf den Vorrang der Umgebungssprache hin. Die Umgebungssprache im Land der Amme ist jedoch Arabisch; nach dem Stranden Azurs ist der vertraute Klang des Arabischen ein Erkennungszeichen für den Helden, dass er sein Ziel erreicht hat. Gleichzeitig grenzt das Arabische Azurs Heimat von der Fremde ab. Von der arabischsprachigen Öffentlichkeit (Siedlung an der Küste, Markt in der Stadt) werden private Räume abgegrenzt, an denen Azur Zuflucht und/oder Hilfe findet: Das Haus der Amme, das Zimmer des weisen Yadoa, der Palast der Prinzessin Chamsous Sabah und schließlich die Höhle der Fee der Djinn. Die Geborgenheit und Hilfe, die Azur an diesen Orten findet, wird gewissermaßen sprachlich verstärkt: Denn alle Figuren dort sprechen auch die Sprache Azurs und somit die Sprache der Rezipierenden. Die privaten Räume werden also sowohl in der Heimat Azurs als auch in der Heimat der Amme durchgehend von öffentlichen Räumen durch die gesprochene Sprache abgegrenzt. V.a. in den privaten Räumen erfährt der Held Zuflucht, Hilfe und Unterstützung. Die in den privaten Räumen als sprachliche Hybride agierenden Figuren grenzen sich von den in der Öffentlichkeit agierenden, einsprachigen (und somit im doppeldeutigen Sinne eindimensionalen) Figuren ab.

9.3.2 Mehrsprachigkeit und Figuren

Die beiden Helden Azur und Asmar unterscheiden sich auch durch phäno-typische Merkmale (blonde Haare und blaue Augen vs. braune Haare und braune Augen), sie sprechen aber (zunächst) die gleichen Sprachen, was bereits zu Beginn des Films verdeutlicht wird: Janane bemüht sich, den beiden Jungen beizubringen, dass sie von Azur als „Amme“, von Asmar als „Mama“ (AuA 00:01:44) angesprochen werden möchte. Die Szene endet schließlich damit, dass beide Jungen nach mehreren gescheiterten Versuchen, das Wort „Amme“ zu sagen, Janane als „Mama“ bezeichnen.

Die Erziehung der beiden erfolgt zweisprachig auf Arabisch und in der Sprache der Rezipierenden (die für das Französische steht). Die Dialoge der kindlichen Protagonisten zu Beginn des Films spiegeln die Zweisprachigkeit der beiden Jungen durch Code-Switchings wieder. Dabei zeigt sich immer wieder, dass Azurs Vater dessen Zweisprachigkeit nicht billigt. Er entzieht seinen Sohn dem Einfluss der Amme schließlich, indem er ihn auf ein städtisches Internat schickt – der Bruch mit der Amme wird auch räumlich deutlich gemacht.
Als Erwachsener spricht Azur vornehmlich die Sprache seines Vaters, das Arabische hat er weitgehend verlernt (bzw. spricht es nur auf dem Niveau eines Kindes), was sich bei seiner Ankunft im Land seiner Amme zeigt. Auch Crapoux, der ihm im weiteren Verlauf als sprachlicher Helfer zur Seite stehen wird, weist ihn auf seine fragmentarischen Sprachkenntnisse hin und stellt fest: „Ich spreche die Sprache dieses Landes ganz besonders gut. Du sprichst sie furchtbar schlecht" (AuA 00:20:15 – 00:20:22).

Obwohl er Frankreich als Kind verlassen musste, spricht Asmar die Sprache Azurs noch immer, er lehnt sie jedoch zunächst ab, um sich von seiner entwürdigenden Vergangenheit und von seinem ehemaligen Freund zu distanzieren. So spricht Asmar bei der ersten Begegnung mit Azur im Erwachsenenalter nicht direkt mit diesem (sondern er spricht im Beisein Azurs mit seiner Mutter über ihn) und er spricht zudem bewusst nicht in der Sprache Azurs. Erst zum Ende ihrer gemeinsamen Reise warnt Asmar seinen Bruder in dessen Sprache vor einem Überfall der Räuber. Azur bemerkt überrascht: „Asmar, du sprichst ja meine Sprache", worauf dieser antwortet „Natürlich, es ist ja auch meine Sprache. Ich habe sie mit dir zusammen gelernt" (AuA 01:10:48-01:10:55). Der Sprachwechsel, der einerseits einen pragmatischen Zweck erfüllt, da die Räuber Azurs Sprache nicht verstehen, repräsentiert in dieser Situation anderseits einen Einstellungswechsel gegenüber seinem Bruder: Asmar will Azur schützen, statt weiterhin mit ihm zu konkurrieren; er will mit ihm sprechen statt ihn wie bisher sprachlich zu übergehen oder sich gewollt durch den Sprachkontrast von ihm zu distanzieren. Von diesem Moment an sprechen die beiden Männer in derselben Sprache miteinander – in der Sprache Azurs und der Rezipierenden. Sprache verdeutlicht also nicht nur den kulturellen Kontext der beiden Protagonisten, sondern zeigt auch deren Verhältnis zueinander an.

Als Helferfiguren auf der Suche nach der Fee der Djinn fungieren die Amme Janane, der weise Yadao, Prinzessin Chamsous Sabah sowie der Bettler Crapoux. Obwohl sie äußerlich grundverschieden dargestellt werden (ungepflegt vs. gepflegt, alter Mann vs. junges Mädchen) verbindet die Helferfiguren ein Merkmal: sie sprechen (mindestens) zwei Sprachen. Die Mehrsprachigkeit betont dabei oftmals bestimmte Eigenschaften der Figuren: So gilt Crapoux als besonders gerissen, Yadoa als außer-

ordentlich weise, Prinzessin Chamsous Sabah als gebildet und Janane als überaus weltgewandt, was ihren beruflichen Erfolg erklärt, den sie – frei von Aberglauben und Vorurteilen – einzig ihrer Arbeit verdankt. Die Mehrsprachigkeit unterstreicht diese positiven Eigenschaften zusätzlich.
Die Nebenfiguren sprechen vor allem die jeweilige Umgebungssprache. So sprechen Azurs Vater sowie die Tanz- und Reitlehrer, die in Frankreich leben, die Sprache der Rezipierenden, die Einwohner der maghrebinischen Stadt sowie die plündernden Reiter, die Azur und Asmar vor den Toren zur Höhle der Fee überfallen und verwunden, sprechen arabisch. Dabei repräsentiert die jeweilige Sprache nicht etwa den Gegensatz ‚gut' gegen ‚böse', sondern verweist auf den geographischen Raum, in dem sich die Figuren befinden. Die Nebenfiguren werden somit auch auf der Ebene der Sprache eindimensional gezeichnet und stellen dadurch einen Kontrast zu den mehrsprachigen Figuren dar.
Mehrsprachigkeit erfüllt in *Azur und Asmar* somit verschiedene Funktionen: Zum einen wird durch die authentische Sprachgestaltung transkulturelle Kommunikation so abgebildet, wie sie in der extradiegetischen Wirklichkeit ist: Sie funktioniert nicht immer reibungslos, aber es wird trotzdem deutlich, dass man „manchmal [...] eine Sprache nicht verstehen [muss], um zu wissen, was gemeint ist" (AuA 00:36:36). Dies dient auch den (kindlichen) Rezipienten*Rezipientinnen als Botschaft, die sich hinter dem mehrsprachigen Märchen versteckt: auch wenn du nicht alles verstehst, was in diesem Film gesprochen wird, erkennst du dennoch, worum es geht und was die Figuren meinen. Die Sprache der Figuren verdeutlicht zudem deren Beziehung zueinander: Sie grenzt einerseits Figurengruppen (Hauptfiguren und Nebenfiguren) oder einzelne Figuren (Azur und Asmar) voneinander ab oder verdeutlicht andererseits deren Zuneigung zueinander. Außerdem charakterisiert die sprachliche Gestaltung der Figuren diese zusätzlich. Hervorzuheben ist, dass Mehrsprachigkeit durchgehend als eine positive Eigenschaft dargestellt wird, wohingegen negative Figuren eher einsprachig dargestellt werden. Dabei ist die Art der Einsprachigkeit (einsprachig in der Rezipierendensprache bzw. einsprachig Arabisch) vollkommen irrelevant.

9.4 *Azur und Asmar* im Deutschunterricht

9.4.1 Erkennen und Akzeptieren der filmischen Mehrsprachigkeit

Wenn der Filmtitel *Azur und Asmar* die Schüler*innen eventuell noch im Dunkeln lässt über die Handlung, kann das Filmposter (bzw. das DVD-Cover) zur Hypothesenbildung beitragen und die fremdklingenden Namen[85] – die im Übrigen Farbbezeichnungen sind und auf die Augenfarbe der Namensträger verweisen (*azur*, frz. blau; *asmar* (أسمر), arab. braun) – kontextualisieren: Es handelt sich nämlich um die Namen der beiden Protagonisten, die auf dem DVD-Cover abgebildet sind. Die Kleidung der Figuren sowie die magischen Fabelwesen (der rote Löwe und der Sagen-Vogel Simurgh) und der sandige Hintergrund verweisen auf das Setting der Handlung, die in einer mittelalterlich-arabischen Fantasiewelt spielt.
Eventuell können mehrsprachige Schüler*innen den Ursprung der beiden Namen bzw. ihre Herkunft erläutern. Dadurch kann der Handlungsort des Films bereits grob bestimmt werden.
Einen weiteren Hinweis auf die Handlung bietet der Vergleich von deutschem (s. Abbildung 23) und englischem (s. Abbildung 24) DVD-Cover: die englische Fassung des Animationsfilms trägt den Nebentitel „The Princes' Quest[86]", der auf die Heldenreise der Protagonisten hinweist.
Einen deutschen Trailer[87] zum Film, mit dem weitere Erwartungshaltungen generiert werden könnten, gibt es nicht. Allerdings stehen der französische, englische und italienische Trailer auf YouTube zur Verfügung. Für einen ersten Eindruck zu Handlung, Stimmung und filmischer Gestaltung eignen sich diese Trailer freilich ebenso gut wie ein deutscher. Im Sinne eines sprachvergleichenden Unterrichts kann ein erster Sprachvergleich bereits mit den Trailern erfolgen. Auch für folgende produktionsorientierte Verfahren bietet es sich an, dass es bislang keinen deutschen Trailer gibt.

85 Oomen-Welke schlägt für die erste bis dritte Klasse ein Unterrichtskonzept über Namen vor, das als Einstieg in die Sprachaufmerksamkeit dienen kann. Durch das Nachdenken über Klang, Bedeutung und Herkunft der eigenen und fremden Namen werden die Grundlagen für sprachvergleichende Tätigkeiten und eine Fragehaltung an die Sprache entwickelt, die Sprachbewusstsein entstehen lassen (vgl. Riegler 2006: 61). Ein solcher Zugang kann durch das Nachdenken über die Namen der Protagonisten Azur und Asmar gegenstandsbezogen angeleitet werden.

86 Der Begriff „Quest" ist einigen Schüler*innen sicherlich aus digitalen Spielen bekannt, in denen das Lösen von Aufgaben oder Aufträgen (Quests) entweder zur Handlung des Spiels beitragen oder die Charakterwerte einer Figur erhöhen (bspw. durch „Kampferfahrung" oder das Sammeln von spezifischen Artefakten). Auf dieses Wissen kann beim gemeinsamen Erschließen des Internationalismus zurückgegriffen werden.

87 Englischer Trailer: LINK 3. / Italienischer Trailer: LINK 4. / Französischer Trailer: LINK 5.

Abbildung 23 Deutsches DVD-Cover Azur und Asmar

Abbildung 24 Englisches DVD-Cover „Azur & Asmar – The Pr4nces‘ Quest“

Statt des Trailers kann aber auch die Eröffnungssequenz des Films dabei helfen, die filmische Mehrsprachigkeit zu erkennen: Diese beginnt mit einem arabischen Lied, das Janane den beiden Säuglingen, die sie an ihrer Brust stillt, vorsingt. Die Verbindung der beiden Jungen, nämlich das gemeinsame Aufwachsen, wird hier expliziert. Spätestens an dieser Stelle wird deutlich, dass es sich um einen mehrsprachigen Film handelt und bei der Rezeption Textstellen auftreten, in denen nicht jedes gesprochene Wort verstanden wird. Vor allem Grundschüler*innen könnte dies irritieren, da Mehrsprachigkeit in Kinderfilmen bislang eher selten ist. Es gilt daher in diesem Rahmen, die Kinder dahingehend zu entlasten, dass die filmische Mehrsprachigkeit als ein Verfahren benannt wird und die Schüler*innen erkennen, dass sie manche Sprechteile (noch) nicht in Gänze verstehen werden, was jedoch nicht bedeutet, dass die Kinder nicht die Makrostruktur des Films verstehen können.

9.4.2 Globales Erschließen der Makrostruktur

Im Fokus der Handlung steht die Heldenreise der titelgebenden Protagonisten auf der Suche nach der Fee der Djinn. Diese beginnt mit dem Aufbruch Azurs in Frankreich und endet schließlich mit dem Eintreten in die Höhle, in der sich die Fee befindet und auf ihre(n) Retter wartet. Dabei müssen die beiden jungen Männer mehrere

Kompetenzbereich	Kompetenz
Sprechen und Zuhören: Gespräche führen	Die Lernenden beteiligen sich an Gesprächen über die Filmplakate und die Trailer.
Sprechen und Zuhören: über Lernen sprechen	Die Lernenden geben Beobachtungen zu Filmplakat und Trailer wieder, beschreiben Sachverhalte und begründen und erklären ihre Meinung.
Sprache und Sprachgebrauch untersuchen: Gemeinsamkeiten und Unterschiede von Sprachen entdecken	Die Lernenden vergleichen den Filmtitel in verschiedenen Sprachen und untersuchen gebräuchliche Fremdwörter. Die Lernenden äußern sich zu anderssprachigen Trailern und vergleichen die Atmosphäre, die durch die verschiedenen Sprachen entsteht.

Tabelle 4 Vorschläge anzubahnender Kompetenzen für die Primarstufe (vgl. KMK 2005a)

Prüfungen bestehen, was ihnen durch die Unterstützung von Helferfiguren gelingt. Der sich dadurch entspinnende Handlungsverlauf gleicht vielen (Kinder-)Abenteuerfilmen und stellt somit ein für Kinder bekanntes Muster dar. Auch die Anleihen aus Märchen sorgen auf der Handlungsebene sicherlich für den einen oder anderen Wiedererkennungseffekt. Die Handlung kann durch Filmstills, die Helferfiguren oder zu lösende Aufgaben abbildet, wiederholt und gesichert werden. Auch das Erstellen von Figurenkonstellationen bietet sich in diesem Rahmen an, um zwischen Haupt- und Nebenfiguren zu unterscheiden, Helferfiguren zu identifizieren und evtl. bereits auf die sprachlichen Fähigkeiten der Figuren aufmerksam zu werden: Alle positiv besetzten Figuren sprechen mehrere Sprachen.

Ein möglicher Beobachtungsauftrag, der einerseits gleich zu Beginn des Films die ersten Ergebnisse liefert (und daher motivierend wirken kann) und der andererseits das Reflektieren von Figurenkonstellationen unterstützt, wäre die Konzentration auf die beiden Protagonisten: ‚Was erfährst du über Azur? Was erfährst du über Asmar?' Die Fragen könnten arbeitsteilig beantwortet werden: Ein Teil der Klasse konzentriert sich auf Azur, ein anderer auf Asmar.

Durch diese Möglichkeiten soll das globale Verstehen der Makrostruktur sichergestellt werden. Vor allem Handlungsverlauf und Figurenkonstellation dienen nämlich in den folgenden Schritten dazu, die sprachliche Gestaltung besser nachvollziehen und reflektieren zu können.

9.4.3 Beschreiben der formalen Realisierung filmischer Mehrsprachigkeit

Bei der Beschreibung der Figurenkonstellation zeigen sich bereits sprachliche Gruppen, die im Film voneinander unterschieden werden: So sprechen Azur und die Einwohner seines Heimatlandes die Sprache der Rezipierenden, Asmar und die Einwohner

Kompetenzbereich	Kompetenz
Lesen – mit Texten und Medien umgehen: Texte erschließen	Die Lernenden geben Texte mit eigenen Worten wieder. Die Lernenden suchen gezielt einzelne Informationen im Text. Die Lernenden entwickeln eigene Gedanken zu Texten, nehmen zu Texten Stellung und sprechen mit anderen über Texte.

Tabelle 5 Vorschläge anzubahnender Kompetenzen für die Primarstufe (vgl. KMK 2005a)

des Maghreb sprechen Arabisch – das sprachliche Umfeld ist somit zunächst realistisch motiviert: Wie in der Realität werden in verschiedenen Teilen der Erde verschiedene Sprachen gesprochen, wodurch es durchaus realistisch scheint, dass die Bewohner der maghrebinischen Küste den strandenden Azur nicht verstehen. Hierbei lässt sich in Form eines Gesprächs zunächst einmal auf formaler Ebene feststellen, dass einzelne Textteile u.U. nicht verstanden werden können, da sie weder untertitelt noch synchronisiert werden. An einer Stelle bricht die Synchronfassung mit der diegetischen Logik der verwendeten Sprachen: Während die kindlichen Protagonisten in einer Szene zu Beginn des Films nebeneinander einschlafen, erscheinen ihnen zwei Elfen, die den beiden Jungen in einem Schlaflied ihre Zukunft prophezeien. Eine Elfe singt auf Arabisch (sie wird nicht untertitelt), die andere Elfe singt auf Französisch (sie wird untertitelt). An dieser Stelle lohnt sich ein Blick auf den Produktionskontext des Films, wie auch Hochreuther vorschlägt: Neben den von ihr genannten Lernzielen (die Schüler*innen verstehen und beschreiben, was ein Animationsfilm ist, wie dieser produziert wird und inwiefern er sich von einem Real-Film unterscheidet) bietet dieser Aspekte noch weitere Anknüpfungspunkte. So können im Sinne der geforderten Teilkompetenz der Filmanalyse bzw. der Filmgeschichte (vgl. Länderkonferenz Medienbildung 2015: 6ff.) die mehr als deutlichen Verweise auf Lotte Reinigers Silhouetten-Filme erkannt und besprochen werden, die Ocelots Filme vermehrt und ganz besonders eben *Azur und Asmar* aufzeigen (vgl. Rall 2017: 113 ff.). Auch Ocelots persönliche Migrationsgeschichte – in Frankreich geboren wuchs er in Guinea auf – stellt einen Einfluss auf Inhalt und Thema des Films dar, wie ein in einem Programmdossier zum französischen Jugendfilmfestival Cinéfête 12 abgebildetes Interview mit dem Regisseur verdeutlicht (vgl. AG Kino-Gilde e.V. / Französische Botschaft 2012: 4 f.). Durch Einbezug anderer Werke des Regisseurs könnte die Affinität für die beiden Punkte noch einmal deutlicher herausgearbeitet und reflektiert werden: So spiegelt *Kiriku und die Zauberin* (F 1998), Ocelots erster Animationsfilm, die Vorliebe des Regisseurs für afrikanische Geschichten und Stoffe wieder (vgl. AG Kino-Gilde e.V. / Französische Botschaft 2012: 4f.), wohingegen *Prinzen und Prinzessinnen* (F 2000) und *Les Contes de la Nuit* (F 2011) „eindeutig den Einfluss von [Lotte] Reiniger mit den Figuren als Silhouetten vor farbigen Hintergründen [zeigen]“ (Rall 2017: 112).

Kompetenzbereich	**Kompetenz**
Lesen – mit Texten und Medien umgehen: Über Leseerfahrung verfügen	Die Lernenden lernen Kinderliteratur bzw. Kinderfilme kennen und setzen sich dabei mit Werk, „Autor" (Regisseur), Figuren und Handlung auseinander. Die Lernenden suchen Informationen in Druck- und elektronischen Medien.
Sprache und Sprachgebrauch untersuchen: Sprachliche Verständigung untersuchen	Die Lernenden sprechen über Verstehensprobleme. Die Lernenden untersuchen die Rolle von Sprecher*innen und Hörer*innen/Rezipierenden.

Tabelle 6 Vorschläge anzubahnender Kompetenzen für die Primarstufe (vgl. KMK 2005a)

9.4.4 Detailliertes Erschließen der Mikrostruktur

Um die Mikrostruktur in ausgewählten Szenen zu analysieren, sollten die folgenden Aspekte bereits geklärt sein: Es ist bekannt, dass der Film mit zwei Sprachen arbeitet und diese wiederum bestimmten Räumen und bestimmten Figuren zugeordnet werden können. Dass es einzelne Figuren gibt, die mehrere Sprachen sprechen, wurde ebenfalls erkannt. Es wurde geklärt, dass der Film nicht mit Untertiteln arbeitet, sondern dass es Textstellen gibt, die ohne die entsprechenden Sprachkenntnisse nicht in Gänze verstanden werden können. Der Handlungsablauf sowie eine grobe Figurenkonstellation wurden skizziert.
Ausgehend von diesen Vorkenntnissen kann die Sensibilisierung für die Mikrostruktur bzw. das Anbahnen eines detaillierten Verstehens einzelner ausgewählter Szenen erfolgen. Dabei geht es zuvörderst darum, Verstehen und Nicht-Verstehen der rezipierten Inhalte zu erkennen und zum Ausdruck zu bringen. Verstehensprobleme sollen aufgedeckt werden, und es sollen Aspekte berücksichtigt werden, die ein Verstehen des Gesagten unabhängig von Sprachkenntnissen ermöglichen. Zudem kann durch die Ausrichtung auf anderssprachige Textstellen die globale sowie klasseninterne Mehrsprachigkeit stärker berücksichtigt und gewürdigt werden. Dadurch werden andere Sprachen in den Deutschunterricht einbezogen. Der Film *Azur und Asmar* bietet mehrere Szenen, in denen die Rezipierendensprache nur eine kleine oder gar keine Rolle spielt. Dabei sind nicht alle Szenen, in denen vorrangig arabisch gesprochen wird, im Detail für die Haupthandlung von Relevanz[88]. Die Zielgruppe

88 Zu nennen wäre hier bspw. die Ankunft Azurs in der Stadt seiner Amme (AuA 00:24:38-00:32:59). Die Dialoge zwischen den Einheimischen oder zwischen Crapoux und den Einheimischen beruhen vorrangig auf Situationskomik, die auch ohne Sprache verständlich ist, oder vermutlich auf sprachlichen Neckereien, die kein detailliertes Verständnis voraussetzen, sondern lediglich vermitteln sollen, dass der eigentlich Fremde Crapoux unter den Einheimischen wohlbekannt ist.

der unterrichtlichen Überlegungen im Auge habend, bietet es sich daher an, den Fokus bei der Analyse der Mikrostruktur vor allem auf Sequenzen zu legen, die eine maßgebliche Funktion für die Haupthandlung haben. Es wurden daher drei Sequenzen ausgewählt, die einerseits zentrale Punkte auf der Heldenreise Azurs abbilden (Ankunft im Maghreb, erste Begegnung mit Asmar, Versöhnung mit Asmar) und in denen andererseits Sprache sowohl eine formale wie funktionale Rolle spielt, was sie als Gegenstand einer detaillierten Analyse qualifiziert.

Die Ankunft im Maghreb (00:14:39-00:24:05)

Azur trifft im Land seiner Amme zunächst auf Ablehnung. Die Einwohner, denen Azur anfangs begegnet, folgen dem Aberglauben, blaue Augen stünden für den bösen Blick und brächten Unglück. Azur beschließt daraufhin, die Augen zu schließen und sich blind zu stellen, um weiteren Schmähungen der Einheimischen zu entgehen. Anfänglich bereitet ihm die Blindheit Schwierigkeiten, dann trifft er schließlich Crapoux, der den blinden Azur in die Stadt und somit zu seiner Amme führt.
Azur erkennt sein Ziel, das er nach Kentern seines Schiffes erreicht, an der dort gesprochenen Sprache. So stellt er fest: „Das ist die Sprache meiner Amme. Ich bin angekommen" (AuA 00:15:12-00:15:16). Zwar erkennt er die Sprache wieder, er versteht und spricht sie jedoch aufgrund der vergangenen Zeit (zunächst) nur noch bruchstückhaft. Er versucht, die ersten Menschen, denen er begegnet, zu begrüßen. Diese ergreifen jedoch schlagartig die Flucht, was Azur zunächst auf seine Worte zurückführt („Was habe ich nur gesagt?" [AuA 00:15:49]). Auch die Rezipierenden wissen nicht, was Azur gesagt hat – sie können lediglich Vermutungen anstellen. Durch Kontextwissen (die Szene vor Azurs Abreise endet mit einer unheilverkündenden Detailansicht seiner blauen Augen; die weiteren Begegnungen mit anderen Einheimischen explizieren das Motiv des ‚bösen Blicks') können die Rezipierenden aber sicher sein, dass die Einheimischen nicht wegen Azurs Grußformel die Flucht ergreifen. Kurz darauf trifft Azur auf weitere Einheimische – vermutlich eine Familie –, die ebenfalls die Flucht ergreifen. Ein alter Mann (s. Abbildung 25), der aufgrund körperlicher Gebrechlichkeit nicht mehr fliehen kann, antwortet Azur auf die Frage, warum ihn alle meiden. Zwar erfolgt die Antwort auf Arabisch, jedoch erkennt Azur einzelne Worte wieder, die er für sich und für die Rezipierenden dolmetscht: Wegen seiner blauen Augen unterstellen ihm die Einheimischen den ‚bösen Blick'. Azur beschließt deshalb, sich im Folgenden blind zu stellen. Einerseits begründet diese Sequenz die Verbindung, die Azur zu Crapoux aufbauen wird, andererseits wird das „Fremd- bzw. Anderssein" (ein immer wiederkehrendes Motiv des Films) hier mit verschiedenen Verfahren realisiert, wodurch sich diese Szene für eine genauere Analyse anbietet. So wird Azurs Anderssein sowohl auf der visuellen Ebene ausgedrückt (helle Haut, blonde Haare, blaue Augen, helle strahlende Kleidung im Kontrast zu

Abbildung 25 Der Alte beschimpft Azur (AuA 00:17:02)

einem dunklen grau-braunen Hintergrund, von dem sich die Einheimischen Figuren kaum abheben) als auch auf der sprachlichen Ebene. Azur versteht die Einheimischen (zunächst) nicht – die Einheimischen verstehen ihn nicht. Auch den Rezipierenden geht es so: Sie sind auf ihr Kontext- und Sprachwissen angewiesen und müssen die non- und paraverbalen Handlungen der Einheimischen interpretieren, um Mutmaßungen über die Gründe für deren Verhalten anstellen zu können. Unterstützt werden können die Schüler*innen dabei durch entsprechende Beobachtungsaufträge:

- Azur strandet alleine an der Küste eines fremden Landes. Wie fühlt er sich? Warum hat er dennoch Hoffnung?
- Wie reagieren die Bewohner des fremden Landes auf Azur? Warum reagieren sie so?

Schließlich dolmetscht Azur zwischen Rezipierenden und Fremden – indem er laut denkt. Dadurch wird es auch den kindlichen Rezipierenden möglich, den Inhalt des Gesagten trotz fehlender Sprachkenntnisse relativ genau zu rekonstruieren – eine grundlegende Voraussetzung für ein Verständnis der Handlung. Zudem wird eine filmische Strategie verwendet, die dazu dienen kann, den Rezipierenden fremdsprachige Textteile verständlich zu machen: das diegetische Dolmetschen. Die Schüler*innen kommen hier mit diesem Verfahren in Kontakt, das sich sowohl in diesem Film als auch in anderen mehrsprachigen Filmen immer wieder finden lässt.

Azur trifft auf Asmar (00:37:39-00:41:13)

Nach dem Aufeinandertreffen von Janane und Azur trifft auch Asmar im Haus seiner Mutter ein. Dort begegnet er zum ersten Mal seit seiner Kindheit dem ehemals brüderlichen Freund.

Bereits der Bildaufbau (s. Abbildung 26) zeigt, wie sich die Situation zwischen den beiden Männern verändert hat: Asmar steht gut gekleidet auf der linken Seite des Bildes und blickt auf den schmutzigen Azur hinab. Diese Differenz drückt sich auch im folgenden Dialog zwischen Asmar und seiner Mutter aus, in dem der junge Mann ausschließlich arabisch spricht (um Azur bewusst zu exkludieren). Janane antwortet stets in der Sprache Azurs, wodurch sie ihn einerseits in das Gespräch zu inkludieren versucht und andererseits als Dolmetscherin zwischen Asmar und den Rezipierenden fungiert. Durch die Interpretation von Asmars Mimik und Gestik und paraverbale Hinweise, aber auch durch die Kameraeinstellung[89] sowie durch Jananes Antworten lässt sich aus dem Gespräch zwischen Mutter und Sohn rekonstruieren, weshalb Asmar in Azur keinen Bruder, sondern nunmehr einen Konkurrenten sieht[90]. Auch diese Szene bietet sich für Anschlusshandlungen (wie das Synchronisieren oder Untertiteln) an, da sie sowohl handlungstragend ist als auch durch entsprechende Impulse auf niedrigschwelliger Ebene erschlossen werden kann. Mögliche Beobachtungsaufträge könnten lauten:

- In der Szene wird das Verhältnis zwischen Azur und Asmar sehr klar dargestellt. Wie stehen die beiden zueinander? Woran erkennst du das?
- Betrachte das Filmstill: Kann man erkennen, wie die beiden jungen Männer zueinander stehen?
- Schaue die Szene noch einmal an. Was erfährt man über das Verhältnis zwischen den beiden jungen Männern? Was sagt Azur? Was sagt Asmar? Was sagt Janane?
- Manche Sätze kannst du vielleicht nicht verstehen. Achte hierbei vor allem auf die Körpersprache und die Betonung. Was könnten diese Sätze bedeuten?

„Du sprichst ja meine Sprache“ (01:10:06-01:14:20)

Eine weitere Szene, in der die sprachliche Gestaltung die Beziehung der beiden Brüder explizit macht, ereignet sich gegen Ende des Films, als sich die beiden jungen Männer in der Höhle begegnen, wo sie von Räubern überfallen werden. Der bereits

89 Asmar wird aus der Perspektive Azurs in Untersicht gezeigt, Azur dagegen aus der Perspektive Asmars in Aufsicht.

90 Wenn man es so will, handelt es sich hierbei um Asmars ‚Backstorywound‘, die mit der Vertreibung aus Frankreich ausgelöst wurde und die erst am Ende des Films geheilt werden wird.

Abbildung 26 Azur trifft auf Asmar (AuA 00:39:56)

gefangene Asmar warnt den eintreffenden Azur vor den Feinden in der Sprache der Rezipierenden. Auf die verwunderte Feststellung Azurs „Asmar, du sprichst ja meine Sprache!“, entgegnet Asmar „Natürlich, es ist ja auch meine Sprache. Ich habe sie mit dir zusammen gelernt“ (AuA 01:10:48-01:10:55). In der Situation der Lebensgefahr überwindet Asmar seine traumatisierende Vergangenheit, hilft seinem Bruder und artikuliert dies auch sprachlich. Im weiteren Verlauf der Szene sprechen die beiden Brüder dieselbe Sprache miteinander, um sich einerseits gegenseitig vor den Räubern zu beschützen und um andererseits ihre Verbindung zueinander auszudrücken. Die kurzen Sprechteile der arabischsprachigen Gegner werden zum Teil von Asmar übersetzt und können ansonsten durch Mimik, Gestik und Tonlage ungefähr gedeutet werden. Die Bedrohung der in Lebensgefahr schwebenden Protagonisten wird klar.

- Azur ist verwundert, dass Asmar nun in „seiner“ Sprache spricht. Warum?
- Mit den Räubern spricht Asmar weiterhin Arabisch. Was könnte er sagen? Achte auch auf seine Körpersprache und seine Betonung.

9.4.5 Beschreiben der funktionalen Realisierung filmischer Mehrsprachigkeit

Die drei erschlossenen Szenen bieten sich aufgrund der beschriebenen Inhalte sowie ihrer formalen Realisierung bereits in der Primarstufe für produktionsorientierte Anschlusshandlungen an. So können die Szenen bspw. neu synchronisiert oder untertitelt werden, um die im Vorfeld ausgehandelte Bedeutung filmisch zu realisieren und im Klassenverband zu teilen. Dadurch kann eine Grundlage geschaffen werden, um

Kompetenzbereich	Kompetenz
Sprechen und Zuhören: Gespräche führen	Die Lernenden beteiligen sich an Gesprächen, in denen sie die Bedeutung von anderssprachigen Textteilen kommunikativ aushandeln.
Sprechen und Zuhören: Verstehend zuhören	Die Lernenden bringen ihr Verstehen und Nicht-Verstehen gezielt zum Ausdruck.
Sprechen und Zuhören: Szenisch spielen	Die Lernenden nehmen Perspektiven von filmischen Figuren ein und versetzen sich in die Rolle hinein.
Lesen – mit Texten und Medien umgehen: Texte erschließen	Die Lernenden suchen gezielt einzelne Informationen. Die Lernenden rezipieren Filmszenen genau. Die Lernenden wenden bei Verstehensschwierigkeiten Verstehenshilfen an. Die Lernenden belegen Aussagen mit Textstellen. Die Lernenden zeigen bei der Beschäftigung mit literarischen Texten Sensibilität und Verständnis für Gedanken, Gefühle und zwischenmenschliche Beziehungen.
Sprache und Sprachgebrauch untersuchen: Sprachliche Verständigung untersuchen	Die Lernenden sprechen über Verstehensprobleme. Die Lernenden untersuchen die Rolle von Sprecher*innen und Hörer*innen/Rezipierenden.
Sprache und Sprachgebrauch untersuchen: Gemeinsamkeiten und Unterschiede von Sprachen entdecken	Die Lernenden achten bei fremdsprachigen Textteilen auf parasprachliche Hinweise und stellen so Mutmaßungen über die Bedeutung des Gesagten an.

Tabelle 7 Vorschläge anzubahnender Kompetenzen für die Primarstufe (vgl. KMK 2005a)

im Vergleich der Schüler*innenprodukte mit dem Originalausschnitt über die Funktionen der filmischen Mehrsprachigkeit nachzudenken. In *Azur und Asmar* erfüllt das Verfahren Mehrsprachigkeit mehrere Funktionen: Räume und Figuren werden dadurch voneinander abgegrenzt oder ihre Verbindung zueinander wird verdeutlicht, einzelne Figuren werden durch ihre Mehrsprachigkeit positiv charakterisiert. Der Aspekt der Transkulturalität spielt bei der Figurenzeichnung eine gewichtige Rolle, v.a. wenn sie oftmals explizit benannt wird. So antwortet Asmar seinem Bruder in dessen Sprache am (sprachlichen) Wendepunkt: „Es ist ja auch meine Sprache. Ich habe sie mit dir zusammen gelernt“ (AuA 01:10:48). Die Idee eines permeablen, sich überschneidenden Kulturbegriffs wird in *Azur und Asmar* immer wieder deutlich und auch vereinzelt versprachlicht. So stellt der Franzose Azur fest, als er das Land seiner Amme anhand der gesprochenen Sprache erkennt, dass er angekommen ist. Gemeint ist dies im doppelten Sinn: er ist auf der Suche nach der Fee der Djinn und folgt damit einer maghrebinischen Legende, die ihn von Kindesalter an begleitet, bis in das Ursprungsland dieser Erzählung. Er ist somit angekommen, um sich auf die geplante Suche zu begeben. Auf der anderen Seite ist er auch in seinem zweiten Zuhause angekommen, dem Land seiner Amme, die ihn mütterlich aufgezogen hat.

Kompetenzbereich	Kompetenz
Sprechen und Zuhören: Gespräche führen	Die Lernenden beteiligen sich an Gesprächen über den gesehenen Film.
Sprechen und Zuhören: Zu anderen sprechen	Die Lernenden kennen und beachten die Wirkungen der Redeweise. Die Lernenden planen Sprechbeiträge situationsangemessen.
Sprechen und Zuhören: Verstehend zuhören	Die Lernenden bringen ihr Verstehen und Nicht-Verstehen gezielt zum Ausdruck.
Sprechen und Zuhören: Szenisch spielen	Die Lernenden nehmen Perspektiven von filmischen Figuren ein und versetzen sich in deren Rolle hinein. Die Lernenden entfalten Situationen in verschiedenen Spielformen szenisch.
Sprechen und Zuhören: Über Lernen sprechen	Die Lernenden präsentieren ihre Lernergebnisse und sprechen über ihre Lernerfahrungen.
Schreiben: Über Schreibfertigkeiten verfügen	Die Lernenden nutzen den PC zum Schreiben und Gestalten von Untertiteln.
Schreiben: Texte verfassen	Die Lernenden verfassen Texte (z.B. Skript zum Rollenspiel, Untertitel) unter Beachtung der Phasen des Schreibprozesses (Planen, Schreiben, Überarbeiten).
Lesen – mit Texten und Medien umgehen: Texte erschließen	Die Lernenden belegen Aussagen mit Textstellen. Die Lernenden erfassen zentrale Aussagen eines Textes und geben diese wieder. Die Lernenden zeigen bei der Beschäftigung mit literarischen Texten Sensibilität und Verständnis für Gedanken, Gefühle und zwischenmenschliche Beziehungen.
Sprache und Sprachgebrauch untersuchen: Sprachliche Verständigung untersuchen	Die Lernenden untersuchen die Beziehung zwischen Absicht, sprachlichen Merkmalen und Wirkung. Die Lernenden sprechen über Verstehensprobleme. Die Lernenden untersuchen die Rolle von Sprecher*innen und Hörer*innen/Rezipierenden.
Sprache und Sprachgebrauch untersuchen: Gemeinsamkeiten und Unterschiede von Sprachen entdecken	Die Lernenden nutzen die Mehrsprachigkeit im Klassenzimmer und beziehen ggf. andere Muttersprachen bei der Planung von Anschlussprodukten mit ein und reflektieren deren Wirkung.

Tabelle 8 Vorschläge anzubahnender Kompetenzen für die Primarstufe (vgl. KMK 2005a)

Auch Asmar vereint die beiden kulturellen Einflüsse, die ihn ausmachen, wenngleich er sie im jungen Erwachsenenalter zunächst ablehnt, um die tragische Vorgeschichte der Familie zu verarbeiten. Die (Trans-)Kulturalität zeigt sich auch in den anderen mehrsprachigen Figuren in *Azur und Asmar*; die Sprache symbolisiert in jedem einzelnen Fall einen individuellen kulturellen Hintergrund der Figuren, der im Sinne der Transkulturalitätsdefinition nicht einseitig gelagert ist. Dieses Verständnis von Heimat, Herkunft und Kultur kann durch die im Film gezeigten Figuren bereits mit Grundschülern und Grundschülerinnen betrachtet und reflektiert werden. Durch eine vereinfachte sprachliche Analyse der beiden Protagonisten sowie der sprachlichen Hybride Yadoa, Chamsous Sabah, Crapoux und Janane kann ein erstes Verständnis von Transkulturalität angebahnt werden. Der Fokus liegt dabei nicht auf einer Betonung der Unterschiede, sondern auf (sprachlichen) Gemeinsamkeiten. Der Film kann somit nicht nur einen Beitrag zur schulischen Filmbildung, sondern auch zum inter-/transkulturellen Lernen leisten.

10 Beispiel 2: *Isle of Dogs – Ataris Reise* (USA/D/JP/UK 2018)

Isle of Dogs – Ataris Reise ist ein von Wes Anderson im Stop-Motion-Verfahren produzierter Film aus dem Jahr 2018. Wes Anderson genießt als Filmemacher mittlerweile einen besonderen Kult-Status und wird zu den einflussreichsten zeitgenössischen Autorenfilmern des New Hollywood-Kinos gezählt (vgl. bspw. die Publikationen von Vittrup 2010, Browning 2011, Kunze 2014, Gooch 2014 oder Kornhaber 2017). Der mit diversen Preisen ausgezeichnete Filmemacher prägt das aktuelle Kino stark und verdient daher einen Platz im Schulunterricht.

Sein bis dato aktuellster Film *Isle of Dogs – Ataris Reise* eröffnete die 68. Internationalen Filmfestspiele Berlin. Er wurde zudem im Jahr 2019 als Bester Animationsfilm für den *Oscar* nominiert. Der Stop-Motion-Film ist in Inhalt und Form programmatisch für die Arbeit Andersons: Typische Narrative des Filmemachers treffen auf typische Gestaltungstechniken. Auch eine Verbindung zu *Der fantastische Mr. Fox* (USA 2009), Andersons erstem Stop-Motion-Film, und diverse intertextuelle Verweise können dadurch im Unterricht thematisiert werden. *Isle of Dogs – Ataris Reise* wurde von der freiwilligen Selbstkontrolle der Filmwirtschaft GmbH zur Vorführung ab dem Alter von sechs Jahren eingestuft, da die Handlung trotz ihrer Verschachtelungen für Grundschulkinder verständlich bleibe. Trotz einzelner emotional herausfordernder Szenen (wie einer geplanten Massenexekution der Hunde) sei von einer Überforderung jedoch nicht auszugehen (vgl. FSK 2018). Der Journalist Wenke Husmann fragt sich in seiner Rezension für die *Zeit*, ob *Isle of Dogs* als „politischer Kinderfilm" bezeichnet werden könne und schließt mit der Feststellung, dass es auf jeden Fall ein Film sei, „der das Kind im politischen Menschen anspricht" (Husmann 2018). Im Deutschunterricht bietet sich der Film aufgrund inhaltlicher und narratologischer Komplexität sowie aufgrund des benötigten Weltwissens (bspw. über Regierungsformen oder Filmgenres) vor allem für die Sekundarstufe eins an.

10.1 Inhalt des Films

Isle of Dogs – Ataris Reise spielt in der Stadt Megasaki-City in einem dystopischen Japan zwanzig Jahre nach der aktuellen Gegenwart. Nach dem Ausbruch einer Hundegrippe, die – so berichten es die Medien – auch für Menschen immer ansteckender und bedrohlicher wird, fasst der Bürgermeister der Stadt, Kenji Kobayashi, den Beschluss, alle Hunde der Stadt auf eine Insel (Trash Island) zu verbannen. Spots, der Hund von Atari Kobayashi, dem zwölfjährigen Mündel des Bürgermeisters, wird – als angebliches Zeichen der Solidarität des Bürgermeisters gegenüber seinen Bürgern – als erster Hund auf Trash Island geschickt.
Nach diesem Prolog setzt die Handlung des Films mit der Landung Ataris auf Trash Island ein. Der Zwölfjährige, der ein Flugzeug gestohlen hat, begibt sich auf der Insel der Hunde auf die Suche nach seinem Wachhund Spots. Dort trifft er auf eine Gruppe von deportierten Hunden: King, Rex, Duke, Boss und Chief begleiten Atari auf seiner Suche, wobei sich vor allem der bekennend herrenlose Streuner Chief anfangs stur gegen das Rudelverhalten wehrt. Nach kämpferischen Auseinandersetzungen mit Roboterhunden und Fängern aus der Stadt, die Atari wieder nach Hause bringen wollen, finden die fünf Hunde und der Junge schließlich Spots, welcher mittlerweile Rudelführer einer abgeschottet lebenden Gruppe von Hunden ist. In einem finalen Kampf können sich die sechs schließlich der Gefangennahme durch ihre menschlichen Widersacher entziehen. Spots und Chief erkennen sich hierbei als Brüder, und Chief, der durch die gemeinsame Reise eine emotionale Verbindung zu Atari aufgebaut hat, übernimmt Spots Amt als Wachhund des Jungen. Als sie erfahren, dass der Bürgermeister alle Hunde einschläfern lassen will, kehren das Rudel und Atari mit einem selbstgebauten Boot auf das Festland zurück, um dem Antagonisten Einhalt zu gebieten.
Währenddessen spitzt sich die Lage in Megasaki City zu: Der Wissenschaftler Professor Watanabe entwickelt ein Gegenmittel, das die Ausbreitung der Hundegrippe verhindern kann und die Haustiere der Stadt somit vor ihrer Deportation bewahren könnte. Vor der Veröffentlichung des heilenden Serums wird der Professor jedoch Opfer eines Mordanschlages durch den Handlanger des Bürgermeisters. Es zeigt sich, dass dieser weniger aus gesundheitspolitischen als aus ideologischen Gründen handelt: Aus einer katzenliebenden Dynastie stammend, will er die Hunde der Stadt beseitigen lassen, um einen alten Kampf zwischen Katzen- und Hundeliebhabern zu beenden. Eine Schülergruppe, angeführt von der amerikanischen Austauschschülerin Tracy Walker, kommt den Machenschaften des Bürgermeisters auf die Schliche und demonstriert für die Rettung der Hunde und die Suche nach Atari.
Am Abend der Wiederwahl des Bürgermeisters, der in diesem Rahmen die Tötung aller Hunde auf Trash Island mit ‚Wasabi-Gas' verkünden will, kehrt Atari mit einem Rudel Hunde zurück nach Megasaki und unterbricht die Ankündigung seines Onkels mit einer emotionalen Stellungnahme.

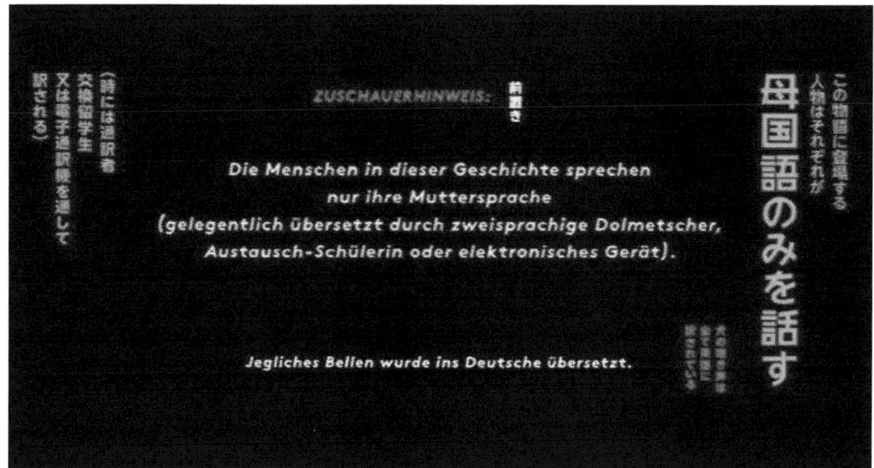

Abbildung 27 „Jegliches Bellen wurde ins Deutsche übersetzt." (IoD 00:02:27)

Damit kann er sowohl die manipulierten Bewohner Megasaki-Citys als auch seinen Onkel davon überzeugen, dass es besser ist, die ideologisch motivierten Pläne der Hundevernichtung aufzugeben. Die durch das Serum geheilten Hunde werden wieder als Freunde des Menschen in der Stadt willkommen geheißen. Der Bürgermeister wird schließlich wegen Mordes inhaftiert, und Atari wird zum neuen Bürgermeister von Megasaki-City ernannt.

10.2 Formale Realisierung von Mehrsprachigkeit

Ein Insert (s. Abbildung 27), das vor der Titelsequenz eingeblendet wird, sorgt in der Sprachenfrage gleich zu Beginn des Films für Klarheit: Die in dem Film agierenden Figuren sprechen nur ihre Muttersprache, die japanischen Figuren also Japanisch. Übersetzt wird die gesprochene Sprache nicht durch Untertitel, sondern gelegentlich durch ein elektronisches Übersetzungsgerät, durch die Austauschschülerin Tracy Walker sowie durch Dolmetscher-Figuren. Diese Dolmetscher*innen werden beispielsweise in einem Split-Screen während der Fernsehaufzeichnung der Rede des Bürgermeisters gezeigt. Sie übersetzen die japanische Rede in die Rezipierendensprache. Dadurch bewirken sie zweierlei: Zum einen verleihen sie dem Gesagten auf inhaltlicher Ebene eine scheinbar globale Bedeutung (es muss schließlich einen Grund geben, warum der Wahlkampf einer japanischen Großstadt im Fernsehen zu sehen ist und international Aufmerksamkeit findet), zum anderen vereinfacht die Übersetzung den Rezipierenden, die nicht Japanisch sprechen, das Verstehen, da sie dadurch nicht mehr ausschließlich auf Mimik, Gestik sowie Vorwissen angewiesen sind. Das Auftreten einer Dolmetscher-Figur folgt dabei stets einer diegetischen Logik, weshalb in gewissen Szenen nicht auf diese zurückgegriffen werden kann und entsprechende Textteile somit unübersetzt bleiben. Den Inhalt des Gesagten müssen die Rezipierenden in diesen Situationen anhand non- und paraverbaler Merkmale erschließen. Dies zeigt sich tendenziell in Szenen, die auf Trash Island stattfinden: Denn das Geschehen findet hier jenseits der menschlichen Zivilisation statt. Atari ist also (zunächst) der einzige Mensch vor Ort – ein*e Dolmetscher*in, der bzw. die die Handlung auf Trash Island interpretiert, wäre in diesem Fall nicht logisch. Lediglich an einzelnen Stellen fungieren die Hunde als Übersetzungsinstanz, der menschlichen Sprache nicht mächtig, gelingt ihnen dies jedoch nur bedingt. Die Rezipierenden sind also ähnlich wie die Hunde auf Trash Island auf außersprachliche Zeichen und auf das Erkennen vertraut klingender (halb-deutscher) Ausrufe angewiesen, um den zwölfjährigen Atari zu verstehen.

Nicht nur auf der akustischen, sondern auch auf der visuellen Ebene nutzt *Isle of Dogs* das Verfahren der Mehrsprachigkeit (vgl. Tatzel 2020: 10). Inschriften oder Hinweisschilder in japanischer Schrift werden mitunter durch Untertitel übersetzt. Darüber hinaus bedient sich der Regisseur Anderson einer für seine Filme typischen Kapitelstruktur (vgl. hierzu bspw. auch *Grand Budapest Hotel* [USA/D 2014]). Die jeweiligen Kapiteltitel werden zweisprachig auf deutsch und auf japanisch eingeblendet. Auch schriftliche Erläuterungen, die bspw. das Gift konkret benennen, mit dem Professor Watanabe getötet werden soll, sind zweisprachig gehalten.

Isle of Dogs ist in vielerlei Hinsicht ein inter-/transkultureller Film. Durch das Aufeinandertreffen verschiedener Kulturen (Japaner und Amerikaner) und verschiedener Spezies (Menschen und Hunde) ist er zweifellos auf inhaltlicher Ebene interkulturell. Doch auch auf der Seite der Filmproduktion zeigt sich Inter-/Transkulturalität: Neben den drei amerikanischen Autoren Wes Anderson, Roman Coppola und Jason Schwartzman war der Japaner Kunichi Nomura an der Abfassung des Drehbuchs beteiligt. Nomura, der später auch die Rolle von Bürgermeister Kobayashi synchronisierte, war maßgeblich an der japanischen Synchronfassung beteiligt (vgl. Anderson 2018: X). Die Darstellung eines totalitären und dystopischen Japan aus einer vorwiegend amerikanischen Perspektive blieb dabei nicht unkritisiert.[91] Eine Auseinandersetzung mit diesen Kritiken unter besonderer Berücksichtigung der Figur der amerikanischen Austauschschülerin und der sprachlichen Gestaltung des Animationsfilms kann im Deutschunterricht gewinnbringend sein: Die Transkulturalität des

91 Anderson, der sich seiner amerikanischen Perspektive bewusst ist, beauftragte aus diesem Grund Nomura als Co-Autor: „Kun [Nomura, S.T.] [...] helped us keep a variety of details authentic and to make it feel more Japanese […]" (Kinos-Goodin 2018).

Mediums Film wird sowohl auf Produktions- als auch auf Erzählebene deutlich. Etwaige sprachliche und kulturelle Hierarchien lassen sich im Unterricht thematisieren und vor dem Hintergrund der bereits erwähnten Filmkritiken diskutieren.

10.3 Funktionale Realisierung von Mehrsprachigkeit

10.3.1 Mehrsprachigkeit und Raum

In *Isle of Dogs – Ataris Reise* werden zwei Räume voneinander abgegrenzt: die japanische Großstadt Megasaki-City und die abgelegene Insel Trash Island, ein menschenleeres Eiland, das als Verbannungsort für die vom Schnauzenfieber befallenen Hunde dienen soll.
Megasaki-City (s. Abbildung 28) ist eine japanische Metropole mit nackten, aber beleuchteten Hochhäusern und Geschäftsbauten. Innerhalb der Stadt werden verschiedene Schauplätze und Institutionen gezeigt: ein Krankenhaus, das Universitätslabor sowie die Wohnung von Professor Watanabe, ferner der Stadthalle, der Privatbesitz des Bürgermeisters sowie eine Schule. Sowohl das Stadtbild im Allgemeinen als auch die erwähnten Orte innerhalb der Stadt verweisen durch traditionelle (stereotype) Bauweisen oder Dekorelemente auf das japanische Setting der Erzählung: Lampions, traditionelle japanische Wohnhäuser (Minka) oder Torii (rote Tore aus Holz oder Stein). Das typische Rot der Torii ist auch in der Farbgestaltung der Stadt immer wieder anzutreffen: dunkel gehaltene Kulissen werden durch rote Dekorelemente aufgelockert; der Stadtsaal, der sich für das Leben der Hunde als der entscheidende Ort herausstellen wird, ist in seiner Bedrohlichkeit ganz in Rot gehalten und befindet sich in der Panoramaaufnahme auch bedrohlich im Zentrum des Bildes.

Einen Kontrast zu der retrofuturistischen Gestaltung der japanischen Metropole bildet Trash Island (s. Abbildung 29), die Insel der Hunde. Die Landschaft dort ist geprägt von den Spuren menschlicher Verwüstung: Müllbergen, Schutthaufen, verlassenen und eingefallenen Fabrikgebäuden, einem verfallenen Freizeitpark etc. Die vorherrschenden Farben dort sind gekennzeichnet durch Braun- und Grautöne.

Die Orte der Handlung werden nicht nur durch ihre visuelle Gestaltung voneinander separiert, sondern auch durch die dort gesprochenen Sprachen. Die Einwohner von Megasaki-City sind Japaner – die Umgebungssprache ist im Sinne der realistischen Motivierung Japanisch. Die (unfreiwilligen) Bewohner von Trash Island, die Hunde, dagegen kommunizieren durch Bellen, das für die Rezipierenden in deren Sprache übersetzt wurde, in der deutschen Synchronfassung sprechen sie also deutsch. Die räumlich voneinander abgegrenzten Gruppen sind in sich sprachlich weitgehend homogen mit Ausnahme einiger fremdsprachiger Figuren. So befindet sich die ameri-

Abbildung 28 Das Stadtbild von Megasaki-City (IoD 00:03:31)

Abbildung 29 Trash Island (IoD 00:09:01)

kanische Austauschschülerin Tracy Walker in Megasaki-City. Im Laufe der Handlung zeigt sich zwar, dass sie des Japanischen mächtig ist, sie kommuniziert dennoch hauptsächlich in der Sprache der Rezipierenden (Englisch wird in diesem Fall durch die Sprache der Rezipierenden repräsentiert). Spricht sie mit ihren japanischen Mitschüler*innen oder dem Lehrer, passen diese sich ihr weitgehend an und sprechen ebenfalls Englisch (bzw. die Sprache der Rezipierenden). Die auf Trash Island lebenden Hunde erhalten durch Atari menschlichen Besuch – er spricht Japanisch und durchbricht die dort vorherrschende sprachliche Homogenität des (übersetzten) Bellens.

Trash Island ist ein Ort mit einer klaren Bestimmung: Die Hunde werden dort hingebracht, um auf den Tod zu warten. Um mit Markus Augé zu sprechen: Es handelt sich um einen Transit-Ort, der einen Übergang zwischen (städtisch zivilisiertem) Leben und Tod darstellt; die Hunde werden ausschließlich dorthin gebracht, um ihn nicht wieder zu verlassen. Auf Trash Island wird ein „Vernichtungslager" („Trash Island Provisional Dog-Displacement Camp", IoD 00:42:24) errichtet, das, wie von Augé beschrieben, durch eine an alle gerichtete Schriftlichkeit (das zweisprachige Begrüßungsschild „Willkommen Hunde") gekennzeichnet wird. Während diese Hinweise darauf hindeuten könnten, dass es sich bei Trash Island um einen Nicht-Ort handelt, zeigt die Insel gleichermaßen eine Historizität, die Augé einem Nicht-Ort abspricht: Als Atari sich mit dem Hunderudel auf der Suche nach Spots über die Insel bewegen, passiert der Trupp verschiedene Punkte, die vom Erzähler kommentiert werden: Atari und die Hunde durchqueren die Ruinen eines heruntergekommenen Versorgungsgebäudes, die Trümmer eines stillgelegten Kraftwerks und einen verlassenen Industriepark – allesamt beschädigt von diversen Naturkatastrophen wie einem Tsunami, Erdbeben oder Vulkanausbruch. Doch auch die vorherigen Verwendungszwecke von Trash Island weisen auf ein Dasein als Nicht-Ort hin: Die Ruinen sind vormalige Industrie- und Freizeitanlagen (etwa der Sportclub) – ebenfalls Kennzeichen für einen Nicht-Ort.

Besonders durch die Kontrastierung mit der Metropole Megasaki-City wird die Zweckmäßigkeit Trash Islands deutlich: Auf der Insel finden sich anders als in der Stadt an keiner Stelle Hinweise auf eine kulturelle Vergangenheit – keine Tore, keine Lampions, keine Gemälde, die von einer menschlichen Geschichte künden. Die Insel der Hunde ist eine Transitzone, sowohl auf visueller wie auch auf sprachlicher Ebene ist sie ein markierter Nicht-Ort.

10.3.2 Mehrsprachigkeit und Figuren

Der Stop-Motion-Film *Isle of Dogs – Ataris Reise* ist ein Abenteuerfilm, der deutsche Untertitel verweist bereits auf die genretypische Heldenreise. Auch in seinen Figuren folgt der Animationsfilm diesem Genremuster, weshalb sich diese anhand ihrer Funktion (augenscheinlich) leicht zuordnen lassen: Atari ist der Held der Erzählung, Tracy, Professor Watanabe und seine Assistentin Yoko Ono sind Helfer*innen und Bürgermeister Kobayashi sowie sein Diener Major-Domo sind die Gegenspieler. Alle menschlichen Figuren mit Ausnahme der Austauschschülerin Tracy Walker sind Japaner*innen, sie sprechen Japanisch, wie es auch der Originalton bezeugt (Signifikant = Signifikat).

Der zwölfjährige Atari bringt als Grenzgänger die Handlung ins Rollen: Er überwindet die Grenze zwischen Megasaki-City und Trash Island mithilfe eines improvisierten Flugzeugs, um seinen deportierten Hund Spots zu suchen und zurückzubringen. Er trifft dabei auf das Hunderudel um den Rüden Chief und versucht, die Tiere für sein Vorhaben zu gewinnen. Dabei erweist sich die Verständigung als problematisch. Denn Atari spricht Japanisch, die Hunde bellen (bzw. werden in die Sprache der Rezipierenden übersetzt, s.u.). Hin und wieder erteilt Atari den Hunden Befehle in einer

Sprache, die der Rezipierendensprache ähnelt[92]; eine sprachliche Grenzüberschreitung gelingt ihm jedoch nicht in Gänze. Auch die Grenze zwischen dem Helden Atari und den Rezipierenden bleibt dadurch bestehen: Diese verstehen den Protagonisten nur dann wörtlich, wenn eine Dolmetscher-Figur zu Hilfe kommt. Ähnlich verhält es sich mit den weiteren japanischen Figuren. Auch sie sprechen ausschließlich Japanisch, die Rezipierenden verstehen sie nur durch eine*n Dolmetscher*in bzw. durch die Interpretation non- und paraverbaler Hinweise.

Eine sprachliche Ausnahme stellt die amerikanische Austauschschülerin Tracy Walker dar. Sie fungiert als Ataris Helferin in Megasaki-City, deckt die Machenschaften des Bürgermeisters auf und führt schließlich eine „Pro-Hunde-Bewegung" an, die maßgeblich daran beteiligt ist, dass die Hunde gerettet werden und wieder zurück in die Stadt dürfen. Tracy wird durch ihren Lehrer als Amerikanerin vorgestellt, der Bürgermeister gibt bei der drohenden Abschiebung noch weitere Details über sie preis, etwa dass sie aus Cincinnati, Ohio stammt. Somit ist auch sie eine Grenzgängerin (ihr Nachname *Walker* legt diese Interpretation ebenfalls nahe), die sich zwischen zwei Kulturen und zwischen zwei Sprachen bewegt. In der englischen Originalfassung spricht sie Englisch, in allen Synchronfassungen spricht sie die jeweilige Rezipierendensprache, in unserem Fall also Deutsch. Obwohl sie durchgehend in ihrer Sprache spricht und sich ihre japanischen Kommunikationspartner*innen (z.B. in der Schule, in der Bar mit Yoko Ono oder bei ihrer Gastmutter) ihr meist anpassen, zeigt sich beim Aufeinandertreffen mit Atari, dass sie Japanisch spricht, da sie seine japanische Rede in die Sprache der Rezipierenden übersetzt.
Dass im Kontext einer teilweise zu Stereotypisierungen neigenden Asien-Darstellung (vgl. hierzu bspw. Kniebe 2018) ausgerechnet eine weiße Amerikanerin als aufklärende, regimekritische Heldin fungiert, kann freilich auch kritisch hinterfragt werden[93]. Peter Fields sieht in Tracy eine in Hollywood-Filmen häufiger vertretene „White Savior"-Figur:

> *In essence, it describes a white character coming to the aid of non-white characters, typically fulfilling a self-serving purpose which is then justified by the greater good of the deed itself. It's problematic in many ways, but none more pervasive than implying a problem could not be remedied without essential contributions from white characters. It minimizes agency, perpetuates a notion that others need saving, and reinforces a notion that white characters are more adept to play hero than anyone else (Fields 2018).*

92 Vgl. hierzu den Hinweis im englischsprachigen Screenplay „ATARI [...] thundering in semi-english" (Anderson 2018: 28).

93 Im didaktischen Kontext <u>muss</u> eine Reflexion dieser Rolle stattfinden, wie im entsprechenden Kapitel noch gezeigt wird.

Demgegenüber steht die erläuternde Aussage des Drehbuchschreibers Kunichi Nomura, der Tracy lediglich als Außenseiterin bezeichnet, die eine neue Perspektive in eine Gruppe bringt und somit zur Reflexion über die herrschenden Verhältnisse anrege (vgl. Alexander 2019). Inwiefern diese andere Perspektive, die die amerikanische Figur einbringt, jedoch ihre führende Rolle rechtfertigt, hinterfragt Fields in seinen weiteren Ausführungen (vgl. Fields 2018).
Unter sprachlichen Vorzeichen betrachtet, lässt sich an dieser Stelle Folgendes konstatieren: Aus dem Blickwinkel der anderen menschlichen Figuren stellt Tracy ‚die Fremde' dar; diese Wirkung wird jedoch für die Rezipierenden dadurch verändert, dass sie Tracy im Gegensatz zu den japanischen Figuren ohne Schwierigkeiten verstehen können. Tracy ist dabei aber eine mehrsprachige Figur, die sich sprachlich zwischen der amerikanischen und der japanischen Kultur bewegt. Am Ende des Films scheint sie schließlich vollends in der japanischen Kultur angekommen zu sein: Sie ist jetzt eng mit Atari verbunden und trägt sogar ein traditionelles japanisches Gewand. Zudem ist festzuhalten: Sie ist nicht die Protagonistin, sondern erfüllt lediglich eine Helferfunktion.

Eine Figurengruppe, die bisher außen vor gelassen wurde, sind die titelgebenden Hunde. Ihr Bellen wird in die Sprache der Rezipierenden übersetzt, so weist es ein Insert zwischen Vorspann und dem Beginn des Films aus. Dadurch wird nicht nur die Transkulturalität des Mediums Film von Anfang an offengelegt, sondern die Hunde rücken durch ihre sprachliche Gestaltung in den Fokus der Aufmerksamkeit. Alle Hunde (dies sind zuvörderst das Rudel bestehend aus Chief, Rex, Boss, King und Duke, der Hündin Nutmeg, dem verlorenen Spots sowie dem hellsichtigen und am Anfang als Erzähler ausgewiesenen Jupiter) sprechen die Sprache der Rezipierenden. Das Japanische verstehen sie nicht.
Vor allem der Rüde Chief, der mit seinem Rudel auf Trash Island lebt, zeigt im Laufe der Erzählung die für einen Helden typische charakterliche Entwicklung: So erfährt man in einer der Rückblenden, dass Chief bereits in einer Familie gewesen ist, dort allerdings aus ihm unerklärlichen Gründen die Kontrolle über sich verlor und dem Sohn der Familie in die Hand biss. Diese strikte Ablehnung gegenüber Menschen und ‚Herrchen' wird allerdings im Laufe des Films getilgt: Chief und Atari, die getrennt vom restlichen Rudel zeitweise auf sich selbst gestellt sind, nähern sich allmählich an, was schließlich in der Szene „Erstes Bad eines Streuners" gipfelt. Der dreckige, herrenlose Chief erkennt sich selbst als einen weißen Doppelgänger Spots – im weiteren Verlauf erfährt man, dass die beiden Brüder sind. Aus dem Herrchen-verachtenden Streuner wird der neue Wachhund und der beste Freund des Jungen Atari.
Auch die Figurenkonstellation wird durch die Sprache bzw. durch das gegenseitige (Nicht-) Verstehen verdeutlicht. Die Sprache und das gegenseitige (Nicht-)Verstehen dienen im Film als ein zentrales Motiv (vgl. Tatzel 2020: 7-10): Die Spannungen

zwischen Mensch und Hund werden nicht nur auf der Bildebene (bspw. durch die kontrastiven Lebenswelten, die sich durch Ordnung und Chaos, Rot- und in Erdtöne voneinander unterscheiden), sondern eben auch auf der auditiven Ebene in Form von Sprache verdeutlicht. Mensch und Hund verstehen sich zunächst nicht, sie können nicht miteinander kommunizieren. Mithilfe eines Übersetzungsgeräts wird diese sprachliche Differenz zwischen Atari und seinem Leibhund Spots jedoch aufgehoben. Ihre Innigkeit spiegelt sich in gegenseitigem Verstehen wider. Auch der Streuner Chief, der im späteren Verlauf die Rolle des Bürgermeisterhundes einnehmen wird, erhält am Ende schließlich jenes Übersetzungsgerät und besiegelt damit die Zugehörigkeit zu Atari, sowohl auf metaphorischer als auch auf sprachlicher Ebene.
Die Fremdheit und Abgrenzung, die das Japanische in *Isle of Dogs – Ataris Reise* auslöst, steuert die Rezeptionshaltung maßgeblich: Die Menschen werden durch ihre Sprache für nicht Japanisch sprechende Rezipierende verfremdet, die Hunde werden dagegen durch die Übersetzung ihres Bellens anthropomorphisiert. Die Verständlichkeit der Hunde erleichtert die Identifikation mit ihnen. Die Mehrsprachigkeit des Films grenzt somit nicht nur Figurengruppen voneinander ab, sondern steuert auch die Perspektive der Rezipierenden,

10.4 *Isle of Dogs – Ataris Reise* im Deutschunterricht

10.4.1 Erkennen und Akzeptieren der filmischen Mehrsprachigkeit

Bei *Isle of Dogs – Ataris Reise* bietet es sich ebenso wie bei *Azur und Asmar* an, mit dem Filmplakat (s. Abbildung 30) einzusteigen, um das Vorwissen der Schüler*innen zu aktivieren und eine Erwartungshaltung aufzubauen. Durch die zentral platzierten roten japanischen Schriftzeichen, die im Kontrast zum eher grau-braun gehaltenen Rest des Posters stehen (und somit die Farbgebung des Films aufgreifen), verweist das Poster sehr auffällig auf die Sprachlichkeit des Films und eignet sich daher, um die Lernenden auf eine mehrsprachige Rezeptionssituation vorzubereiten. Das Poster könnte zudem in der späteren Auseinandersetzung mit dem Film und seiner Sprache zu einem Sprachvergleich dienen: So lässt sich bspw. mithilfe eines Übersetzungsprogramms herausfinden, was die japanischen Schriftzeichen über den Namen der aufgeführten Synchronsprecher*innen oder der rote Schriftzug in der Mitte des Posters bedeuten. Bei den Schriftzeichen über den Synchronsprecher*innen handelt es sich nicht etwa um die Rollennamen (im Sinne von ‚Bill Murray spricht *Boss*'), sondern um die japanische Übersetzung der Sprecher*innennamen. Für Schüler*innen könnte hier die erste Entdeckung darin bestehen, dass sich durch ein anderes Schriftsystem auch die Schreibung von Namen ändert. Diese Erkenntnis sammeln sie im schulischen Fremdsprachenunterricht, der sich v.a. auf die Sprachen Englisch, Französisch und Spanisch und deren Schriftsysteme beschränkt, kaum. Der senkrechte

Abbildung 30 Filmplakat Isle of Dogs – Ataris Reise

Kompetenzbereich	Kompetenz
Sprechen und Zuhören: Zu anderen sprechen	Die Lernenden äußern Vermutungen zu Filmplakat und Film artikuliert, verständlich, sach- und situationsangemessen.
Sprechen und Zuhören: Mit anderen sprechen	Die Lernenden beteiligen sich konstruktiv an einem Gespräch über Filmplakat, Trailer oder Film.
Sprechen und Zuhören: Verstehend zuhören	Die Lernenden verstehen wesentliche Aussagen aus dem Filmtrailer und geben diese wieder.
Sprache und Sprachgebrauch untersuchen: Äußerungen/Texte in Verwendungszusammenhängen reflektieren und bewusst gestalten	Die Lernenden nutzen Mehrsprachigkeit zur Entwicklung der Sprachbewusstheit und zum Sprachvergleich.

Tabelle 9 Vorschläge anzubahnender Kompetenzen für die Sekundarstufe I (vgl. KMK 2004)

Schriftzug in der Mitte des Posters bedeutet, wie es der Filmtitel vermuten lässt, ‚Insel der Hunde' (engl. ‚isle of dogs'). Allerdings unterscheidet sich die japanische Wortstellung hierbei von der deutschen und der englischen: das obere Zeichen (犬) bedeutet *Hund* oder *Hunde*, das untere Zeichen (島) bedeutet *Insel*.
Im Anschluss an die Betrachtung des Filmplakats und das Formulieren erster Vermutungen über Setting, Figuren und mögliche Handlung (‚Wer ist Atari, und wohin könnte seine Reise gehen?') bietet es sich an, den Trailer[94] zu zeigen. Auch dieser zeigt zunächst wieder japanische Schriftzeichen und benennt dann „den japanischen Archipel in zwanzig Jahren" als Ort und Zeit der Handlung. Die im Titel genannte Insel erweist sich als eine Exilkolonie für erkrankte Hunde, „Ataris Reise" verfolgt das Ziel, seinen ebenfalls auf die Insel geschickten Hund wiederzufinden. Schließlich wird mit einer Szene, in der Duke sich wünscht, dass nur jemand Ataris Sprache spreche, ganz explizit auf das Sprachenproblem hingewiesen. Durch Einbeziehen des Trailers kann die bisherige Erwartungshaltung bestätigt oder korrigiert werden, zudem werden die Rezipierenden auf die folgende Rezeptionssituation insofern vorbereitet, als dass sie wissen, dass einzelne japanische Textteile unübersetzt bleiben. Mit diesem Vorwissen kann die Filmrezeption folgen.

10.4.2 Globales Erschließen der Makrostruktur

Der Trailer gibt große Teile der Handlung wieder: So erfahren die Rezipierenden dort bereits von der Abschiebung der Hunde nach Trash Island, vom jungen Atari,

94 Der deutsche Trailer findet sich online auf YouTube (LINK 6). Es handelt sich hierbei um die synchronisierte Fassung des Originaltrailers; es wurden keine Veränderungen in der Anordnung der Szenen, Musik o.ä. vorgenommen.

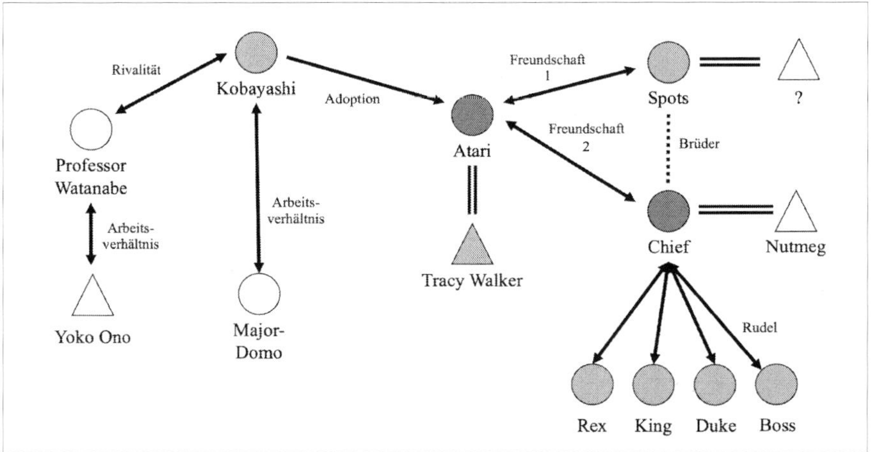

Abbildung 31 Figurenkonstellation Isle of Dogs – Ataris Reise

der seinen Hund Spots sucht, und von den politischen Machtspielen, die der Bürgermeister betreibt. Ein Verstehen der Makrostruktur ist dadurch schon in weiten Teilen vorbereitet. Mögliche Beobachtungsaufträge während der Erstrezeption könnten sich wiederum auf die Figuren bzw. die gesprochene Sprache beziehen. Auch eine Fokussierung der Handlungsorte (Trash Island vs. Megasaki-City) wären denkbar – vor allem in Hinblick darauf, dass sich die beiden Räume nicht nur sprachlich voneinander unterscheiden, sondern auch auf der visuellen Ebene (bspw. in Hinblick auf die Farbgestaltung). Ausgehend von diesen Beobachtungsaufträgen kann sich ein Filmgespräch (oder ein literarisches Sehgespräch) anschließen, um Seheindrücke zu versprachlichen, erste Deutungsversuche vorzunehmen, Irritation auszudrücken oder Fragen zu klären. Für Irritationen sorgen an dieser Stellen sicherlich neben der sprachlichen Gestaltung und dem Hinweis auf die Übersetzung des Bellens der Hunde die Einblendungen von Zwischenüberschriften oder Haikus. Ein Festhalten der Handlung kann dann durch das Ordnen oder Erstellen von Filmstills erfolgen, auch das Verfassen eines Exposés wäre denkbar. Dabei bietet es sich an, die Gliederung des Films in Kapitel zu berücksichtigen.

Die Abbildung der Figurenkonstellationen bietet sich für *Isle of Dogs – Ataris Reise* in besonderem Maße an: Einerseits verschafft sie einen Überblick über das beachtliche Figurenensemble, andererseits macht sie die Rolle Ataris als Grenzgänger sichtbar – sowohl zwischen Megasaki-City und Trash Island als auch zwischen Mensch und Hund. Durch das Herausarbeiten der semiotischen Größen Figuren und Raum kann an dieser Stelle zur Untersuchung der formalen Realisierung von Mehrsprachigkeit übergeleitet werden.

Kompetenzbereich	**Kompetenz**
Sprechen und Zuhören: Zu anderen sprechen	Die Lernenden äußern Seheindrücke artikuliert, verständlich, sach- und situationsangemessen.
Sprechen und Zuhören: Mit anderen sprechen	Die Lernenden vertreten die eigene Meinung begründet und nachvollziehbar.
Sprechen und Zuhören: Verstehend zuhören	Die Lernenden verstehen wesentliche Aussagen aus dem Film und geben diese wieder. Die Lernenden verfolgen die Gesprächsbeiträge anderer Schüler*innen und nehmen diese auf.
Lesen – mit Texten und Medien umgehen: Strategien zum Leseverstehen kennen und anwenden	Die Lernenden nutzen Rezeptionshaltungen und -erfahrungen bewusst.
Lesen – mit Texten und Medien umgehen: literarische Texte verstehen und nutzen	Die Lernenden erschließen zentrale Inhalte des Films. Die Lernenden erfassen die wesentlichen Elemente des Films, z.B. Figuren, Raum- und Zeitdarstellung, Konfliktverlauf.

Tabelle 10 Vorschläge anzubahnender Kompetenzen für die Sekundarstufe I (vgl. KMK 2004)

10.4.3 Beschreiben der formalen Realisierung filmischer Mehrsprachigkeit

Das dem Vorspann vorangestellte Insert expliziert eine formale Besonderheit der sprachlichen Realisierung bereits zu Beginn: Das Bellen der Hunde wurde synchronisiert, die menschlichen Figuren sprechen in ihrer Muttersprache[95]. Auch die Tatsache, dass anderssprachige Textteile nicht untertitelt werden, sondern nur in Teilen durch diegetisch motivierte Übersetzungs-Instanzen (Dolmetscher*innen, Austausch-Schülerin oder elektronisches Gerät) übertragen werden, wird an dieser Stelle bereits ausgewiesen. Die formale Realisierung von Sprachlichkeit – also die Frage, wer welche Sprache spricht und wie die Rezipierenden diese verstehen – klärt sich somit bereits hier ganz explizit. Der weitere Verlauf des Films bestätigt zudem die Versprechungen hinsichtlich der ‚realistisch' motivierten Sprachlichkeit, die der Film an dieser Stelle macht. Es bietet sich hier an, die im Vorfeld vorgenommene Figurenkonstellation und Raumbeschreibung um den Aspekt der Sprache anzureichern, wodurch die kontrastive Darstellung von Raum (Megasaki-City vs. Trash Island) und

95 Aus einer formalen Perspektive bricht Tracy diese diegetische Logik sowie das Versprechen, welches das Insert gibt: Sie spricht nicht in ihrer Muttersprache (als weiße Nordamerikanerin wäre das Englisch), sondern ebenso wie die synchronisierten Hunde in der Sprache der Rezipierenden. Zwei verschiedene Signifikate werden somit durch einen Signifikanten dargestellt.

Kompetenzbereich	Kompetenz
Lesen – mit Texten und Medien umgehen: literarische Texte verstehen und nutzen	Die Lernenden erfassen die wesentlichen Elemente des Films, z.B. Figuren, Raum- und Zeitdarstellung, Konfliktverlauf.
Lesen – mit Texten und Medien umgehen: Medien verstehen und nutzen	Die Lernenden kennen wesentliche Darstellungsmittel und schätzen deren Wirkung ein. Die Lernenden suchen Informationen zum Produktionskontext in unterschiedlichen Medien
Sprache und Sprachgebrauch untersuchen: Äußerungen/Texte in Verwendungszusammenhängen reflektieren und bewusst gestalten	Die Lernenden erkennen Szenen, in denen Kommunikation gelingt oder misslingt.

Tabelle 11 Vorschläge anzubahnender Kompetenzen für die Sekundarstufe I (vgl. KMK 2004)

Figuren (Mensch vs. Hund) deutlicher herausgearbeitet werden kann. Auch die Rolle Ataris als grenzüberschreitender Held, um den sich die filmische Handlung entspinnt, wird mit dieser Beschreibung der formalen Realisierung von Mehrsprachigkeit klarer. Als mögliche Beobachtungsaufträge, anhand derer die formalen Aspekte herausgearbeitet werden können, bieten sich daher an:

- Das Insert zu Beginn des Films weist auf die sprachliche Gestaltung hin. Warum ist die sprachliche Gestaltung in *Isle of Dogs – Ataris Reise* so besonders?
- Suche eine Filmstelle heraus, in der das Japanische übersetzt wird. Wie erfolgt die Übersetzung?

An dieser Stelle bietet es sich zudem an, Informationen zum Produktionskontext zu recherchieren, die Impulse für weitere Untersuchungen geben könnten. Bei *Isle of Dogs – Ataris Reise* handelt es sich um eine amerikanische Produktion unter der Leitung des Amerikaners Wes Anderson. Die Originalfassung des Films unterscheidet sich von der deutschen Synchronfassung darin, dass alle deutschsprachigen Anteile (sowohl sprech- als auch schriftsprachlicher Natur) englischsprachig sind. Die Hunde „bellen" somit auf Englisch, die amerikanische Austauschschülerin spricht Englisch und die Dolmetscher*innen übersetzen das Japanische der japanischsprachigen Figuren ins Englische. An dieser Stelle kann dann auch der logische Bruch thematisiert werden, der mit der Synchronisierung der Figur Tracy einhergeht. All diese Hinweise sind für die weiteren Analyseschritte vonnöten, in denen die Motivierung des Verfahrens Mehrsprachigkeit nicht realistischer Natur und daher diffiziler zu durchschauen ist.

10.4.4 Detailliertes Erschließen der Mikrostruktur

Die Analyse der Mikrostruktur anhand ausgewählter Szenen kann erleichtert werden, sofern der Handlungsverlauf sowie die Figurenkonstellation bekannt sind. Es sollte zudem bekannt sein, dass das Bellen der Hunde durch das Deutsche und das Japanische durch sich selbst repräsentiert wird, die formale Realisierung der Mehrsprachigkeit sollte also bereits herausgearbeitet worden sein. Mit Blick auf mögliche handlungs- und produktionsorientierte Anschlusshandlungen wurden im Folgenden drei Szenen ausgewählt, die sich durch den Verzicht auf Untertitelung oder Dolmetscher-Figuren besonders dazu eignen, die gesprochene Sprache zu untersuchen, mögliche Bedeutungen kooperativ auszuhandeln und Strategien zu trainieren, die die Rezeption von mehrsprachigen Textteilen unterstützen können[96].

Atari und Spots (00:17:46-00:19:50)

Nachdem Atari auf Trash Island das vermeintliche Skelett seines deportierten Hundes findet, wird in einer Rückblende von der ersten Begegnung zwischen Atari und Spots erzählt: drei Jahre zuvor verlor Atari bei einem Unfall seine Eltern. Daraufhin wurde er von seinem entfernten Onkel, Bürgermeister Kobayashi, aufgenommen und erhielt „Personenschutz" von einem speziell abgerichteten Leibwächterhund – Spots –, dem er im Krankenhaus zum ersten Mal begegnet. Ebenfalls im Krankenhaus ist der Angestellte des Bürgermeisters, Major-Domo, der Atari mit Spots vertraut macht.

Major-Domo eröffnet den Dialog auf Japanisch. Er deutet dabei auf Spots und Atari und scheint beiden die neue Situation zu erklären, die die Rezipierenden bereits aus der vorangegangen Zusammenfassung des Nachrichtensprechers kennen, der über den Tod von Ataris Eltern und seine Adoption durch den Bürgermeister berichtet hat. Durch ihr Kontextwissen können sich die Schüler*innen erschließen, was Major-Domo dem Jungen und seinem Hund vermutlich erzählt. Spots ergänzt schließlich auf Deutsch:

> *Du bist mein neues Herrchen.*
> *Mein Name ist Spots.*
> *Ich stehe dir zu Diensten.*
> *Ich bin dauerhaft für dein Wohlergehen und deine Sicherheit zuständig.*

96 An dieser Stelle möchte ich mich ganz herzlich bei Tomo Ogawa, vormals Student an der Otto-Friedrich-Universität Bamberg, bedanken, der mir nicht nur die folgenden Sequenzen aus dem Japanischen ins Deutsche übersetzte, sondern der mir ganz geduldig viele Fragen zur japanischen Sprache beantwortet hat.

> *Mit anderen Worten: Ich bin dein Hund*
> *(IoD 00:18:37-00:18:49).*

Atari reagiert nonverbal, indem er Spots seinen Handrücken hinhält, den der Hund daraufhin ableckt. Major-Domo reagiert darauf sowohl nonverbal als auch paraverbal sehr ungehalten – sein Gesicht verzieht sich vor Wut, er schreit und gestikuliert wild. Durch entsprechendes Kontextwissen kann der Grund für dieses Verhalten nachvollzogen werden: Genau wie Bürgermeister Kobayashi ist Major-Domo ein Anhänger der Katzendynastie, weshalb er in einem Hund lediglich ein funktionales, nicht aber ein emotional relevantes Haustier sieht. Das Screenplay benennt an dieser Stelle einzelne Schlagworte, die der tobende Diener von sich gibt und die zu Bedeutungsgenerierung beitragen können:

> *Major-Domo watches, mortified. He interrupts with a sudden question in Japanese. Atari and Spots both look at him. They hesitate. Major-Domo explodes (subtitled in English[97]):*
> *MAJOR-DOMO*
> *Security-detail! Bodyguard-dog! Not pet!*
> *(Anderson 2018: 18)*

Daraufhin erhalten Atari und Spots Funkgeräte, mit deren Hilfe sie sich verständigen. Major-Domo erklärt knapp deren Funktionsweise. Gerührt von diesem Moment flüstert Atari (vermutlich) Worte der Zuneigung in sein Funkgerät. Spots antwortet darauf ebenso gerührt: „Ich kann dich hören, Herrchen Atari" (IoD 00:19:37-00:19:40), was er unter Tränen mehrmals wiederholt. Eine genauere Betrachtung dieser Sequenz bietet sich aus mehreren Gründen an: Zum einen erhalten die Rezipierenden durch die Darstellung seiner Backstory Informationen über den Helden Atari und die tiefe Verbindung zwischen Mensch und Hund, die als ein zentrales Motiv des Films und als Motivierung für die weitere Handlung fungiert. Auf sprachlicher Ebene ist die Sequenz deshalb so beachtenswert, da hier zum ersten Mal über mehrere Minuten hinweg keine Übersetzung für die Rezipierenden gegeben wird, sondern diese sich ausschließlich auf ihr Kontextwissen und die Interpretation non- und paraverbaler Hinweise stützen müssen. Dennoch enthält auch diese Sequenz eine diegetische Dolmetscherin, die den Fernsehbeitrag über den Unfall und Ataris Adoption durch den Bürgermeister übersetzt und somit explizites Kontextwissen liefert, das im japanischsprachigen Teil (mutmaßlich) aufgegriffen wird. Für weitere Anschlusshandlungen kann sich diese sequenzinterne Gegenüberstellung der beiden Übersetzungsverfahren als fruchtbar erweisen. Schließlich wird mit dem übersetzenden Funkgerät, das Atari und Spots erhalten, um miteinander zu kommunizieren, das Motiv des Ver-

97 Die im Screenplay noch geplanten Untertitel entfielen schließlich in der finalen Filmversion.

stehens bzw. Nicht-Verstehens etabliert, das sich ebenso durch den Film zieht und das für eine funktionale Beschreibung des Verfahrens Mehrsprachigkeit in *Isle of Dogs – Ataris Reise* beachtenswert ist. Erste Gesprächsimpulse, die zu einer genaueren Betrachtung der Sequenz hinführen, sind bspw.:

- Wie lässt sich Major-Domos Reaktion auf das Lecken des Handrückens erklären? Was könnte er brüllen?
- Warum weint Spots? Was könnte Atari ihm zuflüstern?

Professor Watanabe bei Bürgermeister Kobayashi (00:23:52-00:24:59)

In einer zweiten Szene, die gänzlich ohne Dolmetscher*in auskommt, treffen Professor Watanabe und seine Assistentin Yoko-Ono auf den badenden Kobayashi, um diesem ihre positiven Forschungsergebnisse zur Eindämmung der Hundegrippe zu präsentieren. Nach einer knappen Präsentation der in der vorangegangenen Szene gewonnenen Forschungsergebnisse (eine beinahe wörtliche Übersetzung kann somit wieder durch Kontextwissen gewonnen werden), läutet das rote Telefon, das sich vor Kobayashis Badewanne befindet. Kobayashi nimmt das Telefonat an, ordnet knapp etwas an, wiederholt dann undeutlich murmelnd die von Watanabe vorgetragenen Ergebnisse und wirft schließlich die Notizen in den Ofen, der links von seiner Badewanne steht. Abschließend stellt er fest, was auch am unteren Bildrand als „offizielle Anordnung" eingeblendet wird: „Alle Hunde bleiben auf Trash Island" (IoD 00:24:30).

Diese Sequenz unterstreicht auf unterschiedliche Art, dass die Abschiebung der Hunde nicht einer medizinischen, sondern einer ideologischen Begründung folgt, und entlarvt den Bürgermeister somit als hundefeindlichen Politiker. Verstanden werden kann die Sequenz aufgrund des unmissverständlichen Aktes der Verbrennung der Forschungsergebnisse sowie der Einblendung der bürgermeisterlichen Anordnung auch ohne eine wörtliche Übersetzung des Gesagten. Die Mise-en-Scene verweist durch das Katzentelefon, die Tapete im Hintergrund oder das großflächige Katzentattoo auf dem Rücken des Bürgermeisters auf dessen ideologischen Hintergrund (s. Abbildung 32). Die beiden in der rechten Ecke des Bildes sitzenden Wissenschaftler (und das, wofür sie stehen) scheinen durch die opulente Ausgestaltung von Kobayashis Badezimmer sowie durch den in der Bildmitte[98] positionierten Bürgermeister auch auf optischer Ebene marginalisiert zu werden. Die Analyse der sprachlichen Mikrostruktur bietet sich deshalb besonders an, weil sie einen Ansatzpunkt für An-

98 Die mittige Positionierung sowie ein synchroner Bildaufbau ist ein typisches Gestaltungsmittel, dessen sich Wes Anderson nicht nur in *Isle of Dogs – Ataris Reise*, sondern auch in vielen anderen seiner Filme bedient (vgl. hierzu auch LINK 7).

Abbildung 32 Präsentation der Forschungsergebnisse (IoD 00:24:04)

schlussaufgaben bietet, die auch ideologisch geprägte politische Vorbilder aus der außerdiegetischen Wirklichkeit und ihr Sprachverhalten einbeziehen kann. Mögliche Beobachtungsaufträge, die eine Beschäftigung mit der Mikrostruktur anbahnen, könnten wie folgt lauten:

- Wie reagiert der Bürgermeister auf die Forschungsergebnisse? Achte auch auf Körpersprache und Stimmlage.
- Überrascht dich diese Reaktion? Warum? Warum nicht?
- Inwiefern charakterisiert diese Reaktion den Bürgermeister und sein Handeln genauer?
- Was könnte der Bürgermeister dem Professor entgegnen? Beziehe in deine Überlegungen auch Mimik und Gestik mit ein.

Ataris Rede (00:28:14-00:29:19)

Eine letzte Sequenz, die für einen größeren Sprechanteil auf eine dolmetschende Instanz verzichtet und die sich deshalb für analytische und interpretatorische Anschlusshandlungen eignet, ist die Rede, die Atari nach der Attacke der bürgermeisterlichen Kampfroboter vor seinem Rudel hält. Der Junge kümmert sich um die verwundeten Hunde, während er sich immer weiter in Rage redet. Seine Betonung wird stärker, seine Stimme lauter, seine Gestik wird hektischer und sein Gesicht verkrampft sich zunehmend. Er schließt seine Rede mit einem bestimmten „Sito!“ (IoD 00:28:47), um ‚seine‘ Hunde zum Sitzen zu bringen. Lediglich Chief verweigert den Gehorsam und verlässt den aus Glasflaschen gebauten Raum.

Will man die Szene interpretieren und Ataris japanischen Sprechtext mit Bedeutung versehen, wäre folgende Überlegung naheliegend: Atari hat die Machenschaften seines Onkels durchschaut, der tödliche Kampfroboter auf ihn und seine Hunde gehetzt hat, um den Zwölfjährigen von seiner Rettungsmission abzuhalten. In seiner Wut darüber eröffnet er den Hunden, dass es seine Absicht ist, seinen Hund Spots zu suchen (mittlerweile weiß er, dass Spots nicht das Skelett im Käfig war und somit noch leben könnte), nach Megasaki zurückzukehren und sich an seinem Onkel zu rächen. Zu diesen Überlegungen könnte man gelangen, wenn man den weiteren Verlauf des Films einbezieht (Kontextwissen). Auch die Ausführungen im Screenplay können einbezogen werden. Dort heißt es:

> *Atari scrunches up his face in pain and rage. He shouts (subtitled in English):*
> *ATARI*
> *Starting right now. From this second:*
> *You are all my dogs!*
> *(thundering in semi-English:)*
> *Sit-o!*
> *(Anderson 2018: 28)*

Die blecherne Musik, die daraufhin aus dem von Atari betätigten Radio erklingt und zunächst an den *Imperial March*[99] aus der *Star-Wars*-Saga erinnert, kann sodann als intertextueller Verweis gedeutet werden, der eine solche Interpretation des Rache-Plans unterstützt. Die Sequenz ist für den weiteren Verlauf deshalb besonders beachtenswert, da aus der anfangs rein zufälligen Begegnung zwischen dem kindlichen Atari, der auf der Suche nach seinem Haustier ist, und dem herrenlosen Hunderudel nun eine Gemeinschaft wird, die gemeinsam den vermissten Spots suchen und die politischen Verhältnisse in Megasaki umstürzen will. Mögliche Impulse zur Beschäftigung mit der Mikrostruktur der Szene wäre bspw.:

- Wie erklärst du dir Ataris emotionale Reaktion?
- Was könnte er den Hunden mitteilen wollen? Achte auch auf seine Mimik und Gestik.

10.4.5 Beschreiben der funktionalen Realisierung filmischer Mehrsprachigkeit

Die beschriebenen Szenen bieten sich nicht nur dafür an, über die verwendete Sprache nachzudenken und mögliche Bedeutungen auszuhandeln, sondern sie eignen sich

99 In den *Star Wars*-Filmen ist der Imperial March das musikalische Thema des Antagonisten Darth Vader und seines Gefolges, der Stormtrooper. Das Musikstück gilt als eines der „bekanntesten sinfonischen Themen aus dem Bereich Film" (https://de.wikipedia.org/wiki/The_Imperial_March, zuletzt aufgerufen am 08.11.2020), der intertextuelle Verweis darauf ist somit sicherlich kein Zufall.

Kompetenzbereich	Kompetenz
Sprechen und Zuhören: Mit anderen sprechen	Die Lernenden beschaffen sich durch gezielte Fragen notwendige Informationen. Die Lernenden vertreten die eigene Meinung begründet und nachvollziehbar.
Sprechen und Zuhören: Verstehend zuhören	Die Lernenden entwickeln eine Aufmerksamkeit für verbale und nonverbale Äußerungen (z.B. Stimmführung, Körpersprache).
Lesen – mit Texten und Medien umgehen: Medien verstehen und nutzen	Die Lernenden kennen wesentliche Darstellungsmittel und schätzen deren Wirkung ein.
Sprache und Sprachgebrauch untersuchen: Äußerungen/Texte in Verwendungszusammenhängen reflektieren und bewusst gestalten	Die Lernenden erfassen grundlegende Textfunktionen. Die Lernenden unterscheiden und beachten verschiedene Sprechweisen und deren Funktion.

Tabelle 12 Vorschläge anzubahnender Kompetenzen für die Sekundarstufe I (vgl. KMK 2004)

ebenso gut als Grundlage für anknüpfende handlungs- und produktionsorientierte Verfahren, die sich explizit mit der sprachlichen Realisierung beschäftigen. Den Lernenden ist aus der Beschäftigung mit der formalen Realisierung von Mehrsprachigkeit bereits bekannt, dass die in *Isle of Dogs – Ataris Reise* verwendeten Verfahren, die japanischen Textteile zu übertragen, variieren. Die ausgewählten Sequenzen werden nicht übersetzt, weshalb sich vor allem diese anbieten, um sie durch eine Dolmetscher-Figur oder durch Untertitel zu erweitern. Denkbar ist auch, dass die Sprachverhältnisse umgekehrt werden und somit die Menschen in der Sprache der Rezipierenden sprechen, wohingegen die Hunde bellen und somit nicht verstanden werden können. So steht vor allem die perspektivsteuernde Funktion der sprachlichen Gestaltung im Fokus: Dadurch dass die Hunde von den Rezipierenden problemlos verstanden werden können, bieten sie ein gewisses Identifikationspotential. Dieses Potential würde sich durch eine Veränderung der sprachlichen Gestaltung verschieben.

Sprache in *Isle of Dogs – Ataris Reise* betont das Verhältnis von Räumen und Figuren zueinander. So werden die beiden Räume Trash Island und Megasaki-City auf der akustischen Ebene voneinander abgegrenzt, ebenso die Figurengruppen der Hunde und der Menschen. Einzelne Figuren werden durch das Überschreiten sprachlicher Grenzen besonders in ihrer Heldenfunktion charakterisiert. Durch eine Veränderung der sprachlichen Darstellung können diese Funktionen des Verfahrens Mehrsprachigkeit von den Schüler*innen herausgearbeitet werden. So kann Mehrsprachigkeit in einer abschließenden Filmanalyse zielführend berücksichtigt werden.

Kompetenzbereich	Kompetenz
Sprechen und Zuhören: Zu anderen sprechen	Die Lernenden kennen und beachten die Wirkungen der Redeweise. Die Lernenden unterscheiden verschiedene Formen mündlicher Darstellung und wenden diese an.
Sprechen und Zuhören: Verstehend zuhören	Die Lernenden entwickeln Aufmerksamkeit für verbale und nonverbale Äußerungen (z.B. Stimmführung, Körpersprache).
Sprechen und Zuhören: Szenisch spielen	Die Lernenden gestalten Texte szenisch.
Schreiben: Über Schreibfertigkeiten verfügen	Die Lernenden nutzen Textverarbeitungsprogramme und ihre Möglichkeiten zum Schreiben und Gestalten von Untertiteln.
Schreiben: einen Schreibprozess eigenverantwortlich gestalten	Die Lernenden verfassen Texte (z.B. Skript zum Rollenspiel, Untertitel) unter Beachtung der Phasen des Schreibprozesses (Planen, Schreiben, Überarbeiten).
Lesen – mit Texten und Medien umgehen:literarische Texte verstehen und nutzen	Die Lernenden erfassen wesentliche Elemente eines Textes. Die Lernenden erkennen sprachliche Gestaltungsmittel und ihre Wirkungszusammenhänge. Die Lernenden wenden analytische Methoden an, z.B. das Untersuchen des Films. Die Lernenden wenden produktive Methoden an.
Lesen – mit Texten und Medien umgehen: Medien verstehen und nutzen	Die Lernenden kennen medienspezifischen Formen. Die Lernenden erkennen und bewerten Intentionen und Wirkungen. Die Lernenden kennen das Darstellungsmittel der filmischen Mehrsprachigkeit und schätzen deren Wirkung ein. Die Lernenden nutzen Medien zur Präsentation und ästhetischen Produktion.
Sprache und Sprachgebrauch untersuchen: Äußerungen/Texte in Verwendungszusammenhängen reflektieren und bewusst gestalten	Die Lernenden erfassen grundlegende Textfunktionen. Die Lernenden unterscheiden und beachten Sprechweisen. Die Lernenden untersuchen die Rolle von Sprecher*innen und Hörer*innen/Rezipierenden.
Sprache und Sprachgebrauch untersuchen: Textbeschaffenheit analysieren und reflektieren	Die Lernenden kennen sprachliche Mittel zur Sicherung des Textzusammenhangs und wenden diese an.

Tabelle 13 Vorschläge anzubahnender Kompetenzen für die Sekundarstufe I (vgl. KMK 2004)

11 Beispiel 3: *Almanya – Willkommen in Deutschland* (D 2011)

Der 2011 veröffentlichte, von Yasemin Şamdereli produzierte Film *Almanya – Willkommen in Deutschland* greift typische Aspekte eine Culture-Clash-Komödie auf. Es handelt sich hierbei um eine jener Komödien, „die die Begegnung oder auch den Zusammenprall verschiedener Kulturen satirisch überzeichnet oder grotesk verfremdet darstell[en]" (Rösch 2015: 193). Die für das Genre typischen Aspekte Situations-, Typen- und Figurenkomik beziehen sich hierbei vor allem auf interkulturelle Missverständnisse, kulturelle Besonderheiten und kulturelle Stereotypen (vgl. zum Aspekt der Komik in *Almanya – Willkommen in Deutschland* Irrgang 2013 oder Kloë 2017: 465 ff.).

Almanya – Willkommen in Deutschland stellt einen Meilenstein im Bereich des deutschen ‚Migrantenkinos' dar. Denn hier wird die oftmals betonte Betroffenheitsrhetorik, die bspw. die Filme *40 Quadratmeter Deutschland* (D 1986) oder *Yasemin* (D 1988) charakterisiert und die für den deutschen Migrantenfilm so charakteristisch war, abgelegt und Migration aus der Perspektive der zweiten bzw. dritten Generation auf unterhaltsame Art im Rahmen einer Komödie erzählt. Aufgrund des verhandelten Themas Migration, seiner filmsprachlichen Besonderheiten (bspw. der unterschiedlichen Zeitebenen und der durch die filmische Mehrsprachigkeit erzeugten Verfremdung) wird und wurde der Film breit diskutiert und in diversen kulturtheoretischen, literatur- und medienwissenschaftlichen sowie fremdsprachen- und deutschdidaktischen Kontexten analysiert und didaktisiert. Die folgenden Ausführungen beziehen vorherige Überlegungen mit ein, fokussieren sich aber – wie bereits in den vorherigen, deutschdidaktisch aufbereiteten Filmen – vor allem auf die Gestaltung der filmischen Mehrsprachigkeit, welche (verwunderlicherweise) in den meisten der im folgenden zitierten Quellen nur eine beiläufige Rolle spielt.

Almanya – Willkommen in Deutschland wird von der FSK empfohlen für Rezipierende ab sechs Jahren. Zwar wird in der Begründung der Freiwilligen Selbstkontrolle der Filmwirtschaft auf die ernsteren Themen Schwangerschaft und Sterben, die im Film eine durchaus zentrale Rolle einnehmen, verwiesen, diese werden dort aber angeblich „in einer für diese Altersgruppe [= Sechsjährige; S.T.] angemessenen Weise behandelt". Unterrichtsmaterial auf der Seite kinofenster.de, einem Projekt der Bundezentrale für politische Bildung, richtet sich dagegen an Schüler*innen ab der sechsten Jahrgangsstufe (vgl. Moles Kaupp 2011: 2). Obgleich die verhandelten Themen vielleicht auf eine für Sechsjährige angemessene Weise erzählt werden, ist die Erzählstruktur geprägt von Rückblenden und intradiegetisch variierenden Erzählsträngen, weshalb die im folgenden entwickelten Unterrichtsideen für die Sekundarstufe eins gedacht sind.

11.1 Inhalt des Films

Almanya – Willkommen in Deutschland erzählt die Geschichte der Familie Yılmaz auf zwei Zeitebenen: In der Gegenwart hinterfragt der sechsjährige Cenk seine kulturelle Identität, nachdem er in der Schule mehrfach Situationen kultureller Exklusion erlebt hat – im Sportunterricht darf er bspw. weder in der türkischen noch in der deutschen Fußballmannschaft mitspielen. Währenddessen werden Cenks Großeltern Hüseyin und Fatma, die im Zuge der Arbeitsmigration in den Sechziger-Jahren nach Deutschland kamen, eingebürgert. Durch die Einbürgerung in seiner kulturellen Identität erschüttert, kauft Hüseyin daraufhin ein Haus in seinem anatolischen Heimatdorf und verpflichtet seine Familie (bestehend aus seinen Kindern Veli, Muhamed, Leyla und Ali sowie aus Alis Frau Gabi, ihrem gemeinsamen Sohn Cenk und Canan, Leylas Tochter) zu einem gemeinsamen Urlaub dorthin. Während der gemeinsamen Reise verstirbt Hüseyin plötzlich, seine Familie lässt ihn schließlich in seiner Heimat beerdigen.
Auf einer anderen Zeitebene, die durch die Frage Cenks nach seiner eigenen Identität eingeleitet wird („Was sind wir denn jetzt? Türken oder Deutsche?“ [Almanya 00:12:23-00:12:26]), wird die Migrationsgeschichte des jungen Hüseyin von seiner Enkelin Canan, die als diegetische Erzählerin fungiert, erzählt. Sie berichtet davon, wie sich Hüseyin und Fatma in ihrer anatolischen Heimat kennenlernen, eine Familie gründen, wie Hüseyin als Gastarbeiter nach Deutschland geht und wie er seine Familie Jahre später nachholt. Dabei verdankt das Geschehen seine Komik vor allem der Gegenüberstellung und Stereotypisierung von Deutschen und Türken (vgl. u.a. Irrgang 2013: 23).

11.2 Formale Realisierung von Mehrsprachigkeit

Almanya – Willkommen in Deutschland ist eine deutsche Produktion der deutsch-türkischen Regisseurin Yasemin Şamdereli. Die deutsche Kinofassung ist somit die Originalfassung des Films. Im Film werden zwei Sprachen (Türkisch und Deutsch) durch drei Sprachen realisiert: Deutsch, *Türkisch und eine Fantasiesprache, die phonetisch an den Klang der deutschen Sprache angelehnt ist. Die beiden diegetischen Erzählebenen gehen mit der sprachlichen Realisierung verschieden um:*

Auf der diegetischen Ebene (= Gegenwart) werden sowohl das Deutsche als auch das Türkische durch sich selbst repräsentiert; in beiden Fällen ist Signifikant also gleich Signifikat. Türkische Sprechteile werden durchgehend untertitelt.
Anders verhält es sich auf der Ebene der intradiegetischen Erzählung (= Vergangenheit). Die türkische Sprache (Signifikat) wird hier repräsentiert durch die deutsche Sprache (Signifikant), die deutsche Sprache (Signifikat) wird repräsentiert durch die beschriebene Fantasiesprache (Signifikant). Textteile in der Fantasiesprache werden nicht untertitelt, an vereinzelten Stellen wird auf eine diegetische Dolmetscher-Figur zurückgegriffen.

11.3 Funktionale Realisierung von Mehrsprachigkeit

11.3.1 Mehrsprachigkeit und Raum

In *Almanya – Willkommen in Deutschland* werden zwei geografische Räume voneinander abgegrenzt: die Türkei und Deutschland. Der Film erzählt auf zwei Zeitebenen von Grenzüberschreitungen: In den Sechziger-Jahren kommt zunächst der junge Hüseyin aus der Türkei nach Deutschland, im Verlauf der Handlung folgt auch seine Familie. In der Gegenwart plant der nun alte Hüseyin nach einem Hauskauf in der Türkei eine Reise mit seiner ganzen Familie in das anatolische Dorf, in dem die Familienhistorie begann. Dabei handelt es sich jedoch nicht einfach um eine Rückkehr in die Heimat, denn Hüseyins Familie ist nunmehr gewachsen, sein Sohn Ali und seine Enkelkinder Cenk und Canan wurden in Deutschland geboren. Für sie ist die Reise in die Türkei keine Heimkehr, sondern eine Grenzüberschreitung. Sowohl die kulturellen und mentalen Grenzen zwischen der Türkei und Deutschland als auch zwischen Vergangenheit und Gegenwart werden auf der visuellen sowie auf der akustischen Ebene deutlich gemacht:
Die Bilder der Vergangenheit (die intradiegetische Geschichte) grenzen sich von der Erzählebene der Gegenwart durch einen höheren Bildkontrast ab: Die helleren Farben wirken hier deutlich heller, die dunkleren Farben wirken dunkler. Die geografische Differenz zwischen beiden Ländern wird zudem durch die Farbigkeit der Einstellungen kenntlich gemacht: Die in der Türkei spielenden Szenen sind durch einen entsprechenden Filter in warmen und hellen Farben gehalten, wohingegen die in Deutschland spielenden Szenen in kalten und dunklen Farben gehalten werden. Besonders sichtbar werden die visuellen Unterschiede, wenn aufeinanderfolgende Einstellungen die Grenzüberschreitung verdeutlichen.

Auch auf der akustischen Ebene werden die beiden geografischen Räume durch verschiedene Umgebungssprachen voneinander abgegrenzt. In der Diegese (Gegenwart) ist die Umgebungssprache in Deutschland Deutsch (= die Sprache der Rezipieren-

den), in der Türkei Türkisch. Deutsche, bspw. der Beamte, der die Einbürgerung von Fatma und Hüseyin vornimmt, sprechen Deutsch, Türken, bspw. ein Junge, dem die Familie bei einer Pause auf dem türkischen Rasthof begegnet, sprechen Türkisch. Familie Yılmaz bewegt sich als Grenzgänger sowohl zwischen den Kulturen als auch zwischen den Sprachen – vor allem die Kinder sind sprachliche Hybride und sprechen je nach Gesprächspartner entweder Deutsch oder Türkisch.
Die intradiegetische Erzählung über die Migrationsvergangenheit der Familie – Canan erzählt ihrem Cousin Cenk die Familiengeschichte – ändert diese realistisch motivierte Sprachrealisierung durch Verfremdung, grenzt die beiden Räume aber dennoch sprachlich voneinander ab: Die Umgebungssprache in der intradiegetischen Türkei ist Deutsch (Deutsch dient also als Signifikant für das Signifikat Türkisch), die Umgebungssprache im intradiegetischen Deutschland ist eine Kunstsprache, die durch eine „Nachahmung" deutscher Intonation an die Nonsens-Lautmalerei in Chaplins *Der große Diktator* (USA 1940) erinnert (vgl. Irrgang 2013: 20). Die verwendeten Sprachen grenzen somit also geografische und auch zeitliche Räume voneinander ab.

11.3.2 Mehrsprachigkeit und Figuren

Almanya – Willkommen in Deutschland ist eine interkulturelle Tragikomödie, in deren Fokus die Familie Yılmaz, ihre Migrationsgeschichte und die Alltagssituation der einzelnen Familienmitglieder stehen. Friedmann zufolge handelt es sich in diesem Fall um mimetische Figuren, die sich v.a. durch ihre Glaubwürdigkeit und psychologische Tiefe und weniger durch ihre Funktion als Held*in oder Gegenspieler*in auszeichnen (vgl. Friedmann 2018: 22). Demzufolge stehen im Fokus der folgenden Beobachtungen die Mitglieder der Familie Yılmaz, alle außenstehenden Figuren können als Nebenfiguren betrachtet werden. Die Gespräche zwischen einzelnen Familienmitgliedern und die dabei verwendete(n) Sprache(n) könnten auf den ersten Blick unsystematisch oder beliebig wirken. So schreibt Camilla Badstübner-Kizik: „Letztendlich wird nicht ganz klar, ob (wann und warum) sich die Mitglieder der türkischen Familie miteinander Deutsch oder Türkisch unterhalten" (2012: 188). Eine umfassende Analyse des Sprachverhalten der Figuren kann jedoch gelingen, wenn ihre Lebenswege genauer betrachtet werden, wie im Folgenden gezeigt werden soll.

Hüseyin und Fatma sind beide in Anatolien geboren und aufgewachsen, sie haben sich dort kennengelernt, eine Familie gegründet und sind gemeinsam nach Deutschland ausgewandert. Ihre Erstsprache ist Türkisch, ihre Zweitsprache, die sie in Deutschland erworben haben, ist Deutsch. Miteinander sprechen sie in ihrer gemeinsamen Erstsprache Türkisch, vereinzelt – vor allem in emotionalen oder in thematisch passenden Situationen – neigen die beiden auch zu Code-Switchings ins Deutsche, vorrangig handelt es sich dabei um einzelne Wörter[100]. Sowohl Hüseyins als auch Fatmas Deutsch ist geprägt von einem starken Akzent und durch eine mangelhafte Beherrschung der Grammatik. Şenöz-Ayata (2018: 91) verweist in diesem Zusammenhang auf das für die erste Einwanderer-Generation typische „Gastarbeiterdeutsch", das sich durch eine starke Reduziertheit und Formelhaftigkeit auszeichnet (vgl. hierzu auch Riehl 2014: 106 ff.). Mit ihren Kindern Veli, Muhamed und Leyla sprechen sowohl Fatma als auch Hüseyin Türkisch, sofern bei dem betreffenden Gespräch ausschließlich die genannten Personen anwesend sind. Wird im gesamten Familienkreis gesprochen, bspw. am gemeinsamen Kaffeetisch, ist i.d.R. Deutsch die Konversationssprache; als von allen Beteiligten gesprochene Sprache, kann Deutsch in diesem Rahmen als der sog. „we-code" (vgl. ebd.: 26), also der Code, der alle Beteiligten sprachlich inkludiert, verstanden werden. Allerdings wechselt der Code an einzelnen Stellen auch mit einem Themenwechsel: Mit dem Besprechen eines neuen Themas, in das einzelne Sprecher*innen u.U. emotional stärker involviert sind, wechselt auch das Sprachregister, und es wird ins Türkische gewechselt.

Muhamed, Veli und Leyla, die in Anatolien geborenen Kinder Fatmas und Hüseyins, erwarben Türkisch als L1 und Deutsch im Kindesalter als L2. In Rückblenden erfährt man, dass Leyla schon sehr früh als die deutsche Dolmetscherin ihrer Eltern fungierte und sich Veli und Muhamed am ersten Weihnachtsabend in Deutschland auf Deutsch miteinander unterhalten. Mit ihren Eltern sprechen sie, sofern niemand Außenstehendes beteiligt ist, Türkisch, untereinander variieren sie – wie auch schon im Kindesalter – zwischen Deutsch und Türkisch –, sie behalten das kindliche Sprachspiel (oder besser: Code-Switching als Ausdruck ihrer hybriden sprachlichen Identitäten) also bei.

Der jüngste Sohn Fatmas und Hüseyins, Ali, der in Deutschland geboren wurde, versteht zwar Türkisch, spricht es jedoch nur gebrochen, was dann deutlich wird, als er während der gemeinsamen Reise am türkischen Rasthof in Halbsätzen Essen bestellt (die fehlerhaften deutschen Untertitel zeigen die grammatikalische Inkorrektheit an) (vgl. Almanya 00:55:00-00:55:07). Mit seiner deutschen Frau Gabi und seinem Sohn Cenk spricht er deutsch. Trotz seiner rudimentären Sprachkenntnisse identifiziert er sich allerdings eindeutig als Türke, wie die spontane Antwort auf Cenks Frage zeigt (vgl. Almanya 00:12:27). Irrgang leitet daher vor allem aus der Figur des Ali die Schlussfolgerung ab, dass Identitätsmodelle, die kulturelle Identität an einen geografischen Raum oder an eine Sprache binden (vgl. Irrgang 2013: 18), falsch sind. Zwar ist er ebenso wie seine Geschwister ein Migrant der zweiten Generation, er verhält sich jedoch, da er bereits in Deutschland geboren ist, augenscheinlich sprachlich anders als seine beiden älteren Brüder und als seine

100 So beendet Hüseyin ein auf Türkisch geführtes emotionales Gespräch mit Fatma über die bevorstehende Einbürgerung mit einem deutschen „Nein!" (Almanya 00:05:49)

Schwester, weshalb Şenöz-Ayata (2018: 94) ihn aus sprachlicher Perspektive bereits zur dritten Generation zählt und ihn somit mit seinem Sohn Cenk und seiner Nichte Canan auf eine Ebene stellt. Somit werden u.a. in Ali „verschiedene Verständnisse von nationaler und kultureller Identität verhandelt“ (vgl. Irrgang 2013: 21), und die Figuren entziehen sich dichotomen kulturellen Zuordnungen, sie erhalten somit einen transkulturellen Charakter (vgl. ebd.).
Die dritte Einwanderungsgeneration der Familie Yılmaz besteht aus Leylas 22-jähriger Tochter Canan, und Alis sechsjährigem Sohn Cenk. Müzeyyen Ege bezeichnet die beiden als Postmigranten und meint damit „RepräsentantInnen der zweiten und dritten Generation von Einwanderern [...], die ein neues identitäres Selbstverständnis und neue Perspektiven hinsichtlich einer als sekundär erlebten Migrationserfahrung entwickeln“ (Ege 2018: 162). Diese „sekundär erlebte Migrationserfahrung“ wird vor allem dadurch verdeutlicht, dass nicht etwa Hüseyin als Erzähler der Rückblenden fungiert, sondern eben seine Enkelin Canan die Migrationsgeschichte ihrer Familie erzählt. Sowohl sie als auch Cenk entziehen sich ethnisch-nationalen Kategorien und machen dies auch sprachlich deutlich: Cenk hat einen türkischen Vater (Hüseyins Sohn Ali) und eine deutsche Mutter. Er spricht jedoch aufgrund seiner monolingualen Erziehung, die er an einer Stelle auch bedauert bzw. hinterfragt (vgl. Almanya 00:31:27-00:31:36), kein Türkisch, sondern perfektes Hochdeutsch. Im Sportunterricht wird deutlich, dass es seinen Mitschülern deshalb schwerfällt, Cenk in ein binäres kulturelles System einzuordnen: Er darf weder in der türkischen noch in der deutschen Mannschaft mitspielen.
Auch Canan entzieht sich dieser kulturellen Dichotomie: Sie hat eine türkische Mutter (Hüseyins Tochter Leyla), ihr türkischer Vater ist verstorben, sie wurde in Deutschland geboren, erwartet ein Kind von ihrem britischen Freund, versteht Türkisch und kann dies vermutlich auch sprechen[101], wenngleich sie es nicht explizit tut, da sie ihrem Großvater, ihrer Großmutter sowie ihrer Mutter ausschließlich auf Deutsch antwortet.
Bezogen auf die sprachliche Gestaltung der einzelnen Figuren auf der Erzählebene der Gegenwart stellt Ege (2014: 41) daher resümierend fest: „Sie [= die Şamdereli-Schwestern, S.T.] lassen diese [= ihre Figuren, S.T.] als multiple, mehrdimensionale Identitäten auftreten, die miteinander, aber auch selbstbestimmend, Identitätskonzepte aus- oder verhandeln, indem sie zwischen sprachlich-kulturellen, nationalen und auch geographischen Räumen oszillieren.“

101 Sie zeigt dies zu Beginn der ersten Rückblende, in der sie die Bewohner des türkischen Dorfs, aus dem Hüseyin und Fatma stammen, zunächst Türkisch sprechen lässt. Auf den Wunsch Cenks („Können sie nicht deutsch sprechen?“) ‚übersetzt‘ sie fortan das metadiegetische Türkisch auf Deutsch. Die metadiegetischen Türken sprechen im weiteren Verlauf der Rückblenden Deutsch, die metadiegetischen Deutschen sprechen eine ‚deutsch-klingende‘ Kunstsprache.

Anders stellt sich die linguistische Situation aus der metadiegetischen Ebene dar: Canan fungiert als intradiegetische Erzählerin und erzählt Cenk die Geschichte ihrer gemeinsamen Großeltern. Eine authentische sprachliche Gestaltung der Erzählung wahrend, lässt Canan die Einwohner von Hüseyins Heimatdorf zunächst auf Türkisch sprechen. Cenk bittet seine Cousine jedoch darum, die Figuren Deutsch sprechen zu lassen; die Rezipienten*innen haben bereits erfahren, dass Cenk nicht Türkisch spricht. Von da an wird das Türkische in Canans Erzählung durch das Deutsche repräsentiert. Bleichenbacher zufolge kann von der ‚Eliminierung' des Türkischen gesprochen werden. Um den Sprachkontakt zwischen den beiden Sprachen trotz der Eliminierung des Türkischen zu gewährleisten, bedient sich die Regisseurin einer Kunstsprache. Somit wird auch das Deutsche eliminiert und durch eine Kunstsprache repräsentiert. Die Eliminierung versinnbildlicht die Situation Cenks, der der Adressat der Erzählung ist und kein Türkisch spricht. Sie gewährleistet außerdem, dass nicht die gesamte metadiegetische Erzählung untertitelt werden muss und dass die Rezipierenden den Film leichter verstehen. Gleichzeitig steuert diese sprachliche ‚Umverteilung' auch die Perspektivierung der Rezipierenden. Diese erhalten nun mit der türkische Familie Yılmaz Identifikationsfiguren, deren Sprache sie verstehen; die Sprache der deutschen Figuren verstehen sie dagegen nicht oder nur erschwert.

Anders als die Familie Yılmaz sind die Nebenfiguren konzipiert, auf die die Familie im Laufe der Erzählung trifft: die türkischen Freundinnen Fatmas, die deutschen Nachbar*innen, der deutsche Standesbeamte, der türkische Pfarrer. Sie alle werden einsprachig dargestellt und sprechen die jeweilige Umgebungssprache bzw. ihre entsprechende Repräsentation. Eine Ausnahme stellt der türkische Junge dar, dem die Familie während ihrer Türkeireise auf einem Rasthof begegnet. Der Junge spricht den etwas jüngeren Cenk zunächst auf Türkisch an und fragt, in welche Klasse er gehe. Cenk, verschüchtert wegen seiner fehlenden Sprachkenntnisse, schweigt. Auf Alis (gebrochen) türkische Frage, warum er denn nicht Türkisch spreche, antwortet der fremde Junge zunächst auf Türkisch, was Deutsch untertitelt wird:

> *Das macht doch nichts, er kann doch Deutsch.*
> *Ich kann auch etwas Deutsch*
> *(Almanya 00:55:43-00:55:48).*

Danach spricht er Cenk auf Deutsch an:

> *Hallo. Du kaufen Simit. Sehr lecker*
> *(Almanya 00:55:49-00:55:52).*

Auch in diesem Detail zeigt sich der transkulturelle Charakter des Films. Denn auch Nebenfiguren können von Mehrsprachigkeit geprägt sein, Mehrsprachigkeit ist keine Eigenschaft, die nur zentralen Figuren zugeordnet wird.

Die sprachliche Diversität der Familie Yılmaz spiegelt zum einen den kulturellen und sozialen Kontext der Figuren wider, reinszeniert aber auch die Situation einer Familie mit Migrationshintergrund und vermittelt den Rezipierenden den Eindruck, „die Erlebnisse echter Menschen zu verfolgen" (Friedmann 2018: 22). Diese Fokussierung auf Sprache zieht sich bis in die Darstellung von Nebenfiguren, wie anhand des türkischen Jungen zu sehen ist. Diese realistische Motivierung spiegelt die Bemühungen der Regisseurin wider, die in der Film-Familie Yılmaz auch Erlebnisse aus der Migrationsgeschichte ihrer eigenen Familie verarbeitet hat (vgl. Moles Kaupp 2011: 4). Auf der Ebene der intradiegetischen Erzählung wird durch die sprachliche Gestaltung und die Mehrsprachigkeit die Perspektive der Rezipierenden gelenkt: die Filmfamilie lädt auch auf der sprachlichen Ebene zur Identifikation ein, die Deutschen werden für das deutsche Publikum dagegen unverständlich und verfremdet.

11.4 Almanya – Willkommen in Deutschland im Deutschunterricht

11.4.1 Erkennen und Akzeptieren der filmischen Mehrsprachigkeit

Auch die Unterrichtsreihe zu *Almanya – Willkommen in Deutschland* sollte mit Übungen vor der Vorführung des Films beginnen, die auf die Rezeption im Allgemeinen und auf die Mehrsprachigkeit des Films im Speziellen vorbereiten. Wie auch bereits bei *Azur und Asmar* oder *Isle of Dogs – Ataris Reise* kann das Filmplakat (s. Abbildung 33) erste Impulse für ein Gespräch über den Film geben.

In der Mitte des Plakats findet sich in goldenen Lettern der Filmtitel, der bereits dezidiert auf das Migrationsnarrativ hinweist. Oberhalb und unterhalb des Titels sind zwei Figurengruppen abgebildet: Im oberen Teil des Plakats wird ein Foto der Film-Familie Yılmaz gezeigt. Die Familie wird dabei nicht stereotyp fremd dargestellt, durch ihre schwarzen Haare unterscheiden sich die Yilmaz aber dennoch klar von den Figuren, die im unteren Teil des Plakats dargestellt werden. Es handelt sich dabei um Deutsche, auf die die Familie im Laufe des Films treffen wird, bspw. einen Beamten in der Meldebehörde, eine Ärztin, einen Supermarkt-Verkäufer oder einen Polizisten. Diese Nebenfiguren sind dabei wesentlich stereotyper dargestellt (bspw. in Pullunder oder mit Kittelschürze), was einen ersten Hinweis darauf liefern könnte, wer in *Almanya – Willkommen in Deutschland* die Haupt- und wer die Nebenfiguren sind.

Abbildung 33 Filmplakat Almanya – Willkommen in Deutschland

Kompetenzbereich	Kompetenz
Sprechen und Zuhören: Zu anderen sprechen	Die Lernenden äußern Vermutungen zu Filmplakat und Film artikuliert, verständlich, sach- und situationsangemessen.
Sprechen und Zuhören: Mit anderen sprechen	Die Lernenden beteiligen sich konstruktiv an einem Gespräch über Filmplakat, Trailer und Filmausschnitt.
Sprechen und Zuhören: Verstehend zuhören	Die Lernenden verstehen wesentliche Aussagen aus dem Filmtrailer und geben diese wieder.
Sprache und Sprachgebrauch untersuchen: Äußerungen/Texte in Verwendungszusammenhängen reflektieren und bewusst gestalten	Die Lernenden nutzen Mehrsprachigkeit zur Entwicklung der Sprachbewusstheit und zum Sprachvergleich.

Tabelle 14 Vorschläge anzubahnender Kompetenzen für die Sekundarstufe I (vgl. KMK 2004)

Diese Überlegungen bestätigt der Trailer (LINK 8), der sowohl die beiden Kulturräume als auch die beiden Zeitebenen, zwischen denen sich die Handlung entspinnt, zeigt. Auch Stereotype, über die der Film vorrangig Komik generiert, werden im Trailer benannt. Mehrsprachige Szenen werden im Trailer allerdings nicht gezeigt. Doch diese Unterlassung korrigieren bereits die ersten Filmminuten (0:00:00 – 0:05:26). Hier wird nicht nur Canan als die Erzählerin der Migrationsgeschichte ihrer Familie etabliert, sondern in einer kurzen Szene wird Türkisch gesprochen und untertitelt. Bereits in diesen ersten Filmminuten können Assoziationen, die durch Filmplakat und Trailer gesammelt wurde, bestätigt oder modifiziert werden, um somit auf mehrsprachige Textteile vorbereitet zu sein, sodass diese in der folgenden Rezeption erkannt und akzeptiert werden.

11.4.2 Globales Erschließen der Makrostruktur

Almanya – Willkommen in Deutschland erzählt auf zwei Zeitebenen über die Familie Yılmaz. Auf der Ebene der Gegenwart geht es um eine gemeinsame Fahrt der gesamten Familie in die anatolische Heimat von Hüseyin und Fatma, auf der Ebene der Vergangenheit wird in Form einer intradiegetischen Erzählung von der Ankunft der jungen anatolischen Familie im Deutschland der Siebziger-Jahre berichtet. Die Handlung entspinnt sich um die Figurenkonstellation des Films, weshalb ein Erschließen der Makrostruktur vor allem über die Figurenkonstellation erfolgen sollte. Da das Figureninventar des Films beachtlich ist, bietet es sich an, die Konstellation graphisch zu notieren, bspw. mithilfe des Notationssystems nach Krah (2006) (vgl. 6.2). Anhand der überblickshaften Darstellung der Familienverhältnisse kann gleichermaßen die Filmhandlung wiederholt und zusammengefasst werden. Um zur sprachlichen Gestaltung des Films hinzuleiten, können Cenks Frage („Was sind wir denn jetzt? Türken oder Deutsche?“) sowie das Bild der Familienmitglieder als Impuls dienen, einzelne Figuren und ihre Migrationsgeschichte genauer zu betrachten, sich in diese hineinzuversetzen und aus ihrer Perspektive die gestellte Frage zu beantworten. Um die individuelle Migrationsgeschichte der einzelnen Figuren genauer zu betrachten, bietet es sich an, das Kontinuums-Modell nach Baltes-Löhr (2019) (s. 3.4.2) heranzuziehen. Besonders bietet es sich an, die Figuren Hüseyin, Fatma, Leyla, Ali und Canan hinsichtlich ihrer physischen, psychischen und sozialen Dimension zu untersuchen, um ihre Einstellung zur (eigenen) Migration besser zu verstehen und eine Antwort auf Cenks Frage zu finden. Diese Überlegungen können schließlich als Überleitung dienen zur Auseinandersetzung mit der Bedeutung der Mehrsprachigkeit in *Almanya – Willkommen in Deutschland.*

11.4.3 Beschreiben der formalen Realisierung filmischer Mehrsprachigkeit

Aus einer formalen Perspektive lässt sich feststellen, dass Sprache und Mehrsprachigkeit in den beiden diegetischen Ebenen des Films verschieden realisiert werden. In der Diegese ähneln sich Signifikat und Signifikant stark, Deutsch wird also durch die deutsche Sprache repräsentiert, Türkisch wird durch die türkische Sprache repräsentiert. Türkischsprachige Textteile werden auf der Ebene der Diegese untertitelt. Auf der Ebene der Metadiegese ähneln sich Signifikat und Signifikant nicht, Türkisch wird hier durch die deutsche Sprache repräsentiert, Deutsch wird durch eine Fantasiesprache repräsentiert. Die Fantasiesprache wird dabei nicht untertitelt, an einzelnen Stellen taucht eine Dolmetscher-Figur auf.

Für das Verständnis des Films und seiner sprachlichen Gestaltung ist es wichtig, die Unterscheidung zwischen Diegese und Metadiegese sowie zwischen deren jeweiliger Realisierungsstrategie zu treffen. Dadurch kann es einerseits gelingen, genau zu beschreiben, wann welche Figur in welcher Sprache spricht, und andererseits wird durch eine Unterscheidung der beiden Zeitebenen ein präziserer Austausch über die filmsprachliche Gestaltung des Films möglich. Anknüpfend an die grafisch dargestellte Figurenkonstellation kann eine Unterscheidung der beiden Zeit- und Erzählebenen ebenso leicht erfolgen wie eine Differenzierung der jeweiligen sprachlichen Darstellung. Angeleitet werden kann dies bspw. durch den Arbeitsauftrag, eine Figur in ihren beiden Filmversionen miteinander zu vergleichen, z.B. ‚Vergangenheits-Hüseyin‘ und ‚Gegenwarts-Hüseyin‘.

In diesem Rahmen bietet es sich zudem an, sich mit dem Diskursphänomen des Code-Switchings auseinanderzusetzen. Dadurch, dass die Figuren in *Almanya – Willkommen in Deutschland* jeweils sehr individuell ausgeprägte Ideolekte sprechen, können mit dem Ziel der Sprachreflexion Überlegungen angestellt werden, „warum

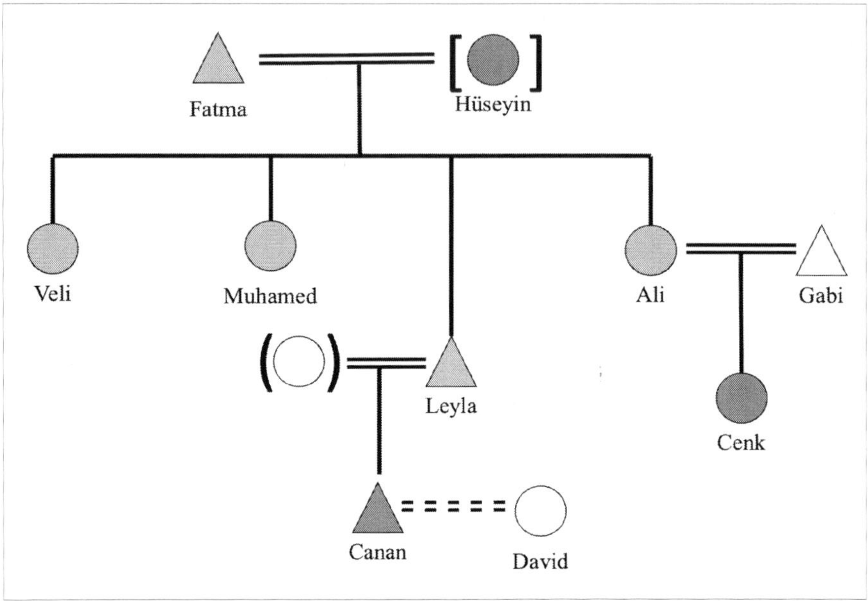

Abbildung 34 Figurenkonstellation Almanya – Willkommen in Deutschland

Kompetenzbereich	Kompetenz
Sprechen und Zuhören: Zu anderen sprechen	Die Lernenden geben Seheindrücke artikuliert, verständlich, sach- und situationsangemessen wieder.
Sprechen und Zuhören: Mit anderen sprechen	Die Lernenden vertreten die eigene Meinung begründet und nachvollziehbar.
Sprechen und Zuhören: Verstehend zuhören	Die Lernenden verstehen wesentliche Aussagen aus dem Film und geben diese wieder. Die Lernenden verfolgen die Gesprächsbeiträge anderer Schüler*innen und nehmen diese auf.
Lesen – mit Texten und Medien umgehen: Strategien zum Leseverstehen kennen und anwenden	Die Lernenden nutzen Rezeptionshaltungen und -erfahrungen bewusst.
Lesen – mit Texten und Medien umgehen: literarische Texte verstehen und nutzen	Die Lernenden erschließen zentrale Inhalte des Films. Die Lernenden erfassen die wesentlichen Elemente des Films, z.B. Figuren, Raum- und Zeitdarstellung, Konfliktverlauf.

Tabelle 15 Vorschläge anzubahnender Kompetenzen für die Sekundarstufe I (vgl. KMK 2004)

Kompetenzbereich	Kompetenz
Lesen – mit Texten und Medien umgehen: Medien verstehen und nutzen	Die Lernenden kennen wesentliche Darstellungsmittel und schätzen deren Wirkung ein.
Sprache und Sprachgebrauch untersuchen: Äußerungen/Texte in Verwendungszusammenhängen reflektieren und bewusst gestalten	Die Lernenden erkennen Szenen, in denen Kommunikation gelingt oder misslingt. Die Lernenden kennen das sprachliche Phänomen des Code-Switchings und beschreiben es in entsprechenden Situationen.

Tabelle 16 Vorschläge anzubahnender Kompetenzen für die Sekundarstufe I (vgl. KMK 2004)

welcher Charakter welche Sprache spricht oder warum er/sie in andere Sprachen wechselt" (Blell 2016: 320). Diese Überlegungen können dann bei der Erschließung der Funktion der filmischen Sprachlichkeit weiter ausdifferenziert werden.

11.4.4 Detailliertes Erschließen der Mikrostruktur

Da der Film auf zwei verschiedenen Erzählebenen Sprache auf zwei verschiedene Arten realisiert, muss diese Unterscheidung auch bei der Analyse der Mikrostruktur aufgegriffen werden. Im Folgenden werden daher zunächst Szenen aus der diegetischen Erzählung (= Ebene der Gegenwart) und danach aus der metadiegetischen Erzählung (= Ebene der Vergangenheit) näher betrachtet. Das Erschließen der jeweiligen Szenen ist dabei mit unterschiedlichen Zielsetzungen verbunden: Während es bei der Betrachtung der Diegese vor allem um das Kennenlernen und Beschreiben des Phänomens Code-Switching, seiner filmischen Realisierung und Funktion geht, verfolgt die Betrachtung der Metadiegese vor allem das Ziel, die Eigenart der verfremdeten Kunstsprache und deren Funktion herauszuarbeiten.
Anders als bei den beiden zuvor besprochenen Filmen geht es bei den hier ausgewählten Szenen nicht darum, mögliche Bedeutungen auszuhandeln. Da die anderssprachigen Textteile entweder untertitelt werden oder durch diegetische Dolmetscherfiguren gedolmetscht werden, ist das, was gesagt wird, klar. Der Fokus der Analyse liegt in diesem Fall also vor allem darauf, wie Textteile versprachlicht werden.

Das Familienessen (00:08:30-00:13:04)

Fatma und Hüseyin laden ihre gesamte Familie zum Essen zu sich nach Hause ein. Dort verkünden sie zum einen, dass sie aufgrund der vorausgegangenen Einbürgerung nun Deutsche seien, und zum anderen ergänzt Hüseyin, dass er ein Haus in der Türkei gekauft habe und mit der gesamten Familie dorthin fahren wolle. Die Verkündung der beiden Neuigkeiten adressiert alle am Tisch Sitzenden (darunter ist auch die deutsche Gabi, Alis Frau) und erfolgt daher auf Deutsch. Vorausgehende und nachfolgende Gespräche zwischen einzelnen Figuren erfolgen dagegen entweder auf Deutsch oder auf Türkisch. Hüseyin wechselt in emotionalen Situationen auch dann ins Türkische, wenn er mit der gesamten Tischgesellschaft spricht. In diesen Situationen sieht man Ali dabei, wie er für seine Frau übersetzt. Hüseyin beendet schließlich die Diskussion:

> *(auf Türkisch, untertitelt)*
> *Es reicht! Ruhe, verdammt noch mal!*
> *Habe ich, als euer Vater, euch jemals um etwas gebeten?*
> *Ihr sitzt hier nur rum und macht blabla...*
> *Schämt euch!*
> *Wir sind eine Familie!*
>
> *(auf Deutsch)*
> *Eine türkische Familie!*
> *(Almanya 0:12:08-0:12:23)*

Diese Szene zeigt in sprachlicher Hinsicht mehreres: Einerseits wird klar, wer Türkisch spricht, wer Türkisch zumindest versteht und wer nur Deutsch spricht und versteht. So zeigt sich, dass lediglich Gabi die türkischen Einlassungen nicht versteht und dass Ali ihr diese übersetzen muss. Gleichermaßen zeigt sich auch, dass die linguistische Situation am Tisch durch Code-Switching gekennzeichnet ist – immer wieder findet ein Wechsel zwischen Deutsch und Türkisch statt, nicht immer ist dieser Wechsel besonders motiviert (wie bspw. bei Hüseyins emotionalem Ausbruch). Diese Szene eignet sich aufgrund ihrer sprachlichen Gestaltung besonders dazu, den Idiolekt der einzelnen Hauptfiguren näher zu beschreiben.

Am Rasthof (00:53:19-00:58:50)

Familie Yılmaz fährt mit einem gemieteten Bus in das anatolische Dorf, in dem Hüseyin das Haus gekauft hat. Auf dem Weg dorthin legen sie an einem Rasthof eine Pause ein. Zum gemeinsamen Essen gesellt sich ein türkischer Junge, der an der Raststätte Gebäck verkauft. Sprachlich interessant ist die Szene aus zwei Gründen: Einerseits wird deutlich, dass Alis Türkischkenntnisse vor allem passiv sind, beim Sprechen (s. Abbildung 35) zeigt er jedoch Schwierigkeiten, wie die Untertitel zeigen, wenn er versucht, auf Türkisch etwas zu Essen zu bestellen. Andererseits wird der türkische Junge, der nur eine Nebenfigur in der Konstellation darstellt, als mehrsprachig etabliert, wenn er Cenk auf Deutsch anspricht. Mehrsprachigkeit wird da-

Abbildung 35 Alis Essensbestellung (Almanya 00:56:43)

durch als eine positive und ganz ‚normale' Eigenschaft charakterisiert, die nicht nur den Hauptfiguren der filmischen Handlung vorbehalten ist.
Um die sprachliche Gestaltung hinsichtlich ihrer Funktion näher analysieren zu können, eignen sich die folgenden Beobachtungsaufträge:

- Welche Gespräche entwickeln sich am Esstisch?
- Wer spricht was in welcher Sprache?
- Was genau geben die Sprecher jeweils von sich preis?

Hüseyins Ankunft in Deutschland (00:19:11-00:21:00)

Nach einem tränenreichen Abschied von seiner in der Türkei bleibenden Frau und seinen drei kleinen Kindern, kommt der junge Hüseyin schließlich in Deutschland an. Er und viele andere Gastarbeiter werden dort von einem untersetzen Deutschen, vermutlich einem Lokalpolitiker, der Begrüßungsworte spricht, empfangen. Ein Dolmetscher übersetzt die Grußworte sowohl für Hüseyin als auch für die Rezipierenden. Im Hintergrund finden sich Begrüßungsschilder, auf denen „Willkommen" in verschiedenen Sprachen geschrieben steht (s. Abbildung 36).
Aus vorherigen Szenen ist den Rezipierenden bereits bekannt, dass die intradiegetischen Türken Deutsch sprechen. Diese Szene erreicht ihr Überraschungsmoment daher dadurch, dass hier ein Sprachkontakt zwischen dem Türkischen und dem Deutschen dargestellt wird. Wegen der spezifischen Realisierung der Sprache (das Türkische wird durch die deutsche Sprache repräsentiert) muss jedoch auf eine Kunstsprache zurückgegriffen, damit nicht alle am Gespräch Beteiligten in derselben Sprachen sprechen. Einerseits erzeugt diese Realisierung eine gewisse Komik, andererseits

Abbildung 36 Hüseyins Ankunft in Deutschland (Almanya 00:20:62)

wird durch die Kunstsprache die Ankunft in Deutschland verfremdet dargestellt. Als Impuls, um über die filmische Realisierung der Fremdheit nachzudenken, eignet sich das Zitat der Erzählerin Canan, die im Off spricht:

> *So wie viele andere Menschen damals verlies auch Hüseyin seine Heimat und kam als Gastarbeiter nach Deutschland. Nach Almanya, wo alles anders war (Almanya 00:19:11-00:19:21).*

Diese Andersartigkeit Deutschlands zeigt sich auf mehreren Ebenen: So verändert sich die Farbgebung hin zu dunklen und kalten Farben, die deutschen Figuren sind vornehmlich untersetzte Männer ohne Bart und mit grimmigem Blick und schließlich unterscheiden sich die beiden filmischen Räume durch die dort gesprochene Sprache. Die verwendete Kunstsprache kann dann hinsichtlich ihrer lautlichen Besonderheiten näher beschrieben werden (Umlaute, [*x*/*χ*]-Laute, [r]-Laut), dazu bietet sich auch ein Blick auf die Plakate und Poster an, die in dieser Szene in entsprechender Fantasiesprache beschriftet wurden.

Der Einkauf (00:47:42-00:49:02)

In einer weiteren Szene, in der die Kunstsprache verwendet wird, wird Fatmas erster Einkauf in Deutschland gezeigt. Fatma geht dabei in den Supermarkt und versucht, ohne entsprechende Sprachkenntnisse ihren Einkauf zu bewältigen. Während die verbale Kommunikation zunächst zu scheitern droht, gelingt es der Türkin am Ende doch durch Zeichensprache, die ersehnte Milch zu kaufen.

Im Fokus der Szene steht ganz klar die Komik, die durch das Nicht-Verstehen entsteht. Solche Situationen sind ganz charakteristisch für Culture-Clash-Komödien –

das Nichtverstehen der anderen Kultur zeigt sich eben zuerst beim Nichtverstehen der anderen Sprache. Allerdings unterscheidet sich der gezeigte Culture-Clash auch hier durch die sprachliche Verfremdung, die mit der Repräsentation des Deutschen durch eine Kunstsprache einhergeht. Auch die deutschen Rezipierenden verstehen nun nicht mehr den deutschen Verkäufer, sondern sie verstehen eben die Türkin Fatma, die in Einwortsätzen versucht, ihren Einkauf zu erledigen.
Dabei wird gleichermaßen die Perspektivierung klar, die durch die sprachliche Realisierung entsteht: Die deutschen Rezipierenden nehmen die Perspektive Fatmas ein, die sich in einem deutschen Laden nur unter erschwerten Bedingungen verständlich machen kann. Zwar erhält sie am Ende die Milch, wegen der sie einkaufen war, allerdings muss sie sich dabei zunächst der Peinlichkeit unterziehen, eine Kuh pantomimisch und durch entsprechende Geräusche darzustellen. Diese Szene lädt die Schüler*innen einerseits dazu ein, ähnliche Erfahrungen zu teilen, die sie in ihrem Alltag (z.B. beim Einkaufen in einem anderssprachigen Urlaubsland) bereits gemacht haben. Andererseits wird vor allem an dieser Stelle die Funktion der Kunstsprache deutlich, der es eben nicht nur um das Generieren von Komik, sondern auch um eine Perspektivierung geht.

Das erste Weihnachtsfest (01:02:33-01:04:53)

In einer dritten Szene wird schließlich das erste Weihnachtsfest der jungen Familie Yılmaz in Deutschland gezeigt. Obwohl ihr das christliche Fest fremd ist, versucht Fatma, ihren Kindern einen Weihnachtsabend nach deren Vorstellungen zu bereiten. Auch hier ist es überaus komisch, die Türkin dabei zu beobachten, wie sie sich bemüht, die typischen Abläufe der Bescherung, die ihre Kinder ihr schildern, umzusetzen. Im Hintergrund laufen dazu ‚deutsche' Weihnachtslieder – natürlich in der Kunstsprache. Bei den drei Kindern wird der Einfluss der neuen Kultur immer deutlicher, was sich schließlich auch sprachlich zeigt: Muhamed und Veli tragen am Ende der Szene einen Streit aus – in der das Deutsche repräsentierenden Fantasiesprache. Auch an dieser Stelle bietet es sich zunächst an zu überlegen, was die beiden Jungen sagen könnten. Das Aushandeln einer Bedeutung sollte allen weiteren produktiven Anschlussaufgaben vorausgehen. Auch ein Vergleich der verfremdeten Weihnachtslieder mit ihren originalsprachigen Pendants bietet sich an. Da hier – anders als in Szenen, in denen eine wörtliche ‚Übersetzung' nicht möglich ist – Kunstsprache und deutsche Originaltext gegenübergestellt werden können, kann die Kunstsprache mit der deutschen Sprache hinsichtlich charakteristischer Merkmale verglichen werden.

Zusammenfassend lässt sich festhalten, dass sowohl Szenen der Diegese als auch der Metadiegese in sprachlicher Hinsicht genauer analysiert werden sollten. Dadurch wird einerseits der Aspekt des Code-Switchings und der Untertitelung in den Fokus der Betrachtung gerückt, andererseits auch die verfremdende Kunstsprache und ihre

Kompetenzbereich	Kompetenz
Sprechen und Zuhören: Mit anderen sprechen	Die Lernenden beschaffen sich durch gezielte Fragen notwendige Informationen. Die Lernenden vertreten die eigene Meinung begründet und nachvollziehbar.
Sprechen und Zuhören: Verstehend zuhören	Die Lernenden entwickeln eine Aufmerksamkeit für verbale und nonverbale Ausdrucksmittel (z.B. Stimmführung, Körpersprache).
Lesen – mit Texten und Medien umgehen: Medien verstehen und nutzen	Die Lernenden kennen wesentliche Darstellungsmittel und schätzen deren Wirkung ein.
Sprache und Sprachgebrauch untersuchen: Äußerungen/Texte in Verwendungszusammenhängen reflektieren und bewusst gestalten	Die Lernenden erfassen grundlegende Textfunktionen. Die Lernenden unterscheiden und beachten verschiedene Sprechweisen und deren Funktion.

Tabelle 17 Vorschläge anzubahnender Kompetenzen für die Sekundarstufe I (vgl. KMK 2004)

spezifische Gestaltung. Dies bietet eine gute Ausgangsvoraussetzung, um sich handelnd und produktiv mit der sprachlichen Gestaltung des gesamten Films auseinanderzusetzen und um die Funktion der Kunstsprache dezidiert beschreiben und für die Gesamtanalyse fruchtbar machen zu können.

11.5 Beschreiben der funktionalen Realisierung filmischer Mehrsprachigkeit

Almanya – Willkommen in Deutschland realisiert Sprache bzw. Mehrsprachigkeit auf verschiedene Arten. Auf der Erzählebene der Gegenwart ähneln sich Signifikat und Signifikant sehr deutlich – die deutsche und die türkische Sprache werden durch sich selbst realisiert –, wodurch die gesprochene Sprache eher realistisch wirkt. Auf der Erzählebene der Vergangenheit wird eine andere Darstellung von Sprache gewählt – Türkisch wird durch Deutsch repräsentiert, während das Deutsche durch eine Fantasiesprache repräsentiert wird. Diese formale Umsetzung gilt es nun hinsichtlich ihrer Funktion zu beschreiben. Dieser kann sich die Analyse – wie auch bereits in den vorangegangenen Beispielen – über handlungs- oder produktionsorientierte Verfahren annähern. So kann in einem ersten Schritt die sprachliche Gestaltung alterniert werden: In der Diegese kann das Deutsche durch eine Fantasiesprache repräsentiert werden, in der Metadiegese kann stattdessen eine realistische Sprachrealisierung gewählt werden. Dabei wird die Funktion der Perspektivierung, die Sprache hier zuvörderst leistet, in den Fokus gerückt. Schließlich ist es vor allem die nicht untertitelte Kunstsprache, die die Situation für die Rezipierenden verfremdet – ebenso wie die Protagonist*innen

Kompetenzbereich	Kompetenz
Sprechen und Zuhören: Zu anderen sprechen	Die Lernenden kennen und beachten die Wirkungen der Redeweise. Die Lernenden unterscheiden verschiedene Formen mündlicher Darstellung und wenden diese an.
Sprechen und Zuhören: Verstehend zuhören	Die Lernenden entwickeln Aufmerksamkeit für verbale und nonverbale Ausdrucksmittel (z.B. Stimmführung, Körpersprache).
Sprechen und Zuhören: Szenisch spielen	Die Lernenden gestalten Texte szenisch.
Schreiben: Über Schreibfertigkeiten verfügen	Die Lernenden nutzen Textverarbeitungsprogramme und ihre Möglichkeiten zum Schreiben und Gestalten von Untertiteln.
Schreiben: einen Schreibprozess eigenverantwortlich gestalten	Die Lernenden verfassen Texte (z.B. Skript zum Rollenspiel, Untertitel) unter Beachtung der Phasen des Schreibprozesses (Planen, Schreiben, Überarbeiten).
Lesen – mit Texten und Medien umgehen: literarische Texte verstehen und nutzen	Die Lernenden erfassen wesentliche Elemente eines Textes. Die Lernenden erkennen sprachliche Gestaltungsmittel und ihre Wirkungszusammenhänge. Die Lernenden wenden analytische Methoden an, z.B. das Untersuchen des Films. Die Lernenden wenden produktive Methoden an.
Lesen – mit Texten und Medien umgehen: Medien verstehen und nutzen	Die Lernenden kennen medienspezifischen Formen. Die Lernenden erkennen und bewerten Intentionen und Wirkungen. Die Lernenden kennen das Darstellungsmittel der filmischen Mehrsprachigkeit und schätzen deren Wirkung ein. Die Lernenden nutzen Medien zur Präsentation und ästhetischen Produktion.
Sprache und Sprachgebrauch untersuchen: Äußerungen/Texte in Verwendungszusammenhängen reflektieren und bewusst gestalten	Die Lernenden erfassen grundlegende Textfunktionen. Die Lernenden unterscheiden und beachten Sprechweisen. Die Lernenden untersuchen die Rolle von Sprecher*innen und Hörer*innen/Rezipierenden.
Sprache und Sprachgebrauch untersuchen: Textbeschaffenheit analysieren und reflektieren	Die Lernenden kennen sprachliche Mittel zur Sicherung des Textzusammenhangs und wenden diese an.

Tabelle 18 Vorschläge anzubahnender Kompetenzen für die Sekundarstufe I (vgl. KMK 2004)

sind auch sie auf non- und paraverbale Merkmale angewiesen, um die ein verfremdetes Deutsch sprechenden Deutschen zu verstehen. Anders als in vielen anderen deutschen Migrationsfilmen wird dabei jedoch nicht eine für deutsche Zuschauer*innen sprachlich fremde Welt gezeigt, sondern es werden (deutschsprachige) Türken in der (sprachlich verfremdeten) deutschen Fremde dargestellt (vgl. Irrgang 2013: 15). Die Mitglieder der Familie Yılmaz, die sich durch ihren sprachlichen wie kulturellen Hintergrund eigentlich zunächst von dem*der deutschsprachigen Zuschauer*in unterscheiden, sind ganz klar als die Protagonist*innen zu erkennen; die sprachliche Gestaltung steuert zudem das Identifikationspotential mit diesen auf inhaltlicher Ebene doch zuerst fremden Figuren. Auf der anderen Seite führen die sprachlich verfremdeten Dialoge mit den plakativ dargestellten Deutschen – ähnlich wie in Brechts epischem Theater, in dem Verfremdung ein wesentliches Motiv ist – dazu, dass diese kritisch und distanziert betrachtet werden können (vgl. Şenöz-Ayata 2018: 89). Durch eine Veränderung der sprachlichen Gestaltung mithilfe von produktiven Verfahren wie der Neusynchronisation oder der Untertitelung können eben diese Funktionen der sprachlichen Gestaltung reflektiert und herausgearbeitet werden. Somit können die Schüler*innen an diesem Beispiel zweierlei lernen: Einerseits lernen sie das filmische Verfahren Mehrsprachigkeit mit seiner verfremdenden und der daraus entstehenden komischen Wirkung kennen. Andererseits regt das Verfahren zur Perspektivübernahme an; die Lernenden begegnen Filmfiguren, durch die es gelingen kann, Empathiefähigkeit und darauf aufbauend interkulturelle Kompetenz anzubahnen.

12 Ein fünftes Zwischenfazit

Die im zweiten Teil der Arbeit vorgestellte Methode, um sich dem mehrsprachigen Spielfilm aus einer sprach- wie mediendidaktischen Perspektive zu nähern, sollte in den vorangegangenen Ausführungen auf drei konkrete Filmbeispiele übertragen werden. Dabei wurde bewusst eine Auswahl getroffen, die sich hinsichtlich der Zielgruppe, der Machart, des Filmgenres und der verwendeten Sprachen unterscheidet. Dadurch sollte sich zeigen, dass sich der Fünfschritt der ‚Didaktik des mehrsprachigen Spielfilms' auf entsprechende Filme übertragen lässt, sofern diese das Verfahren Mehrsprachigkeit wie erläutert aufgreifen. Es sollte gezeigt werden, dass sich die fünf herausgearbeiteten Punkte für alle drei Fallbeispiele bewährten:

In einem ersten Schritt ging es jeweils um das **Erkennen und Akzeptieren der filmischen Mehrsprachigkeit** durch die Arbeit mit filmischen Paratexten wie dem Filmplakat, Filmtrailern oder dem Filmtitel. In allen drei Fällen gibt bereits das Filmplakat mehr oder weniger explizit Hinweise auf die Mehrsprachigkeit des Films oder zumindest auf das Narrativ der Interkulturalität. Während in *Almanya – Willkommen in Deutschland* bereits der Titel darauf verweist, liefern in *Isle of Dogs – Ataris Reise* sowie in *Azur und Asmar* die Plakate auf visueller Ebene entsprechende Indizien. Das Einbeziehen filmischer Paratexte, die ohnehin immer wieder in Aufgabenformaten vor der Sichtung des Films aufgegriffen werden (vgl. überblicksweise Staiger 2019a: 42), ist für den mehrsprachigen Film somit in doppelter Weise empfehlenswert. Dadurch können einerseits ganz allgemein Assoziationen geweckt und Erwartungen an den Film formuliert werden, und andererseits kann ganz gezielt auf die Mehrsprachigkeit des Mediums verwiesen werden. Dadurch sollen die Schüler*innen auf die spezifischen Rezeptionsbedingungen eingestimmt werden, um durch etwaige medienspezifische Irritationen (wie das Nicht-Verstehen einzelner Ausschnitte oder das Lesen von Untertiteln) die Motivation zur Rezeption nicht aufzugeben.

Der zweite Schritt, das **globale Erschließen der Makrostruktur**, kann in allen drei Beispielen ähnlich angeleitet werden. Durch entsprechende Sehaufträge können die Rezipierenden lernen, auf die Handlung oder die Figurenkonstellationen zu achten. Dabei ist es nicht vonnöten, die einzelnen (anderssprachigen) Sequenzen im Detail zu verstehen – der Fokus dieses Schritts liegt auf einem globalen Verständnis von

Handlung und Figuren. Vor allem für komplexere Figurenkonstellationen oder umfassendere Ensembles bietet sich die Notationstechnik in Anlehnung an Krah (2006: 363f.) an, wie an *Isle of Dogs – Ataris Reise* und *Almanya – Willkommen in Deutschland* verdeutlicht wurde. Durch die graphische Notation der Figurenkonstellation bzw. durch entsprechende Aushandlungsprozesse bezüglich der Anordnung der entsprechenden Figuren kann bereits über Figurengruppen (und deren sprachliche Realisierung) oder über die Räume, in denen sich die Figuren bewegen, nachgedacht werden. So zeigt die Graphik zu den Figuren in *Isle of Dogs – Ataris Reise* bspw. die Differenz zwischen Figuren, die in Megasaki-City leben, und denjenigen, die nach Trash Island deportiert wurden. Auch Ataris Rolle als Grenzgänger kann durch diese Graphik herausgelesen bzw. in entsprechenden Anschlussgesprächen vertieft werden.

Nachdem Erkenntnisse zur Makrostruktur erlangt und festgehalten wurden, gilt es in einem dritten Schritt, die **filmische Mehrsprachigkeit formal zu beschreiben**. Je nach konkretem Film variieren die Realisierungsstrategien: Während in *Isle of Dogs – Ataris Reise* japanische Textteile oftmals durch eine diegetische Dolmetscherfigur übertragen werden und in *Azur und Asmar* die arabischen Textteile nicht übersetzt werden, verwendet *Almanya – Willkommen in Deutschland* teilweise Untertitel und teilweise keine Übersetzung. Durch entsprechende Fragen und Impulse kann diese formale Realisierung anhand konkreter Textausschnitte allerdings in allen drei Fällen ähnlich erschlossen und beschrieben werden.

Darauf aufbauend sollen sich die Lernenden die **Mikrostruktur des Films** anhand ausgewählter Filmszenen erschließen, im Fokus der Beobachtungen steht dabei immer auch das Verfahren der Mehrsprachigkeit – was die Fokussierung anderer filmischer Verfahren (wie bspw. Kameraeinstellung, Dramaturgie oder Mise en Scene) nicht ausschließt. Für jeden der drei Filme wurden daher entsprechende Szenen ausgewählt, in denen die sprachliche Gestaltung bzw. das Nichtverstehen einzelner Textteile zu füllende Leerstellen generiert oder in denen die sprachliche Gestaltung nicht nur in ihrer Form, sondern auch in ihrer Funktion beschreibbar ist. Durch spezifische Impulse sollen Prozesse angeleitet werden, in denen mögliche Bedeutungen anderssprachiger Textteile unter Berücksichtigung eingeführter Rezeptionsstrategien ausgehandelt werden. Diese ausgehandelten Bedeutungen bzw. Bedeutungsvorschläge (nicht Übersetzungen!) dienen dann schließlich als Ausgangspunkt für den letzten Schritt, **die Beschreibung der funktionalen Realisierung filmischer Mehrsprachigkeit**, welche sich vor allem im Anschluss an handlungs- und produktionsorientierte Verfahren eignet. Das Erproben oder Parodieren alternativer Realisierungsstrategien soll dann als Vergleichswert dienen, anhand dessen die Funktion der tatsächlich gewählten Strategie reflektiert werden kann. So zeigten sich bspw. in *Isle of Dogs – Ataris Reise* sowie in *Almanya – Willkommen in Deutschland*, inwiefern sich die durch Sprache erreichte Perspektivierung durch eine Veränderung der

Sprache verschieben würde. Allen voran geht es filmischen Verfahren vor allem um die Verfremdung der Rezeption. Auch diese Verfremdungswirkung kann in diesem letzten Bearbeitungsschritt reflektiert werden.

Die in diesem fünfschrittigen Prozess gewonnen Erkenntnisse sollen dann schließlich in einer Gesamtanalyse zusammengeführt werden. Diese kann von Figuren und Räumen ausgehen und bezieht die Mehrsprachigkeit des Films entsprechend mit ein. Anhand der drei ausgewählten Filme sollte gezeigt werden, dass das fünfschrittige Konzept es ermöglicht, den mehrsprachigen Spielfilm mit seinem sprach- und mediendidaktischen Potential so in den Deutschunterricht einzubinden, dass er keine zusätzliche Bürde für den ohnehin vollen Jahresplan wird, sondern ein Lerngegenstand, dem es gelingen kann, Lernbereiche elegant und authentisch miteinander zu verbinden und so integratives Lernen zu fördern.

TEIL D

Zusammenfassung und Fazit

Die vorangegangenen Ausführungen verfolgten zwei Ziele. Erstens galt es, den potentiellen Lerngegenstand des mehrsprachigen Spielfilms systematisch zu untersuchen, um zweitens sein sprach- und mediendidaktisches Potential für den Deutschunterricht aufzuzeigen. Dadurch sollten vor allem für die Deutschdidaktik erstmals Überlegungen zusammengeführt werden, die in Filmwissenschaft und Fremdsprachendidaktik zwar immer mal wieder, jedoch noch wenig systematisch aufgearbeitet wurden, und für die Planung von Deutschunterricht in der Primarstufe und Sekundarstufe I nutzbar gemacht werden.

Der erste Teil der Arbeit unternahm dazu den Versuch, das „weitgehend unerschlossene [...] Untersuchungsgelände" (Bauer 2019: 154) des mehrsprachigen Spielfilms zu systematisieren und zu kategorisieren. ‚Mehrsprachigkeit' wird in diesem Rahmen als ein filmisches Verfahren verstanden, das ebenso wie alle anderen Verfahren (z.B. Kameraperspektive, Licht, Dramaturgie, Mise en Scene usw.) zur Gesamterzählung beiträgt. Ausgehend von den Überlegungen Bordwells, der filmischen Verfahren eine formale sowie eine funktionale Seite zuspricht, unterteilt sich auch die Kategorisierung in eben diese beiden Aspekte, weshalb zum einen nach der formalen Realisierung und zum anderen nach der funktionalen Realisierung von Mehrsprachigkeit gefragt wird.
Die **formale Beschreibung** des Verfahrens fragt zunächst danach, ob Mehrsprachigkeit im Film durch eine andere Dachsprache als die Rezipierendensprache realisiert wird (vgl. die ‚Taxonomie der Mehrsprachigkeit' in Bleichenbacher 2008b: 24) und wie die Rezipierenden anderssprachige Textteile verstehen. In den gesichteten Filmen konnten drei Möglichkeiten ausgemacht werden, wie mit anderssprachigen Textteilen umgegangen wird:

- Anderssprachige Textteile werden **untertitelt**. Es handelt sich dabei i.d.R. um interlinguale offene Untertitel, die also die gesprochene Sprache in eine andere Schriftsprache (nämlich in die Sprache der Rezipierenden) übersetzen und die nicht frei zu- oder abschaltbar sind. Die Untertitel halten sich dabei meist an die gängigen Konventionen (vgl. Ivarsson/Carroll 1998: 157f.), wenngleich vereinzelt Tendenzen hinsichtlich der kreativen Untertitelung beobachtet werden können.

- Anderssprachige Textteile werden durch eine **diegetische Dolmetscherfigur** für die Rezipierenden gedolmetscht. Als diegetische*n Dolmetscher*in verstehe ich eine funktionale Film-Figur, die vorrangig dazu dient, zwischen anderssprachigen filmischen Figuren und rezipierendensprachlichen Figuren zu dolmetschen. Die Dolmetscherfigur verbindet somit die Diegese und die außerdiegetische Realität, indem sie nicht nur für diegetische Figuren, sondern eben auch für die Rezipierenden dolmetscht.
- Anderssprachige Textteile werden weder untertitelt noch von einer Dolmetscherfigur gedolmetscht – sie werden also **nicht übersetzt**. Die Rezipierenden erschließen sich das Gesprochene in diesem Fall mithilfe von Sach- und Weltwissen, Sprachwissen sowie Wissen über schematische Themen- und Handlungszusammenhänge (vgl. Honnef-Becker/Kühn 2019: 172f.). Die Rezipierenden werden dabei oftmals unterstützt: So verwenden die anderssprachigen Figuren bspw. ausdrucksstarke Gestik und Mimik oder wiederholen kurze Sätze immer wieder und untermalen diese mit erläuternden Bewegungen. Anderssprachige Textteile sind zudem oftmals kürzer, um die erhöhte Konzentration, die die Rezipierenden in diesen Abschnitten aufbringen, nicht überzustrapazieren. Zudem besteht die Möglichkeit, dass eine Figur durch lautes Denken den Rezipierenden beim Übersetzen helfen kann.

Die Verfahren werden in konkreten Einzelfällen oftmals unterschiedlich verwendet und variieren zuweilen auch innerhalb eines Films: So werden in manchen Filmen alle anderssprachigen Textteile untertitelt (z.B. in *Gnade* oder in *Victoria* [D 2015]), in anderen Filmen werden gar keine Textteile untertitelt (z.B. in *Katja und der Falke*), und in wieder anderen Filmen wird eine diegetische Dolmetscherfigur mit nicht übersetzten Textteilen kombiniert (z.B. in *Isle of Dogs – Ataris Reise*). Auch eine Kombination aller Verfahren ist möglich (z.B. in *The Shape of Water*). Zu erkennen, wann welches Verfahren Anwendung findet, ist ein zentraler Aspekt für spätere Interpretationsansätze. Die Untersuchung der formalen Realisierung filmischer Mehrsprachigkeit sollte daher schließlich die Fragen beantworten,

- welche Sprachen im Film gesprochen werden,
- welche Sprachen die im Film (bzw. in der Synchronfassung) gesprochenen Sprachen repräsentieren,
- wie das Verständnis der Rezipierenden für anderssprachige Textteile (nicht) gesichert wird sowie
- an welchen Stellen entsprechende Verfahren verwendet werden, um anderssprachige Textteile zu dolmetschen.

Eine solche formale Beschreibung ist schließlich die Grundlage für eine zweite Kategorisierung: die **funktionale Seite** des filmischen Verfahrens Mehrsprachigkeit.

Die filmische Handlung ist maßgeblich durch drei Elemente bestimmt: durch das Handeln von Figuren, die einen Zustand A in Zustand B **überführen**, durch einen Schauplatz sowie durch eine gewisse Zeitdauer (vgl. Kurwinkel/Schmerheim 2013: 99). Kern bezeichnet dies als die „filmische Basissemiotik" (Kern 2004: 220). Mehrsprachigkeit lässt sich vor allem bei zwei der drei Basiselemente einer filmischen Erzählung ausmachen: Auf der Ebene der handelnden Figuren und auf der Ebene des Schauplatzes. Überlegungen zur Funktion von Mehrsprachigkeit laufen immer wieder auf diese beiden Elemente hinaus, weshalb sie das Grundgerüst des entworfenen Kategorisierungsmodells bilden.
Ausgehend vom analytischen Vorgehen des Neoformalismus wird angenommen, dass Mehrsprachigkeit ein filmisches Verfahren darstellt, das entweder künstlerisch, transtextuell, realistisch oder kompositionell motiviert ist. Je nach Art der Motivierung kann die filmische Mehrsprachigkeit verschiedene Funktionen erfüllen. Im Einzelnen konnten hinsichtlich des Raums und der Figuren folgende Funktionen ausgemacht werden, die das Verfahren der Mehrsprachigkeit erfüllen kann:

- Separierung und Kontrastierung von Figuren oder Räumen
- Betonung eines Grenzgebiets zwischen zwei separierten Räumen (bspw. ein Transitraum wie ein Flugzeug oder ein Hotel)
- Individualisierung oder Charakterisierung von Figuren und Räumen
- Stereotypisierung von Figuren und Räumen
- Lenken der Zuschauer*innenperspektive (Perspektivierung)

Eine Funktion, die den Neoformalisten zufolge bei jedem filmischen Verfahren mitschwingt, ist die der **Verfremdung**, also das Fremdmachen des Alltäglichen. Dadurch soll die Wahrnehmung erschwert und eine Automatisierung der Rezeption, die sich durch Oberflächlichkeit und Beiläufigkeit auszeichnet, verhindert werden. Wie gezeigt wurde, kann davon ausgegangen werden, dass das Verfahren Mehrsprachigkeit vor allem deshalb verfremdend wirkt, da es die Gemachtheit des Films offenlegt (wie z.B. in *Almanya – Willkommen in Deutschland*) und weil es die Sehgewohnheiten der Rezipierenden unterläuft. So verfremdet ein mehrsprachiger Film weniger das Alltägliche, sondern vielmehr die Erwartungshaltung der Zuschauer*innen, wodurch das Medium und seine Gemachtheit in den Fokus der Aufmerksamkeit rückt und reflektiert werden kann.

Mit dieser Kategorisierung wurde ein Versuch unternommen, Filme, in denen das Verfahren der filmischen Mehrsprachigkeit Anwendung findet, hinsichtlich ihrer Sprachlichkeit sowie der Form und Funktion des Verfahrens zu systematisieren. Diese Systematik kann Lehrer*innen dazu dienen, die Mehrsprachigkeit in Filmen gezielter wahrzunehmen und daran anknüpfend Lerngelegenheiten zu gestalten, in denen auch die Schüler*innen die sprachliche Gestaltung des mehrsprachigen Films

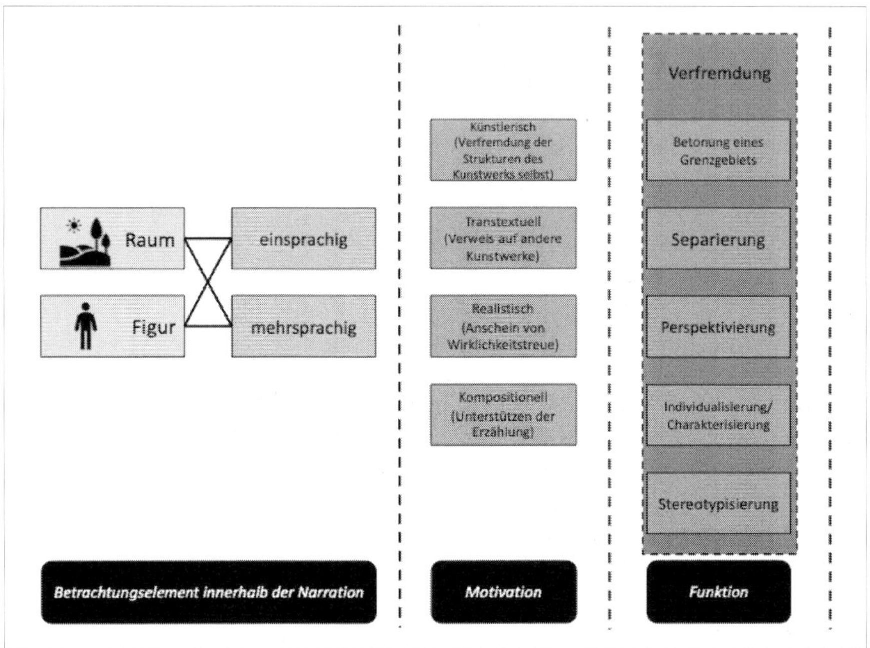

Abbildung 37 Kategorisierung der formalen Ebene der filmischen Mehrsprachigkeit

sowohl von formaler als auch von funktionaler Seite aus erschließen sowie reflektieren können.

Der zweite Teil der Arbeit suchte nach Begründungszusammenhängen, die den mehrsprachigen Spielfilm als Lerngegenstand für den Deutschunterricht rechtfertigen. Dazu wurden Schnittstellen zwischen fachdidaktischen Zielen des Deutschunterrichts und den sprach- sowie mediendidaktischen Potentialen des mehrsprachigen Spielfilms benannt.

Für den Lernbereich ‚Sprechen und Zuhören' zeigten sich hinsichtlich des **Sprechens** drei verschiedene Schwerpunkte: ‚über Filme sprechen', ‚zu Filmen sprechen' und ‚zu Filmen spielen'. Während es im Bereich ‚über Filme sprechen' vor allem um die Anschlusskommunikation, die Versprachlichung von Irritationen sowie das gemeinsame mündliche Aushandeln und Füllen von Leerstellen geht, zielt der Aspekt ‚zu Filmen sprechen' eher auf produktionsorientierte Verfahren wie die Neusynchronisierung von anderssprachigen Textteilen. Der Aspekt ‚zu Filmen spielen' meint die (mehrsprachige) Auseinandersetzung mit Filmteilen durch das szenische Spiel. In allen drei Bereichen können verschiedene Teilkompetenzen der Mündlichkeit gefördert und gefordert werden, wobei das Sprechen über Sprache und das Einbeziehen der

klasseninternen Mehrsprachigkeit immer eine zentrale Rolle spielen sollte. Dadurch kann allen Sprachen im Klassenzimmer eine Wertschätzung entgegengebracht und Mehrsprachigkeit als positive Ressource für den Deutschunterricht genutzt werden. Hinsichtlich des **Zuhörens** bietet der mehrsprachige Spielfilm Potentiale für Aufgabenstellungen, die nicht nur den sprachlichen Input, sondern auch die anderen Determinanten des Zuhörens (vgl. Imhof 2003: 54) berücksichtigen: die Wahrnehmung und Verarbeitung der Sprechermerkmale sowie die Wahrnehmung und Verarbeitung der Situationsmerkmale (vgl. ebd.). Der mehrsprachige Spielfilm kann deshalb dazu dienen, Hörstrategien zu trainieren, mit denen sich nicht nur entsprechende schulische Aufgabenformate bewältigen lassen, sondern mit denen gleichermaßen mehrsprachigen Situationen in der Lebenswelt der Schüler*innen kompetent begegnet werden kann.
Auch für den Lernbereich ‚**Schreiben**' zeigten sich Kompetenzen, die mit dem mehrsprachigen Film angebahnt werden könnten. Als besonders zielführend erwiesen sich dabei die sog. „profilierten Aufgabenformate" (Bachmann/Becker-Mrotzek 2010: 194), die sich durch eine klar identifizierbare Funktion, durch den Einbezug von recherchiertem Wissen und durch das Lösen in einer sozialen Interaktion kennzeichnen. Das Verfassen von Untertiteln kann eine solche Schreibaufgabe darstellen, die neben den genannten Aspekten zudem durch ihre Kürze zum Schreiben motivieren kann. In Anlehnung an die Überlegungen von Incalcaterra McLoughlin und Lertola (2011: 249ff.) erweisen sich die folgenden Arbeitsschritte als zielführend, um den komplexen Prozess des Untertitelns für Lernende zu untergliedern und zu entlasten:

- Motivation für die Aktivität
- Sichtung des zu untertitelnden Filmmaterials mit dem Ziel des globalen Verstehens
- Detailliertes, analytisches Verstehen der zu untertitelnden Stellen sowie das sprachliche Aushandeln von eventuellen Leerstellen
- Verfassen der Untertitel
- Reflektieren des Untertitelungsprozesses bzw. der Ergebnisse sowie deren Wirkung auf Rezipierende

Das literaturdidaktische Potential des Films für den Deutschunterricht ist vergleichsweise umfangreich erschlossen. Vor allem die Förderung der Imaginationsbildung, des Literarischen Lernens oder der Persönlichkeitsbildung und -entwicklung können durch einen mehrsprachigen, aber auch durch jeden anderen für den Deutschunterricht geeigneten Film erfolgen. Der Lernbereich **‚Lesen – mit Texten und Medien umgehen'** zielt außerdem auf die Analyse und Interpretation von literarischen Medien. Anhand eines exemplarischen filmischen Verfahrens – der filmischen Mehrsprachigkeit – können entsprechende Analyseschritte eingeübt und auf andere Verfahren übertragen werden. Darüber hinaus kann der mehrsprachige Film, der immer eine interkulturelle Begegnung zeigt, einen Beitrag zum Interkulturellen Lernen leisten. Durch den Einbezug

mehrsprachiger Medien kann es gelingen, kulturell hybride Figuren, interkulturelle Begegnungen und mehrsprachige Kommunikationssituationen im Deutschunterricht kennenzulernen, zu reflektieren und dadurch die Weltsicht der Schüler*innen zu erweitern. Für den Lernbereich **‚Sprache und Sprachgebrauch untersuchen'** erweist sich das Einbeziehen des mehrsprachigen Films in den Deutschunterricht dahingehend als gewinnbringend, da solche Filme als Ausgangspunkt für Sprachreflexion und Sprachvergleiche dienen können. Im Fokus steht dabei nicht nur die Frage, was der betreffende Film erzählt, sondern eben auch, in welchen Sprachen und warum in genau diesen Sprachen er dies tut. Der Sprachvergleich, der bei der Aushandlung über die Bedeutung anderssprachiger Textteile immer mitlaufen muss, ist somit ein zentraler Aspekt der Arbeit mit mehrsprachigen Spielfilmen im Deutschunterricht und somit die Voraussetzung für produktive Anschlusshandlungen wie das Verfassen von Untertiteln oder die Neusynchronisierung.
Des Weiteren hat sich gezeigt, dass der Einsatz des mehrsprachigen Spielfilms auch im Hinblick auf die Anbahnung von **Filmbildung** gerechtfertigt werden kann. Ausgehend vom Modell der Länderkonferenz Medienbildung (2015) und unter Ergänzung des Modells einer sprachlich orientierten Filmbildung (Blell et al. 2016) zeigte sich, dass der mehrsprachige Spielfilm ebenso Kompetenzen aus den Bereichen ‚Filmanalyse', ‚Filmproduktion und Präsentation', ‚Filmnutzung' sowie ‚Film in der Medienlandschaft' anbahnen und die Schüler*innen somit zu einer kompetenten privaten Filmrezeption befähigen kann.

All diese Überlegungen wurden schließlich zusammengeführt, um eine Struktur zu entwerfen, wie der mehrsprachige Spielfilm in den Deutschunterricht integriert werden kann. Diese ‚Didaktik des mehrsprachigen Spielfilms' führt von Aufgaben vor dem Sehen und der ersten Filmrezeption hin zu einer Analyse bzw. Interpretation, in der das Verfahren der Mehrsprachigkeit eine adäquate Berücksichtigung erfährt. Das sprach- und mediendidaktische Potential des Spielfilms wird dazu genutzt, alle Lernbereiche des Deutschunterrichts integrativ zu verbinden. Die Sprachreflexion nimmt dabei durchgehend einen großen Stellenwert ein, wodurch sich das vorliegende Konzept von Filmkonzeptionen mit literaturdidaktischem Schwerpunkt unterscheidet. Die ‚Didaktik des mehrsprachigen Spielfilms' bezieht sich dabei auf fünf Teilschritte, die sich hinsichtlich ihrer Komplexität steigern und die vom naiven Sehen über das Erschließen der Makrostruktur bis hin zur Analyse der Mikrostruktur und der finalen Analyse führen. Im Einzelnen sind die folgenden Schritte zu unterscheiden:

- Erkennen und Akzeptieren der filmischen Mehrsprachigkeit
- Globales Erschließen der Makrostruktur
- Beschreiben der formalen Realisierung von Mehrsprachigkeit
- Detailliertes Erschließen der Mikrostruktur
- Beschreiben der funktionalen Realisierung von Mehrsprachigkeit

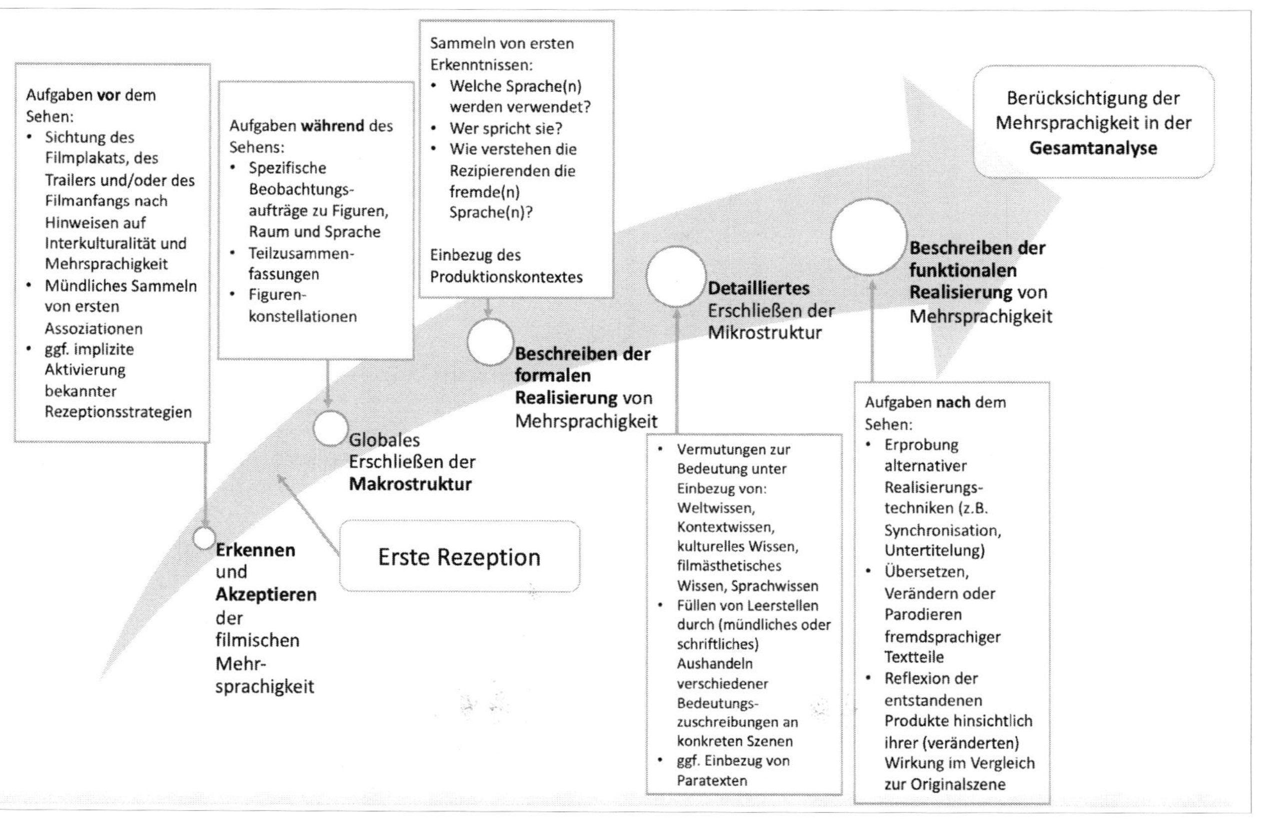

Abbildung 38 Schritte einer Didaktik des mehrsprachigen Films

In einem abschließenden dritten Teil wurden diese allgemeinen Überlegungen auf drei konkrete Filmbeispiele für die Primarstufe bzw. Sekundarstufe I übertragen. Anhand der deutschdidaktischen Überlegungen zu *Azur und Asmar*, *Isle of Dogs – Ataris Reise* und *Almanya – Willkommen in Deutschland* konnte gezeigt werden, dass sich der Fünfschritt einer ‚Didaktik des mehrsprachigen Films' als Leitfaden eignet, die Zielsetzungen des Deutschunterrichts sowie Zieldimensionen der schulischen Filmbildung integrativ zu verbinden.

Ausgehend von den vorangegangenen Ausführungen lässt sich resümierend festhalten, dass der mehrsprachige Spielfilm ein geeigneter Lerngegenstand für einen Deutschunterricht sein kann, der lernbereichsübergreifend fachspezifische Kompetenzen anbahnen will und der sich andererseits nicht scheut, das Medium Film sowie andere Sprachen einzubeziehen, um sowohl Medienkompetenz bzw. Filmbildung als auch Sprachbewusstsein zu fördern. Der mehrsprachige Spielfilm knüpft zudem unmittelbar an die Lebenswelt der Lernenden an: So kann das Verfahren Mehrsprachigkeit in immer mehr Filmen und Serien ausgemacht werden. Deshalb sollten die Schüler*innen lernen, damit umzugehen, um künftig kompetent an einer globalisierten Mediengesellschaft partizipieren zu können. Zudem spiegeln mehrsprachige Spielfilme eine mehrsprachige Gesellschaft wider, in der sich die Lernenden tagtäglich bewegen – analog oder digital. Durch den mehrsprachigen Spielfilm kann es demnach gelingen, auf solche Anforderungen vorzubereiten, mit denen die Schüler*innen zukünftig konfrontiert sein werden.

Für die Konzipierung entsprechender Lerngelegenheiten, die auf diese Potenziale abzielen, bedarf es auf der Seite der Lehrkräfte einer Vielzahl an Kompetenzen und einer angemessenen Expertise. Neben den ohnehin herausfordernden Voraussetzungen, die bei der Planung einer Unterrichtsreihe zum Film notwendig sind, begibt sich die Lehrkraft mit dem mehrsprachigen Spielfilm auf ein Gelände, das bisher kaum erschlossen ist. Ich bin mir jedoch sicher, dass der Trend zum mehrsprachigen Spielfilm, der sich aus der zunehmenden Produktion mehrsprachiger Spielfilme ableiten lässt, dazu führen wird, dass sich die Filmwissenschaft zukünftig dieses ‚Genres' (vgl. Wahl 2005) verstärkt annehmen und weitere Facetten erschließen wird, die in diesem Rahmen eine geringere oder (noch) keine Beachtung fanden. Aus einer deutschdidaktischen Perspektive heraus kann diese Arbeit als ein erster Impuls verstanden werden, das Feld des mehrsprachigen Films abzustecken und zu systematisieren. Außerdem soll mit den Überlegungen einer ‚Didaktik des mehrsprachigen Spielfilms' ein Konzept zur Diskussion gestellt werden, das einladen will zum Nachahmen, Hinterfragen und Weiterdenken – immer mit dem Ziel, den hier beschriebenen Lerngegenstand stärker im Deutschunterricht zu etablieren. Freilich wird dadurch eine Vielzahl an neuen Fragen aufgeworfen, bspw.:

- Wie genau wirkt sich die Untertitelung auf die kindliche Rezeption von Filmen aus?
- Wie genau können Untertitel gestaltet werden, die an die Lesekompetenzen von Kindern angepasst sind?
- Wie hat sich der mehrsprachige Kinderfilm entwickelt? Gibt es diesen überhaupt? Und wie wird er sich entwickeln?

Mit dieser Arbeit hoffe ich, einen Impuls zur Auseinandersetzung mit diesen Anschlussfragen zu geben sowie zum Einbeziehen des mehrsprachigen Spielfilms in den Deutschunterricht zu motivieren. Wenngleich dieses Unterfangen eine hohe Expertise aufseiten der Lehrkraft voraussetzt, bin ich mir sicher: Es wird sich lohnen!

Literaturverzeichnis

Gesichtete mehrsprachige Filme

Akin, Fatih (2002): *Solino*, D.

Akin, Fatih (2004): *Gegen die Wand*, D/TR.

Akin, Fatih (2009): *Soul Kitchen*, D/F/I.

Akin, Fatih (2017): *Aus dem Nichts*, D/F.

Allen, Woody (2011): *Midnight in Paris (Midnight in Paris)*, USA/SP/F.

Anderson, Wes (2009): *Der fantastische Mr. Fox (Fantastic Mr. Fox)*, USA/UK.

Anderson, Wes (2014): *Grand Budapest Hotel (The Grand Budapest Hotel)*, USA/D.

Anderson, Wes (2018): *Isle of Dogs – Ataris Reise (Isle of Dogs)*, USA/D/JP/UK.

Assayas, Oliver et al. (2006): *Paris, je t'aime (Paris, je t'aime)*, F/LI/CH/D/USA.

Baser, Tevkif (1986): *40 Quadratmeter Deutschland*, BRD.

Bohm, Hark (1988): *Yasemin*, BRD/TR.

Boon, Danny (2008): *Willkommen bei den Sch'tis (Bienvenue chez les Ch'tis)*, F.

Boyle, Danny / **Tandan**, Loveleen (2008): *Slumdog Millionär (Slumdog Millionaire)*, UK/USA/IND.

Brooks, James L. (2004): *Spanglish (Spanglish)*, USA.

Cameron, James (2009): *Avatar – Aufbruch nach Pandora (Avatar)*, USA.

Coppola, Sofia (2003): *Lost in Translation: Zwischen den Welten (Lost in Translation)*, USA/JAP.

Cuarón, Alfonso (2018): *Roma (Roma)*, MEX.

Dagekin, Bora (2012): *Türkisch für Anfänger*, D.

Emmerich, Roland (2004): *The Day After Tomorrow (The Day After Tomorrow)*, USA.

Emmerich, Roland (2009): *2012 – Das Ende der Welt (2012)*, USA.

Fassbinder, Rainer Werner (1974): *Angst essen Seele auf*, BRD.

Favreau, Jon (2019): *Der König der Löwen (The Lion King)*, USA/UK/ZA.

Forster, Marc (2007): *Drachenläufer (The Kite Runner)*, USA/CH/UK/AF.

Forster, Marc (2013): *World War Z (World War Z)*, USA/UK/MT.

Gallenberger, Florian (2015): *Colonia Dignidad – Es gibt kein Zurück (Colonia)*, D/F/LU/UK/USA.

Gansel, Dennis (2018): *Jim Knopf und Lukas der Lokomotivführer*, D.

Gisler, Marcel (2018): *Mario*, CH.

Glasner, Matthias (2012): *Gnade*, D/NOR/F.

Godard, Jean-Luc (1963): *Die Verachtung (Le mépris)*, F/I.

Greengrass, Paul (2007): *Das Bourne Ultimatum (The Bourne Ultimatum)*, USA/D/F/SP.

Guadagnino, Luca (2018): *Call Me By Your Name (Call Me By Your Name)*, I/FR/USA/BR.

Hallström, Lasse (2000): *Chocolat... ein kleiner Biss genügt (Chocolat)*, UK/USA.

Herman, Mark (2008): *Der Junge im gestreiften Pyjama (The Boy in the Striped Pyjamas)*, UK/USA.

Hesselholdt, Lars (1999): *Katja und der Falke (Falkehjerte)*, DK/D.

Howard, Ron (2013): *Rush – Alles für den Sieg (Rush)*, UK/D/USA.

Iñárritu, Alejandro G. (2006): *Babel (Babel)*, FR/USA/MEX/MAR/JAP.

Jackson, Peter (2001): *Der Herr der Ringe – Die Gefährten (The Lord of the Rings: The Fellowship of the Ring)*, USA/NZ.

Jackson, Peter (2002): *Der Herr der Ringe – Die zwei Türme (The Lord of the Rings: The Two Towers)*, USA/NZ.

Jackson, Peter (2003): *Der Herr der Ringe – Die Rückkehr des Königs (The Lord of the Rings: The Return of the King)*, USA/NZ.

Jarmusch, Jim (1991): *Night on Earth (Night on Earth)*, F/UK/D/USA/JP.

Jeunet, Jean-Pierre (2001): *Die fabelhafte Welt der Amelie (Le fabuleux destin d'Amélie Poulain)*, F/D.

Kheiron (2018): *Wilde Kräuter (Mauvaises herbes)*, F/BL.

Klapisch, Cédric (2002): *L'auberge espagnole – Barcelona für ein Jahr (L'auberge espagnole)*, F/SP.

Lawrence, Francis (2018): *Red Sparrow (Red Sparrow)*, USA.

Link, Caroline (2013): *Exit Marrakech*, D.

Maistre, Gilles de (2018): *Mia und der weiße Löwe (Mia et le lion blanc)*, F/D/ZA/CH/MC/ USA.

McTieman, John / **Crichton**, Michael (1999): *Der 13. Krieger (The 13th Warrior)*, USA.

Mendes, Sam (2015): *James Bond 007: Spectre (Spectre)*, UK/USA/AT/MEX/IT/MAR)

Ocelot, Michel (2006): *Azur und Asmar (Azur et Asmar)*, FR/BEL/SP/I.

Ocelot, Michel (2011): *Les Contes de la Nuit*, F.

Ocelot, Michel / **Burlet**, Raymond (1998): *Kiriku und die Zauberin (Kirikou et la sorcière)*, F/B/LUX.

Padilha, José (2018): *7 Tage in Entebbe (Entebbe)*, UK/USA/F/MT.

Petzold, Christian (2018): *Transit*, D/F.

Polanski, Roman (2002): *Der Pianist (The Pianist)*, F/UK/D/PL/USA.

Reinl, Harald (1963): *Winnetou 1. Teil*, BRD/YUG/I.

Samadi Ahadi, Ali (2009): *Salami Aleikum*, D.

Şamdereli, Yasemin (2011): *Almanya – Willkommen in Deutschland*, D.
Sanders-Brahms, Helma (1976): *Shirins Hochzeit*, BRD.
Saul, Anno (2004): *Kebab Connection*, D.
Schaffer, Jeff / **Berg**, Alec (2004): *Eurotrip (EuroTrip)*, USA/CZ.
Schipper, Sebastian (2015): *Victoria*, D.
Schmid, Hans-Christian (2003): *Lichter*, D.
Stahelski, Chad (2017): *John Wick: Kapitel 2 (John Wick: Chapter 2)*, USA/IT/HK/CAN
Stahelski, Chad / **Leitch**, David (2014): *John Wick (John Wick)*, USA/UK/CHN.
Tarantino, Quentin (2009): *Inglourious Basterds (Inglourious Basterds)*, USA/D.
Tarantino, Quentin (2012): *Django Unchained (Django Unchained)*, USA.
Toro, Guillermo del (2018): *Shape of Water – Das Flüstern des Wassers (The Shape of Water)*, USA/CAN.
Tykwer, Tom / **Wachowski**, Lana / **Wachowski**, Lilly (2012): *Cloud Atlas (Cloud Atlas)*, USA/D/HK/CN/SG.

Gesichtete mehrsprachige Serien

Game of Thrones (USA 2011-2019)
Orange Is The New Black (USA 2013-2019)
Into the Dark (BEL 2020-)
The Alienist – die Einkreisung (USA 2018-)
Türkisch für Anfänger (D 2006-2008)

Weitere zitierte Filme

Allers, Roger / **Minkoff**, Rob (1994): *Der König der Löwen (The Lion King)*, USA.
Arnold, Jack (1957): *Die unglaubliche Geschichte des Mister C. (The Incredible Shrinking Man)*, USA.
Becker, Wolfgang (2003): *Good Bye Lenin!*, D.
Bluth, Don / **Goldman**, Gary (1997): *Anastasia (Anastasia)*, USA.
Buck, Chris / **Lee**, Jennifer (2013): *Die Eiskönigin – Völlig unverfroren (Frozen)*, USA.
Buck, Chris / **Lee**, Jennifer (2019): *Die Eiskönigin II (Frozen II)*, USA.
Burton, Mark / **Starzak**, Richard (2015): *Shaun das Schaf – der Film (Shaun the Sheep Movie)*, UK/F/USA.
Cameron, James (1991): *Terminator 2 – Tag der Abrechnung (Terminator 2 – Judgement Day)*, USA/F.
Chaplin, Charles (1940): *Der große Diktator (The Great Dictator)*, USA.
Chazelle, Damien (2016): *La-La-Land (La-La-Land)*, USA/HK.
Clements, Ron / **Musker**, John (1992): *Aladdin (Aladdin)*, USA.
Clements, Ron / **Musker**, John (1989): *Arielle, die Meerjungfrau (The Little Mermaid)*, USA.

Demme, Jonathan (1991): *Das Schweigen der Lämmer (The Silence of the Lambs)*, USA.
Gillett, Burt (1933): *Die drei kleinen Schweinchen (Three Little Pigs)*, USA.
Gondry, Michael (2011): *The Green Hornet (The Green Hornet)*, USA.
Gordon, Bert I. (1957): *Der Koloss (The Amazon Colossal Man)*, USA.
Gracey, Michael (2017): *Greatest Showman (The Greatest Showman)*, USA.
Hawks, Howard (1953): *Blondinen bevorzugt (Gentlemen Prefer Blondes)*, USA.
Hitchcock, Alfred (1959): *Der unsichtbare Dritte (North by Northwest)*, USA.
Malamuzh, Oleh (2018): *Mila und Ruslan – Mutiger als erlaubt (Vykradena pryntsesa: Ruslan i Lyudmyla)*, UKR.
Murnau, F. W. (1926): *Faust – eine deutsche Volkssage*, D.
Ocelot, Michel (2000): *Prinzen und Prinzessinnen (Princes et princesses)*, F.
Parker, Ol (2018): *Mamma Mia! Here We Go Again (Mamma Mia! Here We Go Again)*, UK/USA/JAP.
Payne, Alexander (2017): *Downsizing (Downsizing)*, USA/NOR.
Ritchie, Guy (2019): *Aladdin (Aladdin)*, USA.
Russo, Anthony / **Russo**, Joe (2016): *The First Avenger – Civil War (Captain America – Civil War)*, USA.
Wedge, Chris (2013): *Epic – Verborgenes Königreich (Epic)*, USA.
Welles, Orson (1941): *Citizen Kane (Citizen Kane)*, USA.
Yates, David (2016): *Legend of Tarzan (The Legend of Tarzan)*, UK/CAN/USA/AUS.
Zwick, Joel (2002): *My Big Fat Greek Wedding – Hochzeit auf griechisch (My Big Fat Greek Wedding)*, USA/CAN.

Weitere zitierte Serien

Sex and the City (USA 1998-2004)
The Big Bang Theory (USA 2007-2019)

Sekundärliteratur

Abraham, Ulf (2007): Katja, der Falke und ich. Schreiben zu einem Kinderfilm. In: Abraham, Ulf / Kupfer-Schreiner, Claudia (Hrsg.): Schreibaufgaben. Berlin: Cornelsen Scriptor, 87-105.
Abraham, Ulf (2008a): Lesekompetenz, literarische Kompetenz, poetische Kompetenz. Fachdidaktischen Aufgaben in einer Medienkultur. In: Rösch, Heidi (Hrsg.): Kompetenzen im Deutschunterricht. Beiträge zur Literatur-, Sprach- und Mediendidaktik (= Beiträge zur Literatur- und Mediendidaktik; 9). Frankfurt a.M.: Peter Lang, 13-26.
Abraham, Ulf (2008b): Sprechen – Schreiben – Spielen. Filme im Blick eines medienreflexiven Deutschunterrichts. Mein Freund Joe in der 7. Jahrgangsstufe. In: Der Deutschunterricht, 3, 53-63.

Abraham, Ulf (2009): Mit Filmen umgehen. In: Abraham, Ulf / Beisbart, Ortwin / Koß, Gerhard / Marenbach, Dieter (Hrsg.): Praxis des Deutschunterrichts. Arbeitsfelder, Tätigkeiten, Methoden. Mit Beiträgen zum Schriftspracherwerb von Andreas Hartinger, zur Unterrichtsplanung von Kristina Popp. Donauwörth: Auer Verlag, 233-238.

Abraham, Ulf (2010): Filmkanon als Spiegel einer Filmgeschichte? Geschichte und Gegenwart des Mediums Film im Deutschunterricht. In: Kepser, Matthis (Hrsg.): Fächer der schulischen Filmbildung. Mit zahlreichen Vorschlägen für einen handlungs- und produktionsorientierten Unterricht. München: kopaed, 39-54.

Abraham, Ulf (2012): Fantastik in Literatur und Film. Eine Einführung für Schule und Hochschule (= Grundlagen der Germanistik; 50). Berlin: Schmidt.

Abraham, Ulf (2014): Vom Film zur Sprache – von der Sprache zum Film. In: Kammerer, Ingo/ Kepser, Matthis (Hrsg.): Dokumentarfilm im Deutschunterricht. Baltmannsweiler: Schneider 2014, 193-211.

Abraham, Ulf (2015a): „Interkulturelle Filmbildung“ und Mehrsprachigkeit im Spielfilm. Drachenläufer im Deutschunterricht. In: Kupfer-Schreiner, Claudia / Pöhlmann-Lang, Annette (Hrsg.): Didaktik des Deutschen als Zweitsprache – DiDaZ in Bamberg lehren und lernen: eine Bilanz des Faches in Forschung und Lehre (2010-2015). Bamberg: University of Bamberg Press, 29-44.

Abraham, Ulf (2015b): Mehrsprachigkeit in Filmen und Sprachreflexion im Filmunterricht. In: In: *ide* Jg 39, H 1, 57-66.

Abraham, Ulf (2016a): Sprechen als reflexive Praxis. Mündlicher Sprachgebrauch in einem kompetenzorientierten Deutschunterricht. Stuttgart: Fillibach bei Klett.

Abraham, Ulf (2016b): Sprachbezogene Filmbildung im fächerübergreifenden Unterricht. In: Blell, Gabriele / Grünewald, Andreas / Kepser, Matthis / Surkamp, Carola (Hrsg.): Film in den Fächern der sprachlichen Bildung (Film-Bildung-Schule; 2). Baltmannsweiler: Schneider Verlag Hohengehren, 135-152.

Abraham, Ulf (2018): Filme im Deutschunterricht. 3. akt. u. erw. Aufl. Seelze: Kallmeyer/Klett.

Abraham, Ulf / **Kepser**, Matthis (2008): Übersetzungen lesen und schreiben. In: *Praxis Deutsch* 212, 6-13.

Abraham, Ulf / **Kepser**, Matthis (2012): Filme beschreiben im Deutschunterricht – Audiodeskriptionen und Untertitel für Hörgeschädigte. In: Oomen-Welke, Ingelore / Staiger, Michael (Hrsg.): Bilder in Medien, Kunst, Literatur, Sprache, Didaktik. Festschrift für Adalbert Wichert. Freiburg i.B.: Fillibach, 95-115.

Abraham, Ulf / **Kupfer-Schreiner**, Claudia / **Maiwald**, Klaus (2005): Im Spannungsfeld von Didaktik und Pädagogik. Schreibförderung und Schreiberziehung. In: Dies. (Hrsg.): Schreibförderung und Schreiberziehung. Eine Einführung für Schule und Hochschule. Donauwörth: Auer, 5-11

AG Kino-Gilde e.V. / Französische Botschaft (2012): Programmdossier. Cinéfête 12. Das französische Jugendfilmfestival auf Tournée durch Deutschland. Online abrufbar unter https://www.cinemayence.de/cinefete/C12_Programmdossier.PDF (zuletzt aufgerufen am 04.12.2019)

Albrecht, Christian / **Frederking**, Volker (2015): Der Film im Deutschunterricht. Grundlagen, Rahmenbedingungen, Konzeptionen. In: *ide* Jg 39, H 1, 20-38.

Alexander, Bryan (2019): How ‚Isle of Dogs' perfectly (and accidentally) predicted the rise of student-led change. Online abrufbar unter: https://eu.usatoday.com/story/life/movies/2018/03/22/isle-dogs-predicted-rise-high-school-students-parkland/448108002/ (zuletzt aufgerufen am 24.04.2020)

Alonso-Villa, Cristina (2019): John Wick and the multilingual kick. In: Junkerjürgen, Ralf / Rebane, Gala (Hrsg.): Multilingualism in Film. Berlin: Peter Lang, 197-207.

Anders, Petra (2019): 2 Film in der Schule. In: Anders, Petra / Staiger, Michael / Albrecht, Christian / Rüsel, Manfred / Vorst, Claudia (Hrsg.): Einführung in die Filmdidaktik. Kino, Fernsehen, Video, Internet. Stuttgart: J.B. Metzler, 21-34.

Anders, Petra / Staiger, Michael / Albrecht, Christian / Rüsel, Manfred / Vorst, Claudia (Hrsg.) (2019): Einführung in die Filmdidaktik. Kino, Fernsehen, Video, Internet. Stuttgart: J.B. Metzler.

Anderson, Wes (2018): Isle of Dogs. Screenplay by Wes Anderson. Story by Wes Anderson, Roman Coppola, Jason Schwartzman and Kunichi Nomura. London: Faber & Faber Limited.

Andronie, Melina (2019): Motivation im Kontext von Mehrsprachigkeit. *Grundschule Deutsch*, 61, 12-14.

Augé, Marc (1997): Orte und Nicht-Orte der Stadt. Übersetzt von Susanne Baumann. In: Ritter. Roland (Hrsg.): Spaces of Solitude (= Dokumente zur Architektur; 9). Graz: Haus der Architektur, 12-26.

Augé, Marc (2012): Nicht-Orte. 3. Aufl. München: C.H.Beck.

Baacke, Dieter (1999): Handbuch Medien. Medienkompetenz. Modelle und Projekte. Bonn: Bundeszentrale für Politische Bildung.

Bachmann, Thomas / **Becker-Mrotzek**, Michael (2010): Schreibaufgaben situieren und profilieren. In: *KöBeS*, 7, 191-209.

Bachmann, Thomas / **Becker-Mrotzek**, Michael (2017): Schreibkompetenz und Textproduktion modellieren. In: Becker-Mrotzek, Michael / Grabowski, Joachim / Steinhoff, Torsten (Hrsg.): Forschungshandbuch empirische Schreibdidaktik. Münster: Waxmann, 25-53.

Bachtin, Michael (2008): Chronotopos. Aus dem Russ. von Michael Dewey. Frankfurt a.M.: Suhrkamp.

Badstübner-Kizik, Camilla (2012): Alles nur Missverständnisse? Sprachenkontakte in Spielfilmen und ihr didaktisches Potential. In: Adamczak-Krysztofowicz, Sylwia / Stork, Antje (Hrsg.): Multikompetent – multimedial – multikulturell. Aktuelle Tendenzen in der DaF-Lehrerausbildung (= Posener Beiträge zur Angewandten Linguistik; 2). Frankfurt a.M.: Peter Lang, 179-194.

Badstübner-Kizik, Camilla (2015): Polyglotte Filme als translatorische Herausforderung und didaktische Chance. Das Beispiel Inglourious Basterds (Quentin Tarantino 2009). In: Badstübner-Kizik, Camilla / Fišer, Zbyněk / Hauck, Raija (Hrsg.): Übersetzung als Kulturvermittlung. Translatorisches Handeln, Neue Strategien, Didaktische Innovation. Frankfurt a.M.: Peter Lang, 221-246.

Baltes-Löhr, Christel (2016): Die Figur des Kontinuums am Beispiel von Geschlecht und Migration. Ein Erklärungsansatz für Pluralitäten als Existenzmuster? In: Radulescu, Raluca / dies. (Hrsg.): Pluralität als Existenzmuster. Bielefeld: transcript, 9-28.

Baltes-Löhr, Christel (2019): Geschlecht, Wanderungen, Erinnerungen, Identitätskonstruktionen – ausgeleuchtet mit der Figur des Kontinuums. In: Baltes-Löhr, Christel / Kory, Beate Petra / Sandor, Gabriela (Hrsg.): Auswanderung und Identität. Erfahrungen von Exil, Flucht und Migration in der deutschsprachigen Literatur. Bielefeld: transcript, 11-37.

Barsch, Achim (2006): Mediendidaktik Deutsch (= UTB; 2808). Paderborn: Ferdinand Schöningh.

Bauer, Matthias (2019): Sprachverlust im Exil und Mehrsprachigkeit im Film. Überlegungen anlässlich des Biopics Vor der Morgenröte (2016). In: Bauer, Matthias / Nies, Martin / Theele, Ivo (Hrsg.): Grenz-Übergänge. Zur ästhetischen Darstellung von Flucht und Exil in Literatur und Film. Berlin: de Gruyter, 153-172.

Bayerisches Staatsministerium für Bildung und Kultus, Wissenschaft und Kunst (2014): LehrplanPLUS Grundschule. Lehrplan für die bayerische Grundschule. Online verfügbar unter: https://www.lehrplanplus.bayern.de/sixcms/media.php/107/LehrplanPLUS%20Grundschule%20StMBW%20-%20Mai%202014.2976171.pdf (zuletzt aufgerufen am 06.11.2020)

Belgrad, Jürgen (2012): Szenisches Spiel. In: Becker-Mrotzek, Michael (Hrsg.): Mündliche Kommunikation und Gesprächsdidaktik (= DTP; 3). Baltmannsweiler: Schneider Verlag Hohengehren, 278-296.

Bhabha, Homi K. (1994): The Location of Culture. London/New York: Routledge.

Binanzer, Anja / **Jessen**, Sarah (2020): Mehrsprachigkeit in der Schule – aus der Sicht migrationsbedingt mehrsprachiger Jugendlicher. In: *Zeitschrift für interkulturellen Fremdsprachenunterricht* Jg. 25, H. 1, 221-251

Bleichenbacher, Lukas (2007): "This is meaningless – It's in Russian": multilingual characters in mainstream movies. In: *Swisspapers in Englisch language and literature*, Jg. 19, 111-127.

Bleichenbacher, Lukas (2008a): Linguistic Replacement in the Movies. In: *Poznań Studies in Contemporary Linguistics* Jg. 44, H. 2, 179-196.

Bleichenbacher, Lukas (2008b): Multilingualism in the Movies. Hollywood Characters and Their Language Choices. Tübingen: Narr Francke.

Bleichenbacher, Lukas (2012): Linguicism in Hollywood movies? Representations of, and audience reactions to multilingualism in mainstream movie dialogues. In: Androutsopoulos, Jannis (Hrsg.): Language and Society in cinematic discourse (= Multilingua. Journal of cross-cultural and interlanguage communication; 4). Berlin/New York: De Gruyter, 155-176.

Blell, Gabriele (2015): The Mexican Dream: El Otro Lado Del Sueño Americano. Mehrsprachige Filme im Fremdsprachenunterricht der Sekundarstufe II. In: *FLuL* 44 (Heft 2), 34-46.

Blell, Gabriele (2016): Mehrsprachige Filme. Fächer- und sprachenübergreifende Filmarbeit. In: Blell, Gabriele / Grünewald, Andreas / Kepser, Matthis / Surkamp, Carola (Hrsg.): Film in den Fächern der sprachlichen Bildung (Film-Bildung-Schule; 2). Baltmannsweiler: Schneider Verlag Hohengehren, 305-325.

Blell, Gabriele / **Grünewald**, Andreas / **Kepser**, Matthis / **Surkamp**, Carola (2016): Film in den Fächern Deutsch, Englisch, Französisch und Spanisch: Ein Modell zur sprach- und kulturübergreifenden Filmbildung. In: dies. (Hrsg.): Film in den Fächern der sprachlichen Bildung (Film-Bildung-Schule; 2). Baltmannsweiler: Schneider Verlag Hohengehren, 11-61.

Blell, Gabriele / **Lütge**, Christiane (2008): Filmbildung im Fremdsprachenunterricht: neue Lernziele, Begründungen und Methoden. In: *FLuL* 37, 124-140.

Böcking, Saskia (2008): Grenzen der Fiktion? Von Suspension of Disbelief zu einer Toleranztheorie für die Filmrezeption (= Unterhaltungsforschung; 5). Köln: Halem.

Böcking, Saskia / **Wirth**, Werner / **Risch**, Christina (2005): Suspension of Disbelief: Historie und Konzeptualisierung für die Kommunikationswissenschaft. In: Gehrau, Volker / Bilandzic, Helena / Woelke, Jens (Hrsg.): Rezeptionsstrategien und Rezeptionsmodalitäten (= Reihe Rezeptionsforschung; 7). München: Verlag Reinhard Fischer, 39-48.

Boelmann, Jan M. (2015): Literarisches Verstehen mit narrativen Computerspielen. Eine empirische Studie zu den Potenzialen der Vermittlung von literarischer Bildung und literarischer Kompetenz mit einem schüleraffinen Medium. München: kopaed.

Boettcher, Wolfgang (1994): Grammatiksozialisation in Schule, Hochschule und Referendarausbildung. In: *Beiträge zur Lehrerinnen- und Lehrerausbildung*, 12, 170-186.

Bordwell, David (1997): Modelle der Rauminszenierung im zeitgenössischen europäischen Kino. Übersetzt von Ingrid Scherf. In: Bordwell, David / Christie, Ian / Reisz, Karel / Richie, Donald / Robbe-Grillet, Alain / Thompson, Kristin (Hrsg.): Zeit, Schnitt, Raum. Herausgegeben und eingeleitet von Andreas Rost. Frankfurt a.M.: Verlag der Autoren, 17-42.

Bordwell, David (2006): The Way Hollywood Tells It. Story and Style in Modern Movies. Los Angeles: University of California Press.

Bordwell, David / **Thompson**, Kristin / **Smith**, Jeff (2017): Film Art. An introduction. 11. Auflage. New York: McGraw-Hill Education.

Brand, Tilman von (2019): Handlungs- und Produktionsorientierung im Literaturunterricht. In: *Praxis Deutsch*, 276, 4-11.

Brecht, Bertolt (1948): Kleines Organon für das Theater. In: ders. (1964): Schriften zum Theater 7. 1948-1956. Frankfurt a.M.: Suhrkamp Verlag, 7-67.

Bremsteller, Marion (2007): Didaktik der Verfremdung – Bertolt Brechts Theater und seine Bedeutung für die Pädagogik, gezeigt am Stück Die Dreigroschenoper. Online abrufbar unter: https://d-nb.info/984647775/34 (zuletzt aufgerufen am 20.05.2020)

Browning, Mark (2011): Wes Anderson. Why His Movies Matter. Westport: Praeger Publishers Inc.

Budde, Monika / **Riegler**, Susanne / **Wiprächtiger-Geppert**, Maja (2012): Sprachdidaktik. Berlin/New York: DeGruyter.

Bundeszentrale für politische Bildung (bpb) (2003): Materialsammlung zum Kongress Kino macht Schule. Online abrufbar unter: https://www.bpb.de/system/files/pdf/IFMV8W.pdf (zuletzt aufgerufen am 07.11.2020)

Bundezentrale für politische Bildung (bpb) (2012): Methoden der Filmarbeit. Online abrufbar unter: https://www.kinofenster.de/download/methoden-der-filmarbeit.pdf (aufgerufen am 01.07.2020)

Byram, Michael (1997): Teaching and Assessing Intercultural Communicative Competence. Clevedon: Multilingual Matters.

Campbell, Joseph (2011): Der Heros in tausend Gestalten. Berlin: Insel Verlag.

Chihaia, Matei (2015): Nicht-Orte. In: Dünne, Jörg / Mahler, Andreas (Hrsg.): Handbuch Literatur & Raum. Berlin/New York: De Gruyter, 188–195.

Coleman, Nicole (2016): Filmische Stereotype im interkulturellen Landeskundeunterricht: Theorie und Praxis. In: *Unterrichtspraxis* 49.1, 47-56.

Cundall, Michael (2012): Towards a better understanding of racist and ethnic humor. In: Humor 25.2, 155-178.

Dadek, Walter (1968): Das Filmmedium. Zur Begründung einer Allgemeinen Filmtheorie. München: Ernst Reinhardt.

Dawidowski, Christian (2015): Inter-, Transkulturalität und Literaturdidaktik. Einführender Forschungsüberblick. In: Dawidowski, Christian / Hoffmann, Anna R. / Walter, Benjamin (Hrsg.): Interkulturalität und Transkulturalität in Drama, Theater und Film. Literaturwissenschaftliche und -didaktische Perspektiven (= Beiträge zur Literatur und Mediendidaktik; 28). Frankfurt a.M.: Peter Lang, 17-42.

Dawidsowski, Christian (2019): Interkulturalität in der Literaturdidaktik. Empirie, Historie, Theorie. In: *Der Deutschunterricht* Jg 71, H 3, 54-63.

Descourvières, Benedikt (2002): Kriegs-Schnitte. „Wege zum Ruhm“, „Full Metal Jacket“ und „Independence Day“ im Deutschunterricht. St. Augustin: Gardez! Verlag.

Diller, Axel (2015): „... nur ganz wenig ich kann sagen...“ Fremdenfiguren in Kinderfilm-Klassikern. Ein kritischer Blick auf Verfilmungen populärer Kinder- und Jugendromane. In: Dawidowski, Christian / Hoffmann, Anna R. / Walter, Benjamin (Hrsg.): Interkulturalität und Transkulturalität in Drama, Theater und Film. Literaturwissenschaftliche und -didaktische Perspektiven (= Beiträge zur Literatur und Mediendidaktik; 28). Frankfurt a.M.: Peter Lang, 285-310.

Dirim, İnci (2017): Sprachvergleich I: Mehrsprachigkeit (Herkunfts- und Fremdsprachen). In: Baurmann, Jürgen / Kammler, Clemens / Müller, Astrid (Hrsg.): Handbuch Deutschunterricht. Theorie und Praxis des Lehrens und Lernens. Seelze: Klett Kallmeyer, 332-336.

Eder, Jens (2008): Die Figur im Film. Grundlagen der Figurenanalyse. Marburg: Schüren Verlag.

Ege, Müzeyyen (2014): Hyperkulturalität und/oder Transdifferenz: Inszenierungen postmoderner Identitäten im interkulturellen Film am Beispiel von Yasemin Şamderelis *Almanya – Willkommen in Deutschland*. In: *Diyalog* (2014/2): 29-45.

Ege, Müzeyyen (2018): Jenseits und diesseits der Grenzen. Transdifferente Verschränkungen in den Kinofilmen „Auf der anderen Seite“ und „Almanya – Willkommen in Deutschland“. In: Hill, Marc / Yildiz, Erol (Hrsg.): Postmigrantische Visionen: Erfahrungen – Ideen – Reflexionen. Bielefeld: transcript, 161-177.

Ehlers, Swantje (2016): Literaturdidaktik. Eine Einführung. Stuttgart: Reclam.

Ezli, Özkan (2010): Von Lücken, Grenzen und Räumen. Übersetzungsverhältnisse in Alejandro Gonzáles Iñárritus „Babel“ und Fatih Akıns „Auf der anderen Seite“. In: Ders. (Hrsg.): Kultur als Ereignis. Fatih Akıns Film „Auf der anderen Seite“ als transkulturelle Narration. Bielefeld: transcript, S. 71-88.

Faulstich, Werner (2013): Grundkurs Filmanalyse. 3. akt. u. bearb. Aufl. (=UTB; 2341). Paderborn: Ferdinand Schöningh.

Felix, Jürgen (2014): Autorenkino. In: ders. (Hrsg.): Moderne Film Theorie. Mainz: Bender Verlag, 13-57.

Fiedler, Sabine (2011): Literarische Spracherfindungen aus interlinguistischer Sicht: die englischsprachigen Autoren J. Swift, G. Orwell und J.R.R Tolkien und ihre fiktionalen Sprachen. In: *Spracherfindung und ihre Ziele: Beiträge der 20. Jahrestagung der Gesellschaft für Interlinguistik e.V.*, 9-31.

Field, Syd (1994): Das Drehbuch. In: Meyer, Andreas / Witte, Gunther (Hrsg.): Drehbuchschreiben für Fernsehen und Film. Ein Handbuch für Ausbildung und Praxis. München, Leipzig: List Verlag, 11-120.

Fields, Peter (2018): White Savior Complex: The Problematic Nature of Wes Anderson's Isle of Dogs. Online abrufbar unter: https://medium.com/@peterfields_84518/white-savior-complex-the-problematic-nature-of-wes-andersons-isle-of-dogs-9cf163674455 (zuletzt aufgerufen am 24.04.2020)

Fischer, Sigrid (2018): „Leute verrecken in Transitzonen". Christian Petzold über seinen Film „Transit". Online abrufbar unter: https://www.deutschlandfunk.de/christian-petzold-ueber-seinen-film-transit-leute-verrecken.807.de.html?dram:article_id=414842 (zuletzt aufgerufen am 16.04.2020)

Fix, Martin (2008a): Texte schreiben – Schreibprozesse im Deutschunterricht. Paderborn: Schöningh.

Fix, Martin (2008b): Kompetenzerwerb im Bereich „Texte schreiben". In: Rösch, Heidi (Hrsg.): Kompetenzen im Deutschunterricht. Beiträge zur Literatur-, Sprach- und Mediendidaktik (= Beiträge zur Literatur- und Mediendidaktik; 9). Frankfurt a.M.: Peter Lang, 111-123.

Frank, Michael C. (2009): Die Literaturwissenschaften und der spatial turn. Ansätze bei Jurij Lotman und Michail Bachtin. In: Hallet, Wolfgang / Neumann, Birgit (Hrsg.): Raum und Bewegung in der Literatur. Die Literaturwissenschaften und der Spatial Turn. Bielefeld: transcript, 53-80.

Frank, Michael C. (2015): Chronotopoi. In: Dünne, Jörg / Mahler, Andreas (Hrsg.): Handbuch Literatur & Raum (= Handbücher zur kulturwissenschaftlichen Philologie; 3). Berlin: De Gruyter, 160-169.

Frederking, Volker / **Krommer**, Axel / **Maiwald**, Klaus (2018): Mediendidaktik Deutsch. Eine Einführung (= Grundlagen der Germanistik; 44). Berlin: Erich Schmidt Verlag.

Freitag-Hild, Britta (2010): Theorie, Aufgabentypologie und Unterrichtspraxis inter- und transkultureller Literaturdidaktik. British Fictions of Migration im Fremdsprachenunterricht (= Studien zur Englischen Literatur- und Kulturwissenschaft; 42). Trier: Wissenschaftlicher Verlag Trier.

Freiwillige Selbstkontrolle der Filmwirtschaft (FSK) (2010): Almanya – Willkommen in Deutschland. Online abrufbar unter http://www.fsk.de/?seitid=491&tid=70 (zuletzt aufgerufen am 09.11.2020)

Freiwillige Selbstkontrolle der Filmwirtschaft (FSK) (2018): Isle of Dogs – Ataris Reise. Online abrufbar unter https://www.spio-fsk.de/?seitid=491&tid=70 (zuletzt aufgerufen am 04.02.2019).

Friedmann, Joachim (2018): Storytelling. Einführung in die Theorie und Praxis narrativer Gestaltung (= UTB; 5237). München: UVK Verlag.

Fritsch, Eva / **Fritsch**, Dirk (2010): Filmzugänge. Strukturen und Handhabung. Köln: Herbert von Halem Verlag.

Fuchs, Mechthild / **Klant**, Michael / **Pfeiffer**, Joachim / **Staiger**, Michael / **Spielmann**, Raphael (2008): Freiburger Filmcurriculum. Ein Modell des Forschungsprojekts „Integrative Filmdidaktik" (Pädagogische Hochschule Freiburg). In: Der Deutschunterricht 3, 84-90.

Gambier, Yves (2008): Recent developements and challenges in audiovisual translation research. In: Chiaro, Delia / Heiss, Christine / Bucaria, Chiara (Hrsg.): Between Text and Image. Updatin research in screen translation. Amsterdam: John Benjamins, 11-36.

Gambier, Yves / **Caimi**, Annamaria / **Mariotti**, Cristina (Hrsg.) (2015): Subtitles and Language Learning. Principles, strategies and practical experiences. Bern: Peter Lang.

Gärtig, Anne-Kathrin / **Plewnia**, Albrecht / **Rothe**, Astrid (2010): Wie Menschen über Sprache denken. Ergebnisse einer bundesweiten Repräsentativerhebung zu aktuellen Spracheinstellungen (= Arbeitspapiere und Materialien zur deutschen Sprache; 40). Mannheim: Institut für deutsche Sprache.

Geist, Barbara / **Krafft**, Andreas (2017): Deutsch als Zweitsprache. Sprachdidaktik für mehrsprachige Klassen (= LinguS; 2). Tübingen: Narr Francke Attempto Verlag.

Genette, Gérard (2010): Die Erzählung. Übersetzt von Andreas Knop. Mit einem Nachwort von Jochen Vogt. Überprüft und berichtigt von Isabel Kranz. 3., durchges. und korrigierte Aufl. Paderborn: Fink.

Gibbons, Pauline (2002): Scaffolding Language, Scaffolding Learning. Teaching Second Language Learners in the Mainstream Classroom. Portsmouth, NH: Heinemann.

Göktürk, Deniz (2017): Die Komik der Kultur. In: Wirth, Uwe (Hrsg.): Komik. Ein interdisziplinäres Handbuch. Unter Mitarbeit von Julia Paganini. Stuttgart: J.B.Metzler, 160-172.

Gooch, Joshua (2014): Objects/Desire/Oedipus: Wes Anderson as Late-Captalist Auteur. In: Kunze, Peter C. (Hrsg.): The Films of Wes Anderson. Critical Essays on an Indiewood Icon. New York: Palgrave Macmillan, 181-198.

Groeben, Norbert (2002): Medienkompetenz. Voraussetzungen, Dimensionen, Funktionen. Weinheim/München: Juventa.

Guillot, Marie-Noëlle (2007): Oral et illusion d'oral. Indices d'oralité dans les soustitres de dialogues de film. *Meta*, 52 (2), 239-259.

Guillot, Marie-Noëlle (2017): Subtitling and dubbing in telecinematic text. In: Locher, Miriam A. / Jucker, Andreas H. (Hrsg.): Pragmatics of Fiction. Berlin/Boston: De Gruyter Mouton, 397-424.

Günther, Herbert (2012): Sprechen und Zuhören. Wie Lehrerinnen und Lehrer Sprachunterricht ökonomisch und effektiv planen und durchführen. Unter Mitarbeit von Sybille Buchholz und Anja Haßdenteufel. Baltmannsweiler: Schneider Verlag Hohengehren.

Haas, Gerhard (2018): Handlungs- und produktionsorientierter Literaturunterricht. Theorie und Praxis eines „anderen" Literaturunterrichts für die Primar- und Sekundarstufe. Seelze: Kallmeyer/Klett.

Hagen, Kirsten von / **Thiele**, Ansgar (2012): Überlegungen zum zweiten Autorenkino oder die Rückkehr des Subjekt. In: Dies. (Hrsg.): Die Rückkehr des Subjekts. Neues Autorenkino in der Romania (= Romania Viva; 10). München: Martin Meidenbauer, 7-19.

Hartmann, Britta / **Wulff**, Hans J. (2014): Neoformalismus – Kognitivismus – historische Poetik. In: Felix, Jürgen (Hrsg.): Moderne Film Theorie. Mainz: Bender Verlag, 191-216.

Heiss, Christine (2004): Dubbing Multilingual Films: A New Challenge? In: *Meta, XLIX [1]*, 208-220.

Heiss, Christine (2016): Sprachhegemonie und der Gebrauch von Untertiteln in mehrsprachigen Filmen. In: *trans-kom 9 [1]*, 5-19.

Henseler, Roswitha / **Möller**, Stefan / **Surkamp**, Carola (2011): Filme im Englischunterricht. Grundlagen, Methoden, Genres. Seelze: Kallmeyer.

Herbst, Thomas (2002): 175. Film translation – dubbing. In: Leonhard, Joachim-Felix / Ludwig, Hans-Werner / Schwarze, Dietrich / Straßner, Erich (Hrsg.): Medienwissenschaft. Ein Handbuch zur Entwicklung der Medien und Kommunikationsformen. Berlin/New York: Walter de Gruyter, 1829-1833.

Hickethier, Knut (2012): Film- und Fernsehanalyse. Stuttgart: Metzler.

Hickethier, Knut (2014): Genretheorie und Genreanalyse. In: Felix, Jürgen (Hrsg.): Moderne Film Theorie. Mainz: Bender Verlag, 62-96.

Hildebrand, Jens (2013): Film: Ratgeber für Lehrer. 3. Akt. Aufl. Köln: Aulis Verlag Deubner.

Hochholzer, Rupert (2015): Dialekt und Schule. Vom Nutzen der Mehrsprachigkeit. In: Bayerisches Staatsministerium für Bildung und Kultus, Wissenschaft und Kunst (Hrsg.): Dialekte in Bayern. Handreichung für den Unterricht. München: o. Vl., 27-47.

Hochreuther, Ina (2007): Azur und Asmar. Online abrufbar unter https://durchblick.clubfilmothek.de/azur_azmar/index.htm (zuletzt aufgerufen am 02.12.2019)

Hoffmann, Bernward / **Khalaf**, Adam (2012): Modellprojekt „Filmbildung für Lehramtsanwärter/innen“. Abschlussbericht zur Evaluation. Online abrufbar unter: https://www.lwl.org/film-und-schule-download/sonstiges/Abschlussbericht_Filmbildung_Lehramtsanwaerter2012.pdf (zuletzt aufgerufen am 24.10.2020).

Hoffstadt, Christian (2009): Dystopische Inszenierungen von Fremde und Heimatsuche im Endzeitfilm. In: Böttcher, Claudia / Kretzschmar, Judith / Schubert, Markus (Hrsg.): Heimat und Fremde. Selbst-, Fremd- und Leitbilder in Film und Fernsehen. München: Martin Meidenbauer, 153-164.

Holdorf, Katja / **Maurer**, Björn (2013): Fördern Filme Sprache? Einblicke in ein interkulturelles medienpädagogisches Sprachförderprojekt in Transsilvanien. In: Beli-Göncz, Julijana / Boose, Irene / Petronijevic, Božínka / Wrobel, Arne (Hrsg.): Treffpunkte. Literatur, Sprache und Didaktik im deutsch-serbischen Dialog (=Transfer; 8). Baltmannsweiler: Schneider Verlag Hohengehren, 332-358.

Holdorf, Katja / **Maurer**, Björn (Hrsg.) (2017): Spiel-Film-Sprache. Grundlagen und Methoden für die film- und theaterpädagogische Sprachförderung im Bereich DaZ/DaF. München: kopaed.

Holighaus, Alfred (2003): Filmkompetenz-Erklärung. In: Materialsammlung zum Kongress Kino macht Schule. Online verfügbar unter: http://bpb.de/files/IFMV8W.pdf (zuletzt aufgerufen am 04.03.2020)

Holighaus, Alfred (Hrsg.) (2005): Der Filmkanon. 35 Filme, die Sie kennen müssen. Bonn: Bundeszentrale für politische Bildung.

Honnef-Becker, Irmgard (2015): Transkulturalität im Deutschunterricht: Zur Arbeit mit Fatih Akins Filmen. In: Dawidowski, Christian / Hoffmann, Anna R. / Walter, Benjamin (Hrsg.): Interkulturalität und Transkulturalität in Drama, Theater und Film. Literaturwissenschaftliche und -didaktische Perspektiven (= Beiträge zur Literatur und Mediendidaktik; 28). Frankfurt a.M.: Peter Lang, 217-237.

Honnef-Becker, Irmgard (2019): Interkultureller und transkultureller Ansatz bei der Arbeit mit Filmen im Deutschunterricht. In: *Der Deutschunterricht* Jg 71, H 3, 74-84.

Honnef-Becker, Irmgard / **Kühn**, Peter (2019): Sprechen und Zuhören im Deutschunterricht. Bildungsstandards – Didaktik – Unterrichtsbeispiele. Tübingen: Narr Francke Attempto.

Horn, Christian (2018): Isle of Dogs – Ataris Reise. Online abrufbar unter: https://www.kinofenster.de/filme/filmarchiv/isle-of-dogs-nik/ (zuletzt aufgerufen am 04.03.2019).

Husmann, Wenke (2018): Isle of Dogs – Ataris Reise. Sieg der Underdogs. Online abrufbar unter: https://www.zeit.de/kultur/film/2018-02/isle-of-dogs-ataris-reise-wes-anderson-berlinale (zuletzt aufgerufen am 06.02.2019).

Hüttis-Graff, Petra (2011): Deutschdidaktik in der Grundschule. In: Köhnen, Ralph (Hrsg.): Einführung in die Deutschdidaktik. Stuttgart: J.B. Metzler, 37-86.

Imhof, Margarete (2003): Zuhören. Psychologische Aspekte auditiver Informationsverarbeitung. Göttingen: Vandenhoeck & Ruprecht.

Imhof, Margarete (2010): Zuhören lernen und lehren. Psychologische Grundlagen zur Beschreibung und Förderung von Zuhörkompetenz in Schule und Unterricht. In: dies. / Bernius, Volker (Hrsg.): Zuhörkompetenz in Unterricht und Schule. Beiträge aus Wissenschaft und Praxis. Göttingen: Vandenhoeck & Ruprecht, 15-30.

Incalcaterra McLoughlin, Laura / **Lertola**, Jennifer (2011): Learn through Subtitling: Subtitling as an Aid to Language Learning. In: Incalcaterra McLoughlin, Laura / Biscio, Marie / Ní Mhainnín, Máire Áine (Hrsg.): Audiovisual Translation: Subtitles and Subtitling. Theory and Practice. Bern: Peter Lang, 243-263.

Irrgang, Ulrike (2013): Von despotischen Türken und kaltherzigen Deutschen. Zur Inszenierung und Destruktion kultureller Stereotype in der Komödie. In: *Global Media Journal*, Jg. 3, H. 2, 1-27.

Ivarsson, Jan / **Carroll**, Mary (1998): Subtitling. Simrishamn: Grafo-Tryck AB.

Jeuk, Stefan (2014): Sprachvergleich als methodischer Zugang. In: Gornik, Hildegard (Hrsg.): Sprachreflexion und Grammatikunterricht. Baltmannsweiler: Schneider Verlag Hohengehren, S. 385-397.

Jeuk, Stefan (2016): Postkarte – Kartpostal – Pocztówka. Vergleichen von Sprachen als Ausgangspunkt der Sprachreflexion. In: *Grundschule Deutsch,* H. 51, 27-29.

Josting, Petra (2008): Medienkompetenz im Literaturunterricht. In: Rösch Heidi (Hrsg.): Kompetenzen im Deutschunterricht. Beiträge zur Literatur-, Sprach- und Mediendidaktik (= Beiträge zur Literatur- und Mediendidaktik; 9). Frankfurt a.M.: Peter Lang, 71-90.

Kalkavan-Aydin, Zeynep (2015): Deutsch als Zweitsprache und Mehrsprachigkeit in der Schule. In: Kalkavan-Aydın, Zeynep (Hrsg.): Deutsch als Zweitsprache. Didaktik für die Grundschule. Berlin: Cornelsen, 53-66.

Kammerer, Ingo (2009): Film – Genre – Werkstatt. Textsortensystematisch fundierte Filmdidaktik im Fach Deutsch. Baltmannsweiler: Schneider Hohengehren.

Kepser, Matthis (2008a): Spielfilmbildung an deutschen Schulen: Fehlanzeige? Spielfilmnutzung – Spielfilmwissen – Spielfilmdidaktik im Abiturjahrgang 2006. Eine empirische Erhebung. In: *Didaktik Deutsch,* 24, 24-47.

Kepser, Matthis (2008b): Brauchen wir einen Filmkanon? Ein Vorschlag für eine schulinterne Initiative. In: *Der Deutschunterricht*, H. 3, 20-31.

Kepser, Matthis (2010): Handlungs- und produktionsorientiertes Arbeiten mit (Spiel-) Filmen. In: Ders. (Hrsg.): Fächer der schulischen Filmbildung. Mit zahlreichen Vorschlägen für einen handlungs- und produktionsorientierten Unterricht. München: kopaed, 187-240.

Kepser, Matthis (2015): Transkulturelle Bildung mit Film im Deutschunterricht. Eine kulturwissenschaftliche Ergründung des Handlungsfelds. In: Dawidowski, Christian / Hoffmann, Anna R. / Walter, Benjamin (Hrsg.): Interkulturalität und Transkulturalität in Drama, Theater und Film. Literaturwissenschaftliche und –didaktische Perspektiven (= Beiträge zur Literatur und Mediendidaktik; 28). Frankfurt a.M.: Peter Lang, 78-104.

Kepser, Matthis / **Abraham**, Ulf (2016): Literaturdidaktik Deutsch. Eine Einführung. 4., völlig neu bearbeitete und erweiterte Auflage (= Grundlagen der Germanistik; 42). Berlin: Erich Schmidt.

Kern, Peter Christoph (2004): Film. In: Bogdal, Klaus-Michael / Korte, Hermann (Hrsg.): Grundzüge der Literaturdidaktik. München: Deutscher Taschenbuch Verlag, 217-229.

Kern, Peter Christoph (2006): Die Emotionsschleuder. Affektpotenzial und Affektfunktion im Erzählfilm. In: Frederking, Volker (Hrsg.): Themen-Schwerpunkt Filmdidaktik und Filmästhetik. München: kopaed, 19-45.

Kessler, Benedikt (2008): Interkulturelle Dramapädagogik. Dramatische Arbeit als Vehikel des interkulturellen Lernens im Fremdsprachenunterricht. Frankfurt a. M.: Peter Lang.

Kessler, Frank (1996): Ostranenie. Zum Verfremdungsbegriff von Formalismus und Neoformalismus. In: *montage/av*, Jg. 5, Nr. 2, 51-65.

Keutzer, Oliver / **Lauritz**, Sebastian / **Mehlinger,** Claudia / **Moormann**, Peter (2014): Filmanalyse. Wiesbaden: Springer VS.

Kilian, Jörg / **Neuland**, Eva (2019): Auf dem Weg zu einer interkulturellen Deutschdidaktik. Eine Einführung in das Themenheft, In: *Der Deutschunterricht*, Jg. 71, H. 3, 2-5.

Kinderkino München e.V. (2003): Filmkanon für Kinder. Online abrufbar unter: http://www.kjk-muenchen.de/sonderdrucke/KJK_Sonderdruck_1847.pdf (zuletzt aufgerufen am 07.11.2020).

Kinos-Goodin, Jesse (2018): Meet Kunichi Nomura, the man Wes Anderson brought in to ensure Isle of Dogs' authenticity. Online abrufbar unter https://www.cbc.ca/radio/q/blog/meet-kunichi-nomura-the-man-wes-anderson-brought-in-to-ensure-isle-of-dogs-authenticity-1.4588022 (zuletzt aufgerufen am 28.11.2019).

Klant, Michael / **Spielmann**, Raphael (2008): Grundkurs Film 1. Kino, Fernsehen, Videokunst. Materialien für die Sek I und II. Braunschweig: Schroedel.

Kliewer, Annette (2005): Klassiker – oder? Kinder- und Jugendliteratur in den Sekundarstufen. Baltmannsweiler: Schneider Verlag Hohengehren.

Kloë, Christopher (2017): Komik als Kommunikation der Kulturen. Beispiele von türkischstämmigen und muslimischen Gruppen in Deutschland. Wiesbaden: Springer VS.

KMK (2004): Bildungsstandards im Fach Deutsch für den Mittleren Schulabschluss. Beschluss vom 4.12.2003. München: Wolters Kluwer.

KMK (2005a): Bildungsstandards im Fach Deutsch für den Primarbereich. Beschluss vom 15.10.2004. München: Wolters Kluwer.

KMK (2005b): Bildungsstandards im Fach Deutsch für den Hauptschulabschluss. Beschluss vom 15.10.2004. München: Wolters Kluwer.

KMK (2012): Medienbildung in der Schule. Beschluss der Kultusministerkonferenz vom 08. März 2012. Online abrufbar unter: https://www.kmk.org/fileadmin/Dateien/veroeffentlichungen_beschluesse/2012/2012_03_08_Medienbildung.pdf (zuletzt aufgerufen am 06.11.2020).

KMK (2013): Interkulturelle Bildung und Erziehung in der Schule. Beschluss der Kultusministerkonferenz vom 25.10.1996 i. d. F. vom 05.12.2013. Online abrufbar unter: https://www.kmk.org/fileadmin/veroeffentlichungen_beschluesse/1996/1996_10_25-Interkulturelle-Bildung.pdf (zuletzt aufgerufen am 05.11.2020).

Kniebe, Tobias (2018): Zerzauste Hunde proben den Aufstand gegen den Faschismus. Online abrufbar unter: https://www.sueddeutsche.de/kultur/isle-of-dogs-wes-anderson-kritik-1.3972065 (aufgerufen am 30.10.2019).

Knopf, Julia / **Luptowicz**, Corinna (2017): Sprache funktional und pragmatisch betrachten. In: Abraham, Ulf / Knopf, Julia (Hrsg.): Deutsch. Didaktik für die Grundschule. Berlin: Cornelsen, 129-139.

Köhnen, Ralph (Hrsg.) (2011): Einführung in die Deutschdidaktik. Stuttgart: Metzler.

Kolde, Gottfried (1981): Sprachkontakte in gemischtsprachigen Städten. Vergleichende Untersuchungen über Voraussetzungen und Formen sprachlicher Interaktion verschiedensprachiger Jugendlicher in den Schweizer Städten Biel/Bienne und Fribourg/ Freiburg i. Ue. *Zeitschrift für Dialektologie und Linguistik*, Beih. 37. Wiesbaden: Steiner.

König, Lotta (2016): Kulturelles Handeln mit Film. Eine kulturwissenschaftliche Perspektive auf Filmbildung in den fremdsprachlichen Fächern am Beispiel der Kategorie ‚Gender'. In: Blell, Gabriele / Grünewald, Andreas / Kepser, Matthis / Surkamp, Carola (Hrsg.): Film in den Fächern der sprachlichen Bildung (Film-Bildung-Schule; 2). Baltmannsweiler: Schneider Verlag Hohengehren, 271-286.

Könitz, Christopher (2010): Neoformalismus und Animationsfilm. Online abrufbar unter: http://animeundneoformalismus.weebly.com/index.html (zuletzt aufgerufen am 02.11.2020)

Köppert, Christine / **Spinner**, Kaspar H. (2003): Filmdidaktik: Imaginationsorientierte Verfahren zu bewegten Bildern. In: Deubel, Volker / Kiefer, Klaus H. (Hrsg.): MedienBildung im Umbruch. Lehren und Lernen im Kontext der Neuen Medien. Bielefeld: Aisthesis, 59-73.

Kornhaber, Donna (2017): Wes Anderson. Chicago: University of Illinois Press.

Köster, Lutz (2013): D5 Film. In: Oomen-Welke, Ingelore / Ahrenholz, Bernt (Hrsg.): Deutsch als Fremdsprache (= Deutschunterricht in Theorie und Praxis; 10). Baltmannsweiler: Schneider Verlag Hohengehren, 242-251.

Kozloff, Sarah (2000): Overhearing Film Dialogue. California: University of California Press.

Kracauer, Siegfried (1949): National types as Hollywood presents them. In: Public Opinion Quarterly 13.1, 53-72.

Krah, Hans (2006): Einführung in die Literaturwissenschaft/Textanalyse (= Literatur- und Medienwissenschaftliche Studien; 6). Kiel: Verlag Ludwig.

Kramer, Max (2014): Sprachliche Imagination im Film. Tampori Hindi und die Verwendung sprachlicher Register im populären indischen Kino. Online abrufbar unter http://crossasia-repository.ub.uni-heidelberg.de/3157/1/kramer%20max%20sprachliche%20imagination.pdf (zuletzt aufgerufen am 02.11.2020).

Krämer, Peter (2009): Welterfolg und Apokalypse: Überlegungen zur Transnationalität des zeitgenössischen Hollywood. In: Strobel, Ricarda / Jahn-Sudmann, Andreas (Hrsg.): Film transnational und transkulturell. Europäische und amerikanische Perspektiven. München: Wilhelm Fink Verlag, 171-184.

Krebs, Cornelia / **Rynkowski**, Anna (2019): Fourscreen Touchpoints Kids. Mediennutzung im Tagesablauf. Online abrufbar unter: https://www.schau-hin.info/fileadmin/content/Downloads/Sonstiges/KiWe19_TouchpointsKids.pdf (zuletzt aufgerufen am 30.06.2020)

Kremer, Claude (2017): Film. In: Dembeck, Till / Parr, Rolf (Hrsg.): Literatur und Mehrsprachigkeit. Ein Handbuch. Unter Mitarbeit von Thomas Küpper. Tübingen: Narr Francke Attempto, 321-328.

Kröber, Franz (2022): Die Lust am Untergang. Vorschläge zu einer Didaktik der Dystopie. In: Dziudzia, Corinna / Stauffer, Isabelle / Tatzel, Sebastian (Hrsg.): Historische Wurzeln und Gegenwart von Paradies und Katastrophe. Bielefeld: Aisthesis.

Krumm, Hans-Jürgen (2010): Mehrsprachigkeit in Sprachenporträts und Sprachenbiographien von Migrantinnen und Migranten. Online abrufbar unter: http://www.akdaf.ch/html/rundbrief/rbpdfs/61_Mehrsprachigkeit_Sprachenportraits.pdf (zuletzt aufgerufen am 07.11.2020)

Krützen, Michaela (2011): Dramaturgie des Films. Wie Hollywood erzählt. Frankfurt a.M.: Fischer.

Kuhn, Markus (2011): Filmnarratologie. Ein erzähltheoretisches Analysemodell (=Narratologia; 26). Berlin/New York: Walter de Gruyter.

Kuhn, Markus / **Scheidgen,** Irina / **Weber,** Nicola Valeska (Hrsg.) (2013): Filmwissenschaftliche Genreanalyse. Eine Einführung. Berlin/New York: Walter de Gruyter.

Kunze, Peter C. (Hrsg.) (2014): The Films of Wes Anderson. Critical Essays on an Indiewood Icon. New York: Palgrave Macmillan.

Künzli, Alexander (2017): Die Untertitelung – von der Untertitelung zur Rezeption. Berlin: Frank & Timme.

Kurwinkel, Tobias / **Schmerheim**, Philipp (2012): Auralität und Filmerleben. Ein Ansatz zur Analyse von Kinder- und Jugendfilmen am Beispiel von Harry Potter und der Gefangene von Askaban und Der gestiefelte Kater. In: Exner, Christian / Kümmerling-Meibauer, Bettina (Hrsg.): Von wilden Kerlen und wilden Hühnern. Perspektiven des modernen Kinderfilms. Marburg: Schüren, 85-105.

Kurwinkel, Tobias / **Schmerheim**, Philipp (2013): Kinder- und Jugendfilmanalyse (= UTB; 3885). Konstanz: UVK Verlagsgesellschaft.

Länderkonferenz Medienbildung (2015): Filmbildung. Kompetenzorientiertes Konzept für die Schule. Online abrufbar unter: https://lkm.lernnetz.de/index.php/filmbildung.html?file=files/Dateien_lkm/PDF/Filmbildung2015.pdf (zuletzt aufgerufen am 12.04.2020)

Lertola, Jennifer (2015): Subtitling in Language Teaching: Suggestions for Language Teachers. In: Gambier, Yves / Caimi, Annamaria / Mariotti, Cristina (Hrsg.): Subtitles and Language Learning. Principles, strategies and practical experiences. Bern: Peter Lang, 245-267.

Leubner, Martin / **Saupe**, Anja (2012): Erzählungen in Literatur und Medien und ihre Didaktik. 3. akt. Aufl. Baltmannsweiler: Schneider Verlag Hohengehren.

Lippi-Green, Rosina (2012): English with an Accent. Language, Ideology and Discrimination in the Unites States. London, New York: Routledge.

Lischeid, Thomas (2011): Sprachdidaktik. In: Köhnen, Ralph (Hrsg.): Einführung in die Deutschdidaktik. Stuttgart: J.B. Metzler, 87-134.

Locher, Miriam A. (2017): Multilingualism in fiction. In: Locher, Miriam A. / Jucker, Andreas H. (Hrsg.): Pragmatics of Fiction. Berlin/Boston: De Gruyter Mouton, 297-327.

Lorenz, Matthias N. (Hrsg.) (2010): Film im Literaturunterricht. Von der Frühgeschichte des Kinos bis zum Symmedium Computer. Freiburg im Breisgau: Fillibach.

Lotman, Jurij M. (1973): Die Struktur des künstlerischen Textes. Frankfurt a.M.: Suhrkamp.

Lotman, Jurij M. (1990): Über die Semiosphäre. In: *Zeitschrift für Semiotik* 12, 287-305.

Lüsebrink, Hans-Jürgen (2016): Interkulturelle Kommunikation. Interaktion, Fremdwahrnehmung, Kulturtransfer. Stuttgart: J.B. Metzler.

Maiwald, Klaus (2005): Wahrnehmung – Sprache – Beobachtung. Eine Deutschdidaktik bilddominierter Medienangebote. München: kopaed.

Maiwald, Klaus (2013): Filmdidaktik und Filmästhetik – Lesen und Verstehen audiovisueller Texte. In: Frederking, Volker / Huneke, Hans-Werner / Krommer, Axel / Meier, Christel (Hrsg.): Taschenbuch des Deutschunterrichts, Bd. 2: Literatur- und Mediendidaktik. Baltmannsweiler: Schneider Verlag Hohengehren, 219-237.

Maiwald, Klaus (2015): Literarisches Lernen als didaktischer Integrationsbegriff – Spinners „Elf Aspekte“ als Struktur- und Denkrahmen für weiterführende Modellierung(en). In: *Leseräume. Zeitschrift für Literalität in Schule und Forschung*, Jg 2, H 2, 85-95.

Mälzer, Nathalie / **Wünsche**, Maria (2019): Ergebnisse des EFRE-Forschungsprojekts „TV-Untertiteln für gehörlose und schwerhörige Kinder“. Online abrufbar unter: https://www.uni-hildesheim.de/media/fb3/uebersetzungswissenschaft/EFRE/EFRE-Ergebnisse.pdf (zuletzt aufgerufen am 06.11.2020).

Marci-Boehncke, Gudrun (2014): Grundbildung Medien mitdenken. Überlegungen zur Medienbildung im Fach Deutsch in Lehramtsausbildung und Schule. In: Imort, Peter / Niesyto, Horst (Hrsg.): Grundbildung Medien in pädagogischen Studiengängen. München: kopaed, 195-209.

Mareš, Petr (2000): Fikce, konvence a realita: k vícejazyčnosti v uměleckých textech. In: *Slovo a slovesnost* 61. 47–53.

Mareš, Petr (2003): “Also: Nazdar!”: aspekty textové vícejazyčnosti. Prag: Univ. Karlova v Praze, Nakl. Karolinum.

Maurer, Björn (2006): Filmbildung in der Sekundarstufe I – ein Überblick. In: Barg, Werner / Niesyto, Horst / Schmolling, Jan (Hrsg.): Jugend:Film:Kultur. Grundlagen und Praxishilfen für die Filmbildung. München: kopaed, 169-208.

Maurer, Björn (2010): Subjektorientierte Filmbildung in der Hauptschule. Theoretische Grundlegung und pädagogische Konzepte für die Unterrichtspraxis (= medienpädagogik interdisziplinär; 8). München: kopaed.

Maurer, Björn (2014): Filmbildung in der Lehrerbildung. In Imort, Peter / Niesyto, Horst (Hrsg.): Grundbildung Medien in pädagogischen Studiengängen. München: kopaed, 333-349.

Mikos, Lothar (2008): Film- und Fernsehanalyse. Konstanz: UVK Verlags-Gesellschaft.

Möbius, Thomas (2008): Das „literarische Sehgespräch" als sprachlich-kommunikative Vermittlungsweise bilddominierter Medienangebote. In: Frederking, Volker / Kepser, Matthis / Rath, Matthias (Hrsg.): LOG IN! Kreativer Deutschunterricht und neue Medien. München: kopaed, 141-156.

Möbius, Thomas (2013): Kinderfilme sehen und verstehen. In: Abraham, Ulf / Knopf, Julia (Hrsg.): Deutsch Didaktik für die Grundschule. Berlin: Cornelsen, 221–229.

Moles Kaupp, Cristina (2011): Ausgabe März 2011: Almanya – Willkommen in Deutschland. Online abrufbar unter: https://www.kinofenster.de/download/monatsausgabe-almanya.pdf (zuletzt aufgerufen am 05.09.2020)

Müller, Ines (2012): Filmbildung in der Schule. Ein filmdidaktisches Konzept für den Unterricht und die Lehrerbildung. München: kopaed.

Müller, Karla (2012): Hörtexte im Deutschunterricht. Poetische Texte hören und sprechen. Seelze: Friedrich Verlag.

Müller, Karla (2018): 2.2 Grundlegende semantische Ordnungen erkennen. In: Schilcher, Anita / Pissarek, Markus (Hrsg.): Auf dem Weg zur literarischen Kompetenz. Ein Modell literarischen Lernen auf semiotischer Grundlage. Baltmannsweiler: Schneider Verlag Hohengehren, 87-104.

Neuland, Eva (2002): Sprachbewusstsein – eine zentrale Kategorie für den Sprachunterricht. In: *Der Deutschunterricht,* H. 3, 4-10.

Neuland, Eva / **Peschel**, Corinna (2013): Einführung in die Sprachdidaktik. Stuttgart: J. B. Metzler.

Nöth, Lorenz (2014): Eine Filmdidaktik für die Grundschule. In: Frederking, Volker, Krommer, Axel (Hrsg.): Taschenbuch des Deutschunterrichts. Baltmannsweiler: Schneider Verlag Hohengehren, 403-438.

Oomen-Welke, Ingelore (2010): Didaktik der Sprachenvielfalt. In: Ahrenholz, Bernt / dies. (Hrsg.): Deutsch als Zweitsprache. Baltmannsweiler: Schneider Verlag Hohengehren, 479-492.

Oomen-Welke, Ingelore (2015): Mehr Sprachen im regulären Deutschunterricht – Potenziale erkennen, schätzen und nutzen. In: Kalkavan-Aydın, Zeynep (Hrsg.): Deutsch als Zweitsprache. Didaktik für die Grundschule. Berlin: Cornelsen, 79-113.

Oomen-Welke, Ingelore (2019): Zum Umgang mit Mehrsprachigkeit. Den verschiedenen Sprachen der Kinder mit Offenheit begegnen. In: *Grundschule Deutsch*, H. 61, 8-11.

Ossner, Jakob (2006): Sprachdidaktik Deutsch. Eine Einführung. Paderborn: Schöningh.

Oueslati, Ramses Michael (2013): Interkulturelle Bildung in der Schule. In: Hartung, Regine / Nöllenburg, Katty / Deveci, Özlem (Hrsg): Interkulturelles Lernen. Ein Praxishandbuch. Schwalbach: Debus Pädagogik, 22-35.

Paefgen, Elisabeth K. (2006): Einführung in die Literaturdidaktik. Stuttgart: J.B. Metzler.

Perego, Elisa / **Del Missier**, Fabio / **Porta**, Marco / **Mosconi**, Mauro (2010): The cognitive effectiveness of subtitle processing. Media Psychology, 13(3), 243-272.

Pfeiffer, Joachim / **Staiger**, Michael (2008): Zur Situation der Filmdidaktik. Einführung in das Themenheft. In: *Der Deutschunterricht*, H. 3, 2-7.

Pfeiffer, Joachim / **Staiger**, Michael (2010): Grundkurs Film 2 Filmkanon – Filmklassiker – Filmgeschichte. Braunschweig: Schroedel.

Pissarek, Markus (2018): 2.4 Merkmale der Figur erkennen und interpretieren. In: Schilcher, Anita / Pissarek, Markus (Hrsg.): Auf dem Weg zur literarischen Kompetenz. Ein Modell literarischen Lernens auf semiotischer Grundlage. Baltmannsweiler: Schneider Verlag Hohengehren, 135-168.

Plewnia, Albrecht / **Rothe**, Astrid (2011): Spracheinstellungen und Mehrsprachigkeit. Wie Schüler über ihre und andere Sprachen denken. In: Eichinger, Ludwig M. / Plewnia, Albrecht / Steinle, Melanie (Hrsg.): Sprache und Integration. Über Mehrsprachigkeit und Migration. Tübingen: Narr Verlag, 215-253.

Pohlmann-Rother, Sanna / **Lange**, Sarah Désirée (2020): Mehrsprachigkeit in der Lehrkräftebildung: Empirische Ergebnisse zu den Überzeugungen von Grundschullehrkräften und Implikationen für die Kooperation von KiTa und Grundschule. In: Dies. / Franz, Ute (Hrsg.): Kooperationen von KiTa und Grundschule. Band 2: Digitalisierung, Inklusion und Mehrsprachigkeit – aktuelle Herausforderungen beim Übergang bewältigen. Köln: Wolters Kluwer, 5-44.

Polz, Marianne (2012): Die Entwicklung des Lernbereichs: von der Rhetorik zur Didaktik mündlicher Kommunikation. In: Becker-Mrotzek, Michael (Hrsg.): Mündliche Kommunikation und Gesprächsdidaktik (= DTP; 3). Baltmannsweiler: Schneider Verlag Hohengehren, 3-22.

Prade, Marcus / **Riegler**, Susanne (2019): „Wörter in allen Formen, Klängen und Größen“. Mit einem Bilderbuch Klang und Schrift des Arabischen erkunden. In: *Grundschule Deutsch*, H. 61, 29-31.

Preuss, Christine (2017): Lernen durch frühes Kino – Filmbildung im Unterricht. In: Hoppe, Henriette / Vorst, Claudia / Weißenburger, Christian (Hrsg.): Bildliteralität im Übergang von Literatur und Film. Eine interdisziplinäre Aufgabe und Chance kompetenzorientierter Fachdidaktik (= Studien zur Germanistik und Anglistik; 25). Frankfurt a.M.: Peter Lang, 87-98.

Quehl, Thomas (2010): Wir sprechen wie Forscherinnen und Forscher über den Wasserkreislauf. Die Gestaltung einer Forscherkonferenz im Rahmen des Scaffolding-Konzepts. *Grundschulunterricht Deutsch*, H. 4, 33-34.

Rall, Hannes (2017): Lange Schatten einer Pionierin. Der Einfluss von Lotte Reiniger auf nachfolgende Trickfilmer-Generationen. In: Dettmar, Ute / Pecher, Claudia Maria / Schlesinger, Ron (Hrsg.): Märchen im Medienwechsel. Zur Geschichte und Gegenwart des Märchenfilms.

Rass, Michaela Nicole (2019): Blondinen-Witz. Komik durch Stereotypisierung und Verdinglichung. In: Braun, Michael / Jahraus, Oliver / Neuhaus, Stefan / Pesnel, Stéphane (Hrsg.): Komik im Film (= Film – Medium – Diskurs; 87). Würzburg: Könighausen & Neumann, 121-151.

Rawle, Steven (2018): Transnational Cinema. An Introduction. London: Palgrave.

Reinart, Sylvia (2018): Untertitelung in einem Synchronisationsland. „When wor(l)ds collide?“. Berlin: Peter Lang.

Ricart Brede, Julia (2016): Schreibprozesse mehrsprachiger SchülerInnen. In: *Deutschunterricht*, Jg. 68, H. 6, 68-72.

Riegler, Susanne (2006): Mit Kindern über Sprache nachdenken – eine historisch-kritische, systematische und empirische Untersuchung zur Sprachreflexion in der Grundschule. Freiburg im Breisgau: Fillibach.

Riehl, Claudia Maria (2014): Sprachkontaktforschung. Eine Einführung. Tübingen: Narr Francke.

Ritzer, Ivo / **Steinwender**, Harald (2017): Transnationale Medienlandschaften: Populärer Film zwischen World Cinema und postkolonialem Europa. In: Dies. (Hrsg.): Transnationale Medienlandschaften. Populärer Film zwischen World Cinema und postkolonialem Europa. Wiesbaden: Springer VS, 1-28.

Rohmer, Eric (1980): Murnaus Faustfilm. Analyse und szenisches Protokoll. München: Hanser.

Romero Freso, Pablo (2012): Accessible filmmaking: joining the dots between audiovisual translation, accessibility and filmmaking. Online abrufbar unter: http://www.jostrans.org/issue20/art_romero.php (zuletzt aufgerufen am 30.01.2020).

Rösch, Heidi (2008): Interkulturelle Kompetenz im Deutschunterricht. In: dies. (Hrsg.): Kompetenzen im Deutschunterricht. Beiträge zur Literatur-, Sprach- und Mediendidaktik (= Beiträge zur Literatur- und Mediendidaktik; 9). Frankfurt a.M.: Peter Lang, 91-110.

Rösch, Heidi (2015): Culture-Clash-Komödien im Literaturunterricht der Sekundarstufen. In: Dawidowski, Christian / Hoffmann, Anna R. / Walter, Benjamin (Hrsg.): Interkulturalität und Transkulturalität in Drama, Theater und Film. Literaturwissenschaftliche und -didaktische Perspektiven (= Beiträge zur Literatur- und Mediendidaktik; 28). Frankfurt a.M.: Peter Lang, 193-215.

Rosebrock, Cornelia / **Nix**, Daniel (2017): Grundlagen der Lesedidaktik und der systematischen schulischen Leseförderung. Baltmannsweiler: Schneider Verlag Hohengehren.

Ruf, Oliver (2010): Interkulturelles filmisches Erzählen. Fatih Akins *Gegen die Wand* und Jurij M. Lotmans Raumsemantik. In: Lorenz, Matthias N. (Hrsg.): Film im Literaturunterricht. Von der Frühgeschichte des Kinos bis zum Symmedium Computer. Freiburg im Breisgau: Fillibach, 79-99.

Rüsel, Manfred (2015): „Das ist mir beim ersten Mal gar nicht aufgefallen.“. Filme lesen lernen. In: Knopf, Julia (Hrsg.): Medienvielfalt in der Deutschdidaktik. Erkenntnisse und Perspektiven für Theorie, Empirie und Praxis. Baltmannsweiler: Schneider Verlag Hohengehren, 117-127.

Sahr, Michael (2004): Verfilmte Kinder- und Jugendliteratur. Der literarische Kinderfilm – ein vernachlässigtes Unterrichtsmedium. Baltmannsweiler: Schneider Verlag Hohengehren.

Scheinpflug, Peter (2014): Genre-Theorie. Eine Einführung. Münster: Lit Verlag.

Schilcher, Anita / **Gegner**, Christian (2019): Sprechen, Gespräche führen und Zuhören. In: Wild, Johannes / Wildfeuer, Alfred (Hrsg.): Sprachendidaktik. Eine Ein- und Weiterführung zur Erst- und Zweitsprachendidaktik des Deutschen. Tübingen: Narr Francke Attempto, 120-156.

Schmidt, Oliver (2013): Filmische Räume. Zur textuellen Bindung räumlicher Systeme im Film. In: Bateman, John / Kepser, Matthis / Kuhn, Markus (Hrsg.): Film, Text, Kultur. Beiträge zur Textualität des Films. Marburg: Schüren, 294-319.

Schmölzer-Eibinger, Sabine (2012): Interaktion und kooperatives Schreiben in mehrsprachigen Klassen. In: Michalak, Magdalena / Kuchenreuther, Michaela (Hrsg.): Grundlagen der Sprachdidaktik Deutsch als Zweitsprache. Baltmansweiler: Schneider Verlag Hohengehren, 163-182.

Scholz, Christian (20014): Generation Z. Wie sie tickt, was sie verändert und warum sie uns alle ansteckt. Weinheim: Wiley-VCH.

Schönleber, Matthias (2012): Schnittstellen. Modelle für einen filmintegrativen Literaturunterricht (= Beiträge zur Literatur- und Mediendidaktik; 23). Frankfurt a.M.: Peter Lang.

Schultz-Pernice, Florian (2017): Vom Stolpern und Stocken des Blicks: Aufbau von *Visual Literacy* durch Wahrnehmungserfahrungen an den Grenzen der populären Filmsprache. In: Hoppe, Henriette / Vorst, Claudia / Weißenburger, Christian (Hrsg.): Bildliteralität im Übergang von Literatur und Film. Eine interdisziplinäre Aufgabe und Chance kompetenzorientierter Fachdidaktik (= Studien zur Germanistik und Anglistik; 25). Frankfurt a.M.: Peter Lang, 67-84.

Schwan, Stephan / **Ildirar**, Sermin (2010): Watching Film for the First Time: How Adult Viewers Interpret Perceptual Discontinuities in Film. In: *Psychological Sciences*, Jg. 21, H. 7, 970-976.

Schweinitz, Jörg (2006): Film und Stereotyp. Eine Herausforderung für das Kino und die Filmtheorie. Zur Geschichte eines Mediendiskurses. Berlin: Akademie Verlag.

Schweinitz, Jörg (2010): Stereotypes and the Narratological Analysis of Film Characters. In: Eder, Jens/ Jannidis, Fotis / Schneider, Ralph (Hrsg.): Characters in Fictional Worlds: Understanding Imaginary Beings in Literature, Film, and Other Media, Berlin, New York: De Gruyter, 276-289.

Şenöz-Ayata, Canan (2018): Ein- oder Mehrsprachigkeit? Analyse der Sprachverwendung und Sprachreflexion im Film Almanya – Willkommen in Deutschland. In: Schickhaus, Tobias Akira / Zbytovský, Štěpán (Hrsg.): Philologica 1/2018. Prag: Charles University Karolinum Press, 87-95.

Šklovskij, Viktor (1916): Die Kunst als Verfahren. In: Striedter, Jurij (Hrsg.) (1969): Texte der russischen Formalisten. Band 1. Texte zur allgemeinen Literaturtheorie und zur Theorie der Prosa (=Theorie und Geschichte der Literatur und der schönen Künste; 6). München: Wilhelm Fink Verlag, 3-35.

Soja, Edward W. (1996): Thirdspace. Journeys to Los Angeles and other real-and-imagined places. Cambridge: Bleckwell.

Spiegel, Simon (2007): Die Konstitution des Wunderbaren. Zu einer Poetik des Science-Fiction-Films (= Zürcher Filmstudien; 16). Marburg: Schüren.

Spiegel, Simon (2012): Das blaue Wunder. Naturalisierung, Verfremdung und digitale Figuren in James Camerons Avatar. In: Schmeink, Lars / Müller, Hans-Harald (Hrsg.): Fremde Welten. Wege und Räume der Fantastik im 21. Jahrhundert. Berlin/New York: de Gruyter, 203-221.

Spielmann, Raphael (2011): Filmbildung! Traditionen – Modelle – Perspektiven. München: kopaed.

Spinner, Kaspar H. (2006): Literarisches Lernen. In: *Praxis Deutsch*, H. 200, 6-16.

Spinner, Kaspar H. (2008): Raumsymbolik als didaktischer Zugang zur Filminterpretation. *Chocolat* und *Die fabelhafte Welt der Amélie*. In: *Der Deutschunterricht*, H. 3, 43-52.

Spinner, Kaspar H. (2018): 1.3 Semiotik in der Literaturdidaktik. In: Schilcher, Anita / Pissarek, Markus (Hrsg.): Auf dem Weg zur literarischen Kompetenz. Ein Modell literarischen Lernen auf semiotischer Grundlage. Baltmannsweiler: Schneider Verlag Hohengehren, 55-62.

Stabinger, Antonia (2012): Dialekt und Sympathie. Gegenseitige Wahrnehmung und subjektive Einschätzung sprachlicher Varietäten im deutschen Sprachraum. Diplomarbeit an der Universität Wien. Online abrufbar unter: http://othes.univie.ac.at/24121/1/2012-11-26_0312419.pdf (zuletzt aufgerufen am 28.05.2020)

Staiger, Michael (2008): Filmanalyse – ein Kompendium. In: *Der Deutschunterricht*, 3, 8-18.

Staiger, Michael (2010): Literaturverfilmungen im Deutschunterricht (= Oldenbourg Interpretationen; 112). München: Oldenbourg Schulbuchverlag.

Staiger, Michael (2014): Audiovisuelle Medien im Deutschunterricht. In: Frederking, Volker / Ulrich, Winfried / Krommer, Axel / Möbius, Thomas (Hrsg.): Digitale Medien im Deutschunterrchicht (=DTP; 8). Baltmannsweiler: Schneider Verlag Hohengehren, 236-268.

Staiger, Michael (2019a): 3 Filmdidaktische Ansatzpunkte. In: Anders, Petra / Staiger, Michael / Albrecht, Christian / Rüsel, Manfred / Vorst, Claudia (Hrsg.): Einführung in die Filmdidaktik. Kino, Fernsehen, Video, Internet. Stuttgart: J.B. Metzler, 35-46.

Staiger, Michael (2019b): 4 Kinderspielfilm. In: Anders, Petra / Staiger, Michael / Albrecht, Christian / Rüsel, Manfred / Vorst, Claudia (Hrsg.): Einführung in die Filmdidaktik. Kino, Fernsehen, Video, Internet. Stuttgart: J.B. Metzler, 49-64.

Steinig, Wolfgang / **Huneke**, Hans-Werner (2015): Sprachdidaktik Deutsch. Eine Einführung (= Grundlagen der Germanistik; 38). 5., neu bearbeitete und erweiterte Auflage. Berlin: Erich Schmidt Verlag.

Stewen, Christian (2012): (Un-)Möglichkeiten des Kinderfilms. In: Exner, Christian / Kümmerling-Meibauer, Bettina (Hrsg.): Von wilden Kerlen und wilden Hühnern. Perspektiven des modernen Kinderfilms. Marburg: Schüren, 32-54.

Stork, Matthias (2012): Lights, Camera, Action. Zur Synthese von Film und Drama im interkulturellen Englischunterricht. Frankfurt a.M.: Universitätsbibliothek.

Streit, Antje (2006): Fremdheitskonzepte in Fernsehserien. Medienanalyse mit Vorschlägen zur mediendidaktischen Anwendung im fremdsprachlichen Deutschunterricht. München: kopaed.

Sturm, Afra / **Weder**, Mirjam (2016): Schreibkompetenz, Schreibmotivation, Schreibförderung. Grundlagen und Modelle zum Schreiben als soziale Praxis. Seelze: Friedrich.

Surkamp, Carola (2004): Spielfilme im fremdsprachlichen Literaturunterricht: Beiträge zu einer kulturwissenschaftlichen Filmdidaktik. In: Bredella, Lothar / Delanoy, Werner / Surkamp, Carola (Hrsg.): Literaturdidaktik im Dialog. Tübingen: Gunter Narr, 239-267.

Tatzel, Sebastian (2020): „Jegliches Bellen wurde ins Deutsche übersetzt" – der polyglotte Film *Isle of Dogs* im Deutschunterricht. Online abrufbar unter: https://ulfabraham.de/wp-content/uploads/2020/02/Isle-of-Dogs-im-DU.pdf (zuletzt aufgerufen am 08.11.2020).

Thompson, Kristin (1995): Neoformalistische Filmanalyse. Ein Ansatz, viele Methoden. Aus dem Amerikanischen von Margret Albers und Johannes v. Moltke. In: *montage/av*, Jg. 4, H. 1, 23-62.

Tophinke, Doris (2017): Sprachvergleich II: Dialekte und Soziolekte. In: Baurmann, Jürgen / Kammler, Clemens / Müller, Astrid (Hrsg.): Handbuch Deutschunterricht. Theorie und Praxis des Lehrens und Lernens. Seelze: Klett Kallmeyer, 337-341.

Trenka, Susie (2013): Musical. In: Kuhn, Markus / Scheidgen, Irina / Weber, Nicola Valeska (Hrsg.): Filmwissenschaftliche Genreanalyse. Eine Einführung. Berlin/Boston: Walter de Gruyter, 147-162.

Tulodziecki, Gerhard (2020): Medienbildung in KiTa und Grundschule. In: Pohlmann-Rother, Sanna / Lange Sarah Désirée / Franz, Ute (Hrsg.): Kooperationen von KiTa und Grundschule. Band 2: Digitalisierung, Inklusion und Mehrsprachigkeit – aktuelle Herausforderungen beim Übergang bewältigen. Köln: Wolters Kluwer, 81-110.

Vishek, Svetlana (2019): Mehrsprachige Bilderbücher aus sprachdidaktischer, literaturdidaktischer und erziehungswissenschaftlicher Perspektive. In: Danilovich, Yauhenia / Putjata, Galina (Hg.): Sprachliche Vielfalt im Unterricht. Fachdidaktische Perspektiven auf Lehre und Forschung im DaZ-Modul. Wiesbaden: Springer Fachmedien, 15-32.

Vittrup, Christian (Hrsg.) (2010): This is an adventure! Das Universum des Wes Anderson (= Geist und Wissen; 4). Kiel: Verlag Ludwig.

Völcker, Beate (2005): Kinderfilm. Stoff- und Projektentwicklung. Konstanz: UVK.

Wahl, Chris (2005): Das Sprechen des Spielfilms. Über die Auswirkungen von hörbaren Dialogen auf Produktion und Rezeption, Ästhetik und Internationalität der siebten Kunst. Trier: Wissenschaftlicher Verlag Trier.

Wahl, Chris (2007): Von der Bedrohung durch das Sprechen zur Gestaltung durch die Sprachen. Über die Internationalität, Transnationalität und Multinationalität von Spielfilmen. In: Hans-Edwin Friedrich (Hg.): *Rhetorik und Film*. Rhetorik – Ein internationales Jahrbuch, Band 26. Tübingen: Niemeyer, 60-71.

Wahl, Chris (2008): ‚Du Deutscher, Toi Français, You English: Beautiful!' – The Polyglot Film as a Genre. In: Christensen, Miyase / Erdoğan, Nezih (Hrsg.): Shifting Landscapes. Film and Media in European Context. Newcastle: Cambridge Scholars Publishing, 334-350.

Weiss, Stephanie (2005): „Orte und Nicht-Orte". Kulturanthropologische Anmerkungen zu Marc Augé (= Mainzer Kleine Schriften zur Volkskultur; 14). Mainz: Gesellschaft für Volkskunde in Rheinland-Pfalz e.V.

Welsch, Wolfgang (2009): Was ist eigentlich Transkulturalität. In: Darowska, Lucyna / Machold, Claudia (Hrsg.): Hochschule als transkultureller Raum? Beiträge zu Kultur, Bildung und Differenz. Bielefeld: transcript. Online abrufbar unter: http://www.alicedittmar.de/wp-content/uploads/2017/03/Wolfgang-Welsch-Was-ist-eigentlich-Transkulturalität-2009.pdf (zuletzt aufgerufen am 18.02.2020)

Wermke, Jutta (1997): Integrierte Medienerziehung im Fachunterricht. Schwerpunkt: Deutsch. München: kopaed.

Wildemann, Anja (2013): Sprache(n) thematisieren – Sprachbewusstheit fördern. In: Gailberger, Steffen / Wietzke, Frauke (Hrsg.): Handbuch kompetenzorientierter Deutschunterricht, Weinheim: Beltz, 321-338.

Wildemann, Anja / **Rathmann**, Claudia (2019): „'A' ist sowas wie im Italienischen". Sprachaufmerksamkeit und Sprachneugier erkennen und nutzen. In: *Grundschule Deutsch*, 61, 4-7.

Wildfeuer, Alfred / **Wild**, Johannes (2019): Sprachkompetenz entwickeln. In: Wild, Johannes / Wildfeuer, Alfred (Hrsg.): Sprachendidaktik. Eine Ein- und Weiterführung zur Erst- und Zweitsprachendidaktik des Deutschen. Tübingen: Narr Francke Attempto, 9-26.

Wildfeuer, Janina (2013): „Der Film als Text? Ein Definitionsversuch aus linguistischer Sicht", in: Bateman, John / Kepser, Matthis / Kuhn, Markus (Hrsg.): Film, Text, Kultur. Beiträge zur Textualität des Films. Marburg: Schüren: 32-57.

Wilson, Sherryl (2016): In the Living Room: Second Screens and TV Audiences. In: *Television & New Media,* Jg.17, H. 2, 174-191.

Wollen, Peter (1972): The Auteur Theory. In: Corrigan, Timothy (Hrsg.) (2012): Film and Literature. An Introduction and Reader. London/New York: Routledge, 185-198.

Zitierte Online-Videos

LINK 1: DisneyMusicVEVO (2014): Let It Go – Behind the Mic Multi-Language Version (from "Frozen"). [Video]. YouTube. https://www.youtube.com/watch?v=BS0T8Cd4UhA.

LINK 2: The British International School Budapest (2018): Primary students sing Disney's 'Let It Go' in 25 languages. [Video]. YouTube. https://www.youtube.com/watch?v=_OqIj7dhtiM.

LINK 3: GKIDS Films (2014): Azur & Asmar – Now on DVD [Offical US Trailer]. [Video]. YouTube. https://www.youtube.com/watch?v=Ch9ipBz_Y1s.

LINK 4: Rε – Trailer (2018): Azur & Asmar | Trailer ITA ↻ ℜε – Trailer. [Video]. YouTube. https://www.youtube.com/watch?v=qB-p3iX9_Kg.

LINK 5: YouTube-Filme (2016): Azur et Asmar. [Video]. YouTube. https://www.youtube.com/watch?v=dlF-BwtczTA.

LINK 6: Moviepilot Trailer (2017): Isle of Dogs Trailer Deutsch German Exklusiv (2018). [Video]. YouTube. https://www.youtube.com/watch?v=qJvtwbj-ZyQ.

LINK 7: Wes Anderson // Centered. [Video]. Vimeo. https://vimeo.com/89302848

LINK 8: kinofilme (2010): Almanya – Willkommen in Deutschland (Trailer deutsch HD). [Video]. YouTube. https://www.youtube.com/watch?v=qJvtwbj-ZyQ.

Abbildungsverzeichnis

Tabellenverzeichnis